调查研究是共产党人的传家宝
是党员干部必须练好的基本功

新编调查研究小全书

赵伯英◎编著

调查研究概念和原则 / 调查研究内容和程序

调查方法和研究方法 / 调查研究的能力提升

调查研究的各种误区 / 调查研究工作的管理

调研报告类型和格式 / 调研报告的撰写步骤

调研报告的撰写技巧 / 最常用调研报告范例

中国出版集团 | 全国百佳图书
中国民主法制出版社 | 出版单位

图书在版编目(CIP)数据

新编调查研究小全书 / 赵伯英编著. —北京:中国民主
法制出版社,2024.5

ISBN 978-7-5162-3566-9

Ⅰ.①新… Ⅱ.①赵… Ⅲ.①社会调查—调查研究—
基本知识 Ⅳ.①C915

中国国家版本馆 CIP 数据核字(2024)第 061635 号

图书出品人:刘海涛
出版统筹:石　松
图书策划:张佳彬
责任编辑:姜　华
文字编辑:高文鹏

书　　名 / 新编调查研究小全书
作　　者 / 赵伯英　编著

出版・发行 / 中国民主法制出版社
地址 / 北京市丰台区右安门外玉林里 7 号(100069)
电话 / (010) 63055259(总编室)　63058068　63057714(营销中心)
传真 / (010) 63055259
http: //www.npcpub.com
E-mail:mzfz@npcpub.com
经销 / 新华书店
开本 / 16 开　710 毫米×1000 毫米
印张 / 30　字数 / 350 千字
版本 / 2024 年 11 月第 1 版　2024 年 11 月第 1 次印刷
印刷 / 三河市腾飞印务有限公司

书号 / ISBN 978-7-5162-3566-9
定价 / 148.00 元
出版声明 / 版权所有,侵权必究。

前　言

调查研究是我们党的传家宝,是做好各项工作的基本功。习近平总书记指出,"调查研究是谋事之基、成事之道,没有调查就没有发言权,没有调查就没有决策权",强调"坚持从实际出发""努力在求深、求实、求细、求准、求效上下功夫"。

调查研究必须"求深"。习近平总书记指出:"要带头抓好调查研究,深入实际、深入群众"。"求深"才能真正把群众面临的问题发现出来,把群众的意见反映上来,把群众创造的经验总结出来。否则,就抓不到真实情况、深层次问题,就容易犯主观主义错误。基层是最大的课堂,群众是最好的老师。只有走进基层,拜人民为师,调查研究才会深入。要多到群众意见多的地方去,多到工作做得差的地方去,深入调研群众急难愁盼问题,真正把好事实事做到群众心坎上。

调查研究必须"求实"。习近平总书记指出:"调查研究千万不能搞形式主义。"调查研究不扎实、装样子,决策就会出问题。必须弘扬求真务实的作风,不搞浮光掠影、人到心不到的"蜻蜓点水"式调研,坚决反对在调查研究中走马观花、浅尝辄止、一得自矜、以偏概全,草率地下结论、作判断。中央八项规定明确要求:"中央政治局全体同志要改进调查研究,到基层调研要深入了解真实情况""切忌走过场、搞形式主义"。党的十八大以来,习近平总书记多次深入基层调研,以身作则,为全党树立了调查研究的光辉典范。

调查研究必须"求细"。习近平总书记指出:"开展深入细致的调查研究,抓住老百姓最急最忧最怨的问题,解决好群众最关心最直接最现实的利益问题。"在湘西十八洞村,习近平总书记走进黑黢黢的木屋,深入了解群众生活状况,提出"精准扶贫"战略构想;在青海考察时,习近平总书记踩着泥泞走进建设中的班彦新村,翻看扶贫手册和贫困户精准管理手册……"求细"就是认真听取各方面的意见,深入分析问题,全面掌握情况,不断提高见微知著的敏锐性和洞察力。广大党员干部要在"求细"中倾听人民群众的呼声,体察人民群众的情绪,总结人民群众的经验,汲取人民群众的智慧。

调查研究必须"求准"。习近平总书记指出:"我们要保持战略定力,坚持问题导向,因势利导、统筹谋划、精准施策。""求准"不仅要全面深入了解实际情况,更要善于分析矛盾、发现问题,透过现象看本质,把握规律性的东西。调查研究包括调查和研究两个阶段,既要了解"是什么""怎么样",又要回答"为什么""怎么办"。要把"准"的要求贯穿调查和研究两个环节,在详细占有材料的基础上,通过交换、比较、反复,进行去粗取精、去伪存真、由此及彼、由表及里的思考、分析、综合,得出规律性认识,找到解决问题的正确办法。

调查研究必须"求效"。习近平总书记指出:"衡量调查研究搞得好不好,不是看调查研究的规模有多大、时间有多长,也不是光看调研报告写得怎么样,关键要看调查研究的实效,看调研成果的运用,看能不能把问题解决好。""求效"就要坚持问题导向,增强问题意识,以解决问题为根本目的,提出解决问题的办法要切实可行,制定的政策措施要有较强操作性,做到出实招、见实效。我们要按照党中央制定的《关于在全党大兴调查研究的工作方案》,紧紧围绕全面贯彻落实党的二十大以来的重要会议精神、推动高质量发展开展调查研究,实行问题大梳理、难题大排查,着力打通贯彻执行中的堵点淤点难点,着力推动高质量发展。

本书分为上下两篇。上篇结合我国党政机关工作实际,对党政干部所适用的调查研究方法进行了系统总结,系统论述了调查研究的定义、目的与功能,常用调查方法,常用研究方法等;同时详细分析了调查研究中容易出现的误区,并介绍了提升调查研究能力的方法、途径,以及如何做好调查研究工作的管理。下篇多层次、多侧面、系统而深入地阐述了党政机关调研报告的基本理论、基本要求和写作技巧等;同时,还向读者详细介绍了主要调研报告的写作规范,包括经验性调研报告、先进典型调研报告、反映情况调研报告、反映新生事物调研报告、揭露问题调研报告、研究探讨性调研报告等文体,并配有数十篇经典、规范的例文可供借鉴。

本书力求达到普及性、针对性、实用性、操作性、准确性和全面性,内容涵盖调查研究的各个方面,重点突出,理论严谨,方法技巧介绍简明扼要。同时,本书结合党政机关工作实践,避免难懂的学理分析,强调可读性,特色鲜明,是调查研究能力提升与调研报告写作领域最重要的读物之一,对于在新形势下大力弘扬求真务实精神、大兴求真务实之风有着积极的意义,是党政机关各级领导干部、各级各类调研人员、文秘人员必备的工具书。

我们相信,本书一定能够对广大读者做好调查研究工作起到极大的帮助作用,但囿于水平,书中难免会有不足之处,敬请广大读者批评、指正! 另外,还要特别提及的是,本书在编写过程中,大量借鉴了前人与同行的研究成果,在此深表谢意!

目 录

CONTENTS

上篇　调查研究能力提升

第一章　党政机关调查研究概述

第二章　调查研究的主要内容及程序

第三章　党政干部常用的调查方法

第四章　党政干部常用研究方法

第五章 党政干部调查研究能力的提升途径

第六章　党政干部调查研究的误区

第七章　党政干部调查研究工作的管理

下篇 调研报告写作规范

第八章 党政机关调研报告概述

第九章　党政机关调研报告的撰写步骤

第十章 党政机关调研报告的撰写技巧

第十一章 经验性调研报告

第十二章 先进典型调研报告

第十六章　研究探讨性调研报告

上　篇

调查研究能力提升

◇ 党政机关调查研究概述

◇ 调查研究的主要内容及程序

◇ 党政干部常用的调查方法

◇ 党政干部常用研究方法

◇ 党政干部调查研究能力的提升途径

◇ 党政干部调查研究的误区

◇ 党政干部调查研究工作的管理

第一章
党政机关调查研究概述

调查研究是人们认识客观事物及其规律的自觉活动。调查研究由调查和研究两个前后相继又相互渗透、相互依存的阶段组成,具有主观能动性和社会历史性特征。调查研究的最终目的是在认识世界的基础上改造世界。重视、坚持和努力做好调查研究,对于我们全面贯彻党的二十大以来的重要会议精神,提高执政能力和领导水平,促进各项工作顺利开展,具有十分重要的意义。

第一节 调查研究概述

调查研究是决策部门实施正确决策与正确领导的先决条件,也是党的实事求是思想路线的具体体现。高度重视和认真开展调查研究,是辩证唯物主义认识论的基本要求,是党的优良传统,也是不断提高各级领导机关、领导干部决策科学化水平的前提和基础。要做好调查研究,提高决策水平,必须不断深化对调查研究内涵的认识,科学把握调查研究的类别及要素。

一、调查研究的内涵

调查研究是指人们运用科学的方式、方法,有目的、有计划地对经济、社会现象进行考察了解和分析综合。它包括两个方面的内容:调查和研究。

调查是指通过各种途径,运用各种方式方法,有计划、有目的地了解事物真实情况。研究则是指对调查材料进行去粗取精、去伪存真、由此及彼、由表及里的思维加工,以获得对客观事物本质和规律的认识。二者既有明显区别又有紧密的联系,调查是研究的前提和基础,研究是调查的发展和深化。若只调查不研究,调查的材料再多也说明不了问题,更解决不了问题。不对调查的材料进行深入的分析研究和必要的数据处理,单凭粗浅的印象便草率地作出结论,不但违背了调查研究的宗旨,而且调查工作也将前功尽弃。若不调查,只凭想象论断,就要犯主观臆断的错误。可见,调查研究是认识发展过程中感性认识和理性认识的辩证统一,是实践、认识、再实践、再认识这一辩证唯物主义认识论的体现。因此,可以这样说,调查研究是马克思主义认识论的重要体现,是人们的认识达到主观和客观相符合的主要桥梁,也是理论和实践相结合的中心环节。

马克思和恩格斯十分重视对社会实际的调查与研究。恩格斯在居留英国期间,曾对英国工人状况和工人运动作了周密的调查研究,写出《英国工人阶级状况》一书。马克思拟定过关于各国工人阶级状况的统计调查提纲和《工人调查表》。长达 40 年创作《资本论》的过程,就是他对资本主义社会进行调查研究的过程。毛泽东同志曾提出"没有调查就没有发言权"的论断,并且运用马克思主义的立场、观点和方法,调查和研究中国社会的历史和现状,把马克思主义普遍真理同中国革命实践结合起来,进而提出了指导中国革命的理论和方针政策,赢得了革命的胜利。邓小平同志反复强调:"实事求是是马克思主义的精髓。要提倡这个,不要提倡本本。我们改革开放的成功,不是靠本本,而是靠实践,靠实事求是。"①这本身就包含了对调查研究极端重要性的深刻把握。党的十八大以来,以习近平同志为核心的党中央高度重视调查研究工作,强调指出,"调查研究是谋事之基、成事之道,没有调查就没有发言权,没有调查就没有决策权"②"正确的决策离不开调查研究,正确的贯彻落实同样也离不开调查研究"③"要在全党大兴调查研究之风"④。从党的群众路线教育实践活动到"三严三实"专题教育,从"两学一做"学习教育到"不忘初心、牢记使命"主题教育,从党史学习教育到习近平新时代中国特色社会主义思想主题教育,每一次党内学习教育都对调查研究提出明确要求,调查研究也都成为党内学习教育的重要内容。

二、调查研究的类别

调查研究的类别,有以下两种划分方法。

(一)按照其收集资料的具体方式和依据工具的不同划分

调查研究的类别,按照其收集资料的具体方式和依据工具的不同而分为访问调查法、调查表法、问卷调查法、观察法、测量法等方法。

1.访问调查法。访问者通过上门访问研究对象或利用电话直接与调查研究对象交谈,获取所需要的资料。

2.调查表法。调查研究者以编制好的表格作为收集资料的工具发给调查研究对象,让他们依照表上的项目一一填写。

3.问卷调查法。调查研究者运用事先设计好的问卷向被调查研究者书面了解情况或征询意见。

4.观察法。调查研究者通过自己的感觉器官或借助仪器设备,实地

---

① 《邓小平文选》第三卷,人民出版社1993年版,第382页。
② 《习近平在党的十九届一中全会上的讲话》(2017年10月25日),《求是》2018年第1期。
③ 《习近平在党的十九届一中全会上的讲话》(2017年10月25日),《求是》2018年第1期。
④ 《习近平在党的十九届一中全会上的讲话》(2017年10月25日),《求是》2018年第1期。

观察所调查研究的现象或对象,获得有关资料。

5.测量法。调查研究者以测验量表或一定的测试题对调查研究对象施加测验,获得调查研究对象心理素质方面的资料。

(二)按照调查研究对象的选择范围划分

调查研究的类别,按照调查研究对象的选择范围可分为普遍调查、抽样调查、个案调查、偶遇调查和专家调查。在一个课题的调查研究过程中,这五类形式常常是兼用的。

1.普遍调查。对调查研究对象的全体无一例外地全部进行调查,其优点是调查资料具有全面性和准确性。但是当调查研究对象数量比较大时,普遍调查的工作量会变得相当大,要耗费大量的人力、物力、财力。

2.抽样调查。按照随机的原则,从调查研究对象全体中抽取出部分个体作为样本进行调查,以便能够通过样本的情况来推测全体的情况。它既能达到调查研究的要求,又能节省工作量,因而是一种普遍采用的调查研究方法。

3.个案调查。专门对某一对象或某一事件进行调查研究。由于调查研究范围只集中于一个对象,所以调查研究能较为深入,获得比较细致的资料。

4.偶遇调查。也叫随意调查。它与抽样调查一样只调查全体研究对象中的部分个体。但它与抽样调查不同的是没有经过科学的方法随机选择调查对象,因而当所得到的资料来反映全体的情况时,就很有可能出现较大的误差。其最大优点是省时省力省钱。

5.专家调查。又称特尔斐法,是国外一种比较流行的方法。它也是部分调查,只是其调查研究对象是与研究课题有关的专家、学者。由于专家在与研究课题有关的领域有较多的研究和思考,因此,通过专家调查研究,收集专家们的意见、态度,可以获得所调查研究事物的状况和发展趋势等方面的资料。

知识链接

历史上最早的调查研究

关于调查研究的记载,最早可以追溯到原始社会末期。据《史记·五帝本纪》记载,尧、舜、禹都曾深入民间考察民情或自然环境。例如,有一天尧到华地,有一个名"封"的地方小官对尧说:"愿圣人多男儿、多富、多寿。"尧答道:"不敢,不敢。多男儿就要多替他们操心;多富就要多出许多麻烦事情;多寿会遇到很多不如意的耻辱,还是免了吧。"封又说:"给每个男儿一份工作,有什么操心呢?把财富分掉让大家都富足,有什么麻烦呢?天下安乐就和人民一起安乐,天下不安就努力修德,有什么耻辱呢?"封的这一番进言,对尧的执政理念产生了很大影响。《史记》等古代典籍还记载了大禹为了治水而亲临各地进行现场勘察并广泛征求民众意见的故事。由于尧、舜、禹经常深入民间调查研究,虚心听取老百姓的意见,因此深受人民爱戴。

三、调查研究五大要素

第一大要素,它对社会现象(如政治的、经济的、文化的现象)的调查、考察,是有计划、有目的的。

第二大要素,它是亲身接触和广泛了解的社会实践,而非闭门造车、凭空想象的行为。

第三大要素,它是对第一手材料的分析、归纳、提炼的研究工作,有一个由感性认识上升到理性认识的飞跃,非一般材料的堆砌。

第四大要素,它是一种探索科学规律的理性认识。

第五大要素,它是一种可以用规律性的理性认识去指导实践的活动。

第二节　党政干部调查研究的意义

调查研究是做好各项工作的基本功。习近平总书记指出:"领导干部要深入基层一线,增强同人民群众的感情,学会做群众工作的方法,从基层实践找到解决问题的金钥匙,促进各项工作推陈出新、取得突破。"①当前,我国改革发展稳定面临不少深层次矛盾躲不开、绕不过,各种风险挑战、困难问题比以往更加严峻复杂,迫切需要广大党政干部通过调查研究寻求解决问题的办法。

一、重视调查研究,是我们党做好领导工作的重要传家宝

马克思主义的辩证唯物主义、历史唯物主义世界观和方法论,党的实事求是的思想路线,党的从群众中来、到群众中去的根本工作路线,都要求我们的领导工作和领导干部必须始终坚持和不断加强调查研究。只有这样,才能真正做到一切从实际出发、理论联系实际、实事求是,真正保持党同人民群众的密切联系,也才能从根本上保证党的路线方针政策和各项决策的正确制定与贯彻执行,保证我们在工作中尽可能防止和减少失误,即使发生了失误也能迅速得到纠正而又继续胜利前进。回顾我们党的发展历程可以清楚地看到,什么时候全党从上到下重视并坚持和加强调查研究,党的工作决策和指导方针符合客观实际,党的事业就顺利发展;而忽视调查研究或者调查研究不够,往往导致主观认识脱离客观实际、领导意志脱离群众愿望,从而造成决策失误,使党的事业蒙受损失。

二、没有调查就没有发言权

毛泽东同志严肃指出:"你对某个问题没有调查,就停止你对某个问题的发言权。"②"离开实际调查就要产生唯心的阶级估量和唯心的工作指导,那末,它的结果,不是机会主义,便是盲动主义。"③1941年,毛泽东同

---

① 习近平:《在中央和国家机关党的建设工作会议上的讲话》(2019年7月9日),《求是》2019年第21期。
② 《毛泽东选集》第一卷,人民出版社2006年版,第109页。
③ 《毛泽东选集》第二卷,人民出版社2006年版,第112页。

志在《〈农村调查〉的序言和跋》中再次强调："'没有调查就没有发言权'，这句话，虽然曾被人讥为'狭隘经验论'的，我却至今不悔；不但不悔，我仍然坚持没有调查是不可能有发言权的。"辩证唯物主义的认识论要求主观和客观、理论和实践、知和行的具体的历史的统一，而实现这个统一的基本途径和方法就是调查研究。

三、调查研究是谋事之基、成事之道

习近平总书记指出，"调查研究是谋事之基、成事之道"。① 我们党历来重视调查研究，始终坚持在掌握实情的基础上进行决策。从石库门到天安门，从兴业路到复兴路，新民主主义革命道路、社会主义革命道路、社会主义建设道路、中国特色社会主义道路的开辟和不断拓展，无不是以了解和掌握中国具体国情为前提、为依据的。

四、调查研究是坚持党的群众路线的根本要求

毛泽东同志始终认为："群众是真正的英雄，而我们自己则往往是幼稚可笑的，不了解这一点，就不能得到起码的知识。"②他强调调查研究要有满腔的热情，眼睛向下的决心，求知的渴望，放下臭架子、甘当小学生的精神。邓小平同志说："所谓群众路线，包括调查研究。"③党的十八大以来，习近平总书记对坚持党的群众路线作出一系列重要论述，强调要"继承和发扬党的优良传统，增强服务群众本领"④"始终同人民站在一起、想在一起、干在一起"⑤，为我们在调研中走好群众路线提供了根本遵循。

---

① 《习近平在党的十九届一中全会上的讲话》(2017 年 10 月 25 日)，《求是》2018 年第 1 期。
② 《毛泽东选集》第三卷，人民出版社 2006 年版，第 790 页。
③ 《邓小平文选》第一卷，人民出版社 1994 年版，第 290 页。
④ 习近平：《为实现党的二十大确定的目标任务而团结奋斗》，《求是》2023 年第 1 期。
⑤ 《习近平在陕西榆林考察时强调 解放思想改革创新再接再厉 谱写陕西高质量发展新篇章》，《人民日报》2021 年 9 月 16 日。

五、调查研究是领导机关的基本任务

1962 年 2 月 8 日，陈云同志在参加七千人大会的陕西省全体干部会议上说："领导机关制定政策，要用百分之九十以上的时间进行调查研究，最后只需用不到百分之十的时间来讨论决策就足够了。"毛泽东同志 1930 年说："迈开你的双脚，到你的工作范围的各部分各地方去走走，学个孔夫子的'每事问'，任凭什么才力小也能解决问题，因为你未出门时脑子是空的，归来时脑子已经不是空的了，已经载来了解决问题的各种必要材料，问题就是这样子解决了。"①所以说，调查研究是做好机关工作的重要前提，是第一位的职责。

六、调查研究是领导科学决策的前提

只有经过系统有效的调查研究，特别是基层调查研究后，运用马克思主义的科学方法，准确把握上级精神，紧密联系本单位、本部门的实际，这样的决策才有根基，作出的决策才会切实可行。我们要在调查研究这一重要的工作上安排充足的时间，应该用大部分的时间去弄清情况，然后再决定政策。我们的领导干部必须看到当前情况的繁杂性，与过去相比，各种矛盾和问题凸显，影响决策的因素增多了，决策所需的信息量也增大了，决策的难度和风险也加大了。这就要求我们必须更加重视调查研究，切实加强基层调研，把问题找准，把情况弄清，多作出符合实际而又有成效的决策，为推进各项工作服务。

七、调查研究有利于提高领导干部的认识、判断和工作能力

调查研究的过程，是领导干部提高认识能力、判断能力和工作能力的过程。经常走出领导机关，深入实际、深入基层、深入群众，进行各种形式和类

---

① 《毛泽东选集》第一卷，人民出版社 2006 年版，第 110 页。

型的调查研究,非常有益于促进领导干部正确认识客观世界、改造主观世界、转变工作作风、增进同人民群众的感情,有益于深切了解群众的需求、愿望和创造精神、实践经验。现在的交通通信手段越来越发达,获取信息的渠道越来越多,但都不能代替领导干部亲力亲为的调查研究。因为直接与基层干部群众接触,面对面地了解情况和商讨问题,对领导干部在认识上和感受上所起的作用与间接听汇报、看材料是不同的。通过深入实际调查研究,把大量和零碎的材料经过去粗取精、去伪存真、由此及彼、由表及里的思考、分析、综合,加以系统化、条理化,透过纷繁复杂的现象抓住事物的本质,找出它的内在规律,由感性认识上升为理性认识,在此基础上作出正确的决策,这本身就是领导干部分析和解决问题本领的重要反映,也是领导干部思想理论水平和工作水平的重要反映。领导干部不论阅历多么丰富,不论从事哪一方面工作,都应始终坚持和不断加强调查研究。

坐在办公室里都是问题,走下去就都是办法。习近平总书记指出:"当县委书记一定要跑遍所有的村,当市委书记一定要跑遍所有的乡镇,当省委书记一定要跑遍所有的县市区。"①他不仅是这么说的,也是这样践行的。在河北正定,他跑遍了所有村;在福建宁德,他到任 3 个月就走遍了 9 个县,后来又跑遍了绝大部分乡镇;到任浙江后,他用一年多时间跑遍了全省 90 个县市区;在上海仅 7 个月,他就跑遍了全市所有的区县。

第三节　党政干部开展调查研究的基本原则

调查研究是非常重要的工作,只有正确的调查研究才能发挥应有的作用。那么,怎样才能进行正确的调查呢?概括地讲就是必须实事求是。做到了实事求是,也就是坚持了马克思主义的立场、观点和方法。具体说来,必须坚持以下几项基本原则。

---

① 习近平:《做焦裕禄式的县委书记》,《学习时报》2015 年 9 月 7 日。

一、调查研究必须坚持党的群众路线

群众路线,是党的生命线和根本工作路线,是党永葆青春活力和战斗力的重要传家宝。有的领导干部"嫌贫爱富",只到工作局面好、出亮点出典型的地方调研;有的"蜻蜓点水",把调研变成"坐着车子走,隔着玻璃看,临走拍拍肩,以后好好干";还有的领导干部到了基层,在情况尚不明了的情况下,随意发议论、作"指示"……种种被基层诟病的调研"套路",根子都在于脱离了群众、脱离了实际。

党的群众路线蕴含着丰富的思想方法、学习方法、工作方法,对于调查研究至关重要。党的十八大以来,习近平总书记对坚持党的群众路线作出一系列重要论述,强调要"继承和发扬党的优良传统,增强服务群众本领"[①]"始终同人民站在一起、想在一起、干在一起"[②],为我们在调研中走好群众路线提供了根本遵循。

坚持党的群众路线,要眼睛向下。调查研究首先要对群众有感情,真正把自己当作群众的一员、把群众的事当作自己的事。要真诚倾听群众呼声、真实反映群众愿望、真情关心群众疾苦,不能只听顺耳话、不听逆耳言;要到困难多、群众意见集中、工作打不开局面的地方去,不能只是"锦上添花"、不愿"雪中送炭";要少看材料、少听汇报,多到田间地头和工厂车间与群众谈心,了解他们最真实的想法和最迫切的诉求。

坚持党的群众路线,要扑下身子。俗话说,"高手在民间",调查研究是获得真知灼见的源头活水,是做好工作的基本功。坚持党的群众路线,目的是向群众学习、向实践学习,而不是居高临下地"指导工作";要"把屁股端端地坐在老百姓的这一面",扎扎实实查找工作中的差距和不足,让政策措施得到检验和完善;要与时俱进,结合新形势下群众工作的特点和

---

① 习近平:《为实现党的二十大确定的目标任务而团结奋斗》,《求是》2023年第1期。

② 《习近平在陕西榆林考察时强调 解放思想改革创新再接再厉 谱写陕西高质量发展新篇章》,《人民日报》2021年9月16日。

规律,不断提高群众工作水平,特别是要走好网上群众路线,积极回应网民关切。

坚持党的群众路线,要严明纪律。"有时候一天能接待三波领导上门指导""上级索要材料和报表的时间之短,越来越离谱了""周末不是在迎接调研,就是在陪同调研"……针对基层"吐槽"的这些情况,要加强调研统筹,避免扎堆调研、多头调研、重复调研,防止为民调研变成"扰民"调研、"伤民"调研;要坚持"四不两直"、轻车简从,"一竿子插到底"而不是"一层层陪到底"。

新征程上,要想把群众感性认识转化成切实可行的政策举措,把党的正确主张变为群众的自觉行动,是要长期坚持的经常性工作,不可能一蹴而就。要在始终保持同人民群众的血肉联系,始终接受人民批评和监督,始终同人民同呼吸、共命运、心连心中,不断增强新本领、解决新问题、展现新担当。

二、调查研究必须坚持实事求是

"不唯上、不唯书、只唯实,交换、比较、反复。"延安时期,在同毛泽东同志反复探讨怎样才能少犯错误这个话题之后,陈云同志提炼出"十五字诀"。习近平总书记对此高度评价:"对实事求是,陈云同志践行了一生。"[①]

共产党人是"靠实事求是吃饭"的。"十五字诀"所蕴含的,正是实事求是的思想路线。穿越时间长河,实事求是始终闪烁着耀眼的真理光芒——它是马克思主义的根本观点,是中国共产党人认识世界、改造世界的根本要求,是我们党的基本思想方法、工作方法、领导方法。

坚持实事求是,基础在"实事"。调查研究,重在对客观实际情况的调查了解和分析研究。只有掌握客观、准确、全面、生动的一手材料,才能把

---

① 《习近平在纪念陈云同志诞辰 110 周年座谈会上的讲话》,《人民日报》2015 年 6 月 13 日。

事情的真相和全貌调查清楚,为决策提供科学依据。但在现实中,一些人闭门造车,满足于"打打电话、发发微信",有的大搞盆景式调研、蜻蜓点水式调研,甚至有的搞"出发一车子、开会一屋子、发言念稿子"的作秀式调研……坚持实事求是,必须力戒形式主义,扑下身子、迈开步子,到建设现场去,到田间地头去,到农家院坝去,捕捉"活鱼",打捞"沉没的声音",看清"模糊的背影",把情况摸实摸透,用调查研究"十月怀胎",换来科学决策"一朝分娩"。

坚持实事求是,关键在"求是"。《说文解字》中,"求"为追究、探究;"是",即真也。"求是",即探求和掌握事物发展的规律。但在现实中,仍有人先入为主、僵化刻板,用"祖传"老经验看待复杂新现象;有的只见树木、不见森林,容易被表象所影响,甚至被假象所蒙蔽;有的头脑发热,动辄"拍脑袋决定""拍胸脯保证"……调查研究的根本目的是解决问题,一方面要善于在深化上做文章,"沉下去"和"浮上来"交叉印证,去粗取精,由表及里,使调查所得的零散认识系统化、表面现象深刻化;另一方面,要勤于思考、解剖麻雀,透过现象看本质,弄通"病情"、找准"穴位",将调研成果转化为决策思路和工作举措。

坚持从实际出发、实事求是,不只是思想方法问题,也是党性强不强的问题。习近平总书记指出:"从当前干部队伍实际看,坚持实事求是最需要解决的是党性问题。"①这一重要论述把思想方法与党性要求结合起来,进一步深刻阐发了实事求是的科学内涵和实践要求。

干部调研是不是实事求是,可以从很多方面来看,最根本的要看是不是讲真话、讲实话,是不是干实事、求实效。在调查研究中,如果一切唯上是从,唯书本是从,就会犯形式主义、本本主义的错误。目前来看,仍然有不少党员干部习惯讲正确的废话、漂亮的空话、严谨的套话。有的虚报浮夸,避重就轻、报喜不报忧,有的迎合领导喜好,察言观色、见风使舵,不少

---

① 习近平:《努力成为可堪大用能担重任的栋梁之才》,《求是》2022年第3期。

人还有"老好人"思想,事不关己、高高挂起……凡此种种,都违背了实事求是的要求,其消极影响不可低估。坚持实事求是,必须以党性立身做事,说老实话、办老实事、做老实人,敢于坚持真理、善于独立思考、坚持求真务实,永葆光明磊落、无私无畏、以事实为依据、敢于说出事实真相的勇气和正气。

无论时代如何发展、形势如何变化,调查研究都是破解难题的看家宝,实事求是则是调查研究的基本要求。只有坚持一切从实际出发、理论联系实际、实事求是,听真话、察实情,有一是一、有二是二,才能发现问题根源所在、找到解决问题之法,为科学决策提供可靠依据。

三、调查研究必须坚持问题导向

马克思有一句名言:"问题就是时代的口号,是它表现自己精神状态的最实际的呼声。"①每个时代总有属于它自己的问题,只要科学地认识、准确地把握、正确地解决这些问题,就能够把我们的社会不断推向前进。

坚持问题导向是马克思主义的鲜明特点,也是我们党重要的思想方法、工作方法。党的十八大以来,习近平总书记率先垂范,反复强调把问题作为研究制定政策的起点,把工作的着力点放在解决最突出的矛盾和问题上,为我们提供了根本遵循、指明了前进方向。

《关于在全党大兴调查研究的工作方案》聚焦党和国家事业发展全局,紧扣人民群众急难愁盼和经济社会发展实际,梳理了12个方面的重点问题、具体问题、老大难问题。如何解决这些问题?刻舟求剑不行,闭门造车不行,异想天开更不行,关键是以解决问题为根本目的,直奔问题而去,实行问题大梳理、难题大排查,着力打通贯彻执行中的堵点淤点难点。

一要走"深"。增强问题意识,是做好调查研究工作的重要基础。问

① 《马克思恩格斯全集》第四十卷,人民出版社1982年版,第289、290页。

题意识到不到位,能不能抓住关键问题,直接决定调查研究工作的成效。现实中,有的领导干部调研前缺乏思考与规划,满足于"走一圈、看一下、听一遍、讲一通",结果只能是"走马观花来、稀里糊涂走";有的一味拼规模、耗时间,"撒胡椒面"般平均用力,功夫下了一箩筐,收获却是两粒米……调研不是旅游,不是"走秀",不能打无准备之仗,必须有针对性,用问题导向引领调研方向,哪个方面问题突出就要聚焦哪个方面,哪个环节出问题就要调研哪个环节。

二要做"细"。毛泽东同志说过:"你完完全全调查明白了,你对那个问题就有解决的办法了。"[①]问题无处不在、无时不有,关键是要敢于正视问题、善于发现问题,找出解决问题的新视角、新思路和新对策。现实中,出现了一些关于问题导向的误区。比如有的蜻蜓点水、浮光掠影,只能看到问题表象;有的预设观点、按需求证,被问题牵着鼻子走;有的只听顺耳话,不听逆耳言,缺少真解决的勇气和作风……坚持问题导向,必须带着问题仔细看、带着问题精细析,掌握实情、把脉问诊,穿透问题迷雾,把握问题本质。

三须求"实"。解决问题,是调查研究的出发点,也是落脚点。如果找出问题后就束之高阁,既不及时回应,也不跟踪问效,只是热衷于请领导批示、送刊物发表,将调研成果停留在纸面上,这样的"调研"就毫无价值。坚持问题导向,就要善于把认识和化解矛盾作为打开工作局面的突破口,确保把调研成果转化为实际成效;要把调研与履职结合起来,确保"事事有着落,件件有回音",以直面问题作为践行群众路线的切入口;要把调研与检视整改问题结合起来,对发现的问题深挖根源、检视反思,坚持立行立改、即知即改。

问题的指向,就是调研的方向。当前,我国发展面临新的战略机遇、新的战略任务、新的战略阶段、新的战略要求、新的战略环境,迫切需要通

---

① 《毛泽东选集》第一卷,人民出版社 2006 年版,第 110 页。

过调查研究找到破解难题的办法和路径。只有坚持问题导向、增强问题意识,才能真正把情况摸清、把问题找准、把对策提实,不断提出真正解决问题的新思路新办法,推动中央各项决策部署在基层落地生根、开花结果。

四、调查研究必须坚持攻坚克难

敢于攻坚克难,是百年来共产党人的鲜明品格,是新征程调查研究必须坚持的重要原则。

衡量调研搞得好不好,关键要看能不能把难题解决好。对于调查研究,习近平总书记多次强调:"多到分管领域的基层一线去,多到困难多、群众意见集中、工作打不开局面的地方去,体察实情、解剖麻雀,全面掌握情况,做到心中有数。"①为我们用好调查研究传家宝指明了前进方向、提供了重要遵循。

当前,世界百年未有之大变局加速演进,国内改革发展稳定面临不少深层次矛盾躲不开、绕不过,各种风险挑战、困难问题比以往更加严峻复杂,迫切需要通过调查研究把握事物的本质和规律,找到破解难题的办法和路径。我们必须知重负重,在调查研究过程中坚持攻坚克难,强化斗争意识,发扬斗争精神,增强斗争本领,面对困难"敢叫板"、面对难题"不退缩"、面对矛盾"能冲锋",全力把调查研究成果转化为推进工作、战胜困难的实际成效。

坚持攻坚克难,要强化斗争意识。"明者防祸于未萌,智者图患于将来。"然而,一些领导干部对不良风气和坏苗头或视而不见,或习以为常,从而酿成不小的祸患;一些领导干部避开人民群众的急难愁盼,轻描淡写、笼而统之,避实就虚只"报喜"……《关于在全党大兴调查研究的工作方案》指出要围绕12个主要方面,梳理出一些重点问题、具体问题、老大

---

① 《中共中央政治局召开民主生活会强调 坚持团结奋斗 贯彻落实好党的二十大重大决策部署》,《人民日报》2022年12月28日。

难问题。这都是直接关系到社会健康发展的现实问题，也是我们攻坚克难的方向。担子要拣沉的挑，任务要冲难的选，有关部门要全面梳理、深入分析调研情况，特别要对群众最盼、最急、最忧、最怨的问题，主动调研、抓住不放，才能听到实话、获得真知、收到实效。

坚持攻坚克难，要发扬斗争精神。要战胜前进道路上的各种风险挑战，没有斗争精神是不行的。然而，一些领导干部"嫌贫爱富"，只到工作局面好和先进的地方去总结经验，鲜少到困难较多、情况复杂、矛盾尖锐的地方去研究问题，更不用提到群众意见多、工作做得差的地方去；一些领导干部"选择性屏蔽"信息，只喜欢听群众的顺耳话，过滤群众的逆耳言；还有些领导干部拒绝啃"硬骨头"，主动躲险滩、避难题，不碰难题积案和顽瘴痼疾……一番"糊弄"下，调研效果必然大打折扣。调研中，面对各种突出问题和现实困难，广大党员干部必须勇于涉险滩、破难题，敢于知难而进、迎难而上，在敢战能胜中展现作为与担当。

坚持攻坚克难，要增强斗争本领。斗争本领不是与生俱来的，只有在复杂严峻的斗争中经风雨、见世面、壮筋骨，才能真正锻造成为烈火真金。一些领导干部享受"被安排"，他们按照"脚本"练、跟着"预演"走，习惯于"盆景式"调研；一些领导干部调而不研、回避矛盾，只注重调研形式，不能真正解决问题……种种现象背后，根本问题是斗争本领不强。必须学懂弄通做实党的创新理论，掌握马克思主义立场观点方法，夯实敢于斗争、善于斗争的思想根基；必须既当指挥员，又当战斗员，到困难大、矛盾多的地方，练胆魄、磨意志、长才干；必须准确识变、科学应变、主动求变，做好应对任何形式的矛盾风险挑战的准备。

调查研究不仅是一种工作方法，而且是关系党和人民事业得失成败的大问题。它不是轻轻松松敲锣打鼓就能完成的，特别是对那些具有普遍性和制度性的问题、涉及改革发展稳定的深层次关键性问题，以及难题积案和顽瘴痼疾更不能等闲视之。做好事关全局的战略性调研、破解复杂难题的对策性调研、新时代新情况的前瞻性调研、重大工作项目的跟踪性调研、典型案例的解剖式调研、推动落实的督查式调研,无不需要发扬斗争精神,突出重点、直击要害,无不需要依靠顽强斗争打开事业发展新天地。

五、调查研究必须坚持系统观念

唯物辩证法认为,万事万物是相互联系、相互依存的。只有坚持系统观念,才能把握事物之间的普遍联系,实现多重目标间动态平衡、整体推进。

在全党大兴调查研究,不是为了调研而调研,是冲着解决新征程上的各种风险挑战去的,是为了全面顺利地推进中国式现代化。风险挑战纷繁复杂,"小浪花"也可能酿成"惊天浪";中国式现代化任重道远,"是最难的,也是最伟大的"。新征程上用好调查研究这个传家宝,必须立足新形势新任务,坚持系统观念,发展地而不是静止地、辩证地而不是形而上学地、全面地而不是片面地、系统地而不是零散地、普遍联系地而不是单一孤立地观察事物和把握问题,切实找到破解难题的办法和路径。

系统观念是马克思主义认识论和方法论的基本观点,是中国共产党人重要的思想和工作方法。在革命、建设、改革的各个历史时期,我们党始终注重运用系统观念来认识世界和改造世界。党的十八大以来,从扎实做好"六稳""六保"工作,到高效统筹疫情防控和经济社会发展,从善于"弹钢琴""转盘子",到把政治经济、宏观微观、战略战术有机结合起来,我们党之所以能从容应对各类风险挑战,推动党和国家事业取得历史性成就、发生历史性变革,一条重要经验就是以系统观念观大势、看问题、作决策。眼下在全党大兴调查研究,也要把系统观念贯穿始终,全面系统地看待问题,把握好全局和局部、当前和长远、宏观和微观、主要矛盾和次要矛盾、特殊和一般的关系。

坚持系统观念,需加强前瞻性思考。现实中存在的问题有很多,只有未雨绸缪、做足功课,调查研究才能发现真问题;反之,如果临渴掘井,往往往会措手不及，调查研究也很难触及问题根本。加强前瞻性思考，就要善于下先手棋、打主动仗，科学预见形势发展的未来走势、蕴藏其中的机遇和挑战、有利因素和不利因素，通过历史看现实、透过现象看本质，不断增强调查研究的预见性和敏捷度，在事情刚露出一点苗头时就能看到它的性质和发展方向。

坚持系统观念，需加强全局性谋划。不从全局考虑问题，往往容易顾此失彼、进退失据，陷入捡了芝麻丢西瓜、补了东墙短西墙的困境。古人讲"不谋全局者，不足谋一域"，习近平总书记也反复强调要站在全局和战略的高度想问题、办事情。加强全局性谋划，就要善于从全局上看问题，把具体工作放到全局中进行思考和定位，既登高望远、胸怀大局，又以小见大、积微成著，既为一域争光，也为全局添彩，既要提高总揽全局的科学思维能力，也要强化"致广大而尽精微"的使命担当。

坚持系统观念，需加强整体性推进。经济社会发展是一个高度耦合、系统集成的统一整体，各个部分、各个环节紧密联系、相互作用。无论是一个国家还是一个单位，抑或一个部门，都要善于从整体上考虑并解决问题，防止畸轻畸重、单兵突进、顾此失彼。加强整体性推进，就要善于全方位、全领域、全过程协调推进调查研究，注重各种要素、各项工作的关联性、互促性，在扬长避短中提升整体效能，在统筹兼顾中实现协同发展，努力做到全局和局部相配套、治本和治标相结合、渐进和突破相衔接，实现整体推进和重点突破相统一。

邓小平同志说过："有些事从局部看可行，从大局看不可行；有些事从局部看不可行，从大局看可行。"[1]只有坚持系统观念，全面系统辩证地看问题，才能把握事物发展规律，弄清楚到底行不行。调查研究的任务越复杂，挑战越严峻，越要坚持系统观念，深入实际、深入基层、深入群众调查了解情况，前瞻性思考、全局性谋划、整体性推进各项事业。

---

① 《邓小平文选》第二卷，人民出版社1994年版，第82页。

【延伸阅读】

习近平的调研故事

2023 年 3 月,中共中央办公厅印发工作方案并发出通知,在全党大兴调查研究,作为在全党开展的学习贯彻习近平新时代中国特色社会主义思想主题教育的重要内容,推动全面建设社会主义现代化国家开好局起好步。

调查研究,是我们党的传家宝,是一代代中国共产党人从胜利走向胜利的谋事之基、成事之道。

滹沱河畔,太行深处,南海之滨,雪域高原……从农村大队党支部书记到党中央总书记,习近平同志一路走来,始终不忘百年大党的优良传统,足迹遍布大江南北,身影常在人民之中,为全党大兴调查研究作出光辉榜样。

创造伟业的法宝——"调查研究是谋事之基、成事之道。没有调查,就没有发言权,更没有决策权"

2023 年 5 月,草木蔓发,万物蓬勃,习近平总书记第三次踏上雄安这片热土。

第一次来雄安,是 2017 年 2 月初春时节,总书记深入核心地块,展开图纸,实地调研新城的规划。

第二次,2019 年 1 月,辞旧迎新之际,雄安正值以规划为中心向以建设为中心转变的阶段,总书记来到一个个热火朝天的建设现场,鼓励建设者们"高质量高标准推动雄安新区规划建设"。

这一次,总书记先后深入雄安站、容东片区南文营社区、雄安城际站及国贸中心项目建设现场等地调研,明确雄安新区"已进入大规模建设与承接北京非首都功能疏解并重阶段"。

从战略谋划,到编制规划,再到推进建设,6 年多里,每逢雄安建设重要节点,习近平总书记总会深入新区实地调研,同大家共商千年大计,亲自推动一座高水平现代化城市拔节生长。

通过调查研究掌握实情、抓住症结、解决问题,是习近平总书记一贯的工作方式。这种方式源于我们党的优良传统和作风。

可以说,重视调查研究,是我们党在各个历史时期做好领导工作的重要传家宝。

20多年前,习近平同志到浙江工作不久,有人请他谈谈"施政纲领"。他笑着说,我刚刚来,还没有发言权。到时候,我是要说的。

都说"新官上任三把火",这位"新官"为什么不着急"点火"?《干在实处 走在前列》一书记录着习近平同志主政浙江期间的思考和实践,他在书中道明原委:

"'只有那些主观地、片面地和表面地看问题的人,跑到一个地方,不问环境的情况,不看事情的全体(事情的历史和全部现状),也不触到事情的本质(事情的性质及此一事情和其他事情的内部联系),就自以为是地发号施令起来,这样的人是没有不跌交子的。'我牢记毛泽东同志的至理名言"。

毛泽东同志开创了我们党重视调查研究之先风,他通过深入调研撰写的《湖南农民运动考察报告》《寻乌调查》等,对习近平同志产生深远影响。

2011年面对中央党校学员,习近平同志提到,毛泽东同志1930年在寻乌县调查时直接同各界群众开调查会以掌握大量第一手材料,表示"这种深入、唯实的作风值得我们学习";2020年9月,在湖南考察时,总书记提到《湖南农民运动考察报告》,要求各级干部要密切联系群众;2022年3月,面对广大中青年干部,总书记谈及毛泽东同志1941年8月主持起草的《中共中央关于调查研究的决定》,强调"这些要求和方法,至今仍然具有重要启示意义"。

"没有调查,没有发言权""凡是没有办法的时候,就去调查研究"……毛泽东等老一辈革命家关于调查研究的高度重视和深入实践,影响了一代又一代中国共产党人。

2021年9月,在陕西榆林考察的习近平总书记走进绥德县的郝家桥村。

郝家桥村是中共绥德地委在1943年春,经过1个多月调查研究,挖掘、树立的一个模范村。78年过去,模范村再获一份"楷模"称号:"全国脱贫攻坚楷模"。

总结先进经验,习近平总书记一语中的:"调查研究。通过下实实在在的功夫,掌握第一手资料"。

作风、精神穿越时空,历久弥新。

2013年7月21日上午,习近平总书记来到武汉新港阳逻集装箱港区考察调研。

冒着瓢泼大雨,总书记卷起裤腿,打着雨伞,蹚着积水边走边看边问:"内地港口是不是发展潜力很大,到东南沿海的集装箱多吗?""如何解决投资资金问题的?"……

两天后,习近平总书记在武汉召开的部分省市负责人座谈会上强调:"调查研究是谋事之基、成事之道。没有调查,就没有发言权,更没有决策权。研究、思考、确定全面深化改革的思路和重大举措,刻舟求剑不行,闭门造车不行,异想天开更不行,必须进行全面深入的调查研究。"

回望走过的路,能够看得更加清楚,习近平总书记治国理政善用调查研究,这是他在长期工作实践中培养起来的工作方法和优秀品格。

陕北的知青岁月,习近平同农民同吃同住同劳动,体味了最苦、最难的农村生活;在正定,习近平同志跑遍了所有村;在宁德,到任3个月就走遍了9个县,后来又跑遍了绝大部分乡镇;到任浙江后,用一年多时间跑遍了全省90个县市区;在上海,7个月就跑遍了全市19个区县……

"当县委书记一定要跑遍所有的村,当地(市)委书记一定要跑遍所有的乡镇,当省委书记一定要跑遍所有的县市区。"在地方工作时,靠着一个"跑遍",让习近平同志掌握了基层、读懂了中国。

"了解中国是要花一番功夫的,只看一两个地方是不够的。"到中央工作后,基层考察调研更是占据了习近平总书记繁忙日程表的重要部分。

从东北林海到边远山乡,从城镇社区到边卡哨所,总书记不避寒暑、不辞辛劳,深入基层、深入群众,听真话、察真情,密切联系群众,深入调查研究。

言传身教,继往开来。

"吾人为新南开所抱之志愿,不外'知中国''服务中国'二语。"

2019年1月,在天津考察时,习近平总书记来到南开大学。在校史馆,习近平总书记轻声念诵这段话,细细揣摩:"说得好!"

每一次深入调研就是一次躬行求知。唯有将调查研究这一共产党人的优良传统接续传承、发扬光大,才能"知中国"更深,"服务中国"更好。

讲求方法的艺术——"一定要保持求真务实的作风,努力在求深、求实、求细、求准、求效上下工夫"

2023年5月16日下午,在赴陕西西安主持中国—中亚峰会途中,习近平总书记乘坐的专列停在了山西运城。

考察运城博物馆和运城盐湖,了解文物保护工作和黄河流域生态……中途停车,多走一走,多看一看,总书记在忙碌的行程中"挤"出时间开展调查研究。

在习近平总书记心中,调查研究始终是做好各项工作的基础。

一位长期在浙江工作的记者保存着一份珍贵的日程表,这是2002年10月12日至2003年2月27日,习近平同志每天的工作行程。履新浙江省委书记后的两个多月里,习近平同志到市、县(市、区)和省直部门调研的时间超过工作时间的一半,还经常利用周末到各地各部门调研。

《之江新语》开篇之作便是习近平同志在浙江撰写的《调研工作务求"深、实、细、准、效"》。文章指出,全省"各级领导干部在调研工作中,一定要保持求真务实的作风,努力在求深、求实、求细、求准、求效上下工夫"。

深、实、细、准、效——这是习近平同志为大家调研工作立下的"规矩"，也是他多年调查研究的经验总结。

"到街上去!"

1984年10月，伴随着县委书记习近平的提议，河北正定县历史上第一次问卷调查正式启动。县委书记习近平，亲自站在县城街头向百姓发放调查表。

"民意调查表"，有人念出了声，知道是咋回事后，主动凑到书记面前来拉话。不一会儿，围上来的人越来越多。习近平同志请大家坐下聊，当场征询意见，解答问题。

从设计问题到把桌子摆上街头、发放调查表，习近平同志亲力亲为、带着县委工作人员一起做。

问需于民、问计于民。30多年后，"民意调查表"从街头发到了网上。

2022年4月15日至5月16日，党的二十大相关工作网络征求意见活动开展。这是我们党历史上第一次将党的全国代表大会相关工作面向全党全社会公开征求意见。活动开展前后，习近平总书记都作出重要指示批示，强调这是"全党全社会为国家发展、民族复兴献计献策的一种有效方式，也是全过程人民民主的生动体现"。

在习近平总书记心中，调查研究是"一项讲求方法的艺术"。

"走，我们去跟谁聊聊。"

时隔30多年，曾在正定县委工作的李亚平依然清楚地记得习书记常说的这句话。"他能接触三教九流的能人，这也是他深入社会进行调查的一种方式。"李亚平说。

在基层教育一线工作了30年，湖南省常宁市塔山瑶族乡中心小学副校长盘玖仁没有想到，有一天能当面向习近平总书记汇报工作，提出"十四五"规划编制的意见和建议。

2020年9月17日，习近平总书记在湖南长沙主持召开基层代表座谈会。

"首先是教师数量不足，存在结构性缺编；其次是条件艰苦，好的老师留不住……"盘玖仁坦言偏远民族地区基础教育中存在的短板。

"你反映的问题很实际。"总书记回应道。

村支书、乡村教师、扶贫干部、农民工、种粮大户、货车司机、快递小哥、餐馆店主、法律工作者……30名基层代表齐聚一堂,10名代表先后发言。两个多小时的座谈会上,习近平总书记同每一位发言代表都进行了交流。

为了起草好"十四五"规划建议,从2020年7月到9月,像这样的座谈会,习近平总书记主持召开了7场。

在田间小路、在菁菁校园、在港口码头、在科技攻关一线……习近平总书记利用各种场合同基层群众深入交流,听取意见,了解实情。

不仅同干部群众面对面交流,通过来信、材料、书籍了解情况、推动工作,也是习近平总书记开展调查研究的重要方法。

2016年6月,我国考古文博界老专家宿白、谢辰生、黄景略和张忠培联合致信习近平总书记,言辞恳切:"我们有把握地认为,良渚遗址是中华五千年文明当之无愧的见证。"他们表示,良渚遗址尽早申遗,可以在国际舞台"为中华五千年文明树立一处标志"。

这封信,很快有了回音。

2016年7月,习近平总书记作出重要指示:"申报项目要有利于突出中华文明历史文化价值,有利于体现中华民族精神追求,有利于向世人展示全面真实的古代中国和现代中国。"良渚申遗从此进入快车道,"三个有利于"成为中国申遗工作的重要遵循。

在河北,熬夜看公社经济社会发展年报;在福建,下乡调研时特意找来县志、府志挑灯夜读;在浙江,仔细阅读每一份办公厅机关干部的基层调研报告,掌握"原汁原味"的基层情况;履新上海不久,就让市委办公厅找相关部门给他提供一套上海地方志……

习近平同志说:"调查研究就是要了解一个地方的情况,掌握一个地方的特点,这样才能有效地指导工作。"

重庆市石柱县中益乡华溪村地处武陵山集中连片特困地区。这里山路蜿蜒、坡急沟深，是总书记常常念及的"贫中之贫、困中之困"，是脱贫攻坚决战阶段"难啃的硬骨头"。

坐飞机、乘火车、转汽车……2019年4月，习近平总书记换乘3种交通工具，长途跋涉，来到这个大山深处的小村庄。

用一天时间，从北京到山村，一路奔波，一竿子插到底，为的就是"解剖"华溪村这只"麻雀"，解决"两不愁三保障"突出问题。

"解剖麻雀，把问题想深、想细、想透，有什么问题就解决什么问题，是谁的问题就由谁来解决。"总书记多次强调。

既要解剖典型，又要把握全局。

燕山脚下、渤海之滨、太行之畔，跨越三省市，调研谋划京津冀协同发展重大战略；上游、中游、下游，走遍沿黄9省区，为了大河岁岁安澜；黑龙江、吉林、辽宁，整体调研东三省，擘画新时代东北全面振兴图景；自赣州至南昌，深入江西的企业、乡村，将推动中部地区崛起的重大课题列入考察日程……

习近平总书记聚焦国家重大战略，精心选择考察调研的路线，使调查研究更加系统，决策部署更为科学。

2021年5月，中原大地正值初夏。

正在河南南阳考察的习近平总书记，途中临时下车，走进麦田，仔细察看庄稼长势。看到丰收在望，总书记十分高兴："夏粮丰收了，全年经济就托底了。"

4个月后，黄土高原秋风习习。

陕西米脂县银州街道高西沟村，山下农田丰收在望。来这里调研的习近平总书记又一次临时叫停了车。

"庄稼能不能浇上水""地里有没有套种豆子""家里几口人出去打工"……总书记同乡亲们拉起话来。

临时停车，开展机动式调研，为的是多了解一些"时时放心不下"的情况。

重视调研、善于调研、深入调研,习近平总书记以"调研开路",发现问题、认识国情、寻求规律,为全党上了生动的调研方法课。

解决问题的钥匙——"关键要看调查研究的实效,看调研成果的运用,看能不能把问题解决好"

党的十八大提出,到 2020 年实现全面建成小康社会。

大会闭幕不久,冒着零下十几摄氏度的严寒,习近平总书记的身影出现在太行山深处河北阜平。

这次调研是习近平总书记亲自提出的。全面建成小康社会,最艰巨最繁重的任务在农村、特别是在贫困地区。这次来,"目的只有一个,就是看真贫、扶真贫、真扶贫"。

目的地选在距京 300 多公里、年人均纯收入不到 1000 元的特困村;村民家里保持原样,没有添置哪怕一个新板凳;总书记顶风踏雪访贫问苦,盘腿上炕同村民共话家常……正如总书记所强调的,"不管路多远、条件多艰苦,都要服从于此行的目的"。

摸清贫困底数,扶贫才能心里有数。

通过这次调研,习近平总书记为阜平找到了产业发展的"金钥匙",也向全党全国发出脱贫攻坚动员令,拉开了实现近 1 亿人脱贫奇迹的大幕。

把脉问诊察实情,开出良方办实事。

在八闽大地以调研明方向——面对当地林改试点中的问题和争议,时任省长的习近平亲自到点上考察,详细了解百姓意见建议,明确林改方向。集体林权制度改革,由福建小山村向全国拓展。

在钱塘江畔以调研解民忧——时任浙江省委书记的习近平在丽水调研时发现,因为贫困,很多农民初中毕业就出去打工,文化水平低,工资也低。于是,他积极研究推动为贫困地区的孩子提供免费中专教育,为欠发达地区解决发展问题寻找治本之策。

在贺兰山下以调研促发展——26 年前,习近平同志亲赴西海固进行扶贫考察，下定决心推进对口帮扶，让"山"与"海"结下情缘。此后，又多次赴宁夏考察，根据新情况推动闽宁协作不断转型升级……

一回回跋山涉水，务求察实情，大兴实干风；一程程披荆斩棘，直奔难题去，引领渡难关。

2020年5月24日，人民大会堂东大厅。十三届全国人大三次会议湖北代表团审议现场，温情涌动。

面对习近平总书记，来自武汉的禹诚代表发言时哽咽了，她从座位上站起身来深深鞠了一躬："来之前，大家委托我一定要说一声'谢谢'！感谢总书记，感谢党中央，感谢所有支持湖北和武汉的全国人民和各界朋友们。"会场里，掌声经久不息。

这一幕，缘于两个多月前的一声细心叮嘱。

2020年3月，正是新冠疫情防控最吃劲的阶段，习近平总书记飞赴武汉，访医院、入社区，深入抗击疫情的"两个关键阵地"考察调研，指挥抗疫。

在东湖新城社区，习近平总书记详细询问社区群众生活物资采购和供应方面有哪些困难，对随行的干部说，武汉人喜欢吃活鱼，在条件允许的情况下应多组织供应。

民生小事，关乎抗疫大局。

从生活物资供应到药品研发生产，从基层防控工作到企业复工复产，疫情发生后仅半年多时间里，习近平总书记9次实地考察指导疫情防控和经济社会发展工作。

不为装样子、不搞花架子，习近平总书记以调查研究察实情、出实招、办实事。

在河南，首提"新常态"，深刻指明我国当前和今后一个时期经济发展的大逻辑；

在山西，开出改革创新"药方"，纾解当地产业结构失衡、生态破坏严重等切肤之痛，蹚出资源型地区经济转型新路子；

南海之滨谈育种、渤海之畔问耕地,在考察调研中反复强调攥紧中国种子、端稳中国饭碗;

......

志不求易、事不避难,狠抓整改、紧盯落实。

"要做到全村最好的房子是学校",在正定工作时,为督促各乡镇、各村整修校舍,习近平同志一有时间就去学校转,哪间教室是危房、危险到什么程度,都一一记录。

这样的行事风格,数十年一以贯之。

祁连山,我国西部重要的生态安全屏障,局部生态却一度遭到严重破坏。对此,习近平总书记多次作出重要指示,推动以壮士断腕的决心狠抓整改。

2019年8月,正在甘肃考察的习近平总书记专程来到祁连山下,现场听取祁连山生态问题整改情况汇报,语重心长叮嘱:"我们发展到这个阶段,不能踩着西瓜皮往下溜,而是要继续爬坡过坎,实现高质量发展,绿水青山就可以成为金山银山。"

先后6次针对秦岭违建别墅问题作出指示批示,推动彻底查处整而未治、阳奉阴违、禁而不绝问题。2020年4月,习近平总书记深入秦岭腹地,实地了解秦岭生态保护工作情况,谆谆告诫:"秦岭违建是一个大教训。从今往后,在陕西当干部,首先要了解这个教训,切勿重蹈覆辙,切实做守护秦岭生态的卫士。"

亲自督查,亲自"验收"。调研"考卷"里,"考"的是整改落实,是责任担当。

2014年4月27日上午,北京飞往新疆的专机上,习近平总书记在桌上铺开新疆地图仔细察看。

这样的场景,似曾相识。

1990年的一个夏日,刚刚担任福州市委书记不久的习近平乘船考察。客轮桌子上,摊开一份福州市地图。

每到一地考察,习近平总书记总让工作人员拿来地图。经年习惯凸显出总书记善谋全局的智慧与韬略。

也正因如此,习近平总书记总能在调研中为看似没有道路的地方探出道路,对看似没有答案的问题作出解答。

2020年3月底,习近平总书记来到浙江考察,冒雨来到宁波舟山港,一路调研、一路思考。

疫情冲击下,国外原材料进不来、国内货物出不去,使得这个民营经济和外向型经济占重要地位的经济大省受到影响。

"我感觉到,现在的形势已经很不一样了,大进大出的环境条件已经变化,必须根据新的形势提出引领发展的新思路。"回京后不过十几天,习近平总书记便在中央财经委员会第七次会议上提出了"构建以国内大循环为主体、国内国际双循环相互促进的新发展格局"。这一着眼全局的战略谋划,成为把握发展主动权的先手棋。

历经万人问卷、千人调研、百人论证,明确福州3年、8年、20年发展规划;几乎跑遍浙江山山水水,酝酿提出"八八战略"这一统领全省发展的总纲;2个多月连开5场党的二十大报告起草和党章修改工作征求意见座谈会,为新征程绘出宏伟蓝图……

山一程,水一程,习近平总书记踏在中国大地上的坚实足印,串起一条条发展新路径,走出一个个事业新局面。

联系群众的途径——"能不能坚持群众观点?能不能接地气?要做到这一点,坚持调查研究是一种很重要的方式"

岭南四月,习近平总书记到广东考察调研,"了解一下党的二十大以来都有哪些新进展新气象"。

第一站湛江。沿雷州半岛南下,一直到我国大陆的最南端,他一天之内先后察看了国家863计划项目海水养殖种子工程南方基地、麻章区湖光镇金牛岛红树林片区、徐闻港、徐闻县大水桥水库4个地方。

迎着朝阳出发,沐浴夜色而归,为的是多看一看当地的发展变化,了解掌握更多实际情况。

"很亲切、很和蔼""没想到总书记对海洋渔业这么了解""问得很细致、很具体"……这是基层群众见到这位"人民的勤务员"的真切感受。

"深受鼓舞,再一次受到走党的群众路线、大兴调查研究之风的生动而深刻的教育。"这是随同考察的党员干部的心声。

对于调查研究的深意和旨归,习近平总书记有着深刻思考:"回顾我们党的发展历程可以清楚地看到,什么时候全党从上到下重视并坚持和加强调查研究,党的工作决策和指导方针符合客观实际,党的事业就顺利发展"。

在河北正定担任县委书记时,一辆旧凤凰"二八"自行车,陪伴习近平同志穿梭于乡间田野,奔波在滹沱河两岸。

正定县委当时有吉普车,但他觉得,还是骑自行车下乡好,这样可以离百姓更近,听得更真,看得更实。"县领导必须充分掌握基层情况,这样才能分类指导。"

几十年后,他把自己的"县委书记经"分享给后辈。

2015年1月,习近平总书记在北京人民大会堂主持召开座谈会,同200余名中央党校第一期县委书记研修班学员畅谈交流,对大家提出要求:"要把调查研究作为基本功,深入基层、深入群众、深入实际,了解情况、问计于民。"

习近平总书记一以贯之重视调查研究,不仅因其是一种行之有效的工作方法,更因其是党员领导干部作风建设的试金石,关系着党和人民事业的得失成败。

1983年夏天,在正定县农村的一条土路上,县委书记习近平一行人的车陷入泥泞。

有干部见村民走了过来,便请帮着推车。不料,见是当官的,村民不仅不推,嘴上还骂骂咧咧。

那名干部正要发火,一旁的习近平同志一把拉住他,说:"群众为什么骂人？应该反思我们自己。"

这件事令习近平同志深受触动。

不久后，正定县委印发改进领导作风的"六项规定"，其中一条就是"反对官衙作风，注重工作实效。要在调查研究上狠下功夫，实现新的突破""每年要有三分之一以上的时间深入基层，研究新情况，解决新问题"。

党的十八大后，中央八项规定出台，"改进调查研究"同样位列第一条。

从"六项规定"到"八项规定"，调查研究这个"加强党的作风建设的切入点和重要环节"始终是头等大事。

头戴矿工帽、身穿矿工服，在近千米深的地下矿井里，同一线工人亲切合影——一张老照片，记录着时任浙江省委书记习近平同志到长兴县长广煤矿调研的往事。

那是 2005 年 1 月 26 日，慰问困难职工后，习近平同志提出，下井看望矿工。随行的工作人员担心下矿井有风险，劝他不要下去。但习近平同志坚持要下井看望。井洞里，巷道高低不平，身材高大的习近平同志弓背弯腰走了 1500 多米。

见到正在作业的矿工，习近平同志走上前去一一握手，一一问好。他说，安全生产是第一位的，一定要珍爱每一位矿工的生命，让大家高高兴兴下井、平平安安回家。

开展调查研究就是走群众路线。坚持群众路线，就是坚持人民是决定党和国家前途命运的根本力量。

福建省宁德市寿宁县下党乡曾是福建唯一无公路、无自来水、无照明电、无财政收入、无政府办公场所的"五无乡镇"，乡亲们"就连养猪都怕太肥，不好抬出大山去卖"。

上世纪八九十年代，习近平同志在福建工作期间曾三赴下党，路走不通就砍掉荆棘过去，同村民共谋脱贫计。

收录了在宁德工作期间重要讲话和文章的《摆脱贫困》一书中，习近平同志这样指出：要经常深入基层、深入群众，积极疏通和拓宽同人民群众联系的渠道。

2011年11月,时任中共中央政治局常委、中央书记处书记、中央党校校长的习近平,在中央党校秋季学期第二批入学学员开学典礼上,聚焦调查研究问题发表讲话,告诫广大党员干部"既要听群众的顺耳话,也要听群众的逆耳言","尤其对群众最盼、最急、最忧、最怨的问题更要主动调研,抓住不放"。

长长的调查研究之路,"人民"二字伴随始终。

2013年7月,党的群众路线教育实践活动开始不久,习近平总书记来到他所联系的河北省调研指导。

在九月会议旧址,总书记同当地干部群众围坐谈心,梁家沟村民陈素梅就在其中。

座谈会上,习近平总书记强调,"领导干部要以身作则""解决干部身上的作风问题,群众也有责任,这种责任就是多提建议、认真监督"。

这些话,让陈素梅打心眼儿里觉得"党心和民心是紧紧相连的"。

2003年9月18日的一幕,浙江浦江县村民蒋星剑至今记忆犹新。

那天,省委书记习近平将他在浙江下基层接待信访群众的第一站选在了浦江。浦江中学会议室里,蒋星剑第一个发言,反映省道浦江段拓宽改造问题。

"修路需要协调几个区县,当时浦江县财政又紧张,群众的要求一年年被搁置。习书记一边听我反映情况,一边摊开地图仔细察看,还请坐在一旁的省交通厅厅长提出解决方案,听完就当场拍了板:不仅要建,而且要建好。"蒋星剑说,"习书记的担当和亲和,都让我们深深感动。"

从浦江开始,领导下访接待群众制度在浙江逐步推开。

从党的群众路线教育实践活动,到"三严三实"专题教育、"两学一做"学习教育、"不忘初心、牢记使命"主题教育、党史学习教育,再到学习贯彻习近平新时代中国特色社会主义思想主题教育……强调大兴调查研究,解决群众急难愁盼问题,如一条红线贯穿始终。

2013 年 7 月,在中央军委专题民主生活会上,习近平总书记言辞恳切:"对高级干部来说,能不能坚持群众观点?能不能接地气?要做到这一点,坚持调查研究是一种很重要的方式。"

2015 年 7 月,在吉林同企业职工座谈时,总书记话语真挚:"各级干部都是人民的勤务员,我们来调研就是希望大家开门见山、一吐为快,这有利于我们听真话、接地气。"

2021 年 3 月,在中央党校(国家行政学院)面对广大中青年干部,总书记谆谆教诲:"要拜人民为师,甘当小学生,特别要多交几个能说心里话的基层朋友,这样才有利于了解真实情况,才有利于把工作做好。"

"一切为了群众,一切依靠群众,从群众中来,到群众中去",习近平总书记身体力行,为全党作出表率。

2022 年 4 月,海南五指山下,毛纳村的凉亭内,乡亲们正议农事。

"来吧,咱们一块儿坐坐,都介绍介绍自己。"习近平总书记加入其中,同驻村第一书记、老党员、致富带头人代表等围坐在一起,听他们讲述乡村振兴的故事。

贵州遵义花茂村的小楼下,四川大凉山贫困户的火塘边,重庆石柱县华溪村的院子里……一个个调研座谈会开在乡野间,开在老百姓的心坎上。

深入群众、倾听民声,这是人民至上的深情。

行程万里、调查研究,这是躬身为民的风范。

(摘编自新华社 2023 年 7 月 4 日)

第二章
调查研究的主要内容及程序

进行调查研究，一定要先了解调查研究的主要内容及程序。只有了解其内容并按程序进行调查研究，我们才能做好调查研究。调查研究的主要内容及程序包括：了解调研工作基本要求，确定调研课题，设计调研方案，调查实施和资料收集，撰写调查研究报告（此部分内容在第九章有详细介绍，本章不再介绍）。

第一节　了解调研工作基本要求

开展调查研究，根本目的是解决问题。不解决问题就是形式主义，对问题听之任之就会误党误国。衡量调查研究搞得好不好，不是看调查研究的规模有多大、时间有多长，也不是光看调研报告写得怎么样，关键要看调查研究的实效，看调研成果的运用，看能不能把问题解决好。因此，要搞好调查研究，首先必须了解以下几个最基本的要求。

一、调查研究必须重视研究事物内在的规律性

调查研究所揭示的问题应该具有一定的普遍性,同时也应该具有一定的预见性和指导性,也就是我们通常讲的要长期起作用,至少要管一段时间。凡给人打烙印比较深、受欢迎的调查研究,一个共同的特点就是注重了规律的研究、探讨,在一定程度上触及了党政机关建设的一些规律。当然,探索、研究、认识党政机关建设的规律,并不是件容易的事,它需要大量掌握现实材料,需要正反两个方面经验的对比研究,尤其需要细心的观察和"发现"。要善于"小中见大",见微知著,善于从许多分散的体会、经验和教训中找到事物发展的内在联系,以此增强工作的预见性。

二、调查研究必须注重政策性

党政机关对工作的指导主要是政策指导、理论指导和典型指导。这三种指导形式各有其作用,但相比之下,政策指导往往更带有全局性、根本性。因为政策的作用是巨大的。如果调查研究要着眼于全局,那么首先就应该更多地关注工作中的一些政策、制度方面的问题;如果调查研究的目的是出主意、拿办法的话,那么只有把这些主意、办法上升为政策、规定,才能从根本上、长远上解决问题。

围绕政策、制度进行调查研究,要注意从两个方面去思考:一是做好党和国家的政策、规定细化的工作,针对实际,提出贯彻落实意见,把上级的政策化为本级的工作思路;二是善于把群众创造的经验规范化。人民群众在认识和改造世界的实践中,经常有一些新的东西创造出来,有些开始时也许不起眼,但很有生命力。党政机关的责任,就在于及时发现、总结它们,使零碎的东西系统化,变群众的经验为党政机关的法规,以规范和指导工作。

三、调查研究必须体现全局性

着眼于全局,提高宏观分析、宏观控制、宏观决策的能力,是党政机关

工作的一个显著特点。这就要求我们的调查研究工作也必须注重从全局上观察、分析问题,提出解决问题的对策及途径。能否做到这一点,直接关系到调查研究成果的意义和价值的大小。

一是要跟上形势,是指跟上时代步伐,及时了解国际国内形势的变化,了解党中央和国务院提出的一些重大方针政策,尤其要了解和掌握形势的变化给领导工作包括各项业务工作带来的新情况和新问题。只有这样,才能使我们的调查研究富有时代感和生命力。

二是要处理好两个关系,是指处理好中心工作与业务工作、综合调查研究与专题调查研究的关系。在党政机关工作的整体中,决定全局、关系全局的是中心工作,各业务部门的工作,都要受其影响和制约。业务性的调查研究不可少,但任何业务性的调查研究,从主题的确立、提纲的设置到调查材料的形成,都应该充分考虑中心工作的要求。如果游离于中心工作之外,调查材料所分析的情况、提出的建议,往往会与党政机关建设的实际发生矛盾。这样的调查研究也就很难进入领导决策。专题同综合的关系也是这样。领导机关的一个重要特点是分工很细,如果把各项具体工作分割开来进行研究,可能很具体,但在实际工作中很难行得通。多搞一点综合调查、综合分析,把各项具体工作放到全局的位置上进行综合考虑,才能取得实在管用的研究成果,收到综合效益。

四、调查研究必须富有创造性

许多东西之所以需要调查研究,往往是因为我们对它们知之不多。所以说,学习未知、探索创新,是调查研究工作最初的动因,也是这项工作的灵魂。一个好的调查会,自然应该是畅所欲言、深入探讨的交流;一篇好的调查研究报告,也应该是有创见、有新意的材料。从一定意义上可以说,没有发现和创见的调查研究不如不调查研究。特别是在新的形势下,我们所面对的客观实际,是一个充满探索和改革创新的实际。如果缺乏敢于提出不同意见和建议、敢于"标新立异"、敢于触及问题实质的唯物主义精神,缺乏一切从实际出发、不受本本的束缚和限制、不拘泥已有的经验和做法的实事求是的态度,是难以提出真知灼见的。创造性是一个内容很宽泛的概念,善于发现新情况、总结新经验、提出新见解是一种创新;吃别人嚼过的馒头,并能嚼出新的味道,也是一种创新。调查研究的实际意义在于使我们的主观认识更加符合客观实际,创新的目的也在于促进主观与客观的统一。通过调查研究,把不符合客观的东西纠正过来,把符合客观的东西总结出来、坚持下去,也就达到了调查研究的目的。

第二节　确定调研课题

调研课题,就是指调查研究人员开展调查研究分析、探讨的问题,也是调查研究报告反映的问题。调研课题是调查研究的龙头,是事关方向性的问题,关系到调查研究成功与否、调查研究报告质量的高低。如果调研课题不好,即便花再大的力气,也很难做好调查研究。因此,党政干部要做好调查研究,首先要确定好调研课题。

一、调研课题的三种形式

调研课题通常有以下三种形式。

（一）命题调研

命题调研,即调研课题由上级事先确定,调研人员只能按照上级确定的课题开展调研,并以调研课题名为标题写作调查研究报告。

（二）半命题调研

半命题调研,即上级只规定调研课题内容的范围,具体调查研究报告的标题则由调研人员根据调研工作开展的情况选择确定。

（三）自由调研

自由调研,即上级不指定调研范围或具体问题,由调研人员根据工作实际结合自己的兴趣自行选择调研课题和调查研究报告的标题。实际工作中可以调研的问题非常广泛,以税收工作为例,税收管理、税款征收、税法宣传、税务稽查、税收信息化建设、干部队伍建设、党风廉政建设等各个方面都有不尽完善的地方,都还存在着需要进一步解决的问题,这些问题都可以作为我们的调研课题。那么,面对众多的课题我们应当怎样选择呢? 有几个方法可以参考:一是选择自己熟悉的、接触过的问题;二是选择自己感兴趣的或者曾经思考过的问题;三是选择当前工作中的重点、难点、热点或焦点问题。之所以这样选择,是因为按这些方法去选择的课题可以减轻调查难度,减少调查工作量,收集资料比较容易,写出的文章比较适合现实工作需要,参考价值较高。

二、确定调研课题的原则

具体来说,确定调研课题应重点把握以下三个原则。

(一)时效性原则

时效性是指课题的适时有效,它是影响调查研究价值大小的一个重要因素。适时有效,即课题及时而有价值,时机恰到好处。"当其时,一字千金;违其时,一文不值"。比如,我们不能在冬季了才来写我们夏季粮食作物的耕种、播种、收成情况,也不能在我们的旱灾、涝害结束后才来写要如何预防灾情,这种报告写出来毫无意义,也没有参考价值。开展调查,我们要做的就是运用最新得到的数据、第一手调查到的最新情况,对社会经济的发展作出科学的总结或者预判,提出对经济社会发展有效的经验或者指出存在的问题和困难,帮助决策部门在今后的工作中能够有所借鉴。

(二)需求性原则

只有满足服务对象需求的调查研究才有价值。需求性与调查研究的价值成正比,需求越大,价值就越大,反之价值就越小。要把握好课题的需求性,应做到"三贴"和"三换"。

"三贴":贴近上头,围绕上级领导的思路和关注的重点确定课题;贴近下头,围绕现实生活,特别是广大干群关心的热点、难点确定课题;贴近形势,围绕改革发展中出现的新情况、新问题确定课题。

"三换":一是换个人角度为领导角度确定课题。调研人员要把自己放到领导位子上,站在党委、政府的高度,以决策者的眼光观察问题和思考问题,选取适合领导需求的调查研究报告的课题,也就是"不在其位,学谋其政"。二是换自选作文为主为命题作文为主。党政机关调查研究具有鲜明的服务性,而命题调研最贴近领导,成果最易转化,是服务决策的有效形式。所谓命题作文,就是以领导的需求为导向,从党政机关文件、领导言论、重要会议、工作部署、领导交办等方面研究、筛选出最能适应决策需求的课题。三是换微观角度为宏观角度确定课题。领导需要考虑的是全局的、宏观的重大问题,而不是局部的、一般性的问题。因此,调查研究的课题必须站在宏观的角度,研究那些事关全局性、方向性、战略性的重大问题,研究那些平中见奇、小中见大的深层次问题,与领导思维同频共振,与领导所谋有效对接,从而增强课题的贴近度。

（三）创新性原则

文贵求新。一篇好的调查研究报告要给人以耳目一新、不同凡响之感,就要写出别人没有发现的新情况、新观点、新见解、新感受。创新是调查研究报告的活力之源。调查研究报告要有新意,前提就要选题新。创新性课题分为拓展式创新和首创式创新两种情形。拓展式创新,就是在别人调研成果的基础上,深入调查研究和探索的课题。首创式创新,就是别人没有而自己率先研究的课题。

党政机关的调查研究区别于学术性研究,具有很强的现实性、实战性,大量的课题往往是拓展式创新性课题,通过深入调查研究,了解新情况,研究新问题,探索新办法。

拓展式创新性课题的挖掘有三种途径,即顺向拓展、逆向拓展、多向拓展。顺向拓展,按照时间和事物发展的顺序挖掘和提炼出深层次的课题;逆向拓展,打破常规思维方式,反向思考问题,挖掘提炼出喜中见忧、忧中见喜的课题;多向拓展,从不同角度、不同侧面观察和研究问题,挖掘提炼出具有鲜明特色的课题,写出独具特色的调查研究报告。

要把握好创新性原则,应做到以下三点:

一是树立创新的意识。必须充分认识创新的重要性,把创新作为调查研究的首选来考虑,没有创新的课题不选,人云亦云的课题不谈。

二是选准创新的角度。调研人员应该善于发现和挖掘创新性课题。

三是摸清"行情"。"知己知彼、百战不殆"。应该及时了解和掌握调查研究和学术研究的最新动态,知道别人在调查研究什么,研究到了什么程度,有哪些新成果。只有这样,课题才可能有新意,避免落入前人的窠臼,重复别人的劳动,做一些徒劳无功的事。

知识链接

采风——西周的调查研究制度

中国古代形成制度的调查研究,首推西周的"采风"制度。所谓采风,就是周王朝通过天子巡守、专人调查和逐级上报等多种方式来了解民风民情民意。

1. 采风的目的

采风目的之一是"观俗"。周王朝实行以礼治国的方针,礼就是制度的意思。如何来制定和完善这种制度呢?周统治者认为应"礼俗以驭其民"(《周礼》),这里的"俗"就是老百姓的生活习俗。《礼记·王制》说:"凡民居材,必因天地寒暖燥湿,广谷大川异制,民生其间者异俗,刚柔轻重迟速异齐……"也就是说,因地域广大各地民俗有很大差异,因时间推移民俗也会发生改变,制定国家的"礼法",就要适应这种差别和变化,"修其教不易其俗,齐其政不易其宜",亦即根据不同的习俗施行相应的政令,以使生民安居乐业。周王朝建立采风制度的直接目的就是给王室提供调整"驭民"政策的信息和依据。

采风目的之二是"观政"。周初统治者汲取殷商灭亡的教训,轻鬼神、重人治,改"以神为本"为"以民为本"。他们认为"弗永远念天威,越我民;罔尤违,惟人在……天不可信"(《尚书》),天意就在民情中,民心向背可以决定天命之去向。要重视人治,就需要掌握民情,进行调查研究。采风之制的设立,其目的之一就是让统治者"不出牖户而知天下",从中"观风俗,知得失,自考正也"(《汉书·艺文志》),也就是说,通过调查研究能够了解民众对国家政治制度的批评意见,发现国家管理中的过失,以便及时进行调整。

2.采风制度的具体内容

一是最高统治者定期深入民间搞调研。《礼记·王制》载:"天子五年一巡守""岁二月,东巡守……命太师陈诗,以观民风。命市纳贾,以观民之所好恶……五月,南巡守……八月,西巡守……十有一月,北巡守。"虽然五年搞一次调研未免太少,但巡狩的地域很广,时间延续很长,内容也很丰富。

二是建立专门的"采风"队伍,犹如今天的专职"调研员"。朝廷指定的采风官员叫"行人",有"大行人""小行人"及其下属"行夫"若干,说明这支调研队伍人数不少。由于行人巡行时必乘輶轩(一种快速轻车),所以又称他们为"輶轩之使"。輶轩使者深入民间,"巡游万国,采览异言,车轨之所交,人迹之所蹈,靡不毕载"(郭璞《方言序》),径自从民间获取原始的、鲜活的风俗民情资料。另外,西周还从民间年长者中遴选基层采风人员,据何休《春秋公羊传解诂》宣公十五年载,"男年六十,女年五十无子者,官衣食之,使之民间采诗"。

三是建立定期采风并逐级上报调研材料制度。据《汉书·食货志》记载:"孟春二月,群居者将散,行人振木铎徇于路以采诗。"这是说,孟春二月是行人例行的采风时间,他们采风所得,首先上报给周王室主管调查工作的"太师",由太师处理后"以闻于天子"。而那些从基层采风人员,须将采风所得经由"乡移于邑,邑移于国,国以闻于天子"(《春秋公羊传》宣公十五年《解诂》)。

3.采风的意义和影响

西周采风作为一种制度化的调查研究,其调查范围几乎遍及周王朝的整个统治区域,其时间从西周初年一直延续到东周前期。周天子正是凭借采风所得,来了解各诸侯国的风俗民情、政治臧否,然后赏功罚罪,安邦治国。许多学者论证,在中国文学史上占有重要地位的《诗经》,正是孔子根据西周采风留下的档案资料整理而成的,其来源和主要内容都说明,《诗经》乃是一部社会调查材料的汇编。周天子通过各地采集来的民歌了解各诸侯国和地方官员政绩,至今我们仍能从中看到周代各地社会生活的真实图景。

采风的主要责任官员"行人"就是古代的调查员,采风所得就是古代的调查材料。无论从其规模之大,还是从其内容之广、时间之久来看,采风都可以说是我国古代调研工作中的一个创举。

三、确定调研课题的途径

一般来讲,调研课题可以从下面几个方面确定。

（一）从领导意图中确定

领导意图,是指领导者个人、领导班子集体或领导机关,在指导其所属党政组织或有关部门实现某一目标过程中所提出的意见、指示、决定、交办事项等。领导意图有的蕴含在有关的文件或口头指示中,有的是文字或口头明确表达的。这就需要调研人员根据领导意图主动确定调研课题。

（二）直接从群众反映中确定

了解群众意见是党政机关和领导同志掌握社情民意非常重要的方面,但群众由于受认识问题角度的限制,他们的意见难免存在偏颇、片面等问题。这就需要对此进行调查研究,将一些具有代表性、倾向性、苗头性的情况,及时向领导提供,以便于领导机关适时作出对策,解决存在的问题。

（三）从原始信息中确定

从原始信息中发现线索,确定调查研究的课题,这在调查研究中占很大的比重。原始信息资料纷乱无章,给领导机关提供的信息价值不大,但其中却含有一些非常重要的信息线索,我们可以从中发现有可能进一步挖掘新信息的线索。在这样的情况下,就可以确定调研课题。

（四）从中心工作中确定

党和政府一定时期的中心工作,是关系全局的重要工作,也是领导机关、领导同志十分关注的工作。中心工作开展以后,会出现一些意想不到的新情况和新问题,如果对出现的新情况和新问题不调查、不研究、不适时作出新的决策,就有可能影响中心工作的开展。所以,调研课题要注重从中心工作中确定。既要调查研究中心工作开展以后的进展情况、发展趋势、存在的问题,又要调查研究在中心工作开展过程中出现的一些政策性较强的问题,还要调查研究中心工作开展后的成功经验能否推广,以推动工作的深入发展。

四、确定调研课题要正确处理的四个关系

确定调研课题,要正确处理以下四个关系。

（一）当前和长远的关系

当前和长远是对立统一的关系,当前和长远应结合起来研究,但重点要放在解决当前工作中出现的问题上。

（二）大和小的关系

大题目是涉及全局性的重要问题,当然应该有人搞,然而大题目往往面很宽又比较复杂,若调查力量不够、时间又较紧迫,即使花了一些力气,搞了一些调查,但情况了解不透,问题吃不准,调研结果往往浮于表面;而小题目如果能够调查深、研究透,而且以小见大,"一叶落而知天下秋",反而往往能出成果。现实中,一些调研人员往往愿意抓大题目,而忽略了小题目。其实,小题目搞好了,能起到大作用,所以一定要视需要而处理好它们之间的关系。

（三）热门与冷门的关系

热门与冷门之间也是辩证的关系。热门课题一般是大家关注的中

心,若能研究出成果,必然会受到重视;但可能形成重复劳动,因为研究的人很多。冷门课题搞的人少,若能独辟蹊径,在某一方面提出高明的见解,也可能会"爆冷门",取得意想不到的效果。

(四)领导交办的题目和自选题目的关系

当领导交办的题目和自选题目在时间上有冲突时,一定要先尽力完成领导所交办的题目。因为一般情况下,领导是从全局考虑,工作安排有着轻重缓急之分,所以领导所交办的题目一定是急需完成的题目。

五、确定调查研究课题应该注意的事项

一要时刻站在领导(或者是建议的接受者)的角度来思考问题。这是最重要的一点,也就是我们所提倡的"身在兵位,胸为帅谋";走出办公室是群众、是普通一兵,而坐在办公桌前想问题、提思路、提建议,就要把自己定格在接受建议的领导同志的位置上,不论是选择调研课题还是在调研过程中,都不要作为一名旁观者。问题提出后必须想出切实的解决问题的办法,这样你的调查研究成果才更有价值。

二要从宏观、全局的角度选题,紧紧围绕党政机关中心工作,抓住事关全局的重大问题搞专题调研。

三要善于抓住党和群众关注的热点、难点问题,及时进行调查研究,提出切实可行的意见和建议。

四要努力发现新问题,认识新事物。

第三节　设计调研方案

调研方案设计,就是根据调查研究的目的和调查对象的性质,在进行实际调查研究之前,根据发现的问题和初步的分析研究,对调查研究工作总任务的各个方面和各个阶段进行的通盘考虑和安排,制定出一系列的

调查方案组合,形成一个主体规划或调查方案以使调查研究有目的、有计划、有组织地进行。

一、调研方案的主要内容

一是调研工作的目标。它应该包括三个方面内容:首先是研究成果目标,即通过调研要解决什么问题;要解决到什么程度;只是一般地了解基本情况,还是要进一步探究因果关系;是提出对策性建议,还是要作学术性探讨;等等。其次是成果形式目标,即调研成果用什么形式表现出来。最后是社会作用目标,即这次调研研究竟要起到什么样的社会作用。

二是调研内容和工具。调研内容是通过调查指标反映出来的,因此,设计调研内容的过程实质上就是设计调查指标的过程。调研工具是指调查指标的物质载体。

三是调研地域,即调研在什么地区进行,在多大的范围内进行。调研地域的选择主要取决于调研课题的客观需要和调研主体的现实可能。

四是调研时间,即调研在什么时间进行,需多少时间完成。

五是调研对象,是指实施现场调研的基本单位及其数量。

六是调研方法,包括搜集资料的方法和研究资料的方法。根据不同调研方法作出相应的准备,比如设计、印刷调查问卷,开介绍信,准备交通工具,必要的采访器材、活动经费等。要充分估计可能遇到的困难,做好相应的准备工作和应急预案。

七是调研队伍的组织。

八是调研经费的筹划。

二、设计调研方案的基本原则

设计详细、切合实际的调研方案要遵循的基本原则有以下几点:

一是实用性原则。贯彻实用性原则,就必须从调研课题实际需要和调研者主客观条件出发,慎重设计调研方案。

二是时效性原则。设计调研方案必须充分考虑时间效果,特别是一些应用性调研课题往往有很强的时间性。

三是经济性原则。设计调研方案必须尽可能节约人力、物力、财力和时间,力争用最少的人力、物力、财力和时间的投入,取得最大的调研效果。

四是一定的弹性原则。要具有一定的弹性,才能根据实际情况的变化调整方案,才能制定科学有效的方案。

三、调研方案的可行性研究

调研方案的可行性研究,是指对调研方案是否可行所进行的科学分析和论证。

(一)可行性研究的几种方法

1.试验调查,即通过小规模的实地调研来检验调研设计的可行性,并根据试验调查的结果来修改和完善原调研方案。

2.逻辑分析,即用逻辑方法检验调研设计的可行性。

3.经验判断,即用以往的实践经验来判断调研设计的可行性。

(二)试验调查的实施

试验调查的目的是检验调研目标的设计是否求实,调研指标和调研工具的设计是否适用,调研人员和调研对象的选择是否恰当,调研工作的安排是否合理等。试验调查的主要目的既不是搜集资料,更不是解决调研所要解决的问题,而是对设计的调研方案进行可行性研究。

1.调研对象要适当。

2.调研队伍要精干。

3.调研方法要灵活。

4.要多点对比试验。

5.做好试验调查工作总结。

第四节 调查实施和资料收集

我们进行调研,无非是为了认识事物的本来面目,找出并运用客观规律解决前进道路中的实际问题。能不能达到这个目的,完全取决于我们在调研中所收集和反映的情况、提出和回答的问题、提供的观点和材料,是否正确反映了客观实际。关键是要详尽地占有第一手材料。为此应从以下几个方面来实施调查及收集资料。

一、深入实地

习近平总书记指出:"调查研究要经常化。要坚持到群众中去、到实践中去,倾听基层干部群众所想所急所盼,了解和掌握真实情况,不能走马观花、蜻蜓点水,一得自矜、以偏概全。"①广大党员干部要深入实际、深入基层、深入群众调查了解情况,练就一双能够洞察时局、洞察未来的"火眼金睛",以长远的眼光、全局的视角看待问题,能够见微知著、未雨绸缪。要坚持问题导向,从人民最直接最现实的利益问题出发,特别是就业、教育、医疗、托育、养老、住房等群众急难愁盼的具体问题,真正把群众面临的问题发现出来,把群众的问题反映出来。

二、摸清实情

陈云同志说:"讲实事求是,先要把'实事'搞清楚。这个问题不搞清楚,什么事情也搞不好。"②他又说:"看问题要全面,要看本质,不要只看局部,看现象。"③

---

① 《习近平在中央党校(国家行政学院)中青年干部培训班开班式上发表重要讲话强调 年轻干部要提高解决实际问题能力 想干事能干事干成事》,《人民日报》2020 年 10 月 11 日。
② 《陈云文选》第三卷,人民出版社 1995 年版,第 250 页。
③ 《陈云文选》第一卷,人民出版社 1995 年版,第 183 页。

调查研究要避免以下几种常见的毛病：一戒偏听偏信，坚持全面地看问题；二戒先入为主，坚持客观地看问题；三戒故步自封，坚持发展地看问题；四戒粗枝大叶，坚持细致地看问题；五戒道听途说，坚持本质地看问题。

要解决好当前常见的"跟""陪""随""围"等问题。鼓励讲真话、报实情，有喜报喜，有忧报忧。防止赶风头，讲顺风话。不居高临下、颐指气使，要放下官架子拜群众为师，让群众讲心里话、讲真实情况。

三、贴紧实际

有人提倡"反向求异"，即在调研过程中，对初步获得的材料和形成的观点，敢于表示怀疑、提出异议或否定，运用反面论证的方法，多问几个为什么，以检验手中的材料到底可靠不可靠、观点正确不正确，减少片面性，避免失误和失实。

【延伸阅读】

习近平调查研究"五字诀"

2003 年 2 月 25 日，《浙江日报》头版新开了一个专栏："之江新语"。首篇文章的题目是《调研工作务求"深、实、细、准、效"》，署名"哲欣"，这是时任浙江省委书记习近平的笔名。

在这篇不到 300 字的短文里，习近平提出做好调查研究工作的"五字诀"，即"深、实、细、准、效"。他强调，各级领导干部在调研工作中，一定要保持求真务实的作风，努力在求深、求实、求细、求准、求效上下工夫。

"深"

"深"，就是要深入群众，深入基层，善于与工人、农民、知识分子和社会各界人士交朋友，到田间、厂矿、群众和社会各层面中去解决问题。

真实的情况、深层次的问题，往往被表象所掩盖，只有"扎"下去，才能

"捞"上来。1930年,毛泽东写《寻乌调查》期间,曾问红四军宣传队:"你们在寻乌作了调查没有?"大家答:"调查了。"毛泽东继续问:"你们讲一讲寻乌做生意哪一类最多?"有个别人说:"大概是做豆腐的最多吧!"毛泽东继续追问:"寻乌哪几家做豆腐做得最好?"这下,大家被彻底问住了。毛泽东在寻乌搞调查,把当地各类物产产量、价格,各行业人员数量、比例等,都弄得一清二楚。

2011年11月,中央党校秋季学期第二批入学学员开学典礼上,习近平提到毛泽东寻乌调查的事例,指出"这种深入、唯实的作风值得我们学习"。深入一线、掌握一手材料,也始终是习近平的工作作风。他在福建宁德任地委书记时,到任3个月就走遍9个县,后来去了"车岭车上天,九岭爬九年"的下党乡,成为第一个到那里的地委书记。他说:"当县委书记一定要跑遍所有的村,当市委书记一定要跑遍所有的乡镇,当省委书记一定要跑遍所有的县市区。"

"实"

"实",就是作风要实,做到轻车简从,简化公务接待,真正做到听实话、摸实情、办实事。

"但是,现在调查研究好像还有一个'功能',就是让别人知道我在调查研究,我在忘我工作,我在接触群众。而这个'功能'在一些人那里似乎渐渐变成了调查研究的主要功能,调查研究的本来目的倒变成次要的、甚至可有可无的了。"2013年9月,在参加河北省委常委班子专题民主生活会时,习近平批评这种现象,"如果没有记者、没有摄像机,那么在他们看来,这个活动还去不去就要考虑了,就要琢磨一下还有没有意义? 没有留声留影,那不就等于没有去活动吗? 显然,这其中有个导向问题。"

说到底,调查研究不是作秀,而是要把工夫下到察实情、出实招、办实事、求实效上。在河北正定工作时,习近平调研就习惯不打招呼,直接下乡、下厂、入户。有一次,在乡镇调研时,当地领导上了几个"硬菜",习近平直接说:"不行,不能搞这个,我就吃家常便饭。"

近日,中办印发《关于在全党大兴调查研究的工作方案》,提到了"四不两直"。啥是"四不两直"? 就是不发通知、不打招呼、不听汇报、不用陪同接待,直奔基层、直插现场的调研方法。

"细"

"细",就是要认真听取各方面的意见,深入分析问题,掌握全面情况。

调查研究是一项细致的工作,要看得仔细、问出究竟,把事情真相和全貌调查清楚。在福建工作期间,习近平七下晋江,进社区、访农村、走基层、下企业。有企业负责人回忆,来公司调研的领导很多,习近平是第一个提出要看化验室的。2002 年 10 月,在长期调研和深入思考基础上,习近平在《福建日报》发表万字长文,深入阐述"晋江经验",文中还写到了这家企业。

那么,怎么确保调研结果真实可信呢? 习近平多次强调要用好"交换、比较、反复"的方法,要求重视听取各方面意见包括少数人的意见、反对的意见。他指出,兼听则明、偏听则暗,能听到不同声音不是坏事,经过多次"否定之否定"的过程,进行的思考、作出的决策才能符合实际。

"准"

"准",就是不仅要全面深入细致地了解实际情况,更要善于分析矛盾、发现问题,透过现象看本质,把握规律性的东西。

有人说,调研要有"半杯水"心态。"半杯水"里装什么? 装问题。相应地,用"另外半杯"装回"干货",提出解决问题的新思路新办法。曾在福州一起共事的同事说,习近平经常下基层,但不是没有想法地盲目下去,而是带着问题去调研。

对调研得来的大量材料和情况,该怎么研究分析? 习近平强调"由此及彼、由表及里"。在浙江工作时,习近平曾赴丽水调研欠发达地区发展问题,他发现很多农民由于家庭贫困,初中毕业就出去打工,文化素质不高,收入也不高。习近平调研回来后,就和省里商量,给贫困地区的孩子提供免费的中专教育。"扶贫"先"扶智",从问题关键抓起。

"效"

"效"，就是提出解决问题的办法要切实可行，制定的政策措施要有较强操作性，做到出实招，见实效。

习近平十分注重调研实效。在浙江任职期间，他多次到下姜村实地考察，解决了许多实际问题。比如，老支书姜银祥提出"想请省里帮我们建沼气"。习近平当即肯定："这个提议好！"几天后，省农村能源办公室便派专家入村进行指导。在种茶大户姜德明家开座谈会时，有人提出"缺人才""缺技术"，习近平表态："省里研究一下，给你们村派一个科技特派员来。"不久，浙江省中药研究所高级工程师进驻下姜村。

调查研究是以解决问题为根本目的。习近平指出，对经过充分研究、比较成熟的调研成果，要及时上升为决策部署，转化为具体措施；对尚未研究透彻的调研成果，要更深入地听取意见，完善后再付诸实施；对已经形成举措、落实落地的，要及时跟踪评估，视情况调整优化。

"深、实、细、准、效"，5个字通俗易懂、十分好记，是做好调研工作的真本领、大学问。学习领悟习近平调查研究"五字诀"，方能更好地深入群众、掌握实情、发现问题、把握规律、找到良策。

（摘编自人民网 2023 年 4 月 19 日）

第三章
党政干部常用调查方法

调查的方法是指调查的途径、手段。随着科学技术的日新月异，现在的调查除了采用传统的方法外，又创造出了许多新的科学方法。调查的方法有多种，主要有会议调查法、访谈调查法、观察调查法、问卷调查法、文献调查法、实验调查法以及其他有效方法。

第一节 会议调查法

会议调查法是指调查主体（调查者）通过召集一定数量的调查对象（被调查者）举行会议，或直接参加有关部门举行的一些相关会议，利用会议这种形式来收集资料、分析和研究某一社会现象（调查内容）的一种调查研究方法。

会议调查的主要程序包括：一是了解情况、收集资料；二是讨论、研究有关问题。会议调查的种类繁多，主要有：列席旁听型、专门举行型、附带进行型、收集资料型、研究问题型等。

一、会议调查法的特点与作用

会议调查法有其独特的特点与作用。

（一）会议调查法的特点

会议调查法具有灵活性强、有效程度高、综合性强、可控性强等特点。会议调查法所访问的不是单个的被调查者，而是同时访问若干个被调查者，它不是通过与个别被调查者的个别交谈来了解情况，而是通过与若干个被调查者之间的集体座谈来了解情况。因此，会议调查过程，不仅是调查者与被调查者之间互相影响、互相作用的过程，还是若干个被调查者之间互相影响、互相作用的过程。

另外，会议调查可以在短时间内了解到比较详细的情况，效率比较高，而且由于参加会议的同志是比较熟悉情况的，因此掌握的材料会比较可靠。

（二）会议调查法的作用

在调查研究中，采取会议调查法能够加快信息反馈的速度，提高调查效率；能够使被调查对象把调查者需要掌握的调查内容，客观、具体地反映出来，保证调查的可靠性和全面性；会议调查法是完善调查手段、增强调查信度的有效形式。

二、会议调查的准备

由于会议调查时间有限，参加人员较多，召开会议有一定难度。因此，会议前要认真做好各项准备工作。主要有以下几项：

（一）明确会议主题

调查会的主题要简明、集中，最好一个会议只有一个主题。调查会的主题应该是与会者共同关心和了解的问题。明确选择会议主题，是开好调查会的首要前提。

（二）准备调查提纲

调查会前，调查者应认真考虑会议的具体内容，拟出详细的调查提纲。凡是应该了解和可能了解的问题，都应列入调查提纲，并按照调查提纲的要求来具体指导会议。

（三）确定会议规模

调查会议的规模，取决于调查内容的客观需要和调查者驾驭会议的能力。一般地说，以了解情况为主的调查会，会议规模可适当大一些；以研究问题为主的调查会，会议规模就可适当小一些。

（四）物色到会人员

正确物色到会人员是开好调查会的基础。一般来说，到会人员应该是具有某种代表性的人、了解情况的人、敢于发表意见的人、互相信任的人、有共同语言的人。为提高会议效率，取得较好的调查效果，在确定到会人员后，应尽可能先征得被邀请者同意，再正式发出邀请，并在会前将会议具体内容、要求和人员名单告诉全体与会人员，便于他们收集资料，做好参加会议的准备。

（五）选好会议的场所和时间

会议的地点应该比较适当、方便，应该有一个比较安静的环境。会议的时间，应该比较充裕，应该使多数与会者感到适合。正确选择会议的场所和时间，是开好调查会的一个不可缺少的条件。

三、会议调查的实施

在召开会议期间，主持人对会议过程的正确指导和有效控制，是开好会议的关键。在会议调查的实施过程中，应注意几个问题：

（一）打破短暂沉默

为打破会议开始时出现的短暂沉默，会议一开始，主持人就应扼要说明会议目的、意义、内容和要求，并对与会人员的基本情况作些简要的介绍。在会前如能物色好带头的发言人,能有效缩短以至消除会议开始后的短暂沉默。

（二）制造良好气氛

许多调查会开得呆板、拘谨,或者是一个一个地轮流发言,或是开成一问一答式的"询问会",这都不利于与会者充分发表自己的意见。主持人在会议初期应作一些简短的解释或插言,以消除被调查者中可能存在的疑虑,鼓励他们大胆地发表自己的意见。

（三）开展民主、平等的对话

要做深入的讨论式调查,主持人不仅要善于发现问题、提出问题,善于组织不同观点的人展开争论,而且必须坚持民主、平等的原则。在讨论过程中,要保护每一个与会者的发言权利,让他们畅所欲言,讲真话、实话。

（四）把握会议的主题

会议召开过程中,要把握好会议的主题,把与会者的兴奋中心引向会议主题,及时引导和控制会议的方向,使它始终围绕着调查主题展开。

（五）做一个谦逊、客观的主持人

会议主持人应注意说话简短,切忌作长篇大论的演讲;要认真听取发言人反映的各种情况和意见,绝不可轻易表示肯定或否定的态度;要客观地对待与会者之间的争论,一般不应表达自己的看法或倾向。

（六）做好被调查者之间的协调工作

在会议过程中,可能由于客观地位的差异或思维方式不同等,被调查者之间可能会产生激烈争论和意见分歧,主持人应妥善做好引导和协调工作,以保证调查会的顺利进行。

（七）做好会议记录

会议记录是帮助主持人指导和控制会议的一种有效工具,它有时能起到语言信息所不能起到的重要作用。

四、会议调查的注意事项

一是参加调查会的人员应尽可能挑选各个层次、各个行业或部门的不同年龄的人员,这样便于更广泛地了解各方面对某些问题的看法。

二是选定适合参加调查的人员。参加调查会的人员应是熟悉情况的同志。如果对情况不熟悉,就不可能谈出真实的情况来,甚至会把调查者引向事物的反面。

三是将调查的内容提前告诉参加会议的人员,请他们提前做好准备,防止调查会开始才提出议题的做法。

四是调查会要有活泼、畅所欲言的气氛,主持调查会的同志要善于用坦诚的态度、民主的作风、轻松的语言、活泼的手势等谈话艺术,解除与会者的紧张心理,引导大家展开讨论。

五是根据不同的情况,确定调查会的规模大小以及分几次开还是一次开。有时事情情况较复杂,发言人较多,可以分两次开或多次开,让参加座谈的人员都充分发表自己的意见;有时由于一些领导或权威人士的参加,可能会使参加调查的同志感到紧张或拘束,不利于发表意见,主持人就可以分层次召开或个别征求领导及权威人士的意见。

总之,会议结束了,调查工作并没有结束。及时做好调查会后的各项工作,对于巩固和发展会议调查的成果具有重要的意义。

第二节　访谈调查法

访谈调查法又称访问法或谈话法,是指调查者与被访者通过口头交谈的方式了解调查对象情况的方法。但随着信息技术的发展,已扩展到了电话访问、网上交流等间接的访谈方式。访谈调查法要求访谈者不仅要做好访谈前的各项准备工作,而且要善于进行人际交往,与被访谈者建立起基本的信任和一定的感情,熟练地掌握访谈中的提问、引导等技巧,并根据具体情况采取适当的方式进行面谈。

一、访谈调查法的特点

访谈调查法是调查研究中最重要的、最常用的方法之一。这种方法的主要特点有两个：

第一个特点，它是一种研究性的访谈，是一种有目的、有计划、有准备的谈话，而且，在谈话过程中有非常强的针对性，始终围绕着研究主题而进行。这与日常的谈话有很大的区别，日常的谈话是一种非正式的谈话，大多没有明确的目的，也不需要进行相关的准备，而且，谈话方式也比较松散，随意性很强。

第二个特点，它是以口头提问形式来收集资料的。在整个访谈过程中调查者与被调查者直接见面，并相互影响，相互作用，形成互动，而以书面提问形式来收集资料的问卷调查法却不需要调查者与被调查者的直接接触，它们也由此而形成了各自的特点与优势。

访谈调查法的适应范围广泛，灵活性强，成功率高，获得的信息资料比较具体真实。但是，访谈调查的代价较高，回答问题的标准性和重复性较差，访谈易受访谈人员的主观影响，记录也比较困难。

二、访谈调查法的类型

由于分类的标准不同，访谈调查法可以分成不同的类型，比较常见的划分类型主要有以下几种。

（一）根据正式程度划分

根据访谈的正式程度，可分为正规式访谈和非正规式访谈。

1. 正规式访谈

正规式访谈就是双方事先约好时间、地点，就一定问题范围进行交谈。这种形式有利于获取较为深入和细致的资料。

2.非正规式访谈

非正规式访谈是调查研究者根据调查研究对象日常生活的安排,在与对方一起参加活动时,根据当时情景进行自然的交谈。这种形式有利于获得更加自然、真实和灵活的资料。

(二)根据访谈中的提问方式划分

根据访谈中的提问方式,可分为定向型访谈和非定向型访谈。

1.定向型访谈

定向型访谈也称结构访谈,是由访谈员按照事先设计好的访谈调查问卷或提纲依次向访谈对象提问并要求访谈对象按规定标准进行回答的一种调查方法。这种方法的最显著特点是访谈问卷或访谈提纲的标准化。

2.非定向型访谈

非定向型访谈,是指事先不设计完整的调查问卷及详细的访谈提纲,也不规定标准的访谈程序,而是由访谈者和访谈对象就某些问题自由交谈,访谈对象可以比较随便地提出自己的意见,而不管访谈员想得到什么样的答案的一种访谈调查方法。在非定向型访谈调查中,虽然也有调查讨论的主题,但访谈员并没有要求所有的访谈对象按统一格式和标准的程序作答。

非定向访谈多用于人们对某一特定的事件所引起的人们的态度或行为变化、个案研究等方面。

(三)根据访谈员对访谈的控制程度划分

根据访谈员对访谈的控制程度,可分为结构式访谈、非结构性访谈、半结构性访谈。

1.结构式访谈

结构式访谈也称标准化访谈或封闭式访谈,是指访问者根据事先设计好的有固定格式的提纲进行提问,按相同的方式和顺序向受访者提出相同的问题,受访者从备选答案中选择,实际上是一种封闭式的口头问卷。其优点是研究的可控(问题的控制,环境的控制)程度高,应答率高,结构性强,易于量化,但灵活性差,对问题的深入程度不够。

2.非结构性访谈

非结构性访谈也称自由式访谈。非结构性访谈事先不制定完整的调查问卷和详细的访谈提纲,也不规定标准的访谈程序,而是由访谈员按一个粗线条的访谈提纲或某一个主题,与被访者交谈。这种访谈是访谈双方相对自由和随便的访谈,较有弹性,能根据访谈员的需要灵活地转换话题、变换提问方式和顺序、追问重要线索,所以,这种访谈收集的资料深入且丰富。通常,质的研究、心理咨询和治疗常采用这种非结构性的"深层访谈"。

3.半结构性访谈

半结构性访谈有访谈提纲,有结构式访谈的严谨和标准化的题目,也给被访者留有较大的表达自己想法和意见的余地,并且访谈者在进行访谈时,具有调控访谈程序和用语的自由度。半结构式访谈兼有结构式访谈和非结构式访谈的优点,既可以避免结构式访谈的呆板,缺乏灵活性,难以对问题作深入的探讨等局限,也可以避免非结构访谈的费时、费力,容易离题,难以作定量分析等缺陷。

(四)按照调查对象数量划分

按照调查对象数量来分,可分为个别访谈和集体访谈。

1.个别访谈

个别访谈是指访谈员对每一个被访者逐一进行的单独访谈。其优点是访谈员和被访者直接接触,可以得到真实可靠的材料。这种访谈有利于被访者详细、真实地表达其看法,访谈员与被访者有更多的交流机会,被访者更易受到重视,安全感更强,访谈内容更易深入。个别访谈是访谈调查中最常见的形式。

其显著特点是：（1）访谈员与访谈对象之间易于沟通；（2）方式灵活，适应性强；（3）资料真实，细致全面。个别访谈多用于一些规模小及一些敏感性问题的调研过程中，也常用于一些个案的研究之中。

2.集体访谈

集体访谈是指由一名或数名访谈调查员亲自召集一些调查对象就调查者需要调查了解的主题征求意见的一种调查方法。一般称这种形式的访谈为"调查会"或"座谈会"。集体访谈运用得当可以节省调研时间，使调研视野开阔、更加深入，但若运用不当，又可能导致形式主义或走过场，使调查要么如蜻蜓点水，要么做官样文章，很可能听不到不同意见。

集体访谈要求访谈员有较熟练的访谈能力和组织会议的能力。一般需要准备调查提纲，如果在会前，将调查的目的、内容等通知被访者，访谈的结果往往更加理想。参加座谈会的人员要有代表性，一般不超过10人。访谈员要使座谈会现场保持轻松的气氛，这样有利于被访者畅所欲言。如果讨论中发生争论，要支持争论下去；如果争论与主题无关，要及时引导到问题中心上来。主持人一般不参加争论，以免堵塞与会者的思路。另外还要做好详细的座谈记录。

由于在集体访谈中匿名性较差，涉及个人的私密性的内容不易采用这种访谈方式。同时这种访谈也会出现被访者受其他人意见左右的情况，访谈员应充分考虑这些因素，尽可能减少这种情况的出现。

（五）按照人员接触情况划分

按照人员接触情况，可分为直接访谈和间接访谈。

1.直接访谈

直接访谈，也称为实地访问、面访，是指双方面对面地坐在一起进行访谈。访谈员可以看到对方的表情、神态和动作，便于掌握更详细的资料，特别适用于题目太长、太多，题意很复杂的调查。不过，直接访谈所需的人力、物力规模也最大，若想要扩大样本的分散性，在实施上很不容易。

2.间接访谈

间接访谈,是指双方事先约好时间,通过电话和网络等通信手段进行的访谈。这样可以解决因距离遥远或时间不足造成的困难,也可使被访谈者避免尴尬。其中,电话访问最容易接触到受访者,联系、响应率比较高,也比较容易防作弊,更可快速知道研究结果,需求经费中等,特别是适合用于访问工作繁忙、居住分散的异地人员。一般说来,电话访问和直接访谈在抽样、测量、访问等方面的效果较接近,适合以追求数据质量、有推论总体必要的调查;而网上访问则在研究的作业成本上占优势,适合经费有限、寻找初级参考的调查,但应十分谨慎,避免作对总体的推论。

(六)按照调查次数划分

按照调查次数划分,可分为横向访谈和纵向访谈。

1.横向访谈

横向访谈又称一次性访谈,是指在同一时段对某一研究问题进行的一次性收集资料的访谈。这种研究需要抽取一定的样本,被访者有一定的数量,访谈内容是以收集事实性材料为主,研究一次性完成。

横向访谈收集内容比较单一,访谈时间短,需要被访者花费的时间较少,常用于量的研究。

2.纵向访谈

纵向访谈又称多次性访谈或重复性访谈,是指多次收集固定研究对象有关资料的跟踪访谈,也就是对同一样本进行两次以上的访谈以收集资料的方式。纵向访谈是一种深度访谈,它可以对问题展开由浅入深的调查,以探讨深层次的问题。纵向访谈常用于个案研究或验证性研究,如质的研究。按照美国学者塞德曼(I. Seidman)的观点,深度访谈至少应进行 3 次以上。[①]

访谈调查法的类型多种多样,一个访谈可能同属于两种类型,如有时

---

① 陈向明:《质的研究方法与社会科学研究》,教育出版社 2000 年版,第 173 页。

面对面访谈也同时是纵向访谈,或非结构性访谈,集体访谈也同时是结构性访谈。访谈员可根据研究的具体需要扬长避短,灵活运用。

三、访谈调查法的优点与不足

访谈调查法有其优点,但也存在一些不足之处。

（一）访谈调查法的优点

1. 适应范围广泛

与其他的调查研究方法相比,访谈调查是适应范围最广泛的一种调查方法。不同性别、年龄、职业、文化水平的人,只要具备一定的语言表达能力,就可以用访谈的方法进行调查。例如,对于能够听懂和表达简单语意的幼儿园儿童也可以进行访谈。

2. 灵活性强

访谈员可以根据访谈过程中的具体情况,来灵活决定是否需要进一步问一些与调查主题有关的其他问题,是否需要重复或进一步解释那些访谈对象不太理解的问题等。另外,灵活性还表现在访谈者可以为不同的访谈对象准备与之适合的一套问题,这就使得访谈调查较其他方法具有更强的适应性。

3. 成功率高

由于访谈是面对面进行的,调查者可以适当地控制访谈环境,避免其他因素的干扰,掌握访谈过程的主动权。因此,除个别情况外,一般都能得到访谈对象的回应,而且也能防止访谈对象草率从事、应付了事。另外,访谈者还可以通过重复提问和控制谈话过程等来影响和鼓励访谈对象的回答,因此回答成功率会有较大的提高。

4. 信息真实具体

访谈主要是面对面的语言交流,对访谈对象来说,不会像问卷调查那样有过多的限制或顾虑,他可以生动具体地描述事件或现象的经过,真实、自然地陈述自己的观点和看法；同时，由于访谈具有适当解说、引导和追问的机会，因此可探讨较为复杂的问题，可获取新的、深层次的信息。另外，还可以观察被访者的动作、表情等非言语行为，以此鉴别回答内容的真伪。

（二）访谈调查法的不足

1.代价较高

与问卷相比，访谈要付出更多的时间、人力和物力。因为，访谈要一对一地进行，即使是召开座谈会也要受到人数的限制，因此一个访谈人员一天可能只能访问一个或几个被访者，而且，调查中数访不遇或拒访是常有的事，这就使调查的费用和时间大大增加。另外，如果要扩大访谈的规模，增加研究的代表性，常常需要训练一批访谈人员，然后分赴各处访问，这又会增加研究的费用支出。

2.标准化程序低，难于统计分析

访谈中即使研究者设计好一整套访谈提纲，由于具体访谈情境的变化，也就不得不对访谈提纲作一定程度的调整或修改。这样一方面使访谈更适应每一个在年龄、性别、文化程度、种族、风俗习惯及个性特征等各方面可能存在差异的访谈对象，另一方面则带来了标准化程度低的缺点，难以进行统计分析，影响到结论的推断。

3.记录较困难

调查者在访谈过程中要投入的时间、精力较多，谈话的内容丰富、结构较差，加之访谈的流程又长，要将谈话内容完整记录下来相当困难。尤其是采用非结构性访谈方式，在没有现场录音的情况下，用纸笔记录较难进行，追记和补记往往会遗漏很多信息。

4.缺乏隐秘性

由于当面回答问题，匿名性差，会使被访者感觉到缺乏隐秘性，顾虑重重，尤其对一些敏感性的问题，往往回避或不作真实回答。

5.极易产生偏差

访谈调查是访谈员与访谈对象的互动过程。在这个过程中,无论是访谈对象还是访谈员都极易导致各种偏差。从访谈对象这方面看,访谈中其可能极易受到访谈员的性别、种族、社会地位、年龄、服装、外貌、谈话中的表情甚至语调等许多因素的影响,从而可能导致偏差,有很多时候访谈对象的心境、访谈经验以及文化程度等也会使其作答时发生各种偏差;从访谈员这方面看,由于受经验、文化水平、社交能力等的影响,有时候不小心漏掉了一些该问的问题和该记下的答案或意见,有时问一些不相干、可有可无的甚至带有偏见、自相矛盾的问题而使得调查结果有很大的随意性,出现一些显而易见的错误或偏差。

此外,访谈调查还有诸如没有足够的时间让访谈对象深思熟虑、不能查阅有关资料等缺点。

四、访谈调查的程序

访谈是一种互动的社会交往过程,在这种互动过程中,调查者只有与调查对象建立起基本的信任与一定的情感,并根据对方的具体情况进行访谈,才能使被访问者积极提供资料。在访谈调查中,影响访谈成功的因素有很多,在此根据访谈调查的程序进行简单说明。

(一)做好访谈的准备工作

实施访谈调查,首先要做好访谈的准备工作,包括制定课题准备、理论准备、硬件准备,以及方案准备等。

1.课题准备

先分析课题的来源,是上级指派的,还是本单位领导确定的,他们对这次访谈的目的有什么要求,一定要了解清楚。如果是自选课题,要分析这个课题是热点问题,还是难点问题;是正面的经验,还是负面的教训;是解决面上的问题,还是解决个别问题;是了解前期政策执行情况,还是要制定新的政策；等等。只有明确了这些，才能确定访谈的方向、地点和单位。

2. 理论准备

了解涉及课题指向内容的业务知识。

了解涉及课题指向内容的理论知识。

理论准备有助于访谈人员从宏观上认识事物的本质，从而提高访谈水准。

3. 硬件准备

访谈的器材主要包括录像机、摄影机、相机、采访本以及录音笔等。当然有的时候采访比较特殊，要结合实际情况提前做好准备，确保采访工作的顺利开展。同时，按访谈的周期和访谈人数领取差旅费，落实好交通工具、线路等。

4. 方案准备

方案包括起止时间、选择访谈人员、确定访谈目的地、明确访谈的具体内容、选择访谈方式、准备哪些硬件、材料在哪整理、怎样分析、出现意外情况怎么处理、怎样评估检验，如果两人以上作访谈，还要确定撰写调查材料、文章的主笔人。

（二）控制好访谈的过程

调研者进入现场和访谈对象接触后，就进入了访谈过程。访谈者要对整个访谈过程有一定的控制，以使得访谈根据预先计划有步骤地进行。对访谈过程的控制包括：

1. 作自我介绍与访谈介绍

访谈者在接近被访者时，首先要作自我介绍，必要时可出示身份证明，然后要说明来访的目的以及为什么进行这项研究，进而强调本研究的重要性，请求被访者的支持与合作。此外，还要告诉被访者，他是如何被选出来的，并承诺保证机密处理其答案，为其保密。通过这些介绍，消除被访者的顾虑,建立起融洽的谈话氛围。

2.提问要清楚明确

所提问题要口语化,语气要委婉,要让被访者一听就明白意思。若采用结构式访谈,必须使用统一的访谈问卷,按事先准备好的访谈问题依次提问,不得任意增删文字或更换题目顺序。若采用非结构式访谈,则要求所提实质性问题短小、具体,尽量避免使用深奥的、抽象的专业术语。在提问的过程中,发问要自然顺畅,发问的语气和态度不要咄咄逼人,切不可像老师问学生、法官审犯人那样。对被访者的跑题,以及转换话题和追问等,要根据当时的情境,及时而自然地进行处理。

3.要耐心听取回答,不要给予任何评价

访谈人员发问后,要有礼貌地、耐心地倾听被访者的陈述,边听边记录。访谈人员对所提的问题要保持客观、公正的立场,当被访者对问题不理解或理解错了,访谈人员可以重复问题,有时候也可以适当做些解释,但不能给予任何暗示。尤其是涉及不同观点或是有争议的问题,访谈人员更应保持中立态度,无论被访者回答正确与否,都不宜作肯定或否定的评价,不要发表见解,不要表示批评、惊讶、赞成或不赞成的态度。但是,在问答过程中访谈人员要适当地给予对方积极的反馈,让被访者明白自己的角色。如不断地使用"是""懂了""明白了""请继续说"等非指导性的话语,或用点头、目光和手势等非语言信息鼓励被访者继续讲下去。

4.积极维持被访者的访谈动机

被访者的积极合作是访谈取得成功的必要条件。当访谈双方的关系趋向紧张,被访者回答情绪低落,开始厌倦回答问题时,访谈人员必须设法缓解紧张气氛,可以转换一个被访者感兴趣的话题,也可以暂停交谈或者休息放松一下,借此维持访谈动机。

5.注意非语言交流

访谈是通过语言交流传递信息的,但是除了语言之外,服饰、语气、目光、动作、姿态等也能表达某种意义。有时非言语行为比言语行为更能表现交谈双方的态度、关系及互动的状态。因此,访谈人员要善于察言观色,分析和利用有关身体语言信息。如,访谈过程中,被访者连连点头,意思是"赞成""同意";匆匆记录问题,表示问题可能非常重要;与访谈者保持人际距离较远,可能暗示对访谈不感兴趣或怀有敌意;东张西望,表明注意力已经转移;频频看钟表,意味着希望尽快结束访谈等。

(三)注意访谈的终结

结束访谈是访谈的一个十分重要的阶段和步骤,而绝不是无足轻重的一个细节。

一般情况下,访谈时间要根据访谈的实际情况灵活控制,以不妨碍被访者的正常工作和生活秩序为原则。另外,还要时刻体察访谈过程中被访者的情感表现。如,被访者说话音调的转变,节奏的变化,以及被访者行为的某些暗示等。当感到被访者有点不耐烦了,或不停地看时间,或已超过事先约定的时间,或家中来了客人需要接待,或有要事需要处理,这时应该考虑尽快结束访谈。当感到交谈难以进行、话不投机时,也是该结束谈话的时候。

当然,有时被访者十分健谈,难以用自然轻松的方式结束访谈。这时访谈者可有意地给对方一些语言和行为上的暗示,表示访谈可以结束了。如"您还有什么想说的吗""对今天的访谈您有什么看法";或转移话题问对方"您今天还有什么安排";或做出准备结束访谈的姿态,如开始收拾录音机、合上记录本等。

访谈结束时,要对被访者的支持与合作表示感谢。应该向被访者说明通过访谈获得了很多有价值的材料和信息,学到了很多知识。如果这次访谈尚未完成任务,还需进一步访谈的话,那么必须与被访者约定下次再访的时间和地点,最好还能简要说明再次访问的主要内容,让被访者有思想准备。

五、访谈调查的技巧

访谈是言语的直接交际,调查者是访谈的主动一方,有责任在访谈一开始就营造一个谈话的氛围。

（一）亲切善意的访问态度

访谈时,要努力营造一种亲切友好的谈话气氛,打破陌生的隔阂。访谈双方见面时,作为访谈的主动一方——调查者,应亲切称呼被访者,并作自我介绍,做到不亢不卑,使对方感到你的来访是善意的。同时,要向被访者说明访问的目的、意义,取得被访者的协助和支持。

（二）把握主题,善于引导

谈话时,应从题外到题内,等到谈话投机,再转入正题。在与被调查对象进行谈话时,访问者必须集中精力倾听,倘若对方离题,不要表现出不耐烦的厌倦情绪,要耐心等待有利时机,用插话的方法提出问题,引导对方把话题转到谈话的主题上来,使被访者觉得他提供的情况很有价值,乐意继续说下去。

（三）提问明确,避免误解

访问时,来访者的提问要做到言简意赅、通俗易懂,尽量少用专业术语,避免对方听得不明白,发生误解。

（四）准确记录谈话内容

访谈记录对资料的整理分类、对比分析至关重要。记录应围绕访谈内容进行,突出访谈问题的变量和结构。记录应尽可能详尽,尤其是那些开放式问题的回答和围绕主题展开的额外说明要注意记录下来。不仅要记录言语的资料,还要把言语交流中的非言语信息如动作、表情记录在案,这些都对分析资料有着积极的意义。记录中不要试图去总结、分析和改正记录中的语句毛病,能详尽记下最好,不能详尽的,可记下关键词或用符号记录,目的是帮助事后回忆。另外,记录不要妨碍对方的谈话,不要让对方觉得你未记完而停下来等你记,打乱思路,也不要因对方想看你记下了什么而分散其注意力。访谈结束后,要抓紧整理笔记,防止有效信息的遗漏。记录的方式有表格记录、选择答案记录、笔记记录。征得被访者同意也可录音或录像。

六、访谈调查的注意事项

1.调查员所选取的被访问者最好是职务、级别稍微高一点的,是某个领域较权威的专家、领导、较高层的人士等。为保证访谈的质量,每位调查员访谈的对象不宜过多,以2—3位为宜。

2.在调查前,应尽量搜集被访者的基本情况和背景资料,如姓名、职务、单位、社会兼职、从事某种工作的时间等,这些资料要准确详细,并写在最后的访谈录里面。

3.在访谈开始前,首先应声明访谈内容只提供给课题组,不会在其他地方公开发表被访者的言论。其次,应对本课题作简短的介绍,出示介绍信及访谈者本人证件。

4.在访谈前,应先针对被访者的身份,发给其一份问卷,等被访者填完问卷后再开始正式进入谈话。

5.访谈过程中,应做好记录。如果情况允许,最好录音后进行整理。访问调查的关键是做好访谈记录。做访谈记录须注意以下几点:(1)记要点;(2)记疑点;(3)记特点;(4)记易忘点;(5)记感受点。

6.访谈过程中,调查员所提的问题,应以访谈提纲为主,可以适时、随机地增加相关问题,但不得完全抛开访谈提纲而进行访谈。

7.在整个访谈过程中,调查员应注意礼节,态度要谦虚。

8.访谈时间不宜太短或太长,以40分钟以内为宜,要把握好时间。

9.访谈结束,尽量让被访者的所在单位出示证明,以证实访谈的真实性。

【延伸阅读】

陈云同志是如何开展调查研究的

陈云同志作为老一辈无产阶级革命家,一生重视调查研究。他有一句名言："讲实事求是,先要把'事实'搞清楚。"在长期的革命和建设实践中,陈云同志创造性地运用各种调查研究方法,有效地开展调查研究工作,显示出独特的调查研究风格,他本人也成为通过调查研究搞好决策的典范。本文对陈云同志的调查研究方法作些介绍,希望能够对大家有所启迪。

陈云同志认为,搞好调查研究,既要有好的思想方法,也要有好的工作方法。在调查研究中,他总是根据客观情况,不拘一格,选择相宜的调查方法。下面列举几种他经常采用的调查方法,分别加以介绍。

蹲点调查法

蹲点调查是陈云同志常用的一种调查方法。陈云同志曾经讲过,搞调查研究有两种方法,一种是亲自率工作组或派工作组下乡、下厂蹲点调查;另一种是通过敢讲真话的知心朋友和曾在身边工作的人员,同他们建立固定的、长期的联系,他们可以经常听到基层干部和群众的真实呼声。陈云蹲点调查有几个特点:

一是蹲得住。蹲点的时间有长有短,条件有好有坏,但无论条件如何恶劣,陈云同志总是能吃苦耐劳,持之以恒,不把问题弄清楚决不罢休。在上海青浦县小蒸人民公社,陈云同志蹲点调查了15天。那是1961年6月,"大跃进"失败后,为了尽快恢复生产,陈云同志邀请了薛暮桥、顾复生和陆铨3人,又一次深入农村做全面的调查。陈云同志亲自到青浦县小蒸公社,住在农民家里,吃在农民家里。他用了两个半天听取了公社党委的汇报,开了10个专题座谈会。1969年10月20日至1972年4月22日,陈云同志在江西蹲点调查长达2年零6个月。在此期间,他除了在江西化工石油机械厂蹲点调查研究外,还深入工厂、农村、学校调研,开座谈会,广泛找基层干部、工农群众谈心,听取他们的心声。

二是蹲到群众中去。蹲点调查时,陈云同志从不走马观花、搞形式主义,而是深入到调查地点,以普通一员的身份出现,平易近人、和蔼可亲,并且都是找当事人、参与者交谈,亲自看,亲自问,亲自记,群众也乐于向他讲实情。下面是陈云同志与农民谈心的片段。他问农民对当时的农村政策有什么不满,农民说了四点:(1)对吃稀饭不满意,粮食征购多了,只留粮400斤,每天只能吃两稀一干,他们说:"蒋介石手下受难,还吃干饭;毛主席手下享福,但是吃粥。"(2)对干部不参加劳动不满意,说干部"大衣捧了捧,不做三百工",群众是"头发白松松,不做不成功,做了二百工,还说不劳动"。(3)对农作物改制,如改种双季稻,改种茨菇、养鱼而未能多收有意见,说干部"嘴唇两张皮,翻来覆去都有理"。(4)对干部说大话,缺少自我批评不满。他们说,"干部吹牛皮,社员饿肚皮",还说"干部出风头,社员吃苦头"。不蹲到群众中去,哪能听到如此真诚、尖锐的意见?

三是抓住关键问题、蹲到关键地方。陈云同志很多蹲点调查之所以影响很大,是因为这些调查的主题重要,如化肥生产和农村生产的调查,都是围绕促进生产、保障生活等关系国计民生的大问题开展的。如果没有突出的重点和有益于指导全局工作的主题,蹲点调查很可能就是事倍功半。蹲点调查要选择一个关键主题,但调查活动不能被选定的题目"框"住。陈云同志先前一直主张建立大中小相结合的生产体系,但在深入江南农村、南京化学工业公司化肥厂以及上海、安徽、山东在建的和试运行的化肥厂进行调查研究后,他改变了当初的看法,作出了重点建设大型化肥厂的决定。

四是善于推广蹲出来的经验。推广经验是蹲点调查的目的。有的调查研究,调查做了,研究也做了,甚至解决问题的办法也找出来了,但就是不打算去落实,或者是仅将这些问题局限于局部地区,而没有把它与全局工作联系起来,没有借鉴地区经验指导全局工作。陈云同志一向反对这种"半拉子"工程,他做完蹲点调查之后,总是总结当地的情况,找出对策,并深入分析,形成文件,指导全国工作。但地区经验不是放之四海而皆准的,推广经验的过程中有很多需要注意的问题。因此,在推广蹲点得来的经验和结论时,陈云同志总是先仔细分析哪些属于特殊情况,哪些可以代表一般情况,即可以代表同类事物、具有普遍意义,推广这些经验需要什么条件,这些条件是否成熟,等等。

直接请人问话法

为了更科学地制订"一五"计划,陈云同志急需深入了解我国农业生产的现状,他这次就采用了直接请人问话的调查方法,从青浦县请来两位农民。这种调查方法有它自身的优点,比如,不用亲临现场,却能获得直接经验并产生效果不错的感性认识,因为被陈云同志请来谈话的人都是最基层的,都是与被调查事件有直接关系的群众。又比如,被请上来的人能排除很多因素的干扰,心里没什么顾虑,能说真话,敢说实话。再比如,省时间,成本低。在当时交通、通讯条件极其落后的情况下,请人谈话的方法对百务缠身的陈云同志来说,确实是一种简便易行的方法。

陈云同志从青浦县请来的两位农民,一个叫曹象波,另一个叫曹兴达,是他通过老战友和组织找来的。两人都敢于说实话,陈云同志也有办法让他们说实话。陈云同志对他们和蔼可亲,他们的感觉是自家人没有什么不可以说的。陈云同志先问他们土改前后农村的变化。他们说,土改后,地主被打倒了,农民翻身做了主人,每人分了土地,有了积极性,农村生产开始恢复。陈云同志问他们,农村土改后,农民认为自己得到什么好处,又有哪些坏处。这两位农民回答说,满意的有五条:一是每人分了两亩四分地,无人催租、逼债,也无人外流;二是物价稳定,人民币值钱;三是修理了排灌机器,收成好的年份,每人可收 1200 斤稻谷和蚕豆;四是肥田粉(一种进口的化肥)供应增加了;五是受干部的气比在国民党时期少多了,不用打耳光子了。几点不满意的地方:一是外来干部说话听不懂,有时下令行事;二是镇上商店关门的多,买东西不方便;三是共产党能不能站得长久,有人造谣言,人心不安,地主趁机挑拨离间。之后,陈云同志还特别约定这两人为他研究农村变化的长期联系人,和他们有过多次交往和面谈。

专题调查法

专题调查是陈云同志常用的调查方法之一。碰上一些急需解决、比较复杂、在当时具有重要意义的问题,陈云同志往往会选择专题调查的方法,选定一个具体的题目进行调研,比如延安时期对青年干部素质的调研。有时,陈云同志也会在典型调查中做专题调查,既可以深入把握某一个具体问题,也可以促进整个典型调查的开展。他在青浦县做的《母猪也应该下放给农民私养》《种双季稻不如种蚕豆和单季豆》和《按中央规定留足自留地》三个专题调查报告就是结合典型调查进行的。力求全面和科学是陈云同志专题调查研究的特点。他的诀窍还是他的六个字的辩证法:交换、比较、反复。在专题调研中,他总是运用个别和一般相结合、点和面相结合、个体和整体相结合,从多个方面、多个角度进行调查,不局限于一个点、一个问题或是问题的单个方面。他注意调查与这个问题有关的各个方面、各个单位的意见。还从不同的侧面,包括与调查主题有直接利害关系的其他局部,以及本问题与整体的关系的角度进行考虑,反复调查和论证调研的情况和结论。对涉及面比较广的问题,他坚持将调查的情况和结论与相关部门、单位进行交流,听取不同的意见,避免片面性。在青浦县农村调查之后,陈云同志将那三个专题调查的结论拿到与青浦县自然条件相似的地区作比较,检验这个调查结论的普遍性,并与上海市委、江苏省委和浙江省委交换意见,听取他们对这三个问题的看法。这些都是陈云同志实事求是的作风、科学严谨的态度和辩证唯物主义工作方法的充分体现。

随时随地积累情况

陈云同志有个习惯,就是爱随时随地收集信息。无论是参加会议、与人谈话,还是阅读文电,他都注意了解并积累各种情况。在延安他任中组部部长时,在与从敌后根据地或大后方来陕甘宁地区的干部谈完工作后,他总是要问问群众生活和思想情况如何、党的建设情况如何。从延安出去到敌后或大后方的干部,他也要在临行前问问他们对机关单位里干部状况的看法,或有什么意见。南来北往,积少成多,他通过这种方法了解的情况还真不少。陈云同志经常到生产第一线了解企业的实际情形,了解工人的要求。在延安做经济工作时,他经常到新市场走走,看农民买什么,卖什么,调查市场的供给情况。建国初期,他主持全国财经工作,任务极为繁重,但他每周总要抽出三个半天的时间到百货大楼、天桥闹市、东单菜市场等地方去了解市场情况，深入了解城市居民的需求和供应情况，以及城乡交流的基本情况。有一次下班后他"失踪"了，家人急得团团转，原来他又到前门大栅栏了解市场行情去了。

平常聊天也是陈云同志积累情况的好机会，比如在西北财经办事处工作的时候，每逢晚上有空闲时间，陈云同志就跟一些同志聊天。他常围绕当前一个问题、一件事情交谈，有时还拨拨算盘，边聊边思考。有一次谈到边区需要棉花的数量，在座同志对除军民穿衣部分外还需要用多少棉花不能说得很准确，他就马上打电话询问有关同志，以尽可能核算出接近数字。这种"聊天"跟调研差不多。

在1956年第六次最高国务会议上，毛主席问陈云同志，为什么东来顺涮羊肉现在不如以前好吃了？陈云同志回答：这是因为我们对私企改造也改掉了一些好的规矩。一个是羊肉规格不同了，以前只用35斤到40斤的小尾巴山羊，肉特别嫩，吃起来爽口。现在各种羊肉，如老山羊、老绵羊、冻羊肉都一起拿出来涮，这些肉煮着吃都嫌老，别说涮了，自然口味不如以前。另一个是切肉，过去好的切肉师傅切得又薄又均匀，多少肉切多少片、多宽多薄，都有严格规矩，一天一人切30斤。现在工资以数量为准，不管质量，羊肉切得又厚又不均匀，吃起来自然不合口味。像生活中这样的小问题，陈云同志都能做到心中有数，对答如流。这确实跟他随时随地了解、收集情况的习惯是分不开的。

调查与研究紧密结合

陈云同志既注重深入实际，挖掘大量的资料，也强调要在材料中去粗取精、去伪存真，由此及彼、由表及里，透过现象看本质，将调查和研究紧密地结合起来。

在调查中，陈云同志总是"沉下去"，深入基层，接触实际，充分占有第一手资料。当然，材料充分不仅指数量上的多，而且指质量上的优。若抓不住反映事物本质的主要材料，就无法达到认识客观事物的目的。陈云同志有关钢铁指标的调整、煤炭工业下滑、化肥设备制造等调查，都能牢牢把握住反映问题实质的材料,做到"沉下去"求深、求实、求准。

在研究中,陈云同志又总能"浮上来",站在全局的高度看问题,高屋建瓴,并通过分析和综合、归纳和演绎相结合等方法,抓住事物的本质和规律,形成指导全局工作的文件,做到"浮上来"求真、求新、求异。陈云同志有句名言:"要用百分之九十以上的时间研究情况,用不到百分之十的时间决定政策。"他说的就是研究的重要性。调查是"十月怀胎",解决问题是"一朝分娩"。研究是调查问题和解决问题的中间环节,没有研究的调查对解决问题还是于事无补,无异于胎死腹中。只有把二者有机结合起来,才会达到预期的目的。调查与研究的有机结合,是辩证唯物主义认识论在实际工作中的具体运用,也是陈云同志为取得指导全局工作主动权所采取的重要方法。

(摘编自《秘书工作》2005 年第 5 期)

第三节　观察调查法

在日常生活中,我们每天都在用双眼观察着我们身边的世界。根据有关研究,我们所获取的外部世界的信息绝大多数是通过双眼观察而得到的。观察活动在人们社会生活的各个领域都发挥着重要作用。在调查研究中,观察也是一种重要的调查方法。

一、观察调查法的概念和基本要求

观察调查法是调查者身临现场,通过耳闻目睹或借助工具,对调查对象进行有针对性的直接观察和记录,取得生动感性的信息资料的一种调查方法。观察调查不是直接向调查对象提问访谈,而是凭借着调查人员的直观感觉或利用照相机、摄像机、录音机等器材,观察和记录调查对象的活动或现场事实。

实施观察调查具有以下基本要求:第一,进行观察调查必须有明确的调查目的和假设,有针对性地去进行观察调查。第二,观察者事先划定一定的观察范围,即观察的内容和空间。第三,实施现场观察要有系统性,有组织地按照制定的详细观察计划方案进行。第四,对观察到的情况要进行客观的记录。第五,观察到的现象和结果,必须通过鉴定才能下结论。

二、观察调查法的主要特点

观察调查法的主要特点有:

(一)观察调查法是调研者有目的、有计划的活动

在观察调查过程中,观察对象不能受到调研活动的影响,而要按照事物本身的逻辑去发展。而调研者在进行观察前,必须明确观察的目的内容,制定周密、详细的观察计划或观察表。在观察开始后,要根据既定的计划按照观察表实施观察活动,并做好测量记录。

(二)观察调查法是调研者的单方行为

在观察调查过程中,观察活动是调研者的单方行为,而被观察者往往并不知情,处于被观察的被动地位。调研者观察的对象是自然状态下发生的现象或者行为,他们的行为不是人为安排、故意制造出来的,而是一种在社会生活中客观存在的现实;否则,观察调查法也就失去了其应有的意义。

(三)观察调查法要借助于一定的工具进行

在观察调查活动中,用来进行观察的工具不仅仅是人的眼睛等观察器官,有时也会借助于观察仪器。观察器官也并不限于调研者的眼睛,其他器官鼻子、耳朵等感觉器官也会参与其中,通过它们直接感知事物的状态,以及发生、发展的过程、结果等。观测仪器包括照相机、录音机、摄影机、望远镜、探测器等,利用它们,调研者可以记录、观察和测量事物及其发展。

三、观察调查的类型

根据不同的标准或视角,观察调查法可以分为以下几种类型。

（一）结构式观察和非结构式观察

结构式观察按照事先制订好的计划进行观察。其特点是观察过程标准化,取得的资料比较系统,故此也称为系统观察。非结构式观察又称为随机观察,事先对观察范围和程序不作严格规定,而依照现场的实际情况随机决定。前者一般用于目的性、系统性较强的调查,适用于对调查对象有较多了解、调查对象比较稳定的情况。后者则比较灵活,常用于对调查对象了解不多的情况,有时也用于进行探索性调查或有一定深度的专题调查。

（二）深入参与观察和旁观参与观察

根据调查者参与观察活动的程度,划分为深入参与观察、旁观参与观察。深入参与观察,是指调查者亲身与调查对象生活在一起,有些调查者甚至短时间内将自己原有身份伪装起来,直接参与被调查者的活动,与此同时又要保持着客观态度进行观察,以获得翔实、全面的调查资料的一种方法。旁观参与观察是指调查人员以局外人的身份对调查对象进行观察的方法。这种观察比较客观、公正,观察者受约束少,但是,观察容易停留在表面层次,了解的情况可能会比较肤浅,无法掌握复杂事物的真实原因或根本原因。而深入参与观察了解资料细致,便于了解现状全貌及产生的原因,但是,调查者受约束较多。

（三）实地观察（自然观察）和实验室观察（实验观察）

根据观察的地点和可控性,可以将观察调查划分为实地观察（自然观察）和实验室观察（实验观察）。

实地调查是应用客观的态度和科学的方法,对某种社会现象,在确定的范围内进行实地考察,并搜集大量资料进行统计分析,从而探讨社会现象。实地调查是在传播研究范围内,研究分析传播媒介和受传者之间的关系和影响。实地调查的目的不仅在于发现事实,还在于将调查经过系统设计和理论探讨,以形成假设,再利用科学方法到实地验证,并形成新的推论或假说。

实验室观察是指在人为制造的可控情境条件下对特定调查群体所进行的观察。在这种情况下,调查者可以根据调查研究的需要来设计观察环境,以便集中、准确地观察特定事物的发生情况,但它容易破坏事物之间的固有联系,得到的结论难以演绎到社会生活中去。

(四)纵向观察和横向观察

按照所取得的资料时间特征进行划分,可以分为纵向观察、横向观察。纵向观察又称时间序列观察,就是在对某一事项进行不同时期的连续观察,取得一连串的观察记录。对纵向观察资料进行分析研究,能了解调查对象发展变化的过程和规律。横向观察有人称为横断面观察,是在某一特定时间内,对与某事项有关的若干调查对象同时进行观察,加以记录。对横向观察资料进行分析研究,能够了解调查对象之间的差异和区别,扩大调查的范围。

四、观察调查法的优越性与局限性

观察调查法有其优越性,但也存在一定的局限性。

(一)观察调查法的优越性

第一,观察调查是在调查对象没有觉察到自己的行为正在被调查的情况下进行的,从而可以客观收集和记录到现场的实况,取得的资料比较详细、可靠。

第二,由于是在调查对象不知情的状态下进行,取得的资料不会受观察对象能力的限制,不以观察对象的合作态度为转移。

第三,观察法简便易行,灵活性大。

（二）观察调查法的局限性

第一，它不太适用于研究大范围、大规模的社会现象，因为大型调查所需人员多、花费时间长、经费开支大。

第二，观察的结果主要用来说明一些现象和事实，而难以发现其内在的原因和动机。

第三，观察调查受观察者条件、能力的制约，往往会凭借主观的经验和臆测，记录的数据精确度无法检验。

第四，有时观察者的存在也可能会影响观察对象的行为，从而影响研究效果。

第五，观察调查受客观环境的影响，有时观察现场出现意外变动，观察者无法控制调查进程。

五、观察调查的误差

观察调查存在不同程度的误差，我们在做观察调查时要明白产生误差的原因，并尽最大可能减少误差。

（一）观察调查误差产生的原因

观察调查误差的产生主要有三个方面：一是观察调查者；二是观察调查对象；三是观察调查工具及过程。

就观察调查者而言，观察调查者本身的思想因素、知识因素、心理因素、生理因素等都会影响观察效果，带来观察误差。例如，观察者的立场、观点、方法和角度不同，观察同一对象及其行为的感受就会不同；观察者的知识水平和知识结构不同，人生阅历和社会经验不同，观察问题的参照系就会不同，对同一对象的观察会带来不同的观察结果；人类感觉器官的生理局限，以及观察者的兴趣、爱好和情绪等心理因素，都会对观察结果产生一定影响。

就观察调查对象而言，由于观察调查活动本身会引起被观察者的反应性心理和行为,必然会带来观察误差。由于客观事物本身处于发展变化过程中,当事物的本质属性尚未通过现象充分暴露出来时,观察就难免产生某些误差。另外,由于观察者往往是外来的,人为地制造假象更是造成观察误差的一个重要原因。

就观察调查工具及过程而言,诸如观察仪器的精确度、灵敏度不高,观察仪器和观察工具失灵,观察场所不足,观察角度不对,观察距离太远等,都是造成观察误差的重要原因。

(二)减少观察调查误差的途径

第一,正确选择并培训观察人员。合格的观察人员,其感觉器官必须正常,要有求真务实的精神。选择观察人员时要注意选择有必要知识储备的人员,例如,具有与观察课题有关的学科理论知识,对观察对象的历史和现状的了解等;对观察人员要进行培训,在培养观察兴趣的同时,教育观察人员严格按照观察提纲、表格或卡片的要求进行观察和记录。

第二,减少对观察对象的影响。在与被观察者建立良好人际关系的基础上,要尽可能减少观察活动对观察对象的影响,善于控制自己的观察活动,努力使被观察者处于自然状态下做出自己原有的行为。

第三,采用恰当的观察工具,控制观察活动。在观察调研中,应根据具体情况,尽可能使用显微镜、望远镜、各种测量仪器、照相机、摄影机、录音机等科学仪器和各种"度量衡"工具,充分发挥这些仪器和工具的放大、延伸、计量、记录等功能。控制好自己的观察过程,尽可能减少或消除观察活动对被观察者的影响。

六、观察调查的实施要求和技巧

观察是获得感性资料和深入认识社会公共关系现象的有效方法,要保证观察调查达到预期效果,就要求调查者有敏锐的观察力、准确的判断力、良好的记忆力和周密的思维能力。而这些能力的获得又要通过大量的观察实践培养起来。

在实施观察调查时,尽量不让调查对象察觉,以避免调查对象因发觉调查行动而改变原有的行为、状态,影响真实结果。观察调查要求及时记录,尽可能详细记录调查内容和有关事项;无法立即记录的,也应当尽快追记;记录应不夸张、无遗漏,尽量保持观察的原貌。

七、观察调查法的注意事项

调查结论是建立在观察资料基础之上的,为了保证观察调查结论的科学性,在观察调查中要注意以下几个方面:

一是选择有代表性的观察对象和环境。要使观察调查的结论具有典型意义,就应该选择那些典型环境中的典型对象作为观察重点。

二是选准观察时间和场合。某种社会现象,总是在一定时间、空间范围内发生的,观察调查要注意选择最佳观察时间和最佳观察场合。

三是与被观察者建立良好的人际关系。应向被观察者说明,也可以参与被观察者的某些活动,通过增进了解,使其认识观察调查的重要意义。在观察调查中,应尊重当地的风俗习惯和道德规范,绝不要违反当地的禁忌,更不要介入被观察者之间的矛盾纠纷中。

四是尽可能减少观察活动对被观察者的影响。观察者要了解处于自然状态下的社会现象,就必须善于控制自己的观察活动,最好不让被调查者明显察觉到,尽量减少对被观察者的影响。

五是将观察与思考紧密结合起来。在实地观察中,要善于将观察与思考结合起来,在观察中思考,在思考中观察;要善于把观察与比较结合起来,在观察中比较,在比较中观察。只有这样,才能捕捉到许多有价值的观察材料。

六是及时做好观察记录。记录的方法,最好是同步记录,即在现场观察的同时记录下观察情况;如果不宜做同步记录,就应在观察后尽快追记。

第四节　问卷调查法

问卷调查法,也称"书面调查法",或称"填表法",是指调查者运用统一设计的问卷并选定一定数量的调查对象了解情况或征询意见的方法。这种方法能突破时空的限制,同时进行大范围的调查,调查资料便于汇总、整理和分析,资料较为可靠,能够用较小的人力物力消耗收到比较大的效果。它是国际上通用的一种调查方式,也是我国近年来推广最快、应用最广的一种调查研究方法。

一、问卷的主要类型

问卷主要有开放式问卷、封闭式问卷和混合式问卷三种类型。

开放式问卷不为回答者设定具体的答案,只由回答者按题目自由发挥。比如,您认为当前的国际金融危机对我国有哪些影响?

封闭式问卷限定回答者按问卷规定的答案填答。比如,您的文化程度:

小学(　)、初中(　)、高中(　)、大学(　)。注:在与您文化程度相应的括弧内画√,其他括弧内画×。

混合式问卷既有发挥题又有封闭式答案。在混合式问卷里发挥题是对封闭式问卷答案的一种补充。

开放式问卷的发挥题内容一般都是社会的热点问题。混合式问卷以封闭式答案为主,也可称为半封闭式问卷。开放式问卷答题虽然不能统计和编码,但通过归类概括后还是可以统计和编码的。

二、问卷的基本结构

问卷结构大致包括以下几个部分。

（一）标题

标题是问卷的主题,决定问卷的全部回答内容。所有的询问和答案都必须围绕主题设定。如果问卷提出的问题和答案偏离了主题,问卷就失去了它的真实意义。

（二）封面信

封面信写在信封的表面上,简要地说明这次调查的主题、目的、意义和要求,并介绍发卷人的姓名、身份、单位、地址、电话、电子邮箱等。同时还应承诺给予保密,并恳请受卷人对这次调查活动给予积极的配合。最后向受卷人表示感谢。

（三）指导语

指导语就是对如何填答所作的说明。

（四）问题与答案

问题与答案是问卷的核心和主体部分,有很多具体要求,直接反映主题,紧紧围绕主题拟定,答案的内容不能相互包容和互不相干。

三、问卷调查法的优点、缺点

问卷调查法有不少优点,但也存在一些缺点。

（一）问卷调查法的优点

问卷调查法的最大优点是能突破时空限制,在广阔范围内,对众多调查对象同时进行调查。

问卷调查的第二个优点是便于对调查结果进行定量研究。

匿名性是自填式问卷调查的一大特点和优点。

问卷调查,特别是自填式问卷调查的另一大优点是对调查的双方都比较方便。

自填式问卷调查可以排除人际交往中可能产生的种种干扰。

节省人力、时间和经费是问卷调查,特别是自填式问卷调查的又一突出优点。

（二）问卷调查法的缺点

问卷调查法的缺点也是非常明显的。最突出的一点就是它只能获得书面的社会信息，而不能了解到生动、具体的社会情况。问卷调查法绝不能代替各种直接调查方法。

问卷调查法的另一重大缺点是缺乏弹性，很难作深入的定性调查。

问卷调查，特别是自填式问卷调查，调查者难以了解被调查者是认真填写还是随便敷衍，是自己填答还是请别人代劳；被调查者对问题不了解、对回答方式不清楚，无法得到指导和说明。

问卷调查还有一个缺点，就是填答问卷比较容易，有的被调查者或者是任意打钩、画圈，或者是在从众心理驱使下按照社会主流意识填答，这都使得调查缺少了真实性。

另外，问卷调查的回复率和有效率低，对无回答者的研究比较困难。问卷调查只适用于有一定文字理解、表达能力的调查对象，而不适用于文盲和半文盲，这也是问卷调查法难以克服的局限性。

四、问卷的设计

设计者应熟悉问卷主题所涉及的专业知识或业务知识，了解社会领域的具体现状，然后才能从主题的各个方面提出恰如其分的问题，选择准确的答案。

调研课题规定了问卷的主题。在提出问题之前，应将主题概念进行分解和界定，从主题的不同方面引申出问题来，有了问题就可以选择答案。比如，关于××市待业人员情况的调查，待业人员的自然现状就是主题。将"待业人员"概念进行分解和界定，引申出他们的人数、年龄、性别、知识、技能、健康和待业时间等，就这些方面提出问题、选择答案。

需要注意的是，问卷调查只能解决受卷人对调查问题的态度倾向，不能系统地解决更深刻的问题,也不能揭示事物的内在本质和发展规律。因而不能作为行政决策的主要依据,对行政决策仅具有参考价值。

(一)问卷设计的总体框架

问卷设计的总体框架是指导设计问卷的提问语句和对问卷资料进行分析的一种总体思路的逻辑架构图。问卷设计总体框架的制作方法是:从研究主题出发,根据研究的方向,找出中心概念(主要变量),再将这些概念由抽象转变为操作化概念。也就是将抽象概念通过层层分解,转变成可直接依据这些分解指标设计问卷的提问语句。因此,制作调查问卷总体框架的过程实际上也就是对所要研究的内容进行操作化的过程。

总框架往往采用图示法表示。问卷设计的总体框架一般由简单的文字和方框以及连接线组成,以便调研者可以采用直观的形式来寻找问题与主题,探索问题与问题之间的逻辑联系。

例如,在"村民在村委会选举中的行为研究"问卷调查中,问卷设计总体框架概念分解和操作化如下:

村民:操作化为有选举权的本村村民,具体调研对象为参加上届村委会选举投票的村民。

村委会选举中的行为:划分为没有任何参与和参与到选举中去两种行为类别;参与到选举中又可以划分为参与选举过程但不参与成员竞选、参与村委会成员竞选两类;参与选举过程但不参与成员竞选又可划分为参与选举准备、参与选民名单公布、参与提名候选人、参与选举投票、参与唱票计票、参与其他活动等;而参与村委会成员竞选又可划分为参与主任竞选、参与副主任竞选、参与委员竞选三种类别。

(二)问卷语句的设计

调查问卷的主体是问题,问卷调查是通过问题来和被调查者进行沟通的。因此,如何表述问题,使被调查者能清楚地理解问题和回答问题,成为问卷调查成败的关键。为此,问卷语句的设计要考虑被调查者的特征、心理特点及文化程度,问题要具体简洁,用词准确而通俗易懂,使被调

查者有兴趣和愿意回答问卷中的问题。具体说来,要注意以下几点:

1.问题的语言要尽量简单,尽可能地使用简单明了、通俗易懂的语言。

2.问题的陈述要尽可能简短。

3.问题要避免带有双重含义,不能在一个问题中同时包含两件事情,这样会使被调查者无法回答。

4.问题不能带有倾向性。问题的提法和语言应保持中立,避免问题本身的诱导性,避免使被调查者感到问题在鼓励、期待他做出某种回答。

5.不要用否定形式提问题。因为日常生活中,人们往往习惯于肯定陈述的提问,而不习惯于否定陈述的提问。

6.所提问题中不要包含被调查者不知道的问题或者专门术语。

7.敏感性问题不能直接提问。人们通常对涉及个人隐私等敏感问题不愿回答。

8.采用画圈、打钩等选择形式。不要要求填写问卷的人书写过多,以免被调查者因占用较多时间而失去填写问卷的兴趣。

(三)问卷答案的设计

回答有三种基本类型,即开放型回答、封闭型回答和混合型回答。开放型回答是指对问题的回答不提供任何具体答案,而由被调查者自由填写。封闭型回答是指将问题的几种主要答案,甚至一切可能的答案全部列出,然后由被调查者从中选取一种或几种答案作为自己的回答,而不能作这些答案之外的回答。混合型回答是指封闭型回答与开放型回答的结合,它实质上是半封闭、半开放的回答类型。

在问卷调查中,大多数问卷的绝大多数问题是封闭式问题,而问题的答案是封闭式问题非常重要的一部分,因此答案设计的好坏直接影响到调查的成败。关于答案设计要注意以下要求:

1.问题的答案要具有穷尽性和互斥性。穷尽性是指问题的答案包括了所有可能的情况,这样任何一个被调查者都可以在其中找到符合自己条件的答案。如果问题答案不能或者没有把握做到穷尽性时,可以加一个"其他"选项来解决问题。互斥性是指问题的答案不能相互重叠或重合、相互包含,这样,每个被调查者只能有一个答案和他的情况相符合。

2.根据研究的需要来确定变量的测量层次。不同的变量具有不同的测量层次,高层次的变量可转化为低层次的变量来使用。在实际设计答案时,首先要看测量变量属于什么层次,然后根据这一层次的特征来决定答案的形式。定类变量需满足穷尽性和互斥性原则,定序变量是为了解调查对象的有关态度或看法而定的,大多数问卷在设计这类问题的答案时采用五级的定序答案。定距和定比变量的设计档次不宜过多过宽,各档次间距要尽量相等,各档次的数字之间要衔接吻合。

3.避免答案与问题出现矛盾或者不一致。问卷中所列出的答案应该和上文提出的问题保持一致,避免出现前后矛盾或者答非所问的情况。答案中也要避免使用多义词或模棱两可的词汇,避免出现过多负面色彩或令人难堪的词语。

(四)问卷的编排

设计好调查问卷的问题和相应答案后,下一项工作就是对问卷中涉及的问题进行编排。问卷中问题的编排,一般应遵循以下原则:

1.按难易程度排列。按问题的复杂程度或困难程度精心排序。一般来说,应该先易后难,由浅入深;先客观事实方面的问题,后主观状况方面的问题;先一般性质的问题,后特殊性质的问题。如果有敏感性强、威胁性大的问题,应安排在问卷的后面。

2.按时间顺序排列。一般来说,应该按调查事物的过去、现在、将来的历史顺序来排列问题。无论是由远到近还是由近及远,问题的排列在时间顺序上都应该有连续性、渐进性,而不应该来回跳跃,打乱被调查者回答问题的思路。

3.按逻辑顺序排列。问题的排列要有逻辑性,应根据事件的产生、发展等进行排序。在特殊情况下,也不排除对某些问题做非逻辑安排。尤其是检验性问题也应分别设计在问卷的不同部位,否则就难以起到检验作用。

4.按问题性质排列。根据问题的性质或者类别,将具有相同或者相似性质和类别的问题放在一起,而不能把不同性质或类别的问题混杂在一起。这有助于被调查者理清思路,方便填写问卷。

(五)问卷的修改和预调查

问卷设计出来后,还需要检查几遍,最好请有经验的人协助进行检查修改。修改问卷一般是以问卷的总体框架为依据对每一个问题进行审查,确定以后将如何分析这些问题,适用何种统计分析方法以及资料如何整理和报告。

当问卷设计好后,还必须进行预调查。任何调查问卷都不可能一次设计成功,往往经过若干次修改。在没有进行预调查前,不应当进行大规模的问卷调查。在预调查完成后,针对需要改变的地方进行切实修改,改正问卷中存在的错误解释、不连贯的地方、不正确的跳跃,也可为封闭式问题寻找额外的答案以及探查被调查者的反应。如果预先测试导致问卷产生较大的改动,应进行第二次预调查。需要说明的是,预调查也应当以最终调查的相同形式进行,不能变更调查方式。

五、问卷的设计技巧

问卷的设计有一定的技巧,要在学习和实践中勤于思索。

(一)事实性问题

事实性问题主要是要求应答者回答一些有关事实的问题。

例如:你通常什么时候看电视?

事实性问题的主要目的在于求取事实资料,因此问题中的字眼定义必须清楚,让应答者了解后能正确回答。

调查研究中,许多问题均属"事实性问题",如应答者个人的资料(职业、收入、家庭状况、居住环境、教育程度等)。这些问题又称为"分类性问题"，因为可根据所获得的资料而将应答者分类。在问卷之中，通常将事实性问题放在后边，以免应答者在回答有关个人的问题时有所顾忌，因而影响以后的答案。如果抽样方法是采用配额抽样，则分类性问题应置于问卷之首，否则不知道应答者是否符合样本所规定的条件。

（二）意见性问题

在问卷中，往往会询问应答者一些有关意见或态度的问题。

例如：你是否喜欢××频道的电视节目？

意见性问题事实上即态度调查问题。应答者是否愿意表达自己真正的态度，固然要考虑，而态度强度亦有不同，如何从答案中衡量其强弱，显然也是一个需要克服的问题。通常而言，应答者会受到问题所用字眼和问题次序的影响，即不同反应，因而答案也有所不同。对于事实性问题，可将答案与已知资料加以比较。但在意见性问题方面则较难做比较工作，因应答者对同样问题所作的反应各不相同。因此意见性问题的设计比事实性问题困难。这种问题通常有两种处理方法：其一是对意见性问题的答案只用百分比表示，如有的应答者同意某一看法等；另一方法则旨在衡量应答者的态度，故可将答案化成分数。

（三）困窘性问题

困窘性问题是指应答者不愿在调查员面前作答的某些问题，比如关于私人的问题，或不为一般社会道德所接纳的行为、态度，或属有碍声誉的问题。例如：平均说来，每个月你打几次麻将？如果你的汽车是分期购买的，一共分多少期？你是否向银行抵押借款购股票？除了你工作收入外，尚有其他收入吗？

如果一定要获得困窘性问题的答案，又避免应答作不真实回答，可采用以下方法：

1.间接问题法。不直接询问应答者对某事项的观点，而改问其对其他事项的看法如何。例如：用间接问题旨在套取应答者回答认为是旁人的观点。所以在他回答后，应立即再加上问题："你同他们的看法是否一样？"

2.卡片整理法。将困窘性问题的答案分为"是"与"否"两类,调查员可暂时走开,让应答者自己取卡片投入箱中,以减低困窘气氛。应答者在无调查员看见的情况下,选取正确答案的可能性会提高不少。

3.随机反应法。根据随机反应法,可估计出回答困窘问题的人数。

4.断定性问题。有些问题是先假定应答者已有该种态度或行为。例如:你每天抽多少支香烟?事实上该应答者可能根本不抽烟,这种问题则为断定性问题。正确处理这种问题的方法是在断定性问题之前加一条"过滤"问题。例如:你抽烟吗?如果应答者回答"是",用断定问题继续问下去才有意义,否则在过滤问题后就应停止。

5.假设性问题。有许多问题是先假定一种情况,然后询问应答者在该种情况下,他会采取什么行动。例如:你是否赞成公共汽车公司改善服务?这属假设性问题,应答者对这种问题多数会答"是"。这种探测应答者未来行为的问题,应答者的答案事实上没有多大意义,因为多数人都愿意尝试一种新东西,或获得一些新经验。

六、问卷的评价标准

要设计一份好的问卷,必须考虑这样几个问题:它是否能提供必要的管理决策信息?是否考虑到应答者的情况?是否能满足编辑、编码、数据处理的要求?

(一)问卷是否提供管理决策的信息

问卷的主要作用是提供管理决策所需的信息,任何不能提供管理或决策重要信息的问卷都应被放弃或修改,这就意味着将要利用数据的管理者对问卷表示满意就意味着"这种工具将提供我们进行决策所需的数据"。如果管理者对问卷不满意,那么,调查研究者应继续修改问卷。

（二）问卷是否考虑到应答者的情况

一份问卷应该简洁、有趣、具有逻辑性，并且方式明确。尽管一份问卷可能是在办公室或会议室里制作出来的，但它要在各种情景和环境条件下实施。因忙于工作或其他事先有所安排的受访者会终结毫无意义的访谈；有些访谈是在受访者渴望回到电视机前进行的；另外一些访问是和一个忙于购物的购买者进行的；还有一些访问是在受访者的孩子缠住他们的时候进行的，仅时间的漫长就将使访问变得枯燥无味。

设计问卷的调查研究者不仅要考虑主题和受访者的类型，还要考虑访问的环境和问卷的长度。近期的一项研究发现，当受访者对调查题目不感兴趣或不重视时，问卷长度就不重要了。换句话说，无论问卷是长是短，人们都不会参与调研。同时，研究发现，当应答者对题目感兴趣或当他们感到问题回答不会太困难时，他们会回答一些较长的问卷。

问卷设计的另一个要求是使问卷适合于应答者。一份问卷应该针对预期应答者明确地进行设计，应该划分年龄层次。这样，对青年人的问卷应当使用青年人的语言表述，对中老年人的问卷应当使用中老年人的语言。

问卷设计最重要的任务之一是使问题适合潜在的应答者。问卷设计者必须避免使用专业术语和可能被应答者误解的术语。实际上，只要没有侮辱或贬低之意，最好运用简单的日常用语。

（三）问卷是否满足编辑、编码和数据处理的需要

一旦信息收集完毕，就要进行编辑。编辑是指检查问卷以确保按跳问形式进行，需要填写的问题已经填好。"跳问"是提问题的顺序，所有"开放式问题"经由逐字记录，通过从完成的问卷中进行编码，确定所给的答案。

简而言之，一份问卷必须具有以下功能：第一，它必须完成所有的调研目标，以满足管理者的信息需要；第二，它必须以可以理解的语言和适当的智力水平与应答者沟通，并获得应答者的合作；第三，对访问员来讲，

它必须易于管理,方便地记录下应答者的回答;第四,它必须有利于方便快捷地编辑和检查完成的问卷,并容易进行编码和数据输入;第五,问卷必须可转换为能回答最初问题的有效信息。

七、实施问卷调查法的注意事项

实施问卷调查法要注意以下事项。

(一)在课题组领取问卷时,要如实登记。将领取的问卷数量,准备发放问卷的地点、单位登记详细,并签上自己的名字。

(二)问卷的发放地点、发放单位、发放数量要严格按规定执行,不得随意更改。

(三)发放问卷前,应对被调研的人或单位作简短的课题介绍,并出示本课题的介绍信和调查者本人证件。

(四)问卷发放过程中,如遇到不明问题或有意外情况(如增加新的调研城市、单位、追加问卷等)请及时通过电话或者发邮件、短信向上级请示,经过同意后开展调查。

(五)问卷发放过程中,对被调查人提出的问题,要耐心详细地进行讲解。

(六)有效问卷和无效问卷要一并收回,包括未发放完的空白问卷,不得随意丢弃,要一律带回上交。

(七)回收的问卷,要分类整理清楚,并及时标明调研地点、调研单位、具体调研时间。最好能让被调研单位开出证明并附上其联系方式、联系人。

(八)问卷因其所面对人群的普遍性,调研人员不要随意分发。应选取一些有代表意义的群体,按照规定的样本量发放。

(九)问卷的发放和回收要及时,且在整个调研过程中,调研人员要讲礼貌,态度要谦虚。

第五节　文献调查法

文献调查法也称历史文献法,是指通过收集各种文献资料,选取与研究主题有关的信息资料,并开展研究活动的一种调研方法。它是决策咨询型调查研究的一种补充。文献调查法往往是一种先行的调查方法,一般只能作为调查的先导,而不能作为调查结论的现实依据。

一、文献的含义

文献是指含有被研究对象信息的文字、图像、声频和视频等物质形态的资料。文献包括一切原始资料,有古籍、档案、文件、报刊、年鉴、案卷、专著、辞典、笔记、日记、信函、图形、图片、照片、统计资料以及一切手迹和印刷品,也包括录音、录像、光盘等。历史遗留物也属于文献范畴。任何文献都是特定社会现象的记载。

文献有三个基本要素:一是有一定的信息内容。没有信息内容的物体不是文献,如白纸就不是文献。二是有一定的物质载体。没有物质载体的信息不是文献,如人们口头传递的信息。三是通过一定的记录方式记录。如古迹等,有一定的信息内容,也有一定的物质载体,但是没有一定的记录方式,就不是文献。

文献的内涵和外延随着时代的发展,也在不断地演化和扩展。近代,人们把具有历史价值的图书、文物资料称为文献。现代,文献是指含有被研究对象信息的文字、图像、声频和视频等物质形态。

二、文献调查法的特点、作用

文献调查法有其独到的特点,在实际工作中也发挥出一定的作用。

（一）文献调查法的特点

1.历史性。文献调查法是以人类过去所记录的信息资料为收集资料的对象而开展的一种调查研究。

2.间接性。文献调查法的调查研究对象大都是间接的第二手资料。在印刷型文献占主导地位的条件下,它主要是对纸张为物质载体的书面文献所进行的资料收集。

3.单方性。文献调查法不直接接触被调查者,在调查过程中不存在与被调查者的人际关系问题,不会受到被调查者反应性心理或行为的干扰。

（二）文献调查法的作用

文献调查法与其他调查研究方法相比,可以作时间和空间的跨越,特别是在作历史性和趋势性研究上,具有独特的功能。

1.文献研究具有纵向剖析的功能。利用历史资料对历史人物、事件和活动进行研究,时间跨度可以是几年,也可以是几十年,甚至上千年。

2.文献研究具有横向比较的功能。通过横断面数据,可以作空间跨度较大的研究,如可研究一个地区的各个单位,也可以研究全国的各省、各地区,甚至可以对各个国家进行研究。

三、文献调查法的优点、缺点

文献调查法有其优点,也存在不足之处。

（一）文献调查法的优点

文献调查法的优点主要有以下四个:

1.稳定性。通过文献调查法获取资料,不需要直接同人打交道,所研究的调研材料已经存在。因此,在调查研究过程中,调查研究对象不会受到调查研究者影响而发生变化,从而使文献资料具有了稳定性。

2.可以研究无法接触的研究对象。对于过去的人、事件和社会实践活动,不能采用直接观察或访谈的方法开展调查研究,但可以通过有关的文献记载来研究,从而拓展了调查研究的范围和领域。

3. 可作时间序列研究。通过文献调查,可以获得调查研究对象在不同时间点上的信息资料,进而可以通过时间序列分析,考察调查研究对象的发展、变化情况及未来发展趋势。

4. 费用低。文献调查的地点主要集中在图书馆、有关机构和团体,在信息获取时,可以节省时间、人力、物力和财力。

（二）文献调查法的缺点

文献调查法的缺点主要有以下四个:

1. 文献资料的真实性难以保证。对于文献资料,不可避免地会受到作者的主观意图及文献形成过程中的客观情况的影响,这使其真实性很难得到保证。

2. 有些文献资料不易获取。公开的文献资料容易获得,但对于非公开的,如组织机构的内部资料、文件、决议、记录等往往是不公开的,甚至保密的,对于外部的研究人员来说就很难获得。

3. 适用范围有限。文献调查法仅仅依赖于现有的文献资料,其适用范围是有限的,在很多情况下,现有的文献资料是很难满足研究需要的。

4. 文献资料的标准不统一。文献资料是由不同时期的资料构成的,由于人们记录资料的标准和形式在不断发生变化,因此,为文献带来了一些统计和分析上的不统一。

四、文献调查法的定性分析和定量分析

文献调查法主要有定性分析方法和定量分析方法,它们各从不同的侧面对文献中所包含的信息进行加工和整理。

（一）定性分析

定性分析一般是对文献中所包含的信息进行分类,选取典型的例证

加以重新组织,并在定性描述的基础上得出结论。文献的定性分析在辨别过去的趋势并用该信息去预测与此相关的未来模式方面,具有特别的价值。与定量分析相比,定性研究有其明显的特点:

第一,它不太注重文献资料的数量特征和完整程度。虽然它不完全排除在研究过程中进行一些简单必要的数量分析,但它更注重的是对文献的性质作出分析的研究,目的在于探索事物的特殊性和规律性,

第二,文献定性研究的一个重要方面是个人文献研究。包括对信件、日记的分析研究,注重的是文献的个案,允许从事研究的人员选择足以证明某一观点和问题的例子。

第三,从某种意义上来说,文献的定性分析类似于观察研究。因为许多文献具有叙述的自然性、亲切性和发出内心的感觉等优点,所以在研究时比较灵活随意,研究过程的程度不太高。一般来说,调查研究者在样本抽取时,可以选择一个易深入研究的小样本或个案进行研究,而且所选取的小样本或个案是根据研究者自己的特殊兴趣确定的,而不是随机抽取的。

（二）定量分析

定量分析又叫内容分析,是对明显的文献内容作客观而有系统的量化并加以描述的一种研究方法。定量分析的实质是将用言语表述的文献转换成用数量表示的资料,有助于使用正式的假设、科学地抽取大型样本及计算机等现代统计技术对文献作出分析研究。

定量分析主要用于趋势分析、比较分析和意向分析等诸多方面。

1.趋势分析。定量分析可利用同一对象在不同时期内容资料量化结果的比较,分析某种现象或思想观点的发展过程、演变规律及今后趋势。

2.比较分析。定量分析可通过对同一中心问题但对象或来源不同的样本量化结果进行对比。例如,对不同地区、学校、团体和个人的教育思想、教学效果及工作方式等进行比较。

3.意象分析。定量分析可通过某一对象在不同问题或不同的场合所

显现出来的文献资料进行内容分析,研究该对象的意向。

定量分析具有明显性、客观性、系统性和量化等方面的特点,正因为它拥有对大量文献进行系统结构分析的优点,因而可弥补定性研究缺乏系统和确切的不足。

第六节　实验调查法

实验调查法,也称试验调查法,是指经过特殊安排,适当控制某些条件,使一定的社会现象发生,以提示其产生原因或规律的方法。实验调查的目的,是揭示社会现象之间的因果关系,认识实验对象的本质及其发展规律。

一、实验调查法的基本要素

实验调查法的基本要素是:实验者、实验对象、实验环境、实验活动、实验检测。

实验者,即实验调查的有目的、有意识的活动主体,他们都以一定的实验假设来指导自己的实验活动。

实验对象,即实验调查者所要认识的客体,其往往被分成实验组和对照组两类对象。

实验环境,即实验对象所处的各种社会条件的总和,它们可以分为人工实验环境和自然实验环境。

实验活动,即改变实验对象所处社会条件的各种实验活动,它们在实验调查中被称为"实验激发"。

实验检测,即在实验过程中对实验对象所作的检查或测定,其可以分为实验激发前的检测和实验激发后的检测。

实验调查的过程,就是这些要素相互作用、相互影响的过程。

二、实验调查法的特点

实验调查法的最大特点是它的实践性。实地观察、口头访问和集体访谈等直接调查方法，都不涉及改变调查对象所处社会环境的问题。实验调查法则不同，它不仅要眼看、口问、耳听，而且要亲自动手干，即通过某种实践活动有计划地改变实验对象所处的社会环境，并在这种实践活动的基础上对实验对象的本质及其变化发展规律进行调查研究。这说明，实践性是实验调查的本质特点；没有一定的实践活动，就不能称为实验调查。

调查对象的动态性是实验调查法的另一个重要特点。在实地观察、口头访问和集体访谈的过程中，调查对象一般都处于相对静止状态。实验调查法则不同，由于实践活动不断进行，社会环境不断变化，实验对象本身也必然发生不断的运动和变化。这就是说，实验调查的实践性决定着实验对象的动态性。

在调查研究的方法上，实验调查法还具有综合性的特点。在实验调查过程中，除了要进行改变社会环境的实践活动外，一般都要采用实地观察、口头访问和集体访谈等直接调查方法，有时还要采用文献调查、问卷调查等间接调查方法。不仅如此，实验调查的过程，不仅是不断收集材料的过程，而且是不断研究材料的过程，它是各种调查方法和研究方法综合使用的过程。

三、实验调查法的优点、缺点

实验调查法有其优点，也有其不足之处。

（一）实验调查法的优点

实验调查法通常有两个方面的优点，一是可以达到一定的理论目的，即检验一定的假设；二是可以达到一定的实践目的，即对新的政策、措施或社会形态的合理性进行检验。

（二）实验调查法的缺点

实验调查法的最大缺点是实验对象和实验环境的选择难以具有充分的代表性，特别是在实验组和对照组中，实验对象及实验环境的选择难以做到相同或相似。

实验调查法的另一个重要缺点是，人们很难对实验过程进行充分有效的控制，特别是在现场实验中往往无法完全排除非实验因素对实验过程的干扰。

对于许多落后或消极的社会现象，不可能或不允许进行实验，这是实验调查法的又一局限性。

此外，实验调查法对实验者的要求较高、花费的时间较长、实验的对象不能过多等，也是它难以克服的局限性。

四、实验调查的研究架构与程序

实验调查的研究架构与程序包含下列内容。

（一）实验调查的研究架构

1.单一实验组设计。就是只选择一批实验对象作为实验组，通过实验激发前后实验对象的变化来得出实验结论。它的具体步骤是：（1）选择实验对象；（2）对实验对象进行前检测；（3）实验激发，即改变实验对象所处社会环境的实践活动；（4）对实验对象进行后检测；（5）得出实验结论，其公式为：实验效应＝后检验－前检验。

单一实验组设计，是最简单的实验调查设计，只要选择一个实验组就可以进行实验调查。同时，也是最基本的实验调查设计，任何其他实验调查设计都离不开选择实验对象—前检测—实验激发—后检测—得出实验结论这个基本程序。

然而，单一实验组设计得出的实验结论，可能正确，也可能不正确。

这说明，单一实验组设计只有在实验者能有效排除实验因素的干扰或者使非实验因素的影响缩小到可以忽略不计的情况下,其实验的全部效应才能看作实验激发的结果,否则就不能得出这样的结论。

2.实验组、对照组设计。就是选择一批实验对象作为实验组,同时选择一批与实验对象相同或相似的对象作为对照组,并且努力使实验组和对照组同时处于相类似的实验环境之中;然后,只对实验组给予实验激发,而对对照组不给予实验激发;最后,对实验组和对照组前后检测的变化进行对比研究,再得出实验结论。

实验组、对照组设计的最大优点,在于它能大致离析出实验效应与非实验效应的范围或程度,从而对实验效应的评价更为客观和准确。但是,在现场实验调查中,这种实验的最大困难是实验组和对照组的实验对象、实验环境的选择很难完全匹配或基本相似。因此,要准确评价实验效应,还必须采用其他调查方法作更深入、更细致的研究。

应该指出,实验组对照组设计,可以是1实验组与1对照组设计,也可以是1实验组与2对照组、3对照组设计。对照组的数量越多,可离析出来的非实验效应就越多,对实验效应的评价就越准确。但是,与此同时,实验对象和实验环境的匹配也越困难。

3.多实验组设计。就是选择若干批实验对象组成若干个实验组,在各自的实验环境下通过检测实验激发前后实验对象的变化,作出各组的实验结论,然后再对各组实验结论进行对比研究,作出总的实验结论。

(二)实验调查的程序

实验调查的一般程序是:

1.以实验假设为起点设计实验方案。

2.选择实验对象和实验环境。

3.对实验对象前检测。

4.通过实验激发改变实验对象所处的社会环境。

5.对实验对象后检测。

6.通过对前检测和后检测的对比对实验效果作出评价。

五、实验调查的注意事项

在实施过程中应该特别注意以下一些问题。

（一）实验者的必备条件

1. 要敢于打破旧框框、探索新道路，要勇于创新。

2. 要有较高理论水平和较多政治、法律知识，要有较强鉴别能力和判断能力。

3. 要有一定实际工作经验和灵活处理问题的能力。

4. 要有一定权力和威信。

5. 要有比较充裕的时间。

（二）实验对象和实验环境的选择

选择实验对象和环境，一定要在同类事物中具有较高的代表性。对于复杂的事物来说，所选择的实验对象和实验环境，还应该具有不同类型。

实验对象和实验环境的选择，一般有两种方法：一是主观挑选，即由实验者根据实验要求和对实验对象及其社会环境总体情况的了解，有意识地挑选那些具有代表性的单位进行实验；二是随机抽样，即按照随机原则，从实验对象、实验环境的总体中抽取一定实验环境中的实验对象。

如果采用实验组、对照组设计，还应该注意实验对象和实验环境的匹配，即实验组的实验对象和实验环境与对照组的实验对象和实验环境，应尽可能相同或相近。

为了做到这一点，实验者在选择实验对象和实验环境时应采用配对分派法进行选择，即每次选择两个相同或相近的单位进行匹配，然后将其中一个分派到实验组，另一个分派到对照组。只有按照这种分配法组织起来的实验组和对照组，才能真正起到互相对照的作用。

103

（三）实验过程的控制

实验过程的控制，主要包括两个方面：一是对实验激发的控制，二是对非实验因素的控制。

对实验激发的控制，既要严格按照设计方案进行，又要在不违背实验目的的前提下有一定的灵活性。在实验过程中，必须给实验者一定自主权，以便他们在不违背实验目的的前提下，灵活处置那些在实验过程中无法完全避免的特殊情况及特殊问题。

实验要达到预期目的，必须有效控制各种非实验因素的干扰。

1. 实验者要客观对待实验过程，公平对待实验对象，绝不可揠苗助长，给实验对象以实验之外的种种特权。

2. 要加强对实验对象的教育，提高实验对象的素质，努力争取他们对实验活动的理解和支持。

第七节　其他常用调查方法

除了以上六种常用的方法，调查研究还有其他有效方法，主要有抽样调查、典型调查、个案调查、重点调查等。

一、抽样调查

抽样调查是从总体中抽取部分个体单位进行统计和分析，再以此推断总体的一种方法。

（一）抽样与调查

抽样是通过一定的方式，选择总体内能代表总体的那部分个体单位，调查时用其统计值去估计总体的参数值，从而代替对总体全面的直接调查研究。比如，从一个单位的 10 个分支机构中，按一定的方式抽取 3 个分支结构作为统计和分析对象，这就是抽样。抽样的方法自 20 世纪初传入我国以来,在实践中的应用越来越普及,已成为我国行政统计调查不可缺少的一部分。

调查是抽样的继续,是体现抽样目的的环节。调查阶段运用的是抽样的结晶,即"样本"。抽样的目的,就是表达事件可能性大小的一个"量",一切都是围绕这个量展开的。经过统计和计算得出的统计值是个平均数,用这个平均数去比较总体的参数值,从而证实样本的代表性。有了这个参数值,就可求得总体值。抽样调查也有误差,但可求得,而且误差较小。

抽样调查适用于以下几种情况:

1. 调查对象过宽、总体过大、个体单位过多。

2. 无能力调查总体但还必须调查的。

3. 有能力调查总体但没必要进行全面调查的。

4. 对普查结果的检验。

(二)抽样调查的主要特点

抽样调查数据之所以能用来代表和推算总体,主要是因为抽样调查本身具有其他非全面调查所不具备的特点,主要是:

1. 调查样本是按随机的原则抽取的,在总体中每一个单位被抽取的机会是均等的。因此,能够保证被抽中的单位在总体中的均匀分布,不至于出现倾向性误差,所以代表性强。

2. 是以抽取的全部样本单位作为一个"代表团"。用整个"代表团"来代表总体,而不是用随意挑选的个别单位代表总体。

3. 所抽选的调查样本数量,是根据调查误差的要求,经过科学的计算确定的,在调查样本的数量上有可靠的保证。

4. 抽样调查的误差,是在调查前就可以根据调查样本数量和总体中各单位之间的差异程度进行计算,并控制在允许范围以内,调查结果的准确程度较高。

基于以上特点,抽样调查被公认为是非全面调查方法中用来推算和代表总体的最完善、最有科学根据的调查方法。

(三)抽样调查的分类

抽样调查可分为随机抽样与非随机抽样两类。

1.随机抽样

随机抽样是调研主体根据总体特征,主观地选用抽样方式进行非主观的随机抽样。

(1)简单随机抽样

简单随机抽样是所有随机抽样的基础,其他随机抽样方式都是在简单随机抽样的基础上演变而来的。具体做法是:

①编制"抽样框"。

②给每一个抽样单位编上一个号码,建立随机数字表。

③从表中任何一栏、任何一行开始,向任何方向随机点定任何数字,直到点满样本数为止。

(2)等距随机抽样

等距随机抽样也叫系统随机抽样。总体内各单位具有同质性的系统化特征,才能采用等距随机抽样的方式。等距随机抽样就是每隔一定的数目或每隔一定的距离抽出一个样本单位。利用这种抽样方式的总体内各单位无须划类排序、以类分组,只要把总体内各单位在原有基础上编号排序就可以了。不管采取哪种方式,其目的都是把纳入样本的各单位串在一条抽样链上。

(3)分层随机抽样

分层随机抽样也叫类型随机抽样,是根据某些特定的特征,将调研总体分为同质、不相互重叠的若干层,再从各层中独立抽取样本,是一种不等概率抽样。分层抽样利用辅助信息分层,各层内应该同质,各层间差异尽可能大。这样的分层抽样能够提高样本的代表性、总体估计值的精度和抽样方案的效率,抽样的操作、管理比较方便。但是抽样框较复杂,费用较高,误差分析也较为复杂。此法适用于母体复杂、个体之间差异较大、数量较多的情况。

比如,调研总体是工业企业,每个地区、每个行业的企业数都不一样,就要分别对待。企业数多的行业或地区,抽样比例就要定得高一些;企业数少的行业或地区,抽样比例就要定得低一些,以求各地区、各行业被抽取的样本有代表性。

随机抽样中还有多段随机抽样和整群随机抽样,这里从略。

2. 非随机抽样

非随机抽样是主观抽样,靠人的主观判断或经验决定,也是中国最古老的传统做法。包括偶遇抽样、判断抽样、等额抽样、滚雪球抽样。

其适用场合包括:

(1)严格的概率抽样几乎无法进行。

(2)调查目的仅是对问题的初步探索或提出假设。

(3)调查对象不确定或根本无法确定。

(4)总体各单位间离散程度不大,且调查人员有丰富的调查经验。

(四)抽样调查的程序

抽样调查的程序通常有以下几个。

1. 界定总体

任何一个调研总体涉及的内容都有它的范围和界限,比如,把某市的工业企业作为一个总体,就需要界定。它的范围有多大? 它的界限在哪里? 如果总体不加以界定,就不能从中抽取出有代表性的样本。总体的范围有多大、界限在哪里,应由调研的目的决定。运用概念时要界定,在对调查总体抽取样本时也需要界定。

2. 编制抽样框

根据总体的不同特征,采取不同的方法编制抽样框。比如,调查某市工业企业情况,到工商注册部门了解这些企业的所在地,到市里负责工业的部门去掌握这些企业大概的生产经营情况,获得这些企业的全部名单后,就可直接统一归类、排序和编号,编制抽样框。

抽样框确定以后,按号抽样,可采取两种办法。

(1)每间隔几个号码抽出一个。

(2)把每个号码做成"签"或"阄",通过"抽签"或"抓阄"的办法抽取样本。

3.确定抽样方式

抽样方式不能由调研主体主观地随意决定,一定要考虑总体的具体特征,不可草率。在选择抽样方式时,要综合考虑几个基本原则,如随机原则,最有效、最经济原则,可行性原则及适应抽样框条件原则。在实际运用中,这几个原则往往发生冲突,因此,需要根据抽样目的,通盘考虑,权衡利弊,有所舍弃地选择抽样方式。

4.确定抽样单位

抽样单位就是总体中每一个最基本的抽样对象。它可以是一个人、一个群体、一个组织、一个部门、一个地区,也可以是社会某一个角落的一个最小的群体细胞。它作为总体的一个完整的基本单元,体现着总体的某种特性。

5.确定样本规模

抽样框的规模应该占总体规模的$3\%-20\%$,样本规模应占抽样框规模的$1/5-1/30$。在这个范围内,如果总体各单位差异不大而且又很集中,样本规模就应取下限;如果总体单位分布很广就应取中限;如果总体单位多而分布得又零散就应取上限。因为总体特征千差万别,样本规模只能根据具体情况而定。

6.评估样本的适中性

(1)复查抽样过程,对抽样框和抽样操作的各个环节进行复查,看样本有无重叠、漏掉或其他因素的干扰。

(2)搜集总体原来的或现实的其他资料与样本进行对比分析。

(3)邀请了解总体的人士座谈,听听他们的意见。

(4)搜集与总体相似的其他社会资料,进行参照对比。

(5)小范围内试验调查,看试验结果如何。样本经过评估后如有问题,则可进行调整。

评估调查后的结果,即样本的统计值,除采取评估样本适中性的办法以外,还要以前期局部统计的常规值和日常人们经验公认的值进行对比。如果基本近似或差异不太大即为可靠,否则就是失败的。

(五)抽样调查应注意的问题

1.在抽样过程中,相同条件下尽量简化手续、简化环节,尽量扩大抽样范围。

2.必要时,几种抽样方式可以结合起来使用。

3.要明确总体内各单位分布广泛与分布零散的特征是不同的,不能一概而论。

4.分层抽样和类型抽样虽然作为同一种抽样方式介绍,但两者也有一定的区别:分层是上下之间隶属关系,以及包含与被包含的关系;类型则是左右之间相关关系的平衡关系。

二、典型调查

典型调查,即在对调查总体有所了解的基础上,选择其同类中少量最具有代表性的人或事物所进行的调查,并以此一般性估计总体情况的方法,是一种从个别到一般的定性认识方法。

(一)典型调查的特点

(1)在探索研究的基础上选择调查单位。

(2)调查单位在研究的特性上具有典型代表性。

(3)典型调查的单位少、范围小、耗时少,节省人力与经费,并易于深入。

（二）典型调查的作用

典型调查具有两个突出的作用。

1.研究尚未充分发展、处于萌芽状况的新生事物或某种倾向性的社会问题。通过对典型单位深入细致的调查，可以及时发现新情况、新问题，探测事物发展变化的趋势，形成科学的预见。

2.分析事物的不同类型，研究他们之间的差别和相互关系。例如，通过调查可以区别先进事物与落后事物，分别总结他们之间的经验教训，进一步进行对策研究，促进事物的转化与发展。

此外，在总体内部差别不大，或分类后各类型内部差别不大的情况下，典型单位的代表性很显著，也可用典型调查资料来补充和验证全面调查的数字。

（三）典型调查的步骤

1.确定选题

即根据调查目的选择典型。

（1）普查、抽样调查中所发现的。

（2）在社会中影响较大并由群众推荐的。

（3）突发事件。

（4）原有的老典型，在同类事物、同类工作中作出了新的成绩。

（5）新生事物。调查新生事物，研究其代表事物发展方向的典型。

选择典型的具体形式由有关组织选择、有关组织与调查者协商选择、调查者直接选择等。

2.拟订调查计划

确定具体的调查题目、调查指标、调查程序和时间安排、收集资料的方式（访谈法、问卷法、几种方式结合应用而各有侧重）。

3.调查准备

调查准备包括人员、资料、调查工具和经验准备。

4. 主动深入实地进行调查

尽量收集原始资料，如原话、证物的原件和复印件等。

5. 归纳整理

归纳整理调查获得的资料，回答调查计划中提出的问题，对人或事物进行定性分析以说明资料等。

（四）典型调查的注意事项

典型调查的注意事项主要有以下几个。

1. 正确地选择典型

根据调查的目的，在对事物和现象总体情况有初步了解的基础上，综合分析，对比研究，从事物的总体上和相互联系中分析有关现象及其发展趋势，选出典型。典型可分为三种：先进典型、中间典型和后进典型。当我们的研究目的是探索事物发展的一般规律或了解一般情况时，应选择中间典型；当我们的研究目的是要总结推广先进经验，就应选取先进典型；当研究目的是帮助后进单位总结经验时，就应选择后进典型。

2. 注意点与面的结合

典型虽然是同类事物中具有代表性的部分或单位，但毕竟是普遍中的特殊、一般中的个别。因此，对于典型的情况及调查结论，要注意哪些属于特殊情况，哪些可以代表一般情况。要慎重对待调查结论，对于其适用范围要作出说明，特别是对于要推广的典型经验，必须考察、分析是否具备条件，条件是否成熟，切忌"一刀切"。

3. 定性分析与定量分析相结合

进行典型调查时，不仅要通过定性分析找出事物的本质和发展规律，而且要借助定量分析，从量上对调查对象的各个方面进行分析，以提高分析的科学性和准确性。

三、个案调查

个案调查，是对少数个人或小型团体的全面情况及其背景情况进行详尽调查的一种方法。

（一）个案调查的类型

1. 对社会生活和实际工作中的个人或按一定标志分类的人群所作的个案调查。

2. 对按不同标志区分的各类生产、生活单位或社会团体所作的个案调查。

3. 对给人们正常生活造成障碍或对人们的社会生活产生影响的现象或事件所作的个案调查。

（二）个案调查的特点

一是个案调查不强调被选对象在该类事物中的代表性和典型性，因而它是在对总体没有全面了解的情况下确定调查单位的。

二是个案调查的结果不能用以对总体进行推论。

三是个案调查强调个人的生活史与社会背景。

四是个案调查较多地运用于社会反常个体、事件或新生事物的调查。

（三）个案调查的步骤和方法

一是确定个案。根据调查的课题与目的以及调查者的方便与可能条件，在一定地区或单位中选择个案。

二是接近调查对象，实施访问。

三是搜集有关资料。时间、地点、人物、事实、原因、结果六要素齐全。

四是分析诊断。像医生看病一样，对于个案的有关问题及其成因等进行明确的分析研究后作出结论。包括对资料或证据的核实、修订、补充、整理、分析、研究、提出切实可行的解决办法等。

在个案调查中，写个案史是一个重要的内容。它有如下要求：

1. 按时间先后顺序,注明年、月、日。

2. 记录完整的有关调查对象的基本情况和个案调查过程。

3. 适时地对个案资料进行整理、分类和研究,及时发现问题,加以补充和修改。

4. 文字简练,条理清楚。

(四)个案调查应注意事项

就个案调查来说,能否成功不仅取决于是否具有调查的方法、知识和调查方案设计的质量,还取决于能否克服实际的困难。

1. 个别差异

个案调查过程对于每个独立个体都不同,故调查过程都应有细微的差别。个案调查结果缺乏普遍性,由于仅集中于个体,样本缺乏代表性,而且通常以特殊、反常、非代表性的个体为对象,所以其结果无法推论到其他个案上。个案调查需花大量时间去搜集资料,查明事实,却得不到整体概貌和集体规律。

2. 调查伦理

个案调查需以个案利益最大化为考察依据,但研究过程在实际执行上可能造成个案某种程度的伤害,有违个案调查的伦理。

3. 信任配合

为取得调查对象的信任与配合,要求调查者必须具备一定的综合知识水平、人际交往能力和良好的心理素质,如此才能走进调查对象的心灵,研究其态度、感受和价值观。然而事物总是具有两面性,调查者必须警惕与调查对象过度亲密,因为这可能会影响到研究的客观性。

4. 主观偏差

造成主观偏差的原因:(1)调查者先入为主的观念影响个案资料重要性的分配,难免避重就轻,未能对症下药。(2)调查者比较容易倾向于调查符合本身预期效果的个案,从而造成问题确定的偏颇。

5.变量控制

因为个案调查是一项介入活动,目标在于促使个案发生改变,而调查常常因必须控制变量以致形成不当介入,对调查结果易造成干扰。由于资料繁多、零碎,要摈弃无关因素,推究出真正症结所在。

四、重点调查

重点调查是指在全体调查对象中选择一部分重点单位进行调查,以取得统计数据的一种非全面调查方法。由于重点单位在全体调查对象中只占一小部分,调查的标志量在总体中却占较大的比重,因而对这部分重点单位进行调查所取得的统计数据能够反映社会经济现象发展变化的基本趋势。

（一）应用范围

和抽样调查不同的是,重点调查取得的数据只能反映总体的基本发展趋势,不能用以推断总体,因而也只是一种补充性的调查方法。目前主要是在一些企业集团的调查中运用。如为了掌握"三废"排放情况,就可选择冶金、电力、化工、石油、轻工和纺织等重点行业的工业进行调查。重点调查的优点是花费力量较小,能及时提供必要的资料,便于各级管理部门掌握基本情况,采取措施。如1979年大中型企业环境保护基本情况调查和1985年全国工业污染源调查就是重点调查。

（二）重点单位

这里所说的重点单位,是指在总体中举足轻重的单位,这些单位虽然数量不多,但就调查的标志值来说,它们在总体中却占了绝大部分比重。通过对这些单位的调查,能够反映出整个研究对象的基本情况。因此,当调查任务只要求对总体的基本情况进行了解,而部分重点单位又能集中反映所研究问题时,便可采用重点调查的方式。

重点调查的关键在于确定重点单位。根据调查目的和任务的不同,重点单位可以是一些企业、行业、部门、城市或地区等。此外,重点调查既可以组织一次性的专门调查,也可以通过向重点单位颁发定期统计报表来进行。

（三）主要特点

重点调查的主要特点是:投入少、调查速度快、所反映的主要情况或基本趋势比较准确。

（四）重点调查的作用

根据重点调查的特点,重点调查的主要作用在于反映调查总体的主要情况或基本趋势。因此,重点调查通常用于不定期的一次性调查,但有时也用于经常性的连续调查。

（五）重点单位的选取

选取重点单位,应遵循的两个原则,一是要根据调查任务的要求和调查对象的基本情况而确定选取的重点单位及数量。一般来讲,要求重点单位应尽可能少,而其标志值在总体中所占的比重应尽可能大,以保证有足够的代表性。二是要注意选取那些管理比较健全、业务力量较强、统计工作基础较好的单位作为重点单位。

（六）组织形式

重点调查根据研究问题的不同需要,可以采取一次性调查,也可以进行定期调查。一次性调查适用于临时调查任务。

第四章
党政干部常用研究方法

研究方法是指在研究中发现新现象、新事物,或提出新理论、新观点,揭示事物内在规律的工具和手段。这是运用智慧进行科学思维的技巧。研究方法是人们在从事科学研究过程中不断总结、提炼出来的。由于人们认识问题的角度、研究对象的复杂性等因素,而且研究方法本身处于一个在不断地相互影响、相互结合、相互转化的动态发展过程中,所以对于研究方法的分类目前很难有一个完全统一的认识。适合党政干部运用的研究方法主要包括比较分析法、综合评价法、矛盾分析法、分类研究法、历史研究法、层次分析法、价值分析法、社区研究法、预测分析法、归纳法等。

第一节　比较分析法

比较分析法又称指标对比分析法,是通过有关的指标对比来反映事物数量上的差异和变化的方法。单独地看一些指标,只能说明总体的某些数量特征,得不出什么结论性的认识。有比较才有鉴别。一经比较,如与历史数据比,与外国、外地、外单位比,与计划要求相比,就可以对规模大小、水平高低、速度快慢等作出判断和评价。所以比较分析法是统计分析中最常用的方法。

一、比较分析法的种类

根据不同的分类标准,我们可以把比较分析法分成如下几类。

(一)按比较的范围,可分为宏观比较和微观比较

我们认识一个事物,既可以从宏观上认识,也可以从微观上认识。从宏观上把握事物的本质,对事物的异同点或基本规律进行比较,就是宏观比较。从微观上把握事物的本质,对事物的异同点或基本规律进行比较,就是微观比较。

(二)按目标的指向,可分成求同比较和求异比较

求同比较是寻求不同事物的共同点以寻求事物发展的共同规律;求异比较是比较两个事物的不同属性,从而说明这两个事物的不同,以发现事物发生发展的特殊性。通过对事物的"求同""求异"进行分析比较,可以使我们更好地认识事物发展的多样性与统一性。

(三)按属性的数量,可分为综合比较和单向比较

综合比较是按事物的所有(或多种)属性进行的比较。单项比较是按事物的一种属性所作的比较。单项比较是综合比较的基础,但只有综合比较才能达到真正把握事物本质的目的。因为在科学研究中,需要对事物的多种属性加以考察,只有通过这样的比较,尤其是将外部属性与内部属性一起比较才能把握事物的本质和规律。

(四)按比较的性质,可分成定性比较与定量比较

任何事物都是质与量的统一,所以在科学研究过程中既要把握事物的质,也要把握事物的量。这里所指的定性比较,就是通过事物间的本质属性的比较来确定事物的性质。这里所指的定量比较,是对事物属性进

行量的分析以准确地知道事物的变化。定性分析与定量分析各有长处，在调查研究中应追求两者的统一，而不能盲目追求量化，毕竟很多东西并非能够量化。但也不能一点数量观念都没有，而应做到心中有"数"，并让数字来讲话。

（五）按时空的区别，可分为纵向比较与横向比较

纵向比较即时间上的比较，就是比较同一事物在不同时期的形态，从而认识事物的发展变化过程，揭示事物的发展规律。横向比较就是对空间上同时并存的事物的既定形态进行比较。如实验中的实验组与对照组的比较、同一时间各国政治制度的比较等都属于横向比较。在调查研究中，对一些比较复杂的问题，往往既要进行纵向比较，也要进行横向比较，只有这样才能比较全面地把握事物的本质及发展规律。

二、比较分析法的运用

进行对比分析时，可以单独使用总量指标或相对指标或平均指标，也可以将它们结合起来进行对比。比较的结果可以用相对数表示，如百分数、倍数、系数等，这里所说的相对指标可分别用于描述动态比较和静态比较的结果；也可以用相差的绝对数和相关的百分点（每1％为1个百分点）来表示，即将对比的指标相减。

以2017年至2022年我国建筑业和工业的增加值及增长速度为例，对比的指标如下表所示。

2017－2022年全部工业增加值及其增长速度

年份	工业增加值（亿元）	增长速度（％）
2017 年	275119	6.2
2018 年	301089	6.1
2019 年	311859	4.8
2020 年	312903	2.4

续表

年份	工业增加值（亿元）	增长速度（%）
2021 年	374546	10.4
2022 年	401644	3.4

2017—2022 年建筑业增加值及其增长速度

年份	工业增加值（亿元）	增长速度（%）
2017 年	57906	3.9
2018 年	65493	4.8
2019 年	70648	5.2
2020 年	72445	2.7
2021 年	78741	1.1
2022 年	83383	5.5

来源：《2022 年国民经济和社会发展统计公报》

上表资料对比结果显示，2017 年至 2022 年间我国建筑业的增加值呈现逐年增长的趋势，特别是 2019 年的增速达到了 5.2%，而 2020 年的增速则有所减缓。相比之下，工业增加值的增长率相对较低，2019 年的增长率为 4.8% 左右。此外，2022 年建筑业的增速为 5.5%。尽管中国的经济增长在近年来有所放缓，但仍然是全球经济增长的主要动力之一。通过增长率对比，可以更客观、全面地反映中国建筑业的近况。同时，建筑业和工业的增长也在一定程度上推动了中国的经济增长。

采用比较分析法，要注意对比的两个指标之间具有可比性，否则就会产生谬误。下面是对比不当的事例：

某市某报一则报道的标题为《美国一百多年才能做到的事，我市三十多年就做到了》。无疑，这个标题对读者是非常具有吸引力的，但内容却是说美国用了 100 多年时间使婴儿死亡率由 10% 以上降至目前的 1% 左右，而该市一个区只用了 30 多年时间就使婴儿死亡率降至 1% 以下。这则报道把统计口径有本质差别的两组数据放在一起对比,是非常不妥当的。因为美国婴儿死亡率是全国范围的平均数(与之可比的我国 1996 年全国婴儿死亡率为 33‰),而该市这个区则是中国卫生医疗条件和实行计划生育最好的城区之一。所以这样对比,是不切实际的。

第二节　综合评价法

运用多个指标对多个参评单位进行评价的方法,称为多变量综合评价方法,简称综合评价方法。其基本思想是将多个指标转化为一个能够反映综合情况的指标来进行评价。如不同国家经济实力、不同地区社会发展水平、小康生活水平达标进程、企业经济效益评价等,都可以应用这种方法。

一、综合评价法的特点

综合评价法的特点有以下三个:

一是在综合评价过程中,一般要根据指标的重要性进行加权处理。

二是评价过程不是逐个指标顺次完成的,而是通过一些特殊方法将多个指标的评价同时完成的。

三是评价结果不再是具有具体含义的统计指标,而是以指数或分值表示参评单位"综合状况"的排序。

二、综合评价法的要素

构成综合评价的要素主要有:

(一)评价者

评价者可以是某个人或某团体。评价目的的给定、评价指标的建立、评价模型的选择、权重系数的确定都与评价者有关。因此,评价者在评价过程中的作用是不可轻视的。

（二）被评价对象

随着综合评价技术理论的开展与实践活动，评价的领域也从最初的各行各业经济统计综合评价拓展到后来的技术水平、生活质量、小康水平、社会发展、环境质量、竞争能力、综合国力、绩效考评等方面。这些都能构成被评价对象。

（三）评价指标

评价指标体系是从多个视角和层次反映特定评价客体数量规模与数量水平的。它是一个"具体—抽象—具体"的辩证逻辑思维过程，是人们对现象总体数量特征的认识逐步深化、求精、完善、系统化的过程。

（四）权重系数

相对于某种评价目的来说，评价指标的相对重要性是不同的。权重系数确定的合理与否，关系到综合评价结果的可信程度。

（五）综合评价模型

所谓多指标综合评价，就是指通过一定的数学模型将多个评价指标值"合成"为一个整体性的综合评价值。

三、综合评价法的步骤

进行综合评价一般包括四个步骤：

一是确定评价指标体系，这是综合评价的基础和依据。要注意指标体系的全面性和系统性，指标的设置应尽可能地从不同侧面反映研究对象的全貌，指标之间应具有一定的逻辑关系。

二是搜集数据，并对不同计量单位的指标数值进行同度量处理。一般可以采用相对化处理，即先为评价指标确定一个比较标准，作为比较的标准值，然后用各指标的实际值与相应的标准值进行比较。这种方法比较简便易行。此外，还有函数化处理、标准化处理等方法。

三是确定各指标的权数,以保证评价的科学性。采用综合评价的指标体系中,各个指标所处的地位和对总体的影响程度是不同的,这就需要对不同的指标赋予不同的权数。

四是对指标进行汇总,计算综合分值,并据此作出综合评价。

第三节　矛盾分析法

矛盾分析法,就是运用矛盾规律(即对立统一规律)理论来分析社会现象的思维方法,也是我们认识事物、解决矛盾的根本方法。在调查研究中运用矛盾分析法,是坚持唯物辩证法的题中应有之义,是科学调查研究的内在要求。矛盾分析法最主要的内容是:分析事物内部的对立和统一,揭示事物发展的内因和外因,认识矛盾的普遍性和特殊性。

一、分析事物内部的对立和统一

唯物辩证法是一个完整的科学体系,其中对立统一规律是唯物辩证法的实质和核心。这是因为:对立统一规律揭示了普遍联系的实在内容和永恒发展的内在动力;对立统一规律是贯穿唯物辩证法其他规律和范畴的中心线索;矛盾分析法是最根本的认识方法;是否承认对立统一学说是唯物辩证法和形而上学对立的实质。

对立统一规律包含以下基本内容:

(一)对立面的统一和斗争

统一性和斗争性是矛盾双方所固有的两种属性,统一性表现为对立面之间具有相互依存、相互渗透、相互贯通的性质,斗争性表现为对立面之间具有相互排斥、相互否定的性质。

(二)矛盾的统一性和斗争性是相互联结的

统一是对立面双方的统一,它是以对立面之间的差别和对立为前提的。矛盾的斗争性寓于矛盾的统一性之中。斗争是统一体内部的斗争，在对立面的相互斗争中存在着双方的相互依存、相互渗透。斗争的结果导致双方的相互转化、相互过渡。

（三）矛盾的统一性是相对的，矛盾的斗争性是绝对的

矛盾的统一性是指它的条件性，任何矛盾统一体的存在都是有条件的；矛盾斗争的绝对性是指它的无条件性。矛盾的斗争性不仅存在于每个具体矛盾运动的始终，而且也存在于新旧矛盾交替的过程中。

（四）矛盾双方既统一又斗争推动事物发展

矛盾的统一性是矛盾存在和发展的前提，矛盾双方互相渗透、贯通为矛盾的解决准备了条件；矛盾的斗争性导致矛盾双方力量对比和相互关系不断变化，以致最终造成矛盾统一体的破裂，致使旧事物被新事物所取代。

唯物辩证法认为，任何事物都包含着矛盾，矛盾着的诸方面既对立又统一，并在一定条件下相互转化。这就要求人们在分析和解决矛盾时，必须从对立中把握统一，从统一中把握对立，并促使事物向着有利于进步的方向发展。只有这样，才能揭示事物的内在矛盾，认识社会现象的本质。历史上我们党关于统一战线中的"又联合又斗争"的策略，现阶段改革开放中"利用资本主义、建设社会主义"以及实现祖国统一的"一国两制"的方针，就是成功运用对立统一学说的范例。

二、揭示事物发展的内因和外因

揭示事物发展的内因、外因及其相互关系，是正确认识事物发展源泉或动力的根本方法。

内因，即事物的内部矛盾；外因，即事物的外部矛盾。内因和外因在事物发展过程中的地位和作用是不同的。

（一）内因是事物变化发展的根据

内因是事物发展的源泉，是事物发展的根据，是事物发展的根本原

因,决定着事物的性质和发展方向。内因是事物发展的根本原因,但不是唯一原因;内因是事物发展的根本动力,但不是唯一动力。

（二）外因是事物变化发展的条件

外因对于事物变化发展,能够起加速或延缓的作用。外因是事物发展的必要条件,任何事物的发展,仅有内因是不够的;外因在事物的发展过程中,不仅是不缺少的,有时甚至起非常重大的作用;外因的作用再大,也是第二位的原因,绝不能撇开内因独立地起作用。

要理解和掌握事物的发展过程,必须把握事物的内因。事物的存在不是孤立的、毫无联系的,它每时每刻都与外部的其他事物互相联系、互相作用着,从而构成外部条件,这是事物存在和发展的必要条件,它通过影响事物的内部矛盾关系进而加速或延缓事物的发展。唯物辩证法认为,内因和外因是辩证统一、互相联系、互相转化的。一方面,无内因也就无外因,无外因也无所谓内因。另一方面,由于物质世界的范围无限广大、复杂以及发展的无限性,内因和外因在一定条件下可以互相转化。在一定场合、一种联系中是内因,在另一种场合和联系中则可以是外因,反之亦然。现代系统论丰富了内因和外因的辩证思想,它认为系统作为整体而言,其内部的各个子系统都是内部因素,而从子系统来说,一个子系统对另一个子系统的影响和作用,则是一种外部的因素或条件。

系统的运动与其环境因素紧密相连,彼此处在能量信息的交换中,这说明内因和外因是不可分割的,二者具有相对性。形而上学割裂内因和外因的辩证关系,否认事物因内部矛盾引起发展的学说,简单地从事物外部去寻找发展原因,因而不能说明事物何以有性质上的千差万别及相互转化,无法确认事物的运动和发展。唯物辩证法关于内因和外因的学说是我们党坚持独立自主、自力更生和对外开放方针的哲学理论依据。

三、认识矛盾的普遍性和特殊性

唯物辩证法认为,矛盾既具有普遍性,又具有特殊性。矛盾的普遍性是指矛盾存在于一切事物的发展过程中,每一事物的发展过程中存在着自始至终的矛盾运动。矛盾的特殊性是指具体事物在其运动中的矛盾及每一矛盾的各个方面都有其特点。承认矛盾普遍性是坚持彻底辩证法的前提,矛盾分析方法是认识事物的根本方法。

任何事物都是由诸多矛盾构成的系统,其中包括根本矛盾和非根本矛盾、主要矛盾和次要矛盾以及矛盾的主要方面和次要方面。这种矛盾力量的不平衡性,也是矛盾特殊性的重要表现,它要求我们把唯物辩证的两点论和重点论结合起来。由于矛盾的性质、地位以及条件的复杂性,矛盾解决的形式也是多种多样的,主要有:矛盾一方克服另一方;矛盾双方同归于尽;矛盾双方融合成一个新事物;创造出一种使矛盾双方可以长期共存的形式。分析矛盾的特殊性是科学地认识事物的基础,也是正确地解决矛盾的关键。

矛盾的普遍性和特殊性的关系即共性和个性、一般和个别、绝对和相对的关系,它们既有区别,又有联系。它们的区别是:普遍(一般)只是大致地包括特殊(个别)的一部分、一方面或本质;任何个别都不能完全地被包括在一般之中。它们的联系是:一般存在于个别之中,只能通过个别而存在;任何个别都是一般,都具有一般的本质或属性。任何事物都是普遍性和特殊性的统一。普遍和特殊的区别是相对的,在一定条件下可以相互转化。

矛盾的共性和个性、绝对和相对的道理,是关于事物矛盾问题的精髓,它是客观事物固有的辩证法,又是科学的认识方法。在矛盾普遍性原理指导下着重分析矛盾的特殊性,即具体问题具体分析,是马克思主义活的灵魂。矛盾普遍性和特殊性相统一的原理,是坚持马克思主义普遍原理与各国具体实践相结合的哲学基础,也是建设中国特色社会主义的哲学依据。

总之,矛盾分析法是唯物辩证法的根本方法,其内容博大精深,非常丰富。从一定意义上说,特别是从应用角度看,我们可以把矛盾分析法简要地归纳为：一分为二分析法，内因外因分析法，具体分析法，普遍原理与具体实践相结合的分析方法。

知识链接

汉代的采风调查

汉代从公元前 206 年建立到公元 220 年汉献帝被废，延续 400 多年，是我国历史上一个相对稳定而又比较强盛的王朝，这与统治者继承西周的采风制度并重视调查研究是有关系的。

汉初，由于内部战乱和边疆战事的影响，经济凋敝，民间贫困。汉武帝为了巩固统治，缓和矛盾，继承西周的采风制度，加强了调查，曾"遣谒者巡行天下，存问致赐"。元狩六年（公元前 117 年），又"遣博士大等六人分循行天下，存问鳏寡废疾"（《汉书·武帝纪》）。又据《汉书·司马迁传》，司马迁二十多岁担任汉武帝的侍从秘书（郎中），除了多次陪同汉武帝出巡外，还多次"奉使"到大西南偏远地区搞调查研究。汉武帝通过调研对民间疾苦有了深刻了解，从而采取了轻徭薄赋、休养生息的政策。以后元帝、平帝也多次"遣光禄大夫褒等十二人循行天下……因览风俗之化"，"遣谏大夫博士赏等二十一人循行天下"（《汉书·元帝纪》），"遣太仆王恽等八人置副假节，分行天下，览观风俗"（《汉书·平帝纪》）。

东汉光武帝父子"起于民间"，更重各地风俗民情之考察，"广求民瘼，观纳风谣"（《后汉书·循吏列传》）。和帝即位，又"分遣使者，皆微服单行，各至州县，观采风谣"（《后汉书·李郃传》）。这种情况一直延续到汉末，也未见废止。

与西周采风的结果留下了一部《诗经》相似，汉代采风的结果是留下了许多"乐府"诗。现存的乐府诗歌中著名的有长诗《孔雀东南飞》，反映了民间的一个婚姻悲剧；童谣《举秀才》则讽刺了东汉时期察举制度存在的弊端，其歌云："举秀才，不知书；举孝廉，父别居。寒素清白浊如泥，高第良将怯如黾。"这是说被推荐的"秀才"，却连字都不认识；察举的"孝廉"，却不许父亲在一起居住；自称清白的文官浊如污泥，号称"良将"的武官胆怯如蛙。高层统治者通过这样的民歌是可以了解社会许多真实状况的。

第四节　分类研究法

分类研究法,是指根据调查研究目的及所调查研究事物的属性或特征的共同点和差异点,按照一定的标志将调查总体内所有的个案(资料)划分为一些性质相同或相近的类别,分别归入某一层和组内,使之条理化、系统化,以利于对总体分门别类地进行研究的方法。

分类研究法在实践中具有双重含义:一是科学分类本身就是一个分析过程,是对诸因素逐个进行比较和研究的过程。二是在分类以后,在类与类之间进行对比、权衡,一类一类地研究,由聚类到总体,由结构功能到事物本质属性的分析过程。

分类方法作为对客观事物的反映,也有一个从不甚深刻的本质分类到更深刻的本质分类这样一个逐步深化的过程。

一、条件分类法

这是指以一定具体的历史环境、条件为依据选择标志的分类方法。

人们总是在比较的基础上再进行分类,以进一步把握所研究对象的特殊性质。在这里,比较是分类的前提,分类是比较的结果。

二、本质分类法

本质分类法是指人们的认识深入事物的本质,根据事物的本质属性和内在联系进行分类的方法,也称为自然分类法。该分类方法是现象分类法的发展。本质分类法是在深入认识事物本质的基础上对事物进行分类,运用此分类方法可以较好地对事物进行分门别类,同时也有利于他人对分类成果的利用。例如,进入社会主义时期以后,随着社会性质的改变,原来的资产阶级知识分子中的绝大多数人已逐步转化成为社会主义服务的知识分子。与此同时,新中国培养了一大批新的知识分子。这两部分人所组成的知识分子队伍与旧社会的知识分子有着本质的区别,他们已经成为工人阶级的一部分。因此,他们同工人、农民一样,都是党和国家的依靠力量。

三、目的分类法

这是指从调查研究的目的出发去选择标志的分类方法。比如,以协商对话的目的来进行分类,就可分为几种类型。

调研型:这种对话的目的在于进行调查研究,给将要进行的决策提供根据,掌握干部群众的思想动态,发现工作中的问题及倾听群众的呼声等。

处理型:这种协商对话的目的,在于能够通过对话发现问题并加以处理解决,使参加协商对话的人感到满意。

宣泄型:这种对话的目的在于使一些有委屈、有情绪的人能有机会、有场合诉说和宣泄。

疏导型:这种对话的目的在于通过宣传、引导,对群众中的一些模糊认识加以澄清,对一些不正确的认识进行积极疏导,消除离心力,增强凝聚力,团结广大群众为共同的目标而奋斗。

沟通型:这种对话的目的在于使对话的双方或几方能够有机会说明自己所处的困境,同时也了解对方或他方所遇到的困难,以期取得相互间的理解。

四、现象分类法

现象分类法是指人们仅仅根据事物的外部特征和其表面属性进行的分类,它只能部分反映事物的内部联系,往往会把本质上相同的事物分在不同的类中,又把本质上不同的事物分在同一个类中,具有较大的人为性质,所以又被称为人为分类。例如,在一些小规模的档案机构,特别是企业单位的内部档案机构,其档案排序仅仅以单位的收发文顺序排列,这种分类有一定的实用价值,但不能反映事物的本质,是远远不能满足查找、利用需求的。随着人们认识的深化,现象分类也有待于深化和发展。再如,图书分类、商品分类、邮件分类、器材分类、药物分类等,都是为了便于检索而进行分类。

分类正确与否的关键是正确选择分类的标准、标志或指标。在确定分类指标时,必须遵循概括性和互斥性原则。

科学的分类可以起到积极的作用:一是可以发现事物各因素间的内在联系,成为新的发现和寻找解决问题途径的先导。二是它使大量反映众多因素的材料条理化、系统化,为进一步分析研究创造条件。

第五节　历史研究法

历史研究法是运用历史资料,按照历史发展的顺序对过去事件进行研究的方法。历史研究法亦称纵向研究法,是比较研究法的一种形式。在政治学领域中,它着重对以往的政治制度、政治思想、政治文化等进行研究。

一、历史研究法概述

几乎每个人都对过去发生的事有种天然的好奇心。从最广泛的意义上来讲,所谓历史.就是过去发生的一切。但历史研究法并不是对任何事(不管它是重要的还是不重要的),都加以研究。因此,历史研究法也有自己特定的研究对象和研究范围。按照《辞海》的解释,广义的历史,"泛指一切事物的发展过程,包括自然史和社会史。通常仅指人类社会的发展过程,它是史学研究的对象。在习惯上,关于历史的记述和阐释,也称为历史,即史学。史学是社会科学的一个部门,是研究和阐释人类社会发展的具体过程及其规律性的科学"。从这一定义看,历史的范围十分广泛。

因而,历史研究法应用的范围也很广泛。它不仅应用于社会学科领域,也应用于自然学科领域,如生物学研究、地理学研究(研究地球的历史)等。只要是追根求源,追溯事物发展的轨迹,探究发展轨迹中某些规律性的东西,就属于历史研究的范围,也就不可避免地要运用历史研究法。简而言之,历史研究就是以过去为中心的研究,它通过对已存在的资料的深入研究,寻找事实,然后利用这些信息去描述、分析和解释过去的过程,同时揭示当前关注的一些问题,或对未来进行预测。历史研究既可以定性,也可以利用定量资料。它与其他定性研究一样,关注一个真实情况中的自然行为,它着重于解释在具体背景中的行为有何意义。但历史研究不同于其他研究的一点是,历史研究本身并不创造数据或事实,而是力图发现正以某种形式存在的数据或事实。

历史研究是一种很有价值的研究方法。首先表现在,通过历史研究获得大量史实,能为现实决策提供信息,且有助于理解现实问题。这就是"以史为鉴"的含义。历史上的改革可以通过研究而服务于现在。其次,历史研究对于预测未来趋势也十分有用。它可以预示什么是可能的,什么是不可能的。"谁不了解历史上的错误,谁就注定要重蹈覆辙"。历史研究可以提供给我们避免重复犯错的信息。所以,历史研究很有意义。有人把历史研究的贡献概括成四个字,即"期望"和"预防",这是极有道理的。历史研究区别于其他研究方法的独特之处在于,它探索资料而非生产资料。因为过去的变化已经发生,人们无法改变、操纵历史。因而,历史研究法的资料来源也有自己的特点。

二、甄别历史记录

历史研究的记录通常来自两个方面,其一为书面记录,如书籍、报纸、期刊、日记、信件、文稿、会议记录等;其二则为遗迹、遗址或遗骸,如陶器、钱币、瓦罐、战斧、界址以及工具、器皿的碎片等。前者是人们(历史上的人们)有意识地选择用以传递给后代为目的的记录,是借助于纸片、文稿等实现的。而后者则是无意识的,它们可能存在洞穴、坟冢之中。

历史记录既可以是官方的,也可以是非官方的。从真实性和有效性来看,官方记录的价值要高于非官方记录。但也未必尽然,因为历史上统治阶级为了自己统治的需要,也会歪曲事实。科学研究不能仅以遗址为依据,因为它提供的关于历史活动的资料通常是不系统的、残缺不全的,虽然有些也极有价值。通常讲的历史是指有文字记载的。在有文字可记载之前的则为史前史,对史前史的研究,其资料来源又不一样。

历史研究的资料通常分为第一手资料和第二手资料。第一手资料就是原来的或该事件(或活动)的首次记录,是事件的实际目击者或参与者所经历的。第二手资料是至少一次被援引的关于该事件的叙述。如法院审理某一案件,当时的法庭记录就是第一手资料,而新闻界对此案件及其审理的评论就是第二手资料。从信息学的观点看,第一手资料转变为第二手资料的过程中,会发生信息过滤,因而存在信息失真的情况。因此,以历史为研究对象的历史研究最好要掌握第一手资料,这是历史研究的基本原则。第二手资料应作为背景知识、观点或熟悉该领域的方法来看待。而第一手资料的获得,无论是对哪种研究来说,都是至关重要的。如何判别资料是第一手的,还是第二手的?这就要求对资料进行分析。这一过程称为历史批判,有人也称之为"历史批评"。而历史批判又可分为外在批判和内在批判两种。所谓外在批判,就是要回答:这些材料真实、可靠吗?它们是如何得来的?由谁记录的?材料的时间、地点与实际相符吗?内在批判则要解决材料的意义和可信度问题,强调批判材料内容本身的价值。当然,内外批判有交叉、重叠的部分。但内在批判强调内容本身,而外在批判强调资料作为来源的情况。

这二者实际是不可分离看待的。如果材料来源不真实,就不可能被运用;而即使内容真实,如与研究问题无关,也是无用的。在处理历史资料时,必须考虑历史记录是第一手资料还是第二手资料,其真实性怎样等问题,否则研究就失去了价值。

三、历史研究常见问题

与一般的研究一样,历史研究首先要确定问题。应该看到,历史研究的问题不可避免地要反映研究者的兴趣和价值观。因而某种程度上,历史研究是主观的。但就其作为一种研究方法来说,又是科学的。所以,有人认为历史研究法结合了科学与艺术。有人研究发现,历史研究最常见的问题有五类:

第一,传记、机构的历史,尤其是某些运动的历史。

第二,当前的社会问题,如当前大家都关心的平等和效益的问题。

第三,解释以前未曾涉及的思想或事件。

第四,旧数据与新历史事实或解释相结合。

第五,修正历史上的观点,重新解释其他人已经研究过的问题。

可以看出,第五类问题属于层次比较高的问题,需要更多的知识和经验搜集资料,抽象出一般性的结论。通过确定问题,进而搜集和评价资料,可将各种信息结合起来,抽象出一般性的结论,即对研究问题进行分析和解释。这就是历史研究法四个基本的步骤。

总之,历史研究是一种很有意义的研究方法,它最大的价值在于既能服务于现在,又能帮助预测未来趋势。这一方法具有其他方法不具备的优势。譬如,人们通常对过去的事情感到有兴趣,而兴趣对于研究者来讲,是不可缺少的。另外,历史研究有弹性,也就是说,它无须固定的时间,也不受人事因素的限制。它能充分结合个人的兴趣和爱好,因而有利于研究的开展。但是,历史研究也有局限性。因为历史具有不可复验性。因而无法确定在新的情况下是否会有同样的结果发生,是否会得出与旧情况下相同的结论。此外,历史资料往往难以搜集完整,其本身的有效性难以判断。这些局限性恐怕是与人自身的局限性相关的。

第六节　其他常用研究方法

除了以上所介绍的五种研究方法之外,还有其他一些研究方法,主要有层次分析法、价值分析法、社区研究法、预测分析法和归纳法。

一、层次分析法

所谓层次分析法,是指将一个复杂的多目标决策问题作为一个系统,将目标分解为多个目标或准则,进而分解为多指标(或准则、约束)的若干层次,通过定性指标模糊量化方法算出层次单排序(权数)和总排序,以作为目标(多指标)、多方案优化决策的系统方法。

层次分析法是将决策问题按总目标、各层子目标、评价准则直至具体的备择方案的顺序分解为不同的层次结构,然后得用求解判断矩阵特征向量的办法,求得每一层次的各元素对上一层次某元素的优先权重,最后再以加权和的方法递归并各备择方案对总目标的最终权重,此最终权重最大者即为最优方案。

这里所谓"优先权重"是一种相对的量度,它表明各备择方案在某一特点的评价准则或子目标,标下优越程度的相对量度,以及各子目标对上一层目标而言重要程度的相对量度。

层次分析法的特点是在对复杂的决策问题的本质、影响因素及其内在关系等进行深入分析的基础上,利用较少的定量信息使决策的思维过程数学化,从而为多目标、多准则或无结构特性的复杂决策问题提供简便的决策方法。尤其适合于对决策结果难于直接准确计量的场合。

在现实世界中,往往会遇到决策的问题。在决策者作出最后的决定以前,他必须考虑很多方面的因素或者判断准则,最终通过这些准则作出选择。在这个过程中,有许多因素是相互制约、相互影响的。我们将这样的复杂系统称为一个决策系统。这些决策系统中很多因素之间的比较往往无法用定量的方式描述,此时需要将半定性、半定量的问题转化为定量计算问题。而层次分析法是解决这类问题的行之有效的方法。层次分析法将复杂的决策系统层次化,通过逐层比较各种关联因素的重要性来为分析以及最终的决策提供定量的依据。

二、价值分析法

价值分析法亦称"价值工程"。这种分析方法最初只限于经济领域,是通过分析谋求以最低的总成本实现产品的必要功能,从而获得最优价值的经营管理方法。价值是个多义词,它有两种含义:在广义上是指作用、效果、意义等,在狭义上是指凝结在商品中的一般的无差别的人类劳动。价值分析法中的"价值"是一个特定的概念,指产品的功能与费用的比值,其目的在于力求以较低的费用获得较高的功能。目前,随着人类科学技术的进步,价值分析法的应用已跨出经济领域,作为衡量事物有益程度的尺度,它被其他学科广泛应用。在全面发展社会主义市场经济的条件下,人们比以往任何时候都愈加迫切地考虑起有关价值的问题来。

下面运用价值分析法,来分析一下党政机关思想政治工作的价值。

思想政治工作着重于人的精神因素,主要是指人的思想觉悟、政治观点、道德品质等。思想政治工作作为一项特殊劳动,同样存在着时间、人力、财力、智能资源的投资和消耗问题,并且以其特殊的形式表现出来。

1. 时间投资。进行思想政治工作需要时间。一项活动、一次会议、个别谈话、集体研讨等,都是以年、月、日、时、分记录着工作的进程。但是时间的长短与工作效果不一定是成正比的。

2. 精力投资。主要体现在思想政治工作者依据每一时期党的路线、方针、政策,调查研究、安排会议、布置学习、举办活动、宣传典型、统计报表、协调关系和解决问题等。这些是思想政治工作者管理能力的大量使用和消耗。

3. 财力投资。思想政治工作常常需要用一些现代化的物质条件,如学习教材,学习场地,运用幻灯片、录音、录像、影视等向群众进行教育。有时还需要用计算机等。

4. 感情投资。思想政治工作者要掌握工作对象的思想情绪,要运用情感的力量去拨动人们的心弦,用感情搭起沟通人们心灵的桥梁,建立起感情与心灵的对应,从而发现和挖掘蕴藏在人们身上的巨大潜力。

5. 智力投资。思想政治工作者劳动的主要特征是脑力支出,是运用丰富的知识启迪人的心灵,提高人的思想觉悟。例如,制订计划、整理材料、起草报告、撰写文章、备课辅导、开会演讲和总结经验等。这些工作是人脑对客观事物理性认识的思维活动,是智力方面的消耗性劳动。

总之,无论是物质消耗,还是精神消耗,在精神产品生产过程中的投入量是可观的。要达到思想政治工作的目的,不仅要看付出的各种消耗,更重要的还应看到获得的功能,从而调整二者之间的关系。因此,思想政治工作也可以借鉴价值分析原理,遵循以最少的劳动消耗获得最大的劳动价值这一基本原则。

三、社区研究法

社区研究法,实际上是运用多种方法综合进行调查研究的方法,是一种从空间角度对社会生活领域进行具体研究的方法。

所谓社区,是指人们共同生活的一定区域。

社区研究,小可以是一个村,大可以是一个省、市。一个村的研究就类似典型调查的一个点或个案调查中一个个案。社区研究侧重对"点"进行整体的全面研究,特别是对社区的自然、人口、社会三大环境系统与社区居民生活系统的研究。这种方法将整个社区视为一个体系,从全体成员之间的关系及该社区与外界的联系中,综合考察社区的环境和条件、社区的社会生活过程、社区结构及功能、社区各种社会关系的变化与发展趋势、社区物质文化与价值观念、行为规范体系以及社区的种种社会问题。

运用社区研究法,首先要掌握社会现象的各个部分和因素,在其内在的相互关系中,予以有机的联结,作为一个整体来综合考察。分散无系统的认识正是通过这种综合性的研究方法,使对社区的整体认识产生质的飞跃。为此,在社区研究中,除了通过调查了解该社区的现实情况外,还要进行历史情况的考察。此外,不仅要注意到社会环境,而且要注意对自然环境的研究。在"四化"建设中,缺乏对社区的自然环境的研究是无法理解社区的实际状况的。自然环境如同社会环境一样,是一个大系统,在调查对象的人口系统、社会环境系统、自然环境系统三大系统之间,有着相互依存、相互制约的关系。居民的生产与生活,直接受到社区自然环境的影响。

在一定的自然环境系统和社会系统制约及影响下,人际系统活动的关系是通过人际系统内的每一个人起作用的。反过来,人对两个环境系统的反作用也是这样,这就增加了保障机制问题的复杂性。它不是一个简单的模式,如自然环境—社会环境—人,而是三个系统共同构成一个动态的立体交叉网络结构。

例如,对城市社区的研究,必须按社区各要素所形成的系统进行分析。城市是一个完整的社会、经济、文化综合体,是人们经济、政治和精神生活的中心,要想做好对它的研究,没有社区研究方面的知识是不可能的。城市的自然保护和自然资源的合理运用,就需要制定城市生态图和自然保护规划。在经济社会发展方面,尤其要注意综合平衡。这都要对城市进行系统的分析。

城市作为商品经济和现代化工业的产物,日益成为一个多层次、多结构、多因素错综复杂的庞大系统,就连它的最小单位,如居民委员会也都是很复杂的。城市仅就管理系统来说,就有经济、社会、市政管理三大系统。下面又有第二层子系统,如工业、商业、财政、金融等。再下面又有小系统,如工业中的冶金、纺织、机械等。下面还有各工厂的管理等,是多层次的立体网络结构。如果不对这些作细致全面深入的了解,并把它予以层次化和进行系统研究,社区研究就达不到预期目的。

四、预测分析法

预测分析法,是根据客观对象的已知信息而对事物在将来的某些特征、发展状况的一种估计、测算活动。预测分析法运用各种定性和定量的分析理论与方法,对事物未来发展的趋势和水平进行判断和推测。预测的实质是根据事物的过去和现在估计未来,根据已知预测未知,从而减少对未来事物认识的不确定性,以指导我们的决策行动,减少决策的盲目性。

预测是现代统计分析中的一项重要内容。作宏观经济决策和微观经济决策,不仅需要了解经济运行中已经发生了的实际情况,更需要预见未来将发生的情况。

预测分析的具体方法很多,如回归方程法、滑动平均法、指数平滑法、周期(季节)变化分析法和随机变化分析法等。比较复杂的预测分析需要建立计量经济模型,求解模型中的参数。例如,西北某地区根据过去 15 年粮食产量时间数列建立一阶自回归方程,预测 2005 年粮食产量;某市根据工业总产值与工业利润总额的依存关系建立一元回归方程,预测未来几年完成工业总产值计划指标相应可能实现的利润总额。这都是利用回归方程进行预测的事例。

计量经济模型分析方法,是利用经济计量学的基本理论和方法,在对经济关系进行定量分析的基础上,把经济变量之间的关系用数学表述组合起来形成的方程体系。它在经济分析中得到日益广泛的应用。例如,国家统计局综合司和中国社会科学院计量经济研究所合作,于 1988 年开始研制中国宏观经济计量模型。经过 20 多年的实践和不断改进,这一模型包括 255 个方程,每年两次发表分析报告,对中国经济运行进行监测和展望,提出宏观调控的对策建议,在国内外有一定影响。

但需要指出,在预测工作中,不管采用哪种方法、哪种模型,都有其局限性,都难以对预测的结果有绝对把握。因为社会经济现象的发展变化受诸多复杂因素的影响,再好的模型也只能是在一定的资料范围内和假定条件下由已知向未知推测,不可能涵盖影响预测对象变化的所有因素,特别是对未来的新情况、新问题难以充分估计。因此,预测的未来值只是初步估计值,还需要根据情况的变化(如政策的调整、自然灾害、国际政治经济形势等)进行必要的调整和修正。

五、归纳法

归纳法或归纳推理,有时叫作归纳逻辑,是从个别性知识,引出一般性知识的推理,是由已知真的前提,引出可能真的结论。它把特性或关系归结到基于对特殊的代表(token)的有限观察的类型;或公式表达基于对反复再现的现象的模式(pattern)的有限观察的规律。归纳法是物理学研究方法之一。通过样本信息来推断总体信息的技术。要做出正确的归纳,就要从总体中选出样本,这个样本必须足够大而且具有代表性。比如在我们买葡萄的时候就用了归纳法,我们往往先尝一尝,如果很甜,就归纳出所有的葡萄都很甜,就放心地买上一大串。归纳推理也可称为归纳方法。完全归纳推理,也叫完全归纳法。不完全归纳推理,也叫不完全归纳法。归纳方法,还包括提高归纳前提对结论确证度的逻辑方法,即求因果五法、求概率方法、统计方法、收集和整理经验材料的方法等。

例如,使用归纳法在如下特殊的命题中:

冰是冷的。

在击打球杆的时候弹子球移动。

推断出普遍的命题如:

所有冰都是冷的。

所有弹子球都在击打球杆的时候移动。

人们在归纳时往往加入自己的想法,而这恰恰帮助了人们的记忆。

(一)作用

归纳方法在科学研究、技术发展和管理决策过程中均具有重要的作用。

第一,提供假说。简单枚举归纳法、类比和消除归纳法在科学发现和技术发明方面都起着重要的作用。如光的波动说的提出和飞机的发明过程中,类比法都起了不可缺少的作用。

第二,证明假说和理论。完全归纳法和数学归纳法在这方面具有突出的作用。证明三段论的规则要用到完全归纳法;证明数学定理离不开数学归纳法。

第三,确定假说的支持度。以概率和统计方法为工具的量的归纳法对确定假说的支持度或置信度起着决定的作用。

第四,理论择优。这也要靠量的归纳法。

第五,对事件未来情况进行预测。

第六,各种管理决策。

解决上述第五和第六两类问题都需要用以概率和统计为工具的归纳方法。

(二)分类

归纳法常被分为古典归纳法和现代归纳法。

1. 古典归纳法

古典归纳逻辑,是由培根创立,经穆勒发展的归纳理论。它主要研究完全归纳推理、不完全归纳推理(简单枚举归纳和科学归纳)、求因果五法等。

亚里士多德探讨了归纳,他在《前分析篇》谈到简单枚举归纳推理。他举例说,内行的舵手是最有效能的。所以,凡在自己专业上内行的人都是最有效能的。古典归纳逻辑创始人是 17 世纪英国的弗兰西斯·培根,他在《新工具》中,贬演绎,倡归纳,首次提出整理和分析感性材料的"三表法",即具有表、缺乏表和程度表,认为在此基础上,通过排除归纳法等归纳方法,可以从特殊事实"逐级"上升,最后达到"最普遍的公理"。19 世纪英国的约翰·斯图亚特·穆勒是古典归纳逻辑的集大成者,他在《逻辑学体系》中,通过总结自培根以来古典归纳逻辑的研究成果,系统论述了"求因果五法",即求同法、求异法、求同求异并用法、共变法和剩余法,并对其形式和规则作了具体规定和说明。

2. 现代归纳法

现代归纳逻辑,也称概率逻辑。它是由梅纳德凯·恩斯(Maynard Keynes)创立,由莱辛巴哈(Reichenbach)、卡尔纳普(Rudolf Carnap)、科恩等发展,运用概率论、形式化的公理方法等工具,探索归纳问题所取得的成果。

古典归纳逻辑曾遭到英国休谟的诘难。他认为,归纳推理的合理性在逻辑上是得不到保证的。归纳推理所依据的普遍因果律和自然齐一律,只是一种习惯性心理联想,不具有客观的真理性,从个别性的前提不可能得到一般性的结论。休谟的诘难,引人思考。既然从个别性的前提出发,不能必然地得到一般性的结论,那么个别性的前提是否可以对一般性的结论提供某种程度的证据支持,前提对于结论支持的概率是多少,这就是现代归纳逻辑即概率逻辑的研究主题。

现代归纳逻辑研究肇始于19世纪中叶,德摩根、耶方斯、文恩等人都曾探索利用古典概率论来研究归纳问题。凯恩斯在1921年发表《概率论》,主张概率是命题间的逻辑关系,在此基础上构建概率演算的公理系统,创立了现代归纳逻辑。莱辛巴哈在1934年发表《概率理论》,主张用"相对频率的极限"定义"概率",创立频率概率论,把现代归纳逻辑的研究,推进到一个新阶段。

现代归纳逻辑正处于发展时期,其理论尚待完善,"把一切归纳方法,用公理集加以系统化的归纳逻辑目前还不存在,我们现在只有归纳逻辑的片段或一些归纳逻辑的雏形"。多种类型的归纳逻辑理论,不断被引入认识论、科学方法论、统计学、决策论、人工智能等众多领域,日益得到广泛的应用。

（三）归纳推理与演绎推理的关系

归纳推理与演绎推理的辩证关系如下。

1. 主要区别

（1）思维的起点不同：归纳推理是从特殊性到一般的认识过程；演绎推理是从一般到特殊性的认识过程。

（2）前提与结论联系的性质不同：归纳推理的结论一般超出了前提所断定的范围（完全归纳推理除外），其前提和结论之间的联系不是必然的，而只具有或然性；演绎推理的结论和前提之间的联系是必然的，其结论不超出前提所断定的范围。一个演绎推理只要前提真实并且推理形式正确，那么，其结论就必然真实。

2. 相互联系

（1）归纳推理与演绎推理，在人们的认识过程中是紧密地联系着的，两者互相依赖、互为补充。演绎推理的一般性知识（大前提）的来源，来自归纳推理概括和总结，从这个意义上说，没有归纳推理也就没有演绎推理。

（2）归纳推理也离不开演绎推理。归纳过程的分析、综合过程所利用的工具（概念、范畴）是归纳过程本身所不能解决和提供的，这只有借助于理论思维，依靠人们先前积累的一般性理论知识的指导，而这本身就是一种演绎活动。而且，单靠归纳推理是不能证明必然性的，因此，在归纳推理的过程中，人们常常需要应用演绎推理对某些归纳的前提或者结论加以论证。从这个意义上也可以说，没有演绎推理也就不可能有归纳推理。正如恩格斯指出的："归纳和演绎，正如分析和综合一样，是必然相互联系着的。"

第五章
党政干部调查研究能力的提升途径

调查研究是了解情况、正确决策、做好工作的重要前提，没有调查研究就没有发言权，没有调查研究更没有工作主动权。而要做好调查研究，就必须提升调查研究能力。所以，我们的党政干部尤其是领导干部必须努力提升调查研究能力。

第一节 端正调查研究的态度

领导干部下基层调研，绝大多数能够发扬党的好作风、好传统，深得下基层的要领，工作开展得有声有色。但也不能否认，在下基层的问题上，有些地方、有些领导还存在不深入不扎实的现象。这就要求我们端正态度下基层。"脚下沾有多少泥土，心中就会沉淀多少真情。"态度问题是干好一切工作要解决好的首要问题，开展调查研究首先要端正态度，拉近与群众的距离，增进同群众的感情，深入基层，深入实际，深入群众，与百姓广泛交流，了解社情民意。这样，调查研究才能更深入、更真实、更有效。要端正调查研究的态度,应该从以下两方面入手。

一、提高认识,意识到调查研究的重要性

调查研究是领导科学决策的前提。只有经过系统有效的调查研究,特别是基层调查研究后,运用马克思主义的科学方法,准确把握上级精神,紧密联系各单位、各部门的实际,作出的决策才会切实可行。我们要在调查研究这一重要的工作上安排充足的时间,正如陈云同志指出的"领导机关制定政策,要用百分之九十以上的时间做调查研究工作,最后讨论作决定用不到百分之十的时间就够了"①。党政干部必须看到当前情况的繁杂性,与过去相比,各种矛盾和问题凸显,影响决策的因素增多了,决策所需的信息量也增大了,决策的难度和风险也加大了。这就要求我们必须更加重视调查研究,切实加强基层调研,把问题找准,把情况弄清,多作出符合实际而又有成效的决策,为推进各项工作服务。

调查研究是正确选人用人的必需。正确选好人、用好人是党的建设中的一个至关重要的问题,也是一个大难题。坚持正确的选人用人导向,必须坚持德才兼备、以德为先的原则。古语讲:"无德无才是蠢才,无德有才是害才,有德无才是庸才,有德有才是人才。"那么,怎样才能选出真正有德又有才的干部呢? 这其中一个重要的方法就是要正确运用调查研究这个重要法宝。兼听则明,偏信则暗。选用德才兼备的人才,必须通过基层调研,走群众路线。也就是说,我们选好用好一个干部,既要看其八小时之内的表现,又要通过群众了解其八小时之外的言行;既要听本单位领导同事对其的评价,又要听群众对其的口碑;既要考察其实际工作能力,又要考察其实在的德行表现。这样依靠集体的智慧、群众的眼光,通过调查研究而选拔任用的干部,才是真正政治上靠得住、工作上有本事、作风正派、群众拥戴的好干部,才能真正为我国经济社会又好又快发展提供有力的人才保障。

---

① 《陈云文选》第三卷,人民出版社 1995 年版,第 189 页。

二、要增强调查研究的责任感、紧迫感

调查研究是中国共产党人一以贯之、传承至今的光荣传统。老一辈革命家不但十分重视调查研究,而且亲自践行调查研究,运用调查研究的成果指导和推动伟大事业,解决了前进道路上的一个个难题,同时也丰富完善了马克思列宁主义、毛泽东思想、邓小平理论、"三个代表"重要思想、科学发展观、习近平新时代中国特色社会主义思想。可以说,中国革命、建设和改革开放的历程,就是一个坚持实事求是把马克思主义同中国的具体实践相结合的历程,就是一个不断调查研究新情况、解决新问题的历程,就是一个不断运用调查研究的最新成果,推动事业向前发展的历程。当前纷繁复杂的形势任务,决定着我们不得不以更大的决心和精力投入到对实际工作的调查研究之中。因此,各级领导干部一定要在认清当前复杂矛盾问题中增强调研的责任感和紧迫感,主动自觉地投身到调查研究活动中去。

此外,端正调查研究的态度,各级领导干部还要坚持密切联系群众,把群众当故交,拜人民为师,把群众在干什么、想什么装到心里,放下架子、扑下身子,真正走进一线,了解群众的生产生活全过程,依据基层实际、群众意见,在"错位"的地方"正位",到"缺位"的地方"补位",更好地落实党的富民政策。

第二节　要加强理论学习

光有调查研究,没有理论指导,调查研究的方向就找不对,调查研究的重点就找不准,调查研究的方法就把握不好,最终也就很难形成好的调查研究成果。理论学习和能力的提升相辅相成,密不可分。这就要求我们必须加强理论学习,特别是加强马克思主义基本理论的学习,提高自己的观察能力、判断能力、分析能力和综合研究能力,自觉运用马克思主义

的立场、观点和方法指导调查研究,善于透过现象看本质,善于总结实践经验,从中把握规律性的东西,找准解决问题的关键。

一、加强党的理论学习,应从提高思想建设方面入手

党政干部要加强党的理论学习,应从提高思想建设方面入手。而要提高思想政治素质,最根本的是解决好世界观和人生观问题。只有树立正确的世界观、人生观,才能使我们主动地、自觉地、不断地完善自我,才能全面提高我们的整体能力,促使我们更好地胜任各项工作所需。

树立正确的世界观和人生观,无论过去、现在和将来,对于每一个干部和党员来说,都是首要的问题。这个问题不解决,或解决得不牢靠,不论搞革命,还是搞建设,是不可能兢兢业业的,也不可能做出什么成绩来。在革命战争年代,入党、当干部是为了推翻旧制度、实现民族和人民的解放。现在我们党处于执政地位,担负着领导改革开放和现代化建设的重任,入党、当干部是为了国家富强、民族振兴和人民的幸福富裕,而决不能为了个人升官发财。共产党人是历史唯物论者,我们从来不否认社会成员有个人的利益、抱负和追求。但个人利益必须服从国家利益、局部利益必须服从整体利益、眼前利益必须服从长远利益,使个人的理想、抱负和追求符合社会主义道德规范。广大干部和党员一定要把人为什么活着这个问题弄清楚。如果只是为自己、为家庭而活着,其意义是很有限的。只有为国家、为社会、为民族、为集体的利益奋不顾身地工作着,毫无保留地贡献出自己的聪明才智,这样的人生才有真正的意义,才是光荣的人生、闪光的人生。改革开放和社会主义现代化建设是一场深刻的革命,牢固地树立了正确的世界观和人生观,才能在这场社会大变革中经受住严峻的考验。而有些干部、党员在考验面前已经打了败仗,有的革命意志衰退了,有的走到邪路上去了,有的甚至堕落成为社会的蛀虫和罪犯,归根到底就是这些人在世界观和人生观上出了问题。

要解决好世界观和人生观问题,最重要的是引导和组织广大干部和

党员深入学习马克思列宁主义、毛泽东思想、邓小平理论、"三个代表"重要思想、科学发展观、习近平新时代中国特色社会主义思想,特别是要深入学习习近平新时代中国特色社会主义思想,用以武装头脑和指导各项工作。

二、加强党的理论学习,应从增强责任心和专业性上入手

"衙斋卧听萧萧竹,疑是民间疾苦声。"从古至今,都强调做官者应时刻牵挂百姓,将百姓疾苦时刻牵挂于心。当今的党政干部更是应将责任意识放在一切之首,因为党员领导干部的权力是人民赋予的。加强党的理论学习,可以促使党政干部更加自觉地加强"官德"修养,不断强固责任意识,经常用"责任"二字来要求自己,兢兢业业,高度负责任地为实现人民的利益而工作。"责任高于一切,责任比能力更重要"这一理念,更是生动地阐释了"工作就是责任",是党政干部为官做事的基本要求,是立党为公、执政为民的具体体现。加强党的理论学习,能促进党政干部自觉地加强自身责任意识的培养,主动承担相应的责任,对手中的责任负责,对党和人民群众负责,对党和人民群众的信任负责。

加强党的理论学习、重视党的理论学习与研究是我们党一贯的优良传统,是提高党的执政能力,更好地指导各项实践工作的基础。"学无涯,思无涯,其乐亦无涯"。在当今社会,党政干部要想立足,就要特别加强党的理论知识的学习。但人的精力毕竟有限,在加强党的理论知识学习的同时,更应结合自身工作岗位所需,不断加强相关专业知识和政策的学习。要做到学思结合、学以致用。实现学以立志、学以正德、学以养心、学以增智、学以促廉,进一步推动各项工作的开展。

所以,加强党的理论学习,应从增强党政干部的责任心和专业胜任能力上入手。

三、加强党的理论学习,应从积极学习现代化技术能力上入手

当今世界,科学技术突飞猛进,科技和信息高速发展,高科技技术正

以其前所未有的深度和广度影响着社会的方方面面,改变着现代人的生产方式和生活方式,日益成为社会各领域中最活跃、最具有决定性意义的因素。随着计算机技术、通信技术和网络技术的飞速发展,人类社会已进入了一个全新的发展阶段——网络化社会、信息化社会。我们每一个党政干部都应充分认识到学习并掌握现代化科学技术的重要作用,要从思想上认识到,加强现代化技术能力的学习,是党政干部适应时代变迁、引领时代发展的必然要求。对我们每个人来说,学习现代化技术不仅仅是一次知识更新,更是一次科学发展理念的再武装和科学发展能力的大提升。党政干部必须始终把加强现代化技术能力的学习当成一种常态的工作方式和生活习惯,并把学到的技能运用到实际工作中,只有这样才能更好地服务于自身的实际工作。

所以,积极学习现代化技术,是提高党政干部工作效率,推进党政干部更好地在其位、谋其政、司其职、尽其责,全面实现胜任工作能力的有效途径和法宝。

加强党的理论学习,是党政干部提升党性和能力的必然要求,是提高党政干部行使执政水平,积极、主动做好各项工作的基础。党的理论学习与工作能力的提升是相辅相成、不可分割的两个方面,学习是基础,能力是升华。只要我们各级党员领导干部能始终勤于学习,善于学习,不断加强党的理论知识的学习,就一定能不断地提升调查研究的能力。

第三节　树立求真务实的良好作风

求真务实是辩证唯物主义和历史唯物主义一以贯之的科学精神,是我们党思想路线和作风建设的核心内容,也是共产党人必须具备的政治品格。作为党政干部,我们必须改进作风,以求真务实的作风确保调查研究的高质量。

一、树立求真务实的思想作风

思想作风在调查研究的整个过程中起着"龙头"和"统领"作用,思想作风端正,就能树立起良好的学风、领导作风和工作作风。思想作风不端正,其他方面的良好作风就无从谈起。调查研究是一门科学,适应科学的要求,求真务实的思想作风至关重要。要做好调查研究,必须有一个正确的态度,即要有眼睛向下的兴趣和决心,有求知的渴望,有放下架子、甘当群众小学生的精神。客观世界是复杂的、运动的,是变化着的、进步着的,因此,调查研究是长期的、永无止境的。只有不断地树立求真务实的思想作风,并在这一思想作风指导下开展调查研究,才能不断地认识新的事物,不断地获得新的知识,从而推动调查研究不断地向更深层次迈进。

二、树立求真务实的工作作风

调查研究的过程,就是不断发现问题、提出对策、解决矛盾的过程。调查研究、推进工作,重在解决问题,也难在解决问题,因此,树立求真务实的工作作风至关重要。领导干部要敢于正视问题、认真查找问题、善于发现问题,做到见微知著,紧盯薄弱环节,深刻剖析,把问题找准,把症因查实。坚持有什么问题就解决什么问题,什么问题突出就解决什么问题,不能对存在的问题置若罔闻、视而不见、回避矛盾、避重就轻。特别是对那些群众普遍关注和反映强烈的问题、久治不愈的老大难问题,要沉下心来进行深入细致的调查研究,采取超常措施,下力气加以治理解决,真正做到对上负责与对下负责,做到形式与内容、过程与效果的统一。

三、把求真务实当作一生的追求

求真务实既是领导干部党性的体现,也是领导干部德行的表现。要把求真务实当作一生中学习、工作、生活的一种境界、一种责任、一种追求,做到以求真务实立德、以求真务实增智、以求真务实做事、以求真务实做人、以求真务实成就事业。

【延伸阅读】

邓小平同志调查研究的鲜明特色:"问数字""爱算账"

邓小平同志求真务实的领导作风和工作方法,体现在调查研究工作中,一个鲜明特点就是"问数字""爱算账"。他到各地调查研究,常常通过算账了解下情,通过算账摸清建设进展、发现存在问题、纠正工作失误,通过算账为重要决策的制定与实施提供具体依据。

实例之一:1958 年 2 月 2 日,邓小平同志来到四川省隆昌县郊新生高级社调查研究。他一到,楼丰乡党总支书记未全树、新生高级社社长叶邦友便掏出笔记本准备按事先拟好的提纲进行汇报。邓小平同志摆了摆手,说:"不必了,还是我问到哪里,你们就讲到哪里吧。"他首先了解全乡有多少党员、多少团员,多少个党支部、多少个团支部,多少贫农、多少中农。接着问全乡的粮食亩产量有多少斤,社员一年能分多少斤粮食。当听到一个社员平均能分得 600 多斤粮时,邓小平同志说:"少了,一般来说要八九百斤,包括牲畜粮要千把斤才够。""把现有水田产量提高一点,小春多增加一点面积,让社员多分一点粮食。"在这次调查中,邓小平同志发现一些地方有虚报数字的现象。2 月 17 日,他在中央书记处会议上说:有的千斤县,实际亩产只有 700 斤。他请谭震林研究一下,防止虚假的统计。

实例之二:1961 年 7 月 14 日,为进一步讨论《国营工业管理工作条例(草案)》,邓小平同志亲率调查组到东北,就工矿企业和城市工作、人民生活等问题进行调查研究。

在这次调查中,邓小平同志对职工的生活关心得最多,也说得最多。在哈尔滨时,他就问油田负责同志:"职工生活如何? 一个月吃多少钱?"这位同志回答:"按过去一个月十三四元就够了,最近来了一批进口面粉,每斤三角二分,这样花钱就多了,低工资工人手头很紧。"邓小平同志当即对省委书记李剑白说:"进口面粉也不能抬高物价,按国内的价格调拨。"李剑白表示马上解决这个问题,多交的款退回。接着邓小平同志又问:"职工冬装解决了没有?食堂办得如何?"听了汇报以后,他指示:"食堂要好好管理,不宜过大。"到了油田,看到工人们正在搞干打垒房子,他一一询问:去年盖了多少平方米?今年能盖多少?每平方米多少钱?当他听到每平方米十二三元钱时说,这样就可以多搞。

实例之三:1982年9月,党的十二大提出,到2000年实现全国工农业总产值在1980年的基础上翻两番,使人民生活达到小康水平的宏伟目标。"翻两番"究竟靠不靠得住?"翻两番"的目标实现后,社会又将是什么样子?带着这样的思考,1983年2月,邓小平同志离开北京,踏上南下的列车,到经济发展较快的苏浙沪地区调研,以获取第一手资料。

2月9日下午,邓小平同志从江苏来到杭州。一见到前来迎接的浙江省委负责同志,邓小平同志便开宗明义地说:我这次在苏州,与江苏同志主要谈到2000年是不是可以翻两番,达到小康水平的问题。现在苏州工农业总产值人均已接近800美元。苏州同志谈,他们共解决了六个方面的问题。江苏从1977年至1983年六年间,工农业总产值翻了一番,依这样的发展,到1988年就可以再翻一番!我问江苏同志,你们的路子是怎样走的?他们说,主要是两条,一条是依靠上海的技术力量,还有一条是发展了集体所有制的中小企业、乡镇企业。当听到浙江省委书记铁瑛说浙江到2000年能翻两番半或三番时,邓小平同志问:你们看,翻两番是不是靠得住?现在是多少?到2000年是多少?铁瑛一一回答。当省长李丰平说到1982年浙江人均收入名列全国第七位时,邓小平同志说:北京、上海、天津三个市可以除外,你们是第四位。辽宁、黑龙江的重工业产值高,人民生活水平不如江浙。生活好了,人就不愿往外走。江苏、浙江,还有山东,这两年也上得快,鲁西北这两年生活也好了,人也不往外走了。苏州现在已到了或者接近每人800美元的水平。他们已经解决了知识青年的就业问题。

3月2日，邓小平同志回到北京之后，约请几位中央负责同志谈话。他说，"这次，我经江苏到浙江，再从浙江到上海，一路上看到的情况很好"，"到本世纪末实现翻两番，要有全盘的更具体的规划，各个省、自治区、直辖市也都要有自己的具体的规划，做到心中有数"。

实例之四：1984年1月24日，邓小平同志到深圳考察，听取深圳市委书记、市长梁湘汇报工作。当听到深圳经济特区的工业产值1982年达到3.6亿元，1983年达到7.2亿元时，邓小平同志说："那就是一年翻一番？"显然，他对这个递增的速度非常满意。25日上午，邓小平同志考察了深圳河畔一个渔民村。他到老支书吴伯森家做客时，一一询问吴伯森家里几口人，收入多少。吴伯森告诉他，这个村1983年人均年收入2800多元，户户是万元户。吴柏森一家，平均每人月收入四五百元。邓小平同志听后高兴地对随行人员说："比我的工资还高啊！"走出渔民村口时，梁湘问："像渔民村这样的生产和生活水平，全国人民做到要多少年？"邓小平同志说："大约需要100年。"梁湘说："不要那么长吧？"邓小平同志说："至少也要70年，到本世纪末，再加50年。"后来，人们听到邓小平同志在北京宣布，要在21世纪中叶，使中国人民的生活达到中等发达国家的水平。这一预期目标，就是"三步走"发展战略的第三步，正好与他在渔民村调研时计算的结果相吻合。

邓小平同志"问数字""爱算账"的调查研究方法，在领导作风和工作方法方面给我们什么启示呢？

一、"数目字内包括轻重缓急"，"这是一个政治性问题"；"只要好好地算算账，就会懂得的"

邓小平同志"爱算账"，不是就数字论数字，而是将数字作为从政治大局和长远目标来考虑问题的依据。看起来他是在算细账，实际上是从具体的数字来看全局，算大账。算账里面有战略，数字里面有政治。

比如，早在刘邓大军千里挺进大别山时，邓小平同志就强调从全局和长远来看我们的得失，而不能看一时和局部的损失。1948年4月25日，在对部队将领讲到"跃进中原的胜利形势与今后的政策策略"时,邓小平同志强调,我们应该看到人民解放军已经从战略上"由防御转为进攻"。他批评"有些同志往往不了解这一点","有个别的人怀疑是否局面变坏了。其实只要好好地算算账,就会懂得的"。

新中国建立之初,作为政务院副总理兼财政部部长,邓小平同志进一步强调从数字里面看全局、看政治的道理。对如何决定建设项目,他强调指出:"数目字内包括轻重缓急,哪个项目该办,哪个项目不该办,这是一个政治性的问题。"

改革开放以后,在确定我国社会主义现代化建设分三步走的战略目标时,邓小平同志尤其注意从算细账方面来定大局,用事实来说话。1987年秋天,党的十三大决定进一步加快改革开放的步伐,邓小平同志明确指出:我们已经解决了温饱问题,"第二个目标是在本世纪末达到小康水平,第三个目标是在下个世纪的五十年内达到中等发达国家水平。我们现在真正要做的就是通过改革加快发展生产力,坚持社会主义道路,用我们的实践来证明社会主义的优越性。要用两代人、三代人,甚至四代人来实现这个目标。到那个时候,我们就可以真正用事实理直气壮地说社会主义比资本主义优越了"。对于所规划的建设和发展目标,邓小平同志注重以事实为依据,正如他自己所说:"这是我们的一些构想,现在我们要从理论上进行深刻、实际的阐述。"

二、"数字中有政策,决定数字就是决定政策"

作为党的第一代中央领导集体的重要成员和第二代中央领导集体的核心,邓小平同志在参与作决策和最后拍板之前,都喜欢问问数字、算算细账。他认为,只有这样,所作出的决策才是慎重和可靠的。他历来反对轻率地"拍脑袋",凭想象作出决策。早在1954年1月,他就告诫全国财政厅局长们说:"数字中有政策,决定数字就是决定政策。"意在提醒大家不要小看数字,要充分把握数字在决定政策、作出决策时的重要作用。

问数字、算细账,是邓小平同志在作决策和决断之前进行深入调查时的重要方法。通过深入实际调查，并在调查中问明数字、算清细账，能够从中发现问题并找出解决问题的办法。邓小平同志认为，那种走马观花、流于表面的调研，是发现不了真正的问题的，那样做不是一种对党和人民的事业认真负责的态度。1991年一二月间，邓小平同志在上海调查改革开放的情况。就在这次调查期间，他通过数据和速度的分析比较，发现当初确定经济特区时没有将上海划进去，错过了上海发展的时机。他诚恳地对上海的同志讲："那一年确定四个经济特区，主要是从地理条件考虑的。深圳毗邻香港，珠海靠近澳门，汕头是因为东南亚国家潮州人多，厦门是因为闽南人在外国经商的很多，但是没有考虑到上海在人才方面的优势。上海人聪明，素质好，如果当时就确定在上海也设经济特区，现在就不是这个样子。十四个沿海开放城市有上海，但那是一般化的。浦东如果像深圳经济特区那样，早几年开发就好了。开发浦东，这个影响就大了，不只是浦东的问题，是关系上海发展的问题，是利用上海这个基地发展长江三角洲和长江流域的问题。"为此他提出："抓紧浦东开发，不要动摇，一直到建成。"他强调坚持改革开放，"要用事实来证明"。

三、算账里面有作风，"数字是扎扎实实的，没有水分的"

调查研究和作出决策需要靠详细的数字来说话，但如何看数字，如何运用数字，还有一个立场、方法和作风的问题。领导同志下基层调查和听取汇报时，经常会接触一些与实际情况不太相符的数字。因此，如何深入地了解到真实情况，掌握准确可靠的数字，极为重要。在数字问题上，邓小平同志极为反对弄虚作假，所以他在调查中经常是自己算账。

改革开放初期，邓小平同志特别提醒各地的领导干部要改变作风，站在彻底的唯物主义立场上来对待数字。1979年10月，他在各省、市、自治区党委第一书记座谈会上讲到经济工作时，专门强调说："'文化大革命'中公布的数字就有虚假，有重复计算的问题，有产品不对路、质量很差的问题。知道这一点对我们今天考虑问题有好处。"为此，他严肃地提出："以后要求的速度、数字是扎扎实实的，没有水分的，产品要讲质量的，真正能体现我们生产的发展。如果做到这一点,其他的作风也都会变,管理水平、技术水平也会提高,实际得到的利益多得多。"

在实际调查中详细了解各种数字和细算每笔账,具体而生动地体现了邓小平同志的求真务实的领导作风。从上述几个实例中也可以看出,随着改革开放的深入,邓小平同志还十分注意用询问数字的方法来纠正领导干部的工作作风,注意从算账里面探出工作中的虚实。他在每次视察和调研时,之所以盘问数字和亲自算账,就是为了准确地了解真实情况,发现报告和汇报中可能存在的虚假问题。他非常清楚,别人的报告代替不了自己的调查,同样,别人的意见也代替不了自己的亲手计算。在一定程度上可以说,实事求是的作风往往就体现在摸清真实的数字之中,一切从实际出发的态度往往就体现在注重算账的学问之中。

(摘编自中国共产党新闻网 2008 年 2 月 8 日)

第四节 搭建开展调查研究的平台

平台,泛指进行某项工作所需要的环境或条件。而在物质文明和精神文明高度发达的今天,平台一词有了它更为广泛的内涵。如调研平台、信息平台、建筑平台等。平台是一个舞台,是人们进行交流、交易、学习的具有很强互动性质的舞台,作用很重要,所以一定要搭建好开展调查研究的大平台。

一、构建"大调研"的工作平台

把日常工作、学习的成果、经验和教训,都纳入调研数据体系,把传统及现代媒介都融入现代调研体系,从而形成系统的、立体的多维调研空间,为开展调查研究及解决矛盾问题创造更加有利的条件。

二、拓展调查研究的方法渠道

传统的调查研究方法,如召开座谈会、研讨会、走访调查、蹲点调查、典型调查、实地考察等,感受直接、体验深刻、互动性强、人情味重,应继续坚持。同时,要积极使用统计调查、网络调查、抽样调查等现代调研方式方法,为调查研究和科学决策提供更加全面、快捷、翔实的信息资料。

三、重视多种媒体的综合作用

一项调研活动,如果利用报纸、电视、互联网等媒体,能迅速为广大受众所知晓,在更大范围内提供真情实据,极大地拓展调研的信息渠道。

四、实现调研信息交流网络化

一是相关部门之间可以实现信息交流互通。如调研日本核电辐射泄漏对中国近海生态安全的影响,海洋监测、渔业监管、食品安全、军事海防等多个部门,可以进行信息的协助和联合,实现信息共享、资源共享。

二是单位内外可以实现信息交流互通。互联网技术可以使不同单位同样或同类的调研课题,逐步建立信息共享机制,应先从科研单位和高校做起,再扩大到其他单位的多个层次。

三是各部分之间可以实现调研信息互通和成果共享。在保证调研信息绝对安全的前提下,可以尝试加大内部网络信息共享的力度,比如借助各种党政机关的网络媒体交流平台,逐步实现各部门之间调研课题及调研成果资源共享。

第五节　锻炼基层调研能力

党政干部的基层调研能力是提高调查研究成果的重要途径和法宝。调查研究贵在深入基层,深入群众,广泛听取基层和人民群众的反映,摸清事物的发展规律。当前,党政干部进行调查研究,比较普遍存在的问题是深入不够,基层调研能力不足,很难摸清民情民意,也很难掌握和了解真实情况。这就要求党政干部一定要锻炼基层调查研究能力,在深入基层时做到下面几点。

一、注意虚心听取基层干部和人民群众的意见

调查研究的目的是掌握真实情况,因此,要虚心倾听群众意见,不能堵塞言路,也不能偏听偏信,要听得进"杂音",认真思考为何有这些杂音,反思杂音背后深藏的问题,真正了解群众的想法。比如到农村调研,应多找些乡镇和村组的干部了解情况,多开一些农民代表座谈会,鼓励他们讲真话,报实数,道真情。

搞好调查研究,一定要从群众中来、到群众中去,广泛听取群众意见。人民群众的社会实践,是获得正确认识的源泉,也是检验和深化我们认识的根本所在。调查研究成果的质量如何,形成的意见正确与否,最终都要由人民群众的实践来检验。

人民是历史的创造者,人民是事业的主力军。他们中蕴含着巨大的社会主义积极性和创造性,是我们搞好调查研究工作和其他工作的智慧及力量源泉。我们只有放下架子,甘当"小学生",同群众广交朋友,打成一片,虚心向他们学习、求教,倾听他们的呼声,了解他们的愿望、要求、意见和反映等,才能制定出群众拥护的方针政策、计划方案,才能真正做到为群众排忧解难,把办实事、办好事办到点子上。

为此,要特别注意克服当前在我们一些领导同志中存在的"四多四少"现象:浮在上面靠手机、报表、汇报搞"遥控"调查多,深入基层调研少;当"先生""下车伊始"的多,甘当"小学生"虚心向群众学习的少;讲求享受、实惠的多,做艰苦工作的少;"走马观花"、蜻蜓点水的多,脚踏实地、亲自动手、真正解决问题的少。克服上述四种不良的调研态度和作风,不仅是搞好调查研究工作的需要,也是加强干部思想作风的迫切需要。

二、对群众多一分耐心

生活中有一样东西是不可缺少的,那便是耐心。对于党政干部而言,

耐心也是一种信心。英国哲学家培根说过："无论何人,若是失去耐心,便失去了灵魂。"

作为新时代的党政干部,一定要改掉心浮气躁、浅尝辄止、眼高手低的毛病,要坚决摒弃"为了进步而做事""急于求成"等不良思想。不管什么时候,面对烦琐的工作,都要多一分耐心,从自身做起,从现在做起,从小事做起,从点滴做起,不要嫌麻烦,不要讲条件。要注重小节和细节,当你把每一件小事都做深、做细、做实的时候,组织上才可能对你委以重任,你才能有机会去成就大事。

党政干部要学会与基层打交道,与群众打交道,与群众交朋友,把百姓当亲人,对他们多一分理解与宽容。要做没有官架子的"普通人"、知寒知暖的"贴心人"和排忧解难的"热心人"。以实际行动消除神秘感,增强亲和力。

不管面对谁,工作中你只需多一点耐心,那么你将收获更多,你就能解决很多看似很复杂、很烦琐的问题。这看似很简单,彰显的却是一种精神、一种品质。

三、多到贫困落后的地方去

长期以来,党政干部进行调查研究有一个偏向,就是多去示范点富裕户,多看漂亮光鲜的一面,多听悦耳动听的言辞。无论是调研者,还是陪同者,抑或受访者,基本形成一个电力学上的"回路",信息的循环传导很流畅。然而,一旦偶有调研者打破这个"回路",摆脱既定地点、路线和对象束缚,就搞得陪同者很紧张。说到底,这是调查研究的基本价值取向有偏差。

对于党政干部来说,调查研究就是要看到最真实的状态,获得最现实的第一手资料。这就要求,阳光的一面要看,阴暗的一面也要看;进步的一面要看,落后的一面也要看。但是一些地方有一种根深蒂固的"藏拙示好"心理,希望上级只看到好的一面,认为这样才能提振信心,给人以正面的力量;

反之,把不好的一面展示出来,就会觉得脸上无光,怕被指责工作没做好。这种认识偏差,很容易让人误认为,情况都像看到的、报告的那样好。

当前,中国许多方面的情况变得好起来了。在这样的情势下,我们当然还需要通过调查研究去汲取各层面发达、先进、优秀的公共治理经验,以启迪和引领社会继续向前、向上、向好。但我们也需要把关注的重心转向贫穷、落后、灰暗、矛盾的一面,以便及时发现公共治理各方面的问题、不足、缺陷、隐患,寻找解决之道。这种调研价值取向的变化,是在总体不错的基础上求解不好之因,在整体发展快的情况下"会诊"发展慢之症,为的就是实现协调发展、共同进步。

多想想困难群众,多想想贫困地区,我们在喜看经济总量攀升时就多一份清醒,在满眼城市繁华气派之余就多一些冷静。多到落后的地方去,多切身感受困难家庭的忧苦,我们就能找到切合实际的扶贫治贫之道,决策也更有针对性和指向性。多为穷人家中客,少为大款座上宾;多做急民之困的实事,少做花上垒花的虚功,才有执政良心,才能赢得民心。

所以,党政干部要搞好调查研究、富有成效地开展工作,就必须摆脱文山会海、走出机关大院,集中时间、集中精力,多到贫困地区,尤其是矛盾较多的地方,面对面倾听群众的心声。这样,才能知道群众所想、所盼、所需、所怨,制定决策才有现实针对性,开展工作才能避免走弯路。

四、在深入实际中提高调查研究能力

调查研究必须坚持深入实际,求得实情。摸清情况,全面掌握调查对象的相关信息,是分析问题、探寻对策的基础。只有把实际情况摸清楚了,才能保证后续的分析和综合不偏不倚。深入实际,求得实情,需要从机关走出来,从主观臆想中跳出来,真正掌握第一手材料;需要紧紧抓住关键信息、重要苗头、主要矛盾不放,综合运用归纳与演绎、分析与综合等方法,对材料进行去粗取精、去伪存真、由此及彼、由表及里的思考和研究。只有这样,调查研究才能从上面沉下去、从表面钻进去,深入了解真实情况,找到解决问题的有效办法。

　　一些领导干部之所以调查研究质量不高,出现选题不准、深入不够、范围狭窄、调用脱节等弊病,根本原因在于自身作风漂浮,抛弃了"从群众中来,到群众中去"的群众路线。他们有的带着一身官气到基层,习惯于"从干部中来,到干部中去",到农村不访农户,到工厂不进车间,只是把机关的会议室搬到基层去,满足于开会听汇报、作指示;有的在选择调研课题时,往往唯上是从,敷衍应付,避重就轻,对影响本地区、本部门经济社会发展和群众反映强烈的热点、难点、焦点问题兴趣不高、热情不大,甚至事不关己、高高挂起;有的"嫌贫爱富",开展调查研究活动总喜欢到经济较为发达、交通较为便利的地方去,在经济欠发达、条件较艰苦的地方往往难觅其踪影;有的甚至是冬天往南"调查",夏天上北"研究",貌似调查研究,实为度假旅游。显然,这样的调查研究不可能了解到真实的社情民意,其结果只能导致决策的失误,给党和人民的事业造成不可弥补的损失。调查研究与实际问题脱节的另一个原因在于,客观上存在着影响调查研究者获得真实情况的各种障碍。比如,有的被记者围着,周围摄像机林立,闪光灯不断;有的被各级干部层层陪着,前呼后拥,动弹不得;有的被调查研究对象支配着,想看的地方看不了,想听的话听不到。即便是安排同群众见面,找哪些人座谈,甚至该谈什么、不该谈什么、有些问题怎样谈、有些数据如何汇报,都事先作了交代。凡此种种,割断了主体与客体的联系,拉大了领导与实际的距离,调查研究成了雾里看花、蜃楼远眺,其效果可想而知。

　　历史经验证明,什么时候我们开展调查研究能够贴近客观实际,着眼于解决实际问题,党的事业就顺利发展;什么时候调查研究与实际问题相脱离,就会造成工作中的失误,使党和人民的事业遭受损失甚至挫折。各级党政干部应从繁杂的一般性事务中解脱出来,针对本地区、本部门存在的实际问题搞好调查研究,尽快拿出解决问题的办法。只有这样,党的事业才能与时俱进、开拓创新。

五、不能走马观花，而要扎扎实实

调查研究重在一个"实"字，开展调查研究就要直奔问题去，从源头梳理排查问题，才能作出针对性强、切实可行的决策。只有做好事关全局的战略性调研、破解复杂难题的决策性调研、新时代新情况的前瞻性调研，突出重点、直击要害，才能做到调查研究事半功倍、助推发展取得实效。然而，仍有少数党员干部将调研工作视作"表面任务"，在调研过程中习惯"走马观花""蜻蜓点水"，讲排场、重形式、轻实效，制定出的政策"假大空"，让基层调研的作用大打折扣。这种情况必须杜绝。

调查研究既是一种工作态度，也是一种工作能力。我们要带着真心真情去做调查研究，认真听民声、察民情、聚民智、解民忧，只有这样才能赢得人民群众的信任和拥护，为全面建设社会主义现代化国家贡献力量。

第六节　拓展综合分析能力

目前，在调查研究工作中，深层次的、有分量的调查研究成果不是很多。有些调查研究报告，就事论事多，综合分析不够；对微观问题研究多，对宏观问题研究不够；研究具体问题还有一定深度，但联系起来进行整体思考、进行思路性研究就显得薄弱。事物之间本来就是互相联系的，辩证法就是关于联系的科学。如果片面地、孤立地、静止地分析问题，得出的结论就难以符合事物发展的规律，据此作出的决策就难以在实践中行得通。因此，在调查研究工作中，要在大量汇集资料、掌握实际情况的基础上，加强综合分析能力。

综合分析，就是指对占有的材料继续"去粗取精、去伪存真、由此及彼、由表及里"的加工制作。由此及彼，就是横向比较和综合；由表及里，就是纵向比较和综合。通过纵横比较综合，把研究对象放在一个整体和系统之中，从其内在矛盾的运动、变化及其各方面的相互联系中进行考察,就容易得出调查研究之前没有想象到的许多有意义的结论,从而把握事物的本质,保证决策的科学性。

那么,如何提高综合分析能力呢?

一、大量占有资料、占有信息

提高综合分析能力,不仅有赖于思考能力和洞察能力,同时也和知识面、信息流动及平日占有多少资料有关。倘若手中没有或缺少信息资料,就像战士手中没有枪或缺少子弹、加工工人手中没有或者缺少原材料一样无法操作。占有资料、占有信息是综合分析的物质基础,尤其是一些最新资料,它可以给你提供急需的、新颖的事物发展动态,是进行综合分析时少不了的"案头顾问"。

在纷纭复杂、浩如烟海的资料、信息中,有反映事物本质的真实资料,也有不反映事物本质的虚假资料。党政干部在进行综合分析时要下一番功夫,去粗取精、去伪存真、由此及彼、由表及里,由分散到集中,由具体到概括地工作。切忌综合分析的主观、片面和表面化。

二、善于梳理分析和解决问题

我们开展调查研究,不是为了离开政务需要单纯求证现有的某个观点、某项政策是否正确,而是为了把客观情况、实际问题搞清楚,找到问题的症结所在,进而有针对性地提出解决问题的思路和建议,供决策时参考。简而言之,不求高论,但求管用。

调查侧重于发现信息,研究侧重于分析信息。在具体的调查研究中,这两类工作不是截然分开的,而是内在联系在一起的。如果没有对信息的分析,调查研究的成果就可能没有高度,没有观点,变成一堆调研资料的堆砌。这就需要对调查材料进行深入分析和逻辑加工,进行去粗取精、去伪存真、由此及彼、由表及里的分析研究,把调查中获得的感性认识上升到理性认识。在进行分析与逻辑加工时,要坚持"四不"原则,即不唯上,不唯书,不唯众,不唯己。不唯上,即不能为迎合上级机关或领导的意图,任意剪裁或歪曲客观事实;不唯书,即不能为书本上已有的结论或过时的老框框所左右,而不尊重活生生的现实;不唯众,即不能随大流,不能被多数人不符合客观实际的看法所左右;不唯己,即不能以个人意志为转移,要敢于否定自己的错误观点。进而分清现象与本质、主流与支流、成绩与缺点、主要矛盾和次要矛盾等,并从事物的相互关联中发现事物的内在联系和本质特征,找出规律性的东西,提炼出正确的观点。推断结论不能随意捏合,反映情况要真实可靠,有一是一,有二是二。

所以,一定要将调查研究掌握的情况分门别类地进行归纳、整理,弄清楚哪些问题需要及时解决,哪些问题需要日后解决,哪些问题需要个人解决,哪些问题需要组织解决。通过深入分析找出问题的症结所在,寻求科学的解决办法,使调查研究工作富有成效。

三、注意透过现象抓住本质

客观事物是纷繁复杂的。各种各样的问题、意见、要求和反映,交织混杂在一起,这就要求我们一方面在调查研究中要学会运用马克思主义立场、观点、方法去观察分析问题;另一方面在广泛深入调查、掌握大量素材的基础上,要进行周密、科学的分析研究,透过现象,抓住本质,找出内在规律,上升到理性,作出正确决策。决策是一个提出问题、分析问题、解决问题的过程。为了防止和克服决策中的随意性及其造成的失误,提高决策的科学化水平,必须把调查研究贯穿于决策的全过程,真正成为决策的必经程序。该通过什么调查程序的事项,就要严格执行相关调研程序,不能嫌麻烦、图省事。对本地区、本部门事关改革发展稳定全局的问题,应坚持做到不调研不决策、先调研后决策。提交讨论的重要决策方案,应该是经过深入调查研究形成的,有的要有不同决策方案作比较。要做到这一点,就要认真学习新理论,运用马克思主义立场、观点和方法研究新情况、解决新问题,全面贯彻习近平新时代中国特色社会主义思想,不断提高政治素质和解决实际问题的能力,使精神力量变成全面建设社会主义现代化国家的巨大物质力量。

此外,提高综合分析能力的另一个途径,就是党政干部要坚持多学习、多实践,要做到理论与实践相结合。必须勤动脑、善思考,这是有效地促进知识转化为能力的最重要的机制。那种懒于思考、不爱动脑筋的人,不可能具有高超的综合分析能力。

实践是增长才干的源泉,要善于抓住每一次实践的机会,将其视为培养、锻炼、提高综合分析能力的良机。党政干部应当认真对待职责范围内的、常规例行性的工作,诸如重要会议的组织和控制,各项工作的计划和部署,各类信息的收集和整理(加工)、职责范围内的管理工作、季度年度工作总结、撰写调查报告等。这些都是提高综合分析能力的必要环节,切不可马虎对待,敷衍了事。图形式、走过场这种不认真的工作态度,不仅损害了工作质量,也不利于党政干部素质的提高和锻炼。

第七节　提高撰写调研报告的能力

调研报告具有很强的指导性和工具性,对社会实践有着重要的指导意义。调研报告的写作体现了党政干部的学识水平与写作能力。党政干部应当对收集的材料加以综合研究,认真分析鉴别,勤思考,多练笔,从各方面加以培养、训练,提高自身撰写调研报告的能力。

一、在收集材料上下功夫

调研报告的写作是"要我写",而不是"我要写",其内容很可能是执笔者从未涉及或是不感兴趣的,要想写出既具有理论性、政策性又具有实践性、可行性的高质量的调研报告,不占有大量素材是不可能做到的。因此,必须在材料的收集上狠下功夫,建立自己的资料库。

（一）吃透上情

政策是上情,是调研报告立论的基础和依据,偏离、脱离、背离政策,调研报告就会失去应有的现实价值。吃透"上情"是创造性开展工作的前提。"上情"一般分为指导原则和具体要求两种情况,吃透"上情"就是要弄懂弄通上级政策的内容,全面准确地理解和掌握政策的精神和贯彻要求。

因此,建立政策资料库、及时掌握政策十分有必要。收集政策资料,电子版应是首选,能够整理印制成册最好。收集政策资料要做到两点:一是内容要全面。主要包括:上级、本级党委的党代会及全委会的报告、决议,上级、本级政府五年发展规划、年度工作报告,上级、本级党委政府的重要活动,重大节日主要领导的讲话等。二是更新要及时。党代会每五年召开一次(常任制除外),党的全委会不定时召开,经济社会发展规划五年编制一次,人民代表大会、政治协商会议每年召开一次,地方主要领导不定时调整,对这些会议和重要的人事变动,尤其是本级的,要随时关注、及时更新,力避在调研报告中出现过时的主题、口号。政策的收集重在平时,要随时整理,随时学习。

（二）学透行情

理论是社会"行情",是专家对前人的批判、超越,反映了社会对某个问题的最新认识,是写作调研报告的源头活水,是提高调研报告质量的保障。不注重理论,调研报告就会陷入经验式总结,就不可能具有深刻性、前瞻性。因此,撰写调研报告必须善于学习理论,善于站在理论的前沿思考问题。学习理论可以从两个方面入手:一是研究理论专著。根据调研的课题,购买两三本最新的理论专著。二是学习专题文章。主要收集专题调研报告范文、调研课题知识论文两类材料,可以从报刊中找,也可以从网络、论文库里下载,篇目应该在 10 篇以上,发表时间越近越好。在调研活动开始前,理论材料要收集到位,调研前后要反复阅读、深入思考,以便把握调研的重点、难点。

（三）摸透下情

所谓摸清下情，就是要密切联系群众，深入到群众当中，从群众中了解实情、汲取智慧、听取意见、改进工作，从而促进工作的落实。现在的问题是，一些党政干部只注重"吃透上情"，而不注重"摸清下情"，眼睛只盯着上面，不看着下面；只琢磨上面怎么想，不考虑下面怎么盼；只图上级满意就行，不问群众感受如何。还有一些党政干部，也时常深入基层，实际上却是蜻蜓点水、浮光掠影、走马观花，并未了解到真实情况，对基层缺乏了解、缺乏感情、缺乏共同语言。这种状况，应当引起各级各部门的重视和警觉。没有调查就没有发言权，基层调研材料是决定调研报告质量的根本所在，因此必须在调研方式、调研内容上精心设计。一是座谈人员要精当。参加座谈会的人数以3～7人为宜，要特别注意把政府工作人员与普通群众分开，把政府上级工作人员与下级工作人员分开，这样方能让参会人员畅所欲言。二是实地考察要精细。对要考察的典型，调研前要充分了解，做到好、中、差典型相结合。不能只看基层指定的典型，还要自主选择考察点，甚至不与基层打招呼，直接去看点。三是记录内容要精要。无论是参加座谈会还是实地看点，调研人员都要做笔记。笔记不能记成流水账，调研的关键在于聆听、思考，只需记下重要论点和论据。撰稿时，如需作深入了解，可向有关部门索要材料，作补充调查。

要通过"摸下情"这个实践过程，拉近与基层群众的距离，增进与基层群众的感情，取得基层群众的信任，努力提高组织群众、宣传群众、教育群众、服务群众的本领，把决策和工作建立在客观实际之上，在扎扎实实解决问题中推动社会与经济建设又好又快发展。

二、在应用转化上下功夫

调查研究是为了更好地指导和推动工作，调研报告不能是一堆无用而正确的废话，只有把调查研究成果转化为决策，应用到促进经济社会发

展的实践中去,调研工作才有意义。因此,应不断提高调研成果的转化水平。起草文稿时,要切实把握好以下两个原则:

(一)审时势,坚持全局意识

当今社会,宏观形势错综复杂,科技进步日新月异,各种思想相互碰撞,各种因素相互交织,新情况新问题不断出现。同时,各级领导的知识面越来越宽,视野越来越开阔。因此,调研报告执笔者必须善于站在战略和全局高度,立足全国看本地,放眼全球看本地。为此,应做到两点:一是找准位置。进入改革开放历史新时期,邓小平同志特别要求全党"认清站的是什么位置",对世界、国家等大环境的客观形势和历史方位作出准确判断,尤其要对本级政府的发展形势及在全国的地位作出准确判断。要统筹思考问题,找准调研课题在整个政策体系中的位置,站在高处看问题,从大处入手研究问题。二是找到着力点。政府工作千头万绪,需要解决的问题很多。如何找准合适的抓手和突破口,发挥对全局工作"四两拨千斤"的作用,常常是领导最关注的问题。因此,调研报告必须深刻把握影响成败的各种主要关系,努力找到"牵一发而动全身"的决策重点,提高建议措施的可行性,真正参到点子上,谋到关键处。

(二)写事实,坚持实事求是

以事实为依据是写作调研报告应遵循的首要原则。在写作中要避免两种情况:一是先入为主。调研报告执笔者不能把课题调研简单化为"做文章""写材料",不要为了完成文稿,带着已有的观点去找论据,或者"想当然"地去裁剪事实,甚至闭门造车、敷衍了事,这些是与调查研究的真义背道而驰的。执笔者应当本着求真务实的态度,从调研材料中归纳概括,提取观点,寻找论据。二是报喜不报忧。对调研收集到的第一手资料,要认真分析研究,应正视困难,直面矛盾,有喜报喜,有忧报忧,喜不夸大,忧不回避,而不要移花接木。只有实事求是,才能了解事物的本来面目,客观把握事物的本质,找到解决问题的有效办法。

三、在撰写程序上下功夫

一篇调研报告从动笔到最后定稿,需要经过起草、修改、审稿等多个环节,要避免走弯路,就要实现调研报告撰写步骤的科学化。

（一）先拟提纲,搭好架子

提纲是作者写作思路的体现,是文章的骨架、蓝图,在写作过程中发挥着指导作用。如果按照领导意图写好提纲,并送其审阅修改后再动笔,可最大限度地避免出现偏离上级意志、偏离主题的错误。因而,在动笔之前要花大力气写提纲,搭好内容的架子。首先是三段构文。人们常说"文无定法",调研报告却有着较为固定的结构模式,那就是"情况、问题、建议"三大块的基本模式。有时在"情况"部分会增加"特点、启示"的概括,有时在"建议"部分会增加"发展形势"的分析,但"三段式"基本框架是不变的。其次是二级标题。对调研报告而言,正文提纲要用文字表述,列到二级标题。一级标题常用以下词句表述:基本情况、主要问题、几点建议。二级标题的拟定是关键,每一个大部分一般要列三个以上二级标题,每个标题一般在10字以内。拟好提纲后,要交领导审定,及时调整修改。

（二）初步起草,填好料子

撰写调研报告是一个运用材料论证观点的过程。要注意三点:一是把握段落结构。调研报告的段落结构是有规律可循的,"情况"部分的段落结构是"理论观点＋做法＋数据或事例论据","问题"部分的段落结构是"情况＋数据或事例","建议"部分的段落结构是"理论观点＋措施"。分析问题应注意运用比较法,提建议一定要条分缕析,最好用小标题引领,即要做必要的概括总结。二是随时查阅资料。撰写段落具体内容时,涉及的知识会更细、更深,在写作前准备的材料可能不够用,因此,应随时利用网络查找材料,积极借鉴吸收,尤其是在总结现状和提建议时,概括要更准确、条理要更清晰。三是合理利用间接资料。天下文章可以"抄",

但不能"大抄"。要做到文章框架是自己的,观点是自己的,段落是自己的,理论可以是他人的,数据、事例是从调研中得来的。

(三)反复修改,搞好面子

文章不厌百回改,反复推敲佳句来。调研报告的写作当然也离不开反复的修改润色。要注意以下三个方面:一是从修改方式看,要注重个人修改、领导修改与集体修改的结合。在初稿草拟完成上交分管领导初步校审前,执笔者要修改一两遍,尽可能避免明显的错别字及语句不通的硬伤。领导初审后,要进行2—3次集体讨论,4—6人参加为宜,各抒己见,对有争议的问题由主要领导定夺。二是从修改内容看,每次修改都要有所侧重。首轮修改要注重调整文章结构,第二次修改要注重删改段落内容,第三次修改要注重文字、数据的校对。三是从标题润色看,要把握两个形式标准:词语押韵,句式对仗。当然,这不是绝对的,只要标题醒目即可。

第六章
党政干部调查研究的误区

在新的历史条件下,调查研究工作出现了若干新的特点,也有一些新的问题,值得重视和思考。其中较为突出的问题是,为数不少的党政干部对调查研究心存误区,导致信息失真、决策失误,使党和政府的工作蒙受损失,党和政府的形象受到损害。因此,要真正搞好调查研究,必须走出调查研究的某些误区,避免调查研究失真,防止决策失误。

第一节 调查研究的观念误区

观念是人们在实践当中形成的各种认识的集合体。人们会根据自身形成的观念进行各种活动。利用观念系统对事物进行决策、计划、实践、总结等活动,从而不断丰富生活和提高生产实践水平。观念具有主观性、实践性、历史性、发展性等特点。形成正确的观念有利于做正确的事情,提高生活水平和生产质量,所以一定要走出调查研究的观念误区。

一、调查研究的万能论误区

不少党政干部认为,调查研究就等于实事求是,就是转变作风,就是绝对的好方法、好形式,认为调查研究是"万能的",无形中产生了对于调查研究的迷信甚至崇拜,这显然不符合辩证唯物主义。调查研究能够求真务实是有条件的,这个条件就是调查研究者要用实事求是的态度对待调查研究,否则调查研究不但不能发现真实,反而可能导致更加严重和更难以改正的谬误。因为这时的谬误来自"神圣"的调查研究,来自亲眼所见,来自亲历所得,而不是道听途说和他人误导,当事人必会坚持调查研究的结论,不撞南墙不回头,甚至撞了南墙也不回头。

要走出调查研究的"万能论"误区,必须树立"调查研究是我们的工作方法之一"的观念,以及调查研究的结论只是决策时参考的依据之一的观念。同时,我们还要对调查研究的局限性有一定的认识。有时候,调查研究因为受环境、技术和调查研究者本身素质的影响,其结论也不一定十分科学,所以在决策时,仍需要我们对调查研究的结果作进一步的分析,再决定是否采纳调查研究的结论。

二、调查研究的重心误区

在做调查研究时,有些人只重视调查过程而忽视对调查结果的研究,有些人只重视对结果的分析而忽视了调查过程。如《调查研究谨防失真》一文中指出,有的同志在调查研究的过程中只顾忙忙碌碌调查,四处奔波收集资料,给别人的印象是重视调查,可实际上却得不出有效的和有深度的理论分析,调查流于形式;有的同志在调查中走马观花,"坐着轮子转,隔着玻璃看",不深不透,回到单位再苦思冥想。更有甚者,根本不作任何调查,而是一味地揣摩文件精神和首长的意图,然后闭门造车,笔下生花。这种以调查研究为名,行走过场之实,整天沉湎于文山会海的作风,只能凭主观臆断想出错主意、歪点子,不但对自己及工作无益,而且会助长形式主义的泛滥。

实际上,调查与研究好比是蜜蜂的采花与酿蜜,二者的时间和精力分配应该比较恰当,不能只顾忙忙碌碌调查,而不冷静思考分析调查资料;也不能只是做表面调查,然后搞冥思苦想研究。一方面研究必须在广泛调查的基础上才能进行,绝不能重研究轻调查,搞重"酿"轻"采"的做法。再灵巧的蜜蜂,若没有广采百花,也不足以酿出上等的蜜汁。另一方面,不能仅仅"采",还要善于"酿",将调查所得资料梳理分析透彻,才能撰写出有益于工作开展的调研报告。

第二节　调查研究的心理误区

根据有关资料,可以将调查研究经常遇到的心理误区总结为光环效应、首因效应、视偏效应、模糊累积效应、解剖负效应、信息流效应、反差效应七个方面。

一、调查研究的光环效应误区

光环效应,又称"晕轮效应""成见效应""光圈效应""日晕效应""以点概面效应",它是一种影响人际知觉的因素。光环效应是在人际相互作用过程中形成的一种夸大的社会现象,正如日、月的光辉,在云雾的作用下扩大到四周,形成一种光环作用。常表现在一个人对另一个人的最初印象决定了他的总体看法,而看不准对方的真实品质。有时候光环效应会对人际关系产生积极作用,比如你对人诚恳,那么即便你能力较差,别人对你也会非常信任,因为对方只看见了你的诚恳。而光环效应的最大弊端就在于以偏概全。

有的调查人员受光环效应影响,在调查研究中只见树木,不见森林,只把事物的一方面揭示出来,并加以程序化,形成一种较为固定的看法。如对有好感的同志或隶属单位,往往用放大镜看成绩,把芝麻看成西瓜;

用照相机看问题,把西瓜看成了芝麻。某市领导到属下某县某乡镇调研"三农"问题,发现其中两个村(一共去了两个村)近半农户家家有人在广东和江浙地区打工,于是推算出该县共有多少农民工,共有多少打工收入,得出该县打工经济正在蓬勃发展的结论。于是调研报告洋洋洒洒,调研内容逢会必讲,知情者却面面相觑。实际情况是,这个少数民族县的很多打工者因为文化程度低和怕吃苦,找工作越来越难,正在集体回流,全县处于打工经济的退潮期,农民收入和农村治安正面临严峻形势。而这位领导所去的两个村,以汉族为主,情况例外。在我们身边,类似的例子不少。

而对于一些没有好感的同志或单位,在调查研究过程中就会只看其缺点,而忽视其优点和取得的成绩。因此,陷入调查研究的光环效应之后,往往会导致"一叶障目,不见泰山",好者百好,差者恒差。

所以,在调查研究过程中,要走出光环效应的误区,必须树立全面分析事物的意识,不能因为成绩而掩盖缺点,也不能因为缺点而忽视成绩。在调查研究过程中,在看到调查研究对象的成绩和优势的同时,也要调查分析其存在的问题,才能获得对该单位或个人的全面信息,得出比较客观的评价;对一些曾经存在问题和缺陷的单位和个人,在对其进行调查研究时,不仅要调查其已有问题的改进情况,还要分析其已取得的成绩,客观评价其缺陷和成绩,才能引导他们积极向上。

二、调查研究的首因效应误区

首因,是指首次认知客体而在头脑中留下的第一印象。首因效应也叫首次效应、优先效应或第一印象效应。它是指当人们第一次与某物或某人相接触时会留下深刻印象,个体在社会认知过程中,通过"第一印象"最先输入的信息对客体以后的认知产生的影响作用。第一印象作用最强,持续的时间也长,比以后得到的信息对于事物整个印象产生的作用更强。

首因效应所形成的印象不易改变,甚至会左右对以后获得信息的解释。在调查研究中,尽管可以获得多种信息,但决定印象的却往往是最初信息,其余信息则极易被忽略。在日常生活中,虽然并不能简单地将"首因效应"定性为一种负面影响,但在调查研究中,则必须努力防止和杜绝。首先,第一印象中往往有虚假的成分,而调查研究的结果往往与个人和单位的切身利益相关。有的人为了一己之私,不惜弄虚作假,借助一些中看不中用的"应景工程",误导调查者的视线。其次,任何事物都在不断发展变化,合理的可以变为不合理的,原因可以变为结果,今为是者昨却非,反之亦然。凭第一印象作结论,势必只看过去不看现实,只看眼前不看长远,在工作中容易迷失方向。最后,受首因效应影响,调查者往往极力寻找第一印象的合理"论据",与之相符者,就深信不疑;与之不符者,则寻找种种理由予以拒绝。如果调查对象是一项工作,必然会因估计不足而致顾此失彼;如果调查对象是人,则可能因为觉得"刻板"印象难以改变而消极抵抗、"破罐子破摔",不愿意配合调查,导致调查者得不到真实的资料。

在调查研究过程中,要走出首因效应误区,就必须树立用发展的眼光看问题的意识,"士别三日,当刮目相看",每个人、每个单位、每件事物,都在不断发展变化中。以前是一个优秀的单位,也有可能因为管理不善而开始走下坡路;以前是一个优秀的同志,现在可能因为骄傲自满、不加强学习而开始落后;以前是一个落后的单位,通过加强管理,引进技术和人才,可能发展成了一个优秀的单位;以前落后的个人,也可能通过其自身的努力和他人的帮助,成为一名优秀的技术能手。

三、调查研究的视偏效应误区

视偏效应是指人们在观察事物时,由于角度不同,看到的景象也不一样。由于人的性别、年龄、职业、经历、文化程度、思想水平的不同,观察、分析结论也不一样,所谓"仁者见仁,智者见智"。同样一个人,有人认为好学上进,有人却认为是"书呆子",食古不化;有人认为反应迟钝、遇事优柔寡断,有人却认为老练持重、办事牢靠;有人认为热衷于迎来送往、不安心工作,有人却认为那是善于公关、能成大事。可见,在调查研究中,如果不能对调查对象做客观、全面的考察,不能从不同方位、不同角度、不同侧面、不同层次得出结论,进行综合分析,而是偏听偏信、执其一端不顾其余,势必会把"山"认为"岭",把"岭"看成"峰",最终导致只看现象不看本质,只有素材没有分析,甚至主观臆断,做出是非颠倒、黑白混淆的结论。

在调查研究过程中,要走出视偏效应的误区,必须树立系统分析的观念。在调查研究过程中,要多角度、多层次地收集资料,系统分析调查研究对象,才能对调查研究对象有一个全面的了解,防止出现"盲人摸象"的现象。

四、调查研究的模糊累积效应误区

在调查研究过程中,似是而非、模棱两可的信息屡见不鲜。比如,在调查某乡政府一年来共开展了多少次集中教育时,得到的回答是"二十多次";在调查某国有企业有多少职工尚生活在贫困线以下时,得到的回答是"应该没有了";在调查某单位有多少人主动向地震灾区捐款时,得到的回答是"基本上都捐了";等等。类似这样含糊其词的回答,其伸缩性之大,只能把人弄得云山雾罩,难以了解真实情况,故在作决策或向上一级领导汇报时,只能按各自的理解去办。对上级指示精神的理解模棱两可,就可能使工作偏离方向;对下情的了解模棱两可,就可能作出不切实际的决策;对支撑理论的事实模棱两可,就可能使该理论失去应有的生命力,最终会降低工作的实际效果。

因此,在调查研究过程中,要走出模糊累积效应误区,必须养成实事求是的工作作风,不能模棱两可,要用具体的数据来支撑自己的观点,不要用一些"大部分""基本上""几十次""几乎"等含糊的词语,要让调查研究的结论具体化和可操作化。

五、调查研究的解剖负效应误区

毛泽东同志指出:"调查有两种方法,一种是走马看花,一种是下马看花。走马看花,不深入……还必须用第二种方法,就是下马看花,过细看花,分析一朵'花',解剖一个'麻雀'。"①毛泽东同志把调查生动形象地称为"解剖麻雀",即从同类事物中寻求共同的规律。"麻雀虽小,五脏俱全"。通过一只麻雀的解剖,就能够对麻雀这种动物的生理结构产生清晰的认识。调查研究也是如此。根据对一个典型单位调查分析的材料,可以了解类似单位的普遍情况,把握某项工作的一般规律。其操作简便易行,得出结论迅速、科学。但是,要了解麻雀的生理结构,解剖任何一只都是可行的,而如果要了解麻雀的生活习性,随便找一只麻雀就很难说明问题。因为,雀有雌雄之分、南北之别、老幼之别,还是有许多差异的。人的思想和观念更是千差万别。这就决定了"解剖麻雀"的方法并非适用于一切领域,亦非解决所有问题的"灵丹妙药",有时甚至会闹出"指鹿为马"式的笑话,模糊调查者的视线,对工作产生不利影响。

因此,在调查研究过程中,必须坚持深入基层解剖麻雀。要走出解剖负效应误区,在选取解剖的典型时,既要选取具有普遍性的典型,又不能忽视"重要的少数"和特殊问题,以确保调查研究的全面性和客观性。

六、调查研究的信息流效应误区

信息流的广义定义是指人们采用各种方式来实现信息交流,从面对面的直接交谈直到采用各种现代化的传递媒介,包括信息的收集、传递、处理、储存、检索、分析等渠道和过程。信息流效应是指掌握的信息如滔滔江河,充斥着我们的工作和生活。在调查研究工作中,调查信息量的增长,无疑会对全面观察和分析问题有着极大的促进作用。然而,掌握信息

---

① 《毛泽东文集》第七卷,人民出版社1999年版,第134页。

量的多少与调查研究的效率并不是正比例关系。一般情况下,一个人接受和处理信息的能力是有限的,如果信息的积累超过了心理负荷,就会处于抑制和相对静止状态,感知器官变得麻木不仁,对事物的价值思维、判断、选择就成为无意识的行为。还应看到,信息过剩不仅浪费了时间、人力、物力,大量庞杂信息还会大大分散对可靠信息的关注与思考,产生无从下手的感觉,最终使得研究不了了之。

要走出调查研究的信息流效应误区,就必须树立信息"精品意识",要把在调查研究中得到的没用的信息剔除掉,把暂时不用的信息贮存起来,把零碎信息加以分类归纳,从而使可靠信息逐渐条理化、明朗化;对不可缺少的信息重点处理,以便在以后的进一步研究中予以借鉴,得出指导工作的正确结论。

七、调查研究的反差效应误区

反差效应是指同一对象在不同背景下使人产生不同的心理反应。比如一个领导评价某部属:"他各方面都不错,就是为人太孤僻了!"听起来好像这个人与其他同事格格不入,其实这个人只是腼腆少言,只是与其他同事相比显得比较内向或不爱说话罢了。在调查研究中,说一个人不错,是与他周围的人相比得出的结果,但范围再扩大一些,就未必如此了。同样,说某人工作成绩显著,也可能是与他此前不突出的工作相比较而言的。所以,调查研究者切不可离开那些研究事物的参照系,必须弄清楚调查研究对象的参照系到底是什么、处于什么层次。以考察个人为例,不但要看其某方面的素质,还要看其综合素质、发展历程和发展趋向。只有这样,才能从主流上、从整体上去认识调查对象,避免出现误差。

因此,在调查研究过程中,要走出反差效应误区,必须正确选择调查研究对象的参照体系,是选择横向比较的参照体系,还是选择纵向的历史参照体系。如果是横向比较的参照体系,在选择参照体系时,还要尽量选择结构、成员、目标等相关因素比较接近或类似的参照体系,只有这样才能得出正确的比较结果,对调查研究对象得出一个比较全面的结论。

第三节　调查研究的技术误区

在调查研究的过程中,还有可能会因问卷设计、抽样框设计、分析单位选择等技术差错而陷入误区,得出错误的结论。因此在调查研究中,还需要从技术层面尽量减少误差,确保调查结论的真实性。

一、调查研究的抽样误区

抽样调查是科学研究方法中的重要技术之一,是指从所要研究的某特定现象的全部群体中,依随机原理抽取一部分作为样本,并将样本研究结果,在抽样信赖水准内,推算全部群体的特征。

抽样调查尽管有其科学性,但也会因一些误差而导致调查研究进入误区。这些误差,我们一般可以将其分为抽样设计误差和调研过程误差。

（一）抽样设计误差

抽样设计误差是指因研究设计不当或抽选过程不当而产生的误差。抽样设计误差产生的原因有多个方面。

1.抽样框误差。即因抽样框不准确或不完整而引起的误差。比如,电话调查中以电话号码簿作为抽样框,就存在着抽样框误差,因为电话号码簿往往并不包含所有电话用户的电话号码,另外也没有把无电话号码的群体考虑进去。

2.调查对象范围误差。指因为调查对象范围限定的不准确而引起的误差。例如,某项研究对象限定在本社区户籍居民,实际上有些本社区户籍居民常住在别处;相反,有不少外来人口却常住在本社区。如果调查限定在本社区户籍居民,就会产生调查对象范围误区。

3.选样误差。即因为不恰当或不完整的抽选过程所导致的误差。例如,在入户调查时,访问员会因为某种原因而绕开被认为"不友好"的住户,导致选样误差。另外,到基层调研时,基层想给你看什么你才能看什么,你想看的往往看不到,你不想看的却看得很多;再就是调研者基本被下级领导所包围,难以同群众和持不同意见的一般干部单独接触,基本听不到不同声音。下级对来调研的上级毕恭毕敬,但调研的主导权事实上并不在调研者手上。比如,调研者要了解工作情况,他一定找当地的先进典型给你看;调研者在发放扶贫资金前下去调研,他一定让你看最穷最苦的,有时还可能"演戏"。这些都是典型的选样误差导致的调查研究误区。

知识链接

古代行政管理与调研

古代杰出的政治家非常重视调查研究。如相传为春秋时期管仲所作的《管子·问篇》就是专讲调查研究的。它开篇提出"凡立朝廷,问有本纪",接着一口气提出了60多个要进行调查的问题,涉及经济、政治、等社会生活的各个方面。有人说它是"世所罕见的最古老、最全面的社会调查提纲"。再如战国时期的秦国改革家商鞅,特别重视作定量调研。《商君书·去强篇》说,"强国知十三数:境内仓廪之数,壮男壮女之数,老弱之数,官、士之数,以言说取食者之数,利民(靠谋利为生的商人)之数,马、牛刍稿(饲料)之数。不知国十三数,地虽利,民虽众,国愈弱至削"。可见商鞅把准确的统计数据作为富国强兵的必要条件,而要"知"这么多的基本数据,就必须进行全面的调查研究。

(二)调研过程误差

调研过程误差是指在调研过程中产生的误差。这种误差从其产生的人员来划分,主要包括调研者误差和被调研者误差两种。

1.调研者误差。这种误差的产生是由于调查工作过失和故意舞弊导致的,如调研者自身的素质不高、工作粗糙、登记马虎等所造成的误差都属于调查者误差。故意舞弊是指调研者自己为了省事,根本没有按照调研方案的规定进行调研,而是随意编造甚至篡改调研资料。

2.被调研者误差。这种误差的产生,有的是由于被调研者对问题的理解发生差错导致的,有的是因为被调研者以不清楚、回答有困难等造成的,有的是由于调查的问题涉及一些敏感性的问题或是提问方式不当而拒绝回答所致,有的是由于调查的问题涉及被调研者的利益故意错答所致。其中被调研者误差按被调研者是否回答,又可分为无回答误差和回答误差两种。前者包括调研单位的无回答和调研项目的无回答。调研单位的无回答是指未能从抽选样本中的一部分单位取得调研资料。调研项目的无回答是指在抽样调查中对调研方案中的个别项目未能得到回答。

无回答误差产生的原因可归纳为以下两种:一是由随机抽样所确定的被调研单位在具体调查时未能接触到,致使被调研单位没有接受调查;二是虽然接触到了被调研者,但他们不合作,要么是调查涉及个人隐私、商业秘密等敏感性问题而不愿意回答,要么是调查问卷中所列的调查项目超出了被调查者的实际能力和条件或调研项目太复杂而无法回答。后者产生的原因主要是由于被调研者所持有的立场、观点不同,文化水平、经济利益等方面存在差异,有意或无意地形成对客观现象的认识存在偏差。

如有的被调研者对一些问题没有正确的判断和见解,人云亦云;有的被调研者由于受调研者自身观点的影响而没能真正回答自己的观点;还有的被调研者由于受经济利益的驱使有意歪曲事实等。

除了上述调研查过程中的误差之外,还有调研后的汇总误差,即在调研数据汇总、整理和数据传输过程中产生的误差。这种误差的形成原因主要是由于采用的统计数据处理技术落后和汇总人员的失误所致。

(三)抽样调查误差的控制和预防措施

要控制抽样调查误差,防止调查研究走入误区,可以从以下几个方面入手。

1.提高调查研究者素质。调查研究者的主观因素和敬业精神缺失在很大程度上也会导致调查误差。因此,提高调查研究者的思想素质和业务素质,可以有效降低调查误差。

调查研究者应具备的素质和能力,一是要有实事求是的工作态度和责任心,善于联系群众;二是熟悉调查目的和内容;三是能掌握并熟练地运用各种科学的调查方式、方法和技术,并能根据收集资料的特点,合理地选择应用调查研究的方法。汇总分析人员应具备的素质和能力是能够准确无误地处理数据信息,熟练地应用统计分析方法并能熟练地撰写调查报告。

要全面提高调查队伍的整体素质应采取多种途径和方法,可通过举办短期培训班、定期和不定期的理论研讨会、经验交流会,以及到高等院校进修等方式,培养一支高素质的调查队伍。

对调查研究人员的培训应注重以下两个方面:一是要对调查研究人员进行政治思想教育和职业道德教育,使调查研究人员能够明确调查研究的目的和意义,增强工作责任感和责任心。二是要对调查研究人员进行调查研究方法和调查研究内容的系统培训,以便调查研究人员能够尽快掌握调查研究方法,充分了解调查研究内容,减少工作差错。

2.科学设计调查问卷。科学的调查问卷能有效降低调查研究过程中的误差。因此,在设计问卷时,应注意以下几点:(1)问卷设计的问题应当围绕调查研究的目的展开,切忌问一些不着边际的问题。(2)所提问题要含义明确,用词恰当,简明扼要,符合逻辑,并注意礼貌。(3)问卷中的用词要客观,不要有倾向性或诱导性。(4)必须考虑被调查者的实际能力和条件,尽力避免设计那些被调查者不容易理解或不可能回答的问题,同时应少用专业术语。(5)对一些敏感性问题,要想法淡化其敏感程度。(6)所提问题的内容要单一,避免几个问题放在一起。(7)问卷的内容不能太多,不要过多占用被调查者的时间而影响其工作和休息。(8)问卷初稿形成后,要经过试用,根据试用情况作出评价,再修改并形成定稿。

3.抽样尽量覆盖研究群体。调查研究者在抽样设计之前必须对调查研究对象的总体单位分布特征作详细调查研究。例如,要进行某城市居民家庭收入调查研究,就要先找一些熟悉情况的有关人员座谈,初步了解该市居民的阶层构成、年龄构成、性别构成、城区分布特征、居民小区分布与规划等基本情况,以便合理分配样本单位和确定抽样方法。抽样的初步方案设计出来后,还要先给有关专家和熟悉情况的人员讨论修改。如果在调查研究过程中发现覆盖不全就需要对样本配额进行适当的调整来补救。

二、调查研究的分析谬误

调查研究的分析谬误通常有以下几种。

（一）层次谬误

层次谬误是指在调查研究中,调查研究者用一种比较高的分析单位作调查,而用另一种比较低的分析单位作结论的现象。

例1:当调查发现"越穷的村庄生育率越高",我们不能因此就推论出"越穷的农民生的孩子越多"。因为也许是穷村中的较富裕的农民生的孩子多,才使得整个村庄的生育率增高。前者是以村庄（社区）为单位进行调查,后者是以农民（群体）为单位作结论,犯了层次谬误。

例2:以城市为分析单位,调查犯罪问题时发现"流动人口多的城市的犯罪率比流动人口少的城市的犯罪率高",由此得出结论——"流动人口比非流动人口的犯罪率高"。这就犯了层次谬误的错误。因为调查资料是以城市为单位收集的,而作出的却是有关群体（分析单位是"群体"）的结论。

（二）简单化谬误

简单化谬误又称简化论,是指用某一类特征来分析和解释各种复杂的社会现象,用微观层次的资料来解释宏观层次的现象,即调查研究者用比较低的分析来收集资料,而作出的却是有关比较高的分析单位是如何运行的结论。在形式上与层次谬误正好相反。

例如：对城市的人口进行调查时发现"流动人口比非流动人口的犯罪率高"，由此推出"流动人口多的城市比流动人口少的城市犯罪率高"的结论。这就犯了简化论错误，用微观的"流动人口"的特征来推论宏观的"流动人口居住的城市"的特征。

(三)调查研究分析谬误的预防措施

在调查研究中，如何避免发生层次谬误与简单化谬误呢？关键在于保证作结论时所使用的分析指标，就是运用证据时所使用的分析单位。

要避免层次谬误，最关键的就是要确保分析时的指标与调查时的指标是一致的，防止在比较高的指标收集资料，却在比较低的分析指标进行分析，将宏观事物的特征推论给微观事物。

而要避免简单化谬误，就需要调查研究者将概念具体化，在具体化的指标里展开各指标之间的关系分析，不可简单地将低层次的指标特征推论到高层次的指标特征。在运用归纳法进行结论分析时，尤其要注意归纳因素的穷尽性，只有将与归纳对象相关的因素都考虑了之后，才能从中归纳出其共同的特征，才能防止将低层次指标的特征简单化地归纳到高层次的指标特征。

第四节　调查研究的其他误区

除了本章以上所述的几种误区之外，调查研究还有一些其他误区，包括：调研目的、方法和结果的误区，调查研究的现象性、盲目性、时效性和预见性误区。

一、调研目的、方法和结果的误区

根据有关资料归纳，调查研究尚需要从调研目的、调研方法和调研结果等方面走出如下误区。

（一）调研目的简单化

在进行决策或指导工作过程中，由于对工作中相关问题把握不准，底数不清，领导往往需要有关人员对此展开"可行性调查研究"，这是领导科学的一般步骤。但在我们的调查研究工作中往往存在对领导的意图作僵化、简单化理解的弊端，以为领导安排的就是领导肯定的，我们要做的就是印证领导的意图，从而把调查研究工作引入简单化误区。要克服这种弊端，需要树立高度的责任意识和服务意识，把从事的工作真正视为领导决策的重要组成部分，以高度负责的精神做好调查研究工作。

（二）调研方法程式化

调查研究的效果如何，适当的调研方法至关重要。调查研究过程虽像医生把脉，"望、闻、问、切"必不可少，然而随着时代的发展，模式化的东西未必长期有效，形式一定要服务于内容，这才是如何看待调查研究工作的科学态度。目前存在的一种倾向是，人们对如何开展调查研究工作往往作模式化理解，比较注重老套路，较少研究新方法。调查研究工作为了达到预期效果讲究点套路是无可厚非的，但不能唯"套路"，要获取真知，方法就要多样，手段就要多变。在实际工作中我们也切实感受到，运用灵活得当的方法，往往会取得事半功倍的效果。例如，在了解"当前和今后一个时期思想政治工作抓什么"时，采取的是选点调研，深入工、农、商、学、兵第一线，把准基层干部群众思想脉搏，抓住具有普遍倾向的问题深入剖析、找准症结、提出建议反馈给领导，帮助领导制定、实施正确决策。

（三）调研结果倾向化

一般情况下，办公室调查研究大多与领导决策关系密切，其调查研究结果如何往往对领导决策产生很大甚至决定性影响。成功的决策，往往来自领导对下面情况的透彻把握；失误的决策，又往往是领导对基层情况了解得不深不透的结果。当前，调查研究工作一定程度上存在调查研究结果倾向化问题：揣度领导的心理，曲解领导的意图，根据所谓"领导需要"肢解调查研究结论。这些都是十分有害的。我们应该坚持的观点是，调查研究工作既要概括出有精辟见解的观点，又要实事求是，避免主题先行，尤其要用一种科学的态度处理调查研究结果，要提倡是喜报喜，是忧报忧，以此使我们的调查研究工作真正发挥应有的作用。

二、调查研究的现象性、盲目性、时效性和预见性误区

根据相关资料归纳，调查研究还需要从现象性、盲目性、时效性和预见性等方面走出误区。

（一）调查研究的"有现象无本质"误区

从调查研究的角度来看，调查研究要注重本质分析，不可陷入"有现象无本质"的调查研究误区。调查研究是谋事之基，信息掌握得准不准，往往就看我们在调查研究的过程中是否坚持了实事求是的科学态度，是否坚持了从客观实际出发。而在调查研究实践中，有说服力、有见地、有策略的调查研究报告屈指可数，往往都是只见现象不见本质，只见树木不见森林。一些调查研究人员往往会被表象所迷惑，不能透过现象看到事物的本质，因而也就不能如实地、科学地反映客观事物的本来面目，只是零散而不系统、肤浅而不深入本质地分析原因和解决问题，导致在决策中出现了片面性和主观主义。如果在调查研究时，只停留在听听汇报，了解现象，掌握数据，不积极主动深入实际，了解造成这种现象的根本症结，就不能寻找出解决问题的关键和措施。调查研究的宗旨是为了搞清事实真相，寻求解决问题的根本方法，也可以说是为了把握事物现状，预测发展趋势。在当前市场经济运作的过程中，方方面面、时时处处都有新情况、新矛盾、新问题发生。面对这种新局面，要想运筹帷幄、把握全局、正确决策，必须借助调查研究信息谋划新思路、新举措、新对策。因此，要走出调查研究的"有现象无本质"误区，就要坚持群众观点，从群众中来，到群众中去，学会从事物的表象中分析问题、探求对策，从而达到解决问题的目的。

（二）调查研究的盲目性误区

在调查研究中,很多人没有重点,缺乏事前的准备和设计,毫无头绪,调查研究也毫无针对性,看到什么说什么,听到什么记什么,陷入盲目性误区。因此在实施调查研究前,必须根据实际工作的需要,确定调查研究的重点和难点、任务和时间要求,制定周密可行的调查研究实施方案,从而保证调查研究的质量,以做到有的放矢,避免调查研究过程中的盲目性和简单化倾向。

如果不摒弃以"闭门造车、电话调查、听取汇报"来获取信息资料的"官僚主义"作风,唯上不唯实,报喜不报忧,就无法正确决策,从而促进工作。必须在立意高、剖析深、理念新上做文章,针对重点、热点、难点、焦点、敏感问题开展攻关,同时进行战略、专题、对策研究,分析形势,把握动态,谋划思路,为领导决策提供预案,当好参谋。"涉浅水者得鱼虾,入深水者得蛟龙"。调查研究只有沉下心来,深入基层,抓住热点,攻克难点,挖掘特点,反映敏感点,才能给领导提供有情况、有分析、有建议、有价值的调查报告。反之,走马观花、浮于表面,调查无头绪,研究无目的,是不会出任何有价值的成果的。

（三）调查研究的时效性误区

调查研究作为决策信息,必须具有时效性,这样领导才会果断而及时地对某项工作作出决策。如果对经济和社会发展中有影响的带有倾向性、苗头性问题调查研究拖延时间过久,延误领导决策,必然会导致不该有的矛盾、后果产生。领导的事后决策也必然会失去其意义和作用,那么调查研究实际上就是徒劳的、无效的。例如,基层单位群众上访事件,有的甚至扩大事态,影响了全局工作。这就是调查研究"滞后"的具体表现。事前如能强调纪律,了解群众的迫切愿望,摸清群众的思想动态,采取行之有效的措施,就必然会阻止事态的进一步扩大。如果实施调查研究的人员思维敏捷,超前调查,并且在调查研究过程中达到既务实又高效,及时准确地反映客观事物的动态,提供所需的信息,其结果往往会大相径庭。当然有的信息虽然上报得比较及时,但不能得到落实,也是徒劳无益的。

(四)调查研究的预见性误区

调查研究是一件严肃的事情,不论搞什么样的调查研究都不能先入为主,不能为了论证自己和某个领导的观点,凭主观意志和想当然去搜集、选择有关材料,更不能为了迎合某个领导的口味,或者是适应某种政治气候,在调查中见机行事、颠倒黑白、混淆是非,用各种虚假的材料去干扰领导的决策,这样必然会酿成不良后果。要想搞好决策研究,必须调查事物存在的历史背景、发展沿革,这样才能在一定程度上预测未来,出实招,务实效。

比如,我们进行机构改革,裁减冗员,事前必然要相关部门摸清现有人员的素质结构、工资状况、年龄层次、工作性质,否则缺乏预见性,在改革中就会处处碰壁。当然,调查研究的方法是多种多样的,阅读各地、各部门工作报告、典型材料;听取各种会议上的汇报;下乡调查、索取第一手材料;在人们的言谈话语中,注意听取零散但有用的信息,分类整理,综合分析,也能得出有价值的调查研究结果。只要我们把握选题上的针对性、调查研究的准确性、对策建议的可行性,相关领导的决策就一定会从中受到启发,洞开思路。

在本章的分析中,我们借鉴了国内许多学者的观点,对调查研究中的误区进行了分析。但调查研究者要想真正防止陷入上述分析的调查研究误区,在调查研究过程中,尚需要严格遵守实践性原则、实事求是原则、科学化原则、系统化原则和发展性原则,才能真正预防调查研究的误区。

第七章
党政干部调查研究工作的管理

为保障党政机关依法履行宪法和法律赋予的职责,充分发挥调查研究工作在党政机关各项工作中的基础性、综合性作用,各单位应该根据上级单位调查研究工作的有关指示及精神,结合本单位工作实际,加强党政干部调查研究工作的管理,以推动实际工作,提升综合管理水平。

第一节　确定调查研究的指导思想

新时代,党政机关调查研究工作的指导思想是以习近平新时代中国特色社会主义思想为指导,认真贯彻落实党的二十大以来的重要会议精神,紧紧围绕党政机关的中心工作和重大决策部署,以事关全局的重大问题、群众反映强烈的热点问题、社会议论的焦点问题为重点,着眼于总结经验、探索规律、解决问题,为全面建成社会主义现代化强国、实现第二个百年奋斗目标,以中国式现代化全面推进中华民族伟大复兴作出新的贡献。

一、习近平新时代中国特色社会主义思想开辟了马克思主义中国化时代化新境界

党的二十大报告强调："不断谱写马克思主义中国化时代化新篇章，是当代中国共产党人的庄严历史责任。"党的十八大以来，以习近平同志为核心的党中央统筹把握中华民族伟大复兴战略全局和世界百年未有之大变局，坚持解放思想、实事求是、与时俱进、求真务实，坚持辩证唯物主义和历史唯物主义，紧密结合新的时代条件和实践要求，以全新的视野深化对共产党执政规律、社会主义建设规律、人类社会发展规律的认识，进行艰辛理论探索，取得重大理论创新成果，创立了习近平新时代中国特色社会主义思想。作为当代中国马克思主义、二十一世纪马克思主义，习近平新时代中国特色社会主义思想凝结了几代中国共产党人带领人民不懈探索实践的智慧和心血，集中展现了习近平总书记的巨大理论勇气、超凡政治智慧、远见卓识和独创思想，是中国特色社会主义理论体系的重要组成部分，开辟了马克思主义中国化时代化新境界。

（一）马克思主义中国化时代化具有深厚哲学基础

习近平总书记指出："马克思主义哲学深刻揭示了客观世界特别是人类社会发展一般规律，在当今时代依然有着强大生命力，依然是指导我们共产党人前进的强大思想武器。"①马克思主义哲学是科学的世界观和方法论，为我们认识世界、改造世界提供了常用常新、永不枯竭的理论宝库，为人类思想发展、社会进步、文明更新和彻底解放开辟了广阔道路。

马克思主义哲学是马克思主义世界观和方法论的集中体现，学习掌握马克思主义哲学是学习掌握马克思主义的首要任务，是推进马克思主义中国化时代化的必然要求。我们党自成立之日起，就高度重视思想建党，其中十分重要的一条就是坚持用马克思主义哲学教育和武装全党。

---

① 《习近平：推动全党学习和掌握历史唯物主义 更好认识规律更加能动地推进工作》，《人民日报》2013 年 12 月 5 日。

毛泽东同志指出:"马克思主义有几门学问……但基础的东西是马克思主义哲学。"①邓小平同志在总结历史经验时指出,"二十年的历史教训告诉我们一条最重要的原则:搞社会主义一定要遵循马克思主义的辩证唯物主义和历史唯物主义,也就是毛泽东同志概括的实事求是,或者说一切从实际出发"②。江泽民同志指出:"在党内首先是党的高级干部中,要提倡认真学习和研究马克思列宁主义、毛泽东思想基本理论,特别是学习和研究马克思主义哲学,掌握科学的世界观、方法论。"③胡锦涛同志指出:"辩证唯物主义和历史唯物主义的世界观和方法论,是马克思主义最根本的理论特征。"④实践表明,高度重视学习和运用马克思主义哲学,是我们党推进马克思主义中国化时代化的深厚思想理论基础,是我们党能够战胜前进道路上一切艰难险阻、不断从胜利走向胜利的重要法宝。

注重对马克思主义哲学的学习和运用,是习近平新时代中国特色社会主义思想的一个重要特征。习近平总书记不仅高度重视全党对马克思主义哲学的学习和运用,而且坚持以发展的观点看待马克思主义哲学,坚持推进马克思主义哲学中国化时代化。习近平同志在兼任中央党校校长期间指出,"建议大家读一些马克思主义哲学基本著作,掌握科学世界观和方法论,不断增强工作的原则性、系统性、预见性、创造性"⑤,强调党校要把马克思主义哲学作为主要课程。

马克思主义哲学的价值在于指导和推动实践,马克思主义哲学中国化时代化的意义在于把握和引领时代。随着新时代中国特色社会主义事业的不断推进,习近平总书记科学运用辩证唯物主义和历史唯物主义世界观和方法论,对新时代我国社会发展的阶段性特征进行深入分析,坚持社会基本矛盾分析法,全面把握社会的基本面貌和发展方向,提出社会主

---

① 《毛泽东文集》第六卷,人民出版社 1999 年版,第 396 页。
② 《邓小平文选》第三卷,人民出版社 1993 年版,第 118 页。
③ 《十三大以来重要文献选编》(中),中央文献出版社 2011 年版,第 78 页。
④ 《十六大以来重要文献选编》(上),中央文献出版社 2011 年版,第 362 页。
⑤ 习近平:《坚持历史唯物主义 不断开辟当代中国马克思主义发展新境界》,《求是》2020 年第 2 期。

要矛盾的变化是关系全局的历史性变化;坚持人民是历史创造者的观点,强调坚持以人民为中心的发展思想,维护人民根本利益,增进民生福祉,不断实现发展为了人民、发展依靠人民、发展成果由人民共享,让现代化建设成果更多更公平惠及全体人民;坚持运用生产力与生产关系、经济基础与上层建筑辩证关系的原理考察当代中国的改革发展,着力推动经济高质量发展,实现物的不断丰富和人的全面发展的统一;等等。这一系列原创性治国理政新理念新思想新战略,有力推进了马克思主义哲学中国化时代化进程,为实现马克思主义中国化时代化新的飞跃提供了重要哲学基础。

(二)坚持以马克思主义中国化时代化最新成果为指导

习近平总书记在省部级主要领导干部学习贯彻党的十九届六中全会精神专题研讨班开班式上强调:"坚持用马克思主义之'矢'去射新时代中国之'的',继续推进马克思主义基本原理同中国具体实际相结合、同中华优秀传统文化相结合,续写马克思主义中国化时代化新篇章。"学习好运用好马克思主义哲学,关键在于坚持以马克思主义中国化时代化最新成果为指导,更好把坚持马克思主义和发展马克思主义统一起来,用马克思主义的立场、观点、方法观察时代、把握时代、引领时代。

一个民族要走在时代前列,就一刻不能没有理论思维,一刻不能没有正确思想指引。习近平总书记在党的二十大报告中指出:"马克思主义是我们立党立国、兴党兴国的根本指导思想。实践告诉我们,中国共产党为什么能,中国特色社会主义为什么好,归根到底是马克思主义行,是中国化时代化的马克思主义行。"党的十八大以来,中国特色社会主义进入新时代,面对国内外形势变化和我国各项事业发展提出的一系列重大理论和实践问题,以习近平同志为主要代表的中国共产党人坚持把马克思主义基本原理同中国具体实际相结合、同中华优秀传统文化相结合,深刻总结并充分运用党成立以来的历史经验,从新的实际出发,创立了习近平新时代中国特色社会主义思想,实现了马克思主义中国化时代化新的飞跃。

可见,拥有马克思主义科学理论指导是我们党坚定信仰信念、把握历史主动的根本所在。

习近平新时代中国特色社会主义思想,深刻回答了新时代坚持和发展什么样的中国特色社会主义、怎样坚持和发展中国特色社会主义,建设什么样的社会主义现代化强国、怎样建设社会主义现代化强国,建设什么样的长期执政的马克思主义政党、怎样建设长期执政的马克思主义政党等重大时代课题,科学回答了中国之问、世界之问、人民之问、时代之问,形成了系统全面、逻辑严密、内涵丰富、内在统一的科学理论体系。这一科学理论体系,以一系列原创性的治国理政新理念新思想新战略丰富和发展了马克思主义哲学,为全面建设社会主义现代化国家、全面推进中华民族伟大复兴提供了科学、系统、完整的世界观和方法论指导,为马克思主义在当今时代的大发展作出了开创性、全面性、历史性贡献。

当代中国正在经历人类历史上最为宏大而独特的实践创新,改革发展稳定任务之重、矛盾风险挑战之多、治国理政考验之大都前所未有,世界百年未有之大变局深刻变化前所未有。以正确的战略策略应变局、育新机、开新局,必须把握好习近平新时代中国特色社会主义思想的世界观和方法论,坚持好、运用好贯穿其中的立场观点方法,准确把握时代大势,勇于站在人类发展前沿,聆听人民心声,回应现实需要,坚持解放思想、实事求是、与时俱进、求真务实,研究提出解决重大时代课题的新思路、新举措,在乱云飞渡中把牢正确方向,在风险挑战面前砥砺胆识,始终掌握新时代新征程党和国家事业发展的历史主动。坚持学思用贯通、知信行统一,把习近平新时代中国特色社会主义思想转化为坚定理想、锤炼党性和指导实践、推动工作的强大力量。

二、习近平新时代中国特色社会主义思想的主要内容

中国特色社会主义是实现中华民族伟大复兴的必由之路。习近平新时代中国特色社会主义思想作为划时代的科学理论体系,是围绕坚持和

发展中国特色社会主义这个主题展开、深化和拓展的。坚持和发展中国特色社会主义是这一思想最本质、最关键、最基础的内容。习近平新时代中国特色社会主义思想作为划时代的科学理论体系,其内涵十分丰富。党的二十大报告指出:"十九大、十九届六中全会提出的'十个明确'、'十四个坚持'、'十三个方面成就'概括了这一思想的主要内容,必须长期坚持并不断丰富发展。"这些主要内容,涵盖了新时代坚持和发展中国特色社会主义的总目标、总任务、总体布局、战略布局和发展方向、发展方式、发展动力、战略步骤、外部条件、政治保证等基本问题,统摄了经济、政治、法治、科技、文化、教育、民生、民族、宗教、社会、生态文明、国家安全、国防和军队、"一国两制"和祖国统一、统一战线、外交、党的建设等各个方面,是系统全面、逻辑严密、内涵丰富、内在统一、不断发展的科学理论体系。二十大党章指出:"在习近平新时代中国特色社会主义思想指导下,中国共产党领导全国各族人民,统揽伟大斗争、伟大工程、伟大事业、伟大梦想,推动中国特色社会主义进入了新时代,实现第一个百年奋斗目标,开启了实现第二个百年奋斗目标新征程。"

(一)"十个明确"

党的十九届六中全会通过的《中共中央关于党的百年奋斗重大成就和历史经验的决议》(以下简称《决议》)用"十个明确"系统概括了习近平新时代中国特色社会主义思想的核心内容,体现了党的十九大以来,习近平新时代中国特色社会主义思想在实践中的进一步丰富和发展。

一是明确中国特色社会主义最本质的特征是中国共产党领导,中国特色社会主义制度的最大优势是中国共产党领导,中国共产党是最高政治领导力量,全党必须增强"四个意识"、坚定"四个自信"、做到"两个维护"。

二是明确坚持和发展中国特色社会主义,总任务是实现社会主义现代化和中华民族伟大复兴,在全面建成小康社会的基础上,分两步走在本世纪中叶建成富强民主文明和谐美丽的社会主义现代化强国,以中国式现代化推进中华民族伟大复兴。

三是明确新时代我国社会主要矛盾是人民日益增长的美好生活需要和不平衡不充分的发展之间的矛盾,必须坚持以人民为中心的发展思想,发展全过程人民民主,推动人的全面发展、全体人民共同富裕取得更为明显的实质性进展。

四是明确中国特色社会主义事业总体布局是经济建设、政治建设、文化建设、社会建设、生态文明建设五位一体,战略布局是全面建设社会主义现代化国家、全面深化改革、全面依法治国、全面从严治党四个全面。

五是明确全面深化改革总目标是完善和发展中国特色社会主义制度、推进国家治理体系和治理能力现代化。

六是明确全面推进依法治国总目标是建设中国特色社会主义法治体系、建设社会主义法治国家。

七是明确必须坚持和完善社会主义基本经济制度,使市场在资源配置中起决定性作用,更好发挥政府作用,把握新发展阶段,贯彻创新、协调、绿色、开放、共享的新发展理念,加快构建以国内大循环为主体、国内国际双循环相互促进的新发展格局,推动高质量发展,统筹发展和安全。

八是明确党在新时代的强军目标是建设一支听党指挥、能打胜仗、作风优良的人民军队,把人民军队建设成为世界一流军队。

九是明确中国特色大国外交要服务民族复兴、促进人类进步,推动建设新型国际关系,推动构建人类命运共同体。

十是明确全面从严治党的战略方针,提出新时代党的建设总要求,全面推进党的政治建设、思想建设、组织建设、作风建设、纪律建设,把制度建设贯穿其中,深入推进反腐败斗争,落实管党治党政治责任,以伟大自我革命引领伟大社会革命。

这"十个明确"是对习近平新时代中国特色社会主义思想的再概括、再提炼,是党对共产党执政规律、社会主义建设规律、人类社会发展规律认识深化和理论创新的重大成果。

（二）"十四个坚持"

实践没有止境,理论创新也没有止境。党和人民事业发展,既需要基本理论、基本路线来提供思想指南,也需要更为具体、针对性更强的基本方略来作为行动导航。围绕贯彻落实习近平新时代中国特色社会主义思想,党的十九大报告提出了新时代坚持和发展中国特色社会主义的基本方略,并概括为"十四个坚持",党的二十大报告提出必须长期坚持并不断丰富发展"十四个坚持"。

"十四个坚持"具体包括:坚持党对一切工作的领导;坚持以人民为中心;坚持全面深化改革;坚持新发展理念;坚持人民当家作主;坚持全面依法治国;坚持社会主义核心价值体系;坚持在发展中保障和改善民生;坚持人与自然和谐共生;坚持总体国家安全观;坚持党对人民军队的绝对领导;坚持"一国两制"和推进祖国统一;坚持推动构建人类命运共同体;坚持全面从严治党。"十四个坚持"是新时代具体领域工作的政策定位,围绕着习近平新时代中国特色社会主义这一基本判断和根本主题,指明了今后我们要干什么、怎么干、怎么干得更好。

"十四个坚持"之间是彼此依存、相互关联协调、不可分割的关系,形成了一个整体,构成习近平新时代中国特色社会主义思想的方略体系。这"十四个坚持",涵盖坚持党的领导和"五位一体"总体布局、"四个全面"战略布局,涵盖国防和军队建设、维护国家安全、对外战略,是党的治国理政重大方针、原则,体现了理论与实践相统一、战略与战术相结合,是实现第二个百年奋斗目标、实现中华民族伟大复兴中国梦的"路线图"和"方法论"。这"十四个坚持",既是习近平新时代中国特色社会主义思想的重要组成部分,也是落实习近平新时代中国特色社会主义思想的实践要求。"十四个坚持"每一条都有很强的现实针对性和指导性,新时代新征程我们要结合工作实际,毫不动摇地坚持,不折不扣地落实。

（三）"十三个方面成就"

党的十九届六中全会《决议》指出:"以习近平同志为核心的党中央,

以伟大的历史主动精神、巨大的政治勇气、强烈的责任担当,统筹国内国际两个大局,贯彻党的基本理论、基本路线、基本方略,统揽伟大斗争、伟大工程、伟大事业、伟大梦想,坚持稳中求进工作总基调,出台一系列重大方针政策,推出一系列重大举措,推进一系列重大工作,战胜一系列重大风险挑战,解决了许多长期想解决而没有解决的难题,办成了许多过去想办而没有办成的大事,推动党和国家事业取得历史性成就、发生历史性变革。""十三个方面成就"是党的十九届六中全会从 13 个方面深刻总结党的十八大以来党和国家事业取得的历史性成就、发生的历史性变革。中国共产党和中国人民以英勇顽强的奋斗向世界庄严宣告,中华民族迎来了从站起来、富起来到强起来的伟大飞跃。

一是在坚持党的全面领导上,党中央权威和集中统一领导得到有力保证,党的领导制度体系不断完善,党的领导方式更加科学,全党思想上更加统一、政治上更加团结、行动上更加一致,党的政治领导力、思想引领力、群众组织力、社会号召力显著增强。

二是在全面从严治党上,党的自我净化、自我完善、自我革新、自我提高能力显著增强,管党治党宽松软状况得到根本扭转,反腐败斗争取得压倒性胜利并全面巩固,党在革命性锻造中更加坚强。

三是在经济建设上,我国经济发展平衡性、协调性、可持续性明显增强,国家经济实力、科技实力、综合国力跃上新台阶,我国经济迈上更高质量、更有效率、更加公平、更可持续、更为安全的发展之路。

四是在全面深化改革开放上,党不断推动全面深化改革向广度和深度进军,中国特色社会主义制度更加成熟更加定型,国家治理体系和治理能力现代化水平不断提高,党和国家事业焕发出新的生机活力。

五是在政治建设上,积极发展全过程人民民主,我国社会主义民主政治制度化、规范化、程序化全面推进,中国特色社会主义政治制度优越性得到更好发挥,生动活泼、安定团结的政治局面得到巩固和发展。

六是在全面依法治国上,中国特色社会主义法治体系不断健全,法治中国建设迈出坚实步伐,党运用法治方式领导和治理国家的能力显著增强。

七是在文化建设上,我国意识形态领域形势发生全局性、根本性转变,全党全国各族人民文化自信明显增强,全社会凝聚力和向心力极大提升,为新时代开创党和国家事业新局面提供了坚强思想保证和强大精神力量。

八是在社会建设上,人民生活全方位改善,社会治理社会化、法治化、智能化、专业化水平大幅度提升,发展了人民安居乐业、社会安定有序的良好局面,续写了社会长期稳定奇迹。

九是在生态文明建设上,党中央以前所未有的力度抓生态文明建设,美丽中国建设迈出重大步伐,我国生态环境保护发生历史性、转折性、全局性变化。

十是在国防和军队建设上,人民军队实现整体性革命性重塑、重整行装再出发,国防实力和经济实力同步提升,人民军队坚决履行新时代使命任务,以顽强斗争精神和实际行动捍卫了国家主权、安全、发展利益。

十一是在维护国家安全上,国家安全得到全面加强,经受住了来自政治、经济、意识形态、自然界等方面的风险挑战考验,为党和国家兴旺发达、长治久安提供了有力保证。

十二是在坚持"一国两制"和推进祖国统一上,党中央采取一系列标本兼治的举措,坚定落实"爱国者治港""爱国者治澳",推动香港局势实现由乱到治的重大转折,为推进依法治港治澳、促进"一国两制"实践行稳致远打下了坚实基础;坚持一个中国原则和"九二共识",坚决反对"台独"分裂行径,坚决反对外部势力干涉,牢牢把握两岸关系主导权和主动权。

十三是在外交工作上,中国特色大国外交全面推进,构建人类命运共同体成为引领时代潮流和人类前进方向的鲜明旗帜,我国外交在世界大变局中开创新局、在世界乱局中化危为机,我国国际影响力、感召力、塑造力显著提升。

三、用"六个坚持"不断谱写马克思主义中国化时代化新篇章

实践没有止境,理论创新也没有止境。不断谱写马克思主义中国化时代化新篇章,是当代中国共产党人的庄严历史责任。继续推进实践基础上的理论创新,首先要把握好习近平新时代中国特色社会主义思想的世界观和方法论,坚持好、运用好贯穿其中的立场观点方法。党的二十大报告提出"六个坚持",即坚持人民至上、坚持自信自立、坚持守正创新、坚持问题导向、坚持系统观念、坚持胸怀天下。"六个坚持"是党的二十大报告的一个重大理论贡献,既是对习近平新时代中国特色社会主义思想世界观和方法论的高度凝练、科学概括,也是继续推进实践基础上的理论创新、不断谱写马克思主义中国化时代化新篇章的根本遵循。"六个坚持"构成相互联系、内在统一的有机整体,是我们深入学习、全面贯彻习近平新时代中国特色社会主义思想必须牢牢把握的基本点。

(一)必须坚持人民至上

人民性是马克思主义的本质属性,党的理论是来自人民、为了人民、造福人民的理论,人民的创造性实践是理论创新的不竭源泉。一切脱离人民的理论都是苍白无力的,一切不为人民造福的理论都是没有生命力的。我们要站稳人民立场、把握人民愿望、尊重人民创造、集中人民智慧,形成为人民所喜爱、所认同、所拥有的理论,使之成为指导人民认识世界和改造世界的强大思想武器。

(二)必须坚持自信自立

中国人民和中华民族从近代以后的深重苦难走向伟大复兴的光明前景,从来就没有教科书,更没有现成答案。党的百年奋斗成功道路是党领导人民独立自主探索开辟出来的,马克思主义的中国篇章是中国共产党人依靠自身力量实践出来的,贯穿其中的一个基本点就是中国的问题必须从中国基本国情出发,由中国人自己来解答。我们要坚持对马克思主

义的坚定信仰、对中国特色社会主义的坚定信念,坚定道路自信、理论自信、制度自信、文化自信,以更加积极的历史担当和创造精神为发展马克思主义作出新的贡献,既不能刻舟求剑、封闭僵化,也不能照抄照搬、食洋不化。

(三)必须坚持守正创新

我们从事的是前无古人的伟大事业,守正才能不迷失方向、不犯颠覆性错误,创新才能把握时代、引领时代。我们要以科学的态度对待科学、以真理的精神追求真理,坚持马克思主义基本原理不动摇,坚持党的全面领导不动摇,坚持中国特色社会主义不动摇,紧跟时代步伐,顺应实践发展,以满腔热忱对待一切新生事物,不断拓展认识的广度和深度,敢于说前人没有说过的新话,敢于干前人没有干过的事情,以新的理论指导新的实践。

(四)必须坚持问题导向

问题是时代的声音,回答并指导解决问题是理论的根本任务。今天我们所面临问题的复杂程度、解决问题的艰巨程度明显加大,给理论创新提出了全新要求。我们要增强问题意识,聚焦实践遇到的新问题、改革发展稳定存在的深层次问题、人民群众急难愁盼问题、国际变局中的重大问题、党的建设面临的突出问题,不断提出真正解决问题的新理念新思路新办法。

(五)必须坚持系统观念

万事万物是相互联系、相互依存的。只有用普遍联系的、全面系统的、发展变化的观点观察事物,才能把握事物发展规律。我国是一个发展中大国,仍处于社会主义初级阶段,正在经历广泛而深刻的社会变革,推进改革发展、调整利益关系往往牵一发而动全身。我们要善于通过历史看现实、透过现象看本质,把握好全局和局部、当前和长远、宏观和微观、主要矛盾和次要矛盾、特殊和一般的关系,不断提高战略思维、历史思维、辩证思维、系统思维、创新思维、法治思维、底线思维能力,为前瞻性思考、全局性谋划、整体性推进党和国家各项事业提供科学思想方法。

(六)必须坚持胸怀天下

中国共产党是为中国人民谋幸福、为中华民族谋复兴的党,也是为人类谋进步、为世界谋大同的党。我们要拓展世界眼光,深刻洞察人类发展进步潮流,积极回应各国人民普遍关切,为解决人类面临的共同问题作出贡献,以海纳百川的宽阔胸襟借鉴吸收人类一切优秀文明成果,推动建设更加美好的世界。

全体党员要深刻领悟"六个坚持"蕴含的科学思想方法和工作方法。习近平总书记指出:"回答并指导解决问题是理论的根本任务。"①习近平新时代中国特色社会主义思想,坚持和运用辩证唯物主义和历史唯物主义,既包含世界观、历史观,也包含认识论、方法论;既阐明是什么、怎么看,又指出为什么、怎么办;既部署过河的任务,又指引解决"桥或船"的问题。把握好习近平新时代中国特色社会主义思想的世界观和方法论,既要全面准确领悟其核心要义、精神实质、丰富内涵、实践要求,又要深刻把握贯穿其中的科学思想方法和工作方法,切实用以武装头脑、指导实践、推动工作。

第二节　明确调查研究的基本任务

当前,我国发展面临新的战略机遇、新的战略任务、新的战略阶段、新的战略要求、新的战略环境。世界百年未有之大变局加速演进,不确定、难预料因素增多,国内改革发展稳定面临不少深层次矛盾躲不开、绕不过,各种风险挑战、困难问题比以往更加严峻复杂,迫切需要通过调查研究把握事物的本质和规律,找到破解难题的办法和路径。

---

① 习近平:《高举中国特色社会主义伟大旗帜 为全面建设社会主义现代化国家而团结奋斗——在中国共产党第二十次全国代表大会上的报告》(2022 年 10 月 16 日),《人民日报》2022 年 10 月 26 日。

一、总体要求

在全党大兴调查研究,要坚持以习近平新时代中国特色社会主义思想为指导,全面贯彻落实党的二十大以来的重要会议精神,紧紧围绕党的理论和路线方针政策、党中央重大决策部署的贯彻执行,大力弘扬党的光荣传统和优良作风,突出问题导向和目标导向,促进广大党员、干部特别是领导干部带头深入调查研究,不断深化对党的创新理论的认识和把握,善于运用党的创新理论研究新情况、解决新问题、总结新经验、探索新规律,扑下身子干实事、谋实招、求实效,使调查研究工作同中心工作和决策需要紧密结合起来,更好为科学决策服务,为提高党的执政能力和领导水平服务,为完成新时代新征程的使命任务服务。

在全党大兴调查研究,必须坚持党的群众路线,从群众中来、到群众中去,增进同人民群众的感情,真诚倾听群众呼声、真实反映群众愿望、真情关心群众疾苦,自觉向群众学习、向实践学习,从人民的创造性实践中获得正确认识,把党的正确主张变为群众的自觉行动。必须坚持实事求是,坚守党性原则,一切从实际出发,理论联系实际,听真话、察实情,坚持真理、修正错误,有一是一、有二是二,既报喜又报忧,不唯书、不唯上、只唯实。必须坚持问题导向,增强问题意识,敢于正视问题、善于发现问题,以解决问题为根本目的,真正把情况摸清、把问题找准、把对策提实,不断提出真正解决问题的新思路新办法。必须坚持攻坚克难,发扬斗争精神,增强斗争本领,勇于涉险滩、破难题,知难而进、迎难而上,把调查研究成果转化为推进工作、战胜困难的实际成效。必须坚持系统观念,深入实际、深入基层、深入群众调查了解情况,把握好全局和局部、当前和长远、宏观和微观、主要矛盾和次要矛盾、特殊和一般的关系,前瞻性思考、全局性谋划、整体性推进党和国家各项事业。

知识链接

古代人口普查与调研

中国是世界上最早进行人口普查的国家。中国最早的人口统计数字见于西晋《通典》中，称 4000 多年前的夏禹时，中国共有人口 1350 万。这一数字未必可靠。但从商鞅重视数据调查的言论看，以法家思想治国的秦代就有了人口普查是可信的。秦始皇创立的"上计制度"就是人口、钱粮统计制度。到汉朝，随着社会的稳定，人口统计纳入正轨。西汉平帝元始五年(公元 5 年)全国共有居民 12222062 户，59594978 人，这是我国首次较为精确的人口普查。明朝推行"户帖制"，将人口逐户登记在册，登记表即"户帖"的格式、内容由户部统一制作发放，朝廷还派员分赴各地监督登记。明太祖洪武二十四年(公元 1391 年)统计为 10684435 户，56774561 人。

二、调研内容

在全党大兴调查研究，要紧紧围绕全面贯彻落实党的二十大以来的重要会议精神、推动高质量发展，直奔问题去，实行问题大梳理、难题大排查，着力打通贯彻执行中的堵点淤点难点。各级党委(党组)要立足职能职责，围绕做好事关全局的战略性调研、破解复杂难题的对策性调研、新时代新情况的前瞻性调研、重大工作项目的跟踪性调研、典型案例的解剖式调研、推动落实的督查式调研，突出重点、直击要害，结合实际确定调研内容。主要是 12 个方面。

1.贯彻落实党中央决策部署和习近平总书记对本地区本部门本领域工作重要指示批示精神的主要情况和重点问题。

2.贯彻新发展理念、构建新发展格局、推动高质量发展中的重大问题，推进高水平科技自立自强，扩大国内需求、深化供给侧结构性改革、建设现代化产业体系、落实"两个毫不动摇"、吸引和利用外资，全面推进乡村振兴中的主要情况和重点问题。

3.统筹发展和安全,确保粮食、能源、产业链供应链、生产、食品药品、公共卫生等安全,防范化解重大经济金融风险中的主要情况和重点问题。

4.全面深化改革开放中的重大问题,重要领域和关键环节改革、推进高水平对外开放中的主要情况和重点问题。

5.全面依法治国中的重大问题,完善中国特色社会主义法律体系、推进依法行政、严格公正司法、建设法治社会等主要情况和重点问题。

6.意识形态领域面临的挑战,推进文化自信自强、建设社会主义文化强国和新闻舆论引导、网络综合治理中的主要情况和重点问题。

7.推进共同富裕、增进民生福祉中的重大问题,巩固拓展脱贫攻坚成果、缩小城乡区域发展差距和收入分配差距的主要情况和重点问题。

8.人民最关心最直接最现实的利益问题,特别是就业、教育、医疗、托育、养老、住房等群众急难愁盼的具体问题。

9.牢固树立和践行绿水青山就是金山银山理念方面的差距和不足,推进美丽中国建设、保护生态环境和维护生态安全中的主要情况和重点问题。

10.维护社会稳定中的重大问题,防灾减灾救灾和重大突发公共事件处置保障短板,处理新形势下人民内部矛盾和强化社会治安整体防控的主要情况和重点问题。

11.全面从严治党中的重大问题,落实党的领导弱化虚化淡化、党组织政治功能和组织功能不够强,干事创业精气神不足、不担当不作为,应对"黑天鹅"、"灰犀牛"事件和防范化解风险能力不强,形式主义、官僚主义,特权思想和特权行为等重点问题。

12.本地区本部门本单位长期未解决的老大难问题。

三、方法步骤

在全党大兴调查研究,分为 6 个步骤。

(一)提高认识。各级党委(党组)要通过理论学习中心组学习、读书班等,组织党员、干部深入学习领会习近平总书记关于调查研究的重要论述,学习习近平总书记关于本地区本部门本领域的重要讲话和重要指示批示精神,继承和发扬老一辈革命家深入基层调查研究的优良作风,增强做好调查研究的思想自觉、政治自觉、行动自觉。

(二)制定方案。各级党委(党组)要围绕调研内容,结合本地区本部门本单位实际,广泛听取各方面意见,研究制定调查研究的具体方案,明确调研的项目课题、方式方法和工作要求等,统筹安排、合理确定调研的时间、地点、人员。党委(党组)主要负责同志要亲自主持制定方案。

(三)开展调研。县处级以上领导班子成员每人牵头1个课题开展调研,同时,针对相关领域或工作中最突出的难点问题进行专项调研。要坚持因地制宜,综合运用座谈访谈、随机走访、问卷调查、专家调查、抽样调查、统计分析等方式,充分运用互联网、大数据等现代信息技术开展调查研究,提高科学性和实效性。要深入农村、社区、企业、医院、学校、新经济组织、新社会组织等基层单位,掌握实情、把脉问诊,问计于群众、问计于实践。要转换角色、走进群众,了解群众的烦心事操心事揪心事,发现和查找工作中的差距不足。要结合典型案例,分析问题、剖析原因,举一反三采取改进措施。要加强督查调研,检查工作是否真正落实、问题是否真正解决。

(四)深化研究。全面梳理汇总调研情况,运用习近平新时代中国特色社会主义思想的世界观、方法论和贯穿其中的立场观点方法,进行深入分析、充分论证和科学决策。特别是对那些具有普遍性和制度性的问题、涉及改革发展稳定的深层次关键性问题,以及难题积案和顽瘴痼疾等,要研究透彻、找准根源和症结。在此基础上,领导班子交流调研情况,研究对策措施,形成解决问题、促进工作的思路办法和政策举措,确保每个问题都有务实管用的破解之策。

(五)解决问题。对调研中反映和发现的问题,逐一梳理形成问题清单、责任清单、任务清单,逐一列出解决措施、责任单位、责任人和完成时限。对短期能够解决的,立行立改、马上就办。对一时难以解决、需要持续推进的,明确目标,紧盯不放,一抓到底,做到问题不解决不松劲、解决不彻底不放手。

(六)督查回访。各级党委(党组)要建立调研成果转化运用清单,加强对调研课题完成情况、问题解决情况的督查督办和跟踪问效;领导干部要定期对调研对象和解决问题等事项进行回访,注意发现和解决新的问题。

四、工作要求

(一)加强组织领导。各级党委(党组)要高度重视调查研究工作,作出专门部署,科学精准做好方案设计、过程实施、监督问效等各个环节工作。党委(党组)主要负责同志负总责,抓好本地区本部门本单位调查研究的推进落实;班子其他成员各负其责,抓好分管领域和分管单位的调查研究工作。领导干部要带头开展调查研究,改进调研方法,以上率下、作出示范。

(二)严明工作纪律。调查研究要严格执行中央八项规定及其实施细则精神,轻车简从,厉行节约,不搞层层陪同。要采取"四不两直"方式,多到困难多、群众意见集中、工作打不开局面的地方和单位开展调研,防止嫌贫爱富式调研。要加强调研统筹,避免扎堆调研、多头调研、重复调研,不增加基层负担。要力戒形式主义、官僚主义,不搞作秀式、盆景式和蜻蜓点水式调研,防止走过场、不深入。要在调查的基础上深化研究,防止调查多研究少、情况多分析少,提出的对策建议不解决实际问题。对违反作风建设要求和廉洁自律规定的,要依规依纪严肃问责。

(三)坚持统筹推进。对表现在基层、根子在上面的问题,对涉及多个地区或部门单位的问题,上下协同、整体推动解决。统筹当前和长远,发现总结调查研究的有效做法和成功经验,完善调查研究的长效机制,使调查研究成为党员、干部的经常性工作,在全党蔚然成风、产生实效。

（四）加大宣传力度。充分利用党报、党刊、电视台、广播电台、网络传播平台等，采取多种多样的宣传形式和手段，大力宣传大兴调查研究的重要意义和各地区各部门各单位大兴调查研究的具体举措、实际成效，凝聚起大兴调查研究的共识和力量，营造浓厚氛围。

第三节　调查研究队伍建设

调研工作是比较重要的一项工作，必须以人为本，建好团队；做好调研工作，必须高度重视调研干部队伍建设，以干部队伍的高素质保证研究工作的高水平。

一、加强专职调查

调研员是国家公务员的一种。国家公务员的职务分为领导职务和非领导职务，调研员属于非领导职务，有调研员、助理调研员之分。调研员和助理调研员只在市（地）级以上国家行政机关设置，调研员资格的取得应任副处级职务 4 年以上，助理调研员则应任正科级职务 4 年以上。

国家公务员的级别分为 15 级，按国务院总理为 1 级算，调研员属 7 至 10 级，助理调研员属 8 至 11 级，有副处级调研员、正处级调研员、副局级调研员、局级调研员等级别之分。

现在许多党政部门都设有调研员、副调研员职位，且人数不少，但是作用不明显。有些单位传有顺口溜——"副调副调，喝茶看报"，也有的说"调研员调研员，退休在眼前"。眼下，许多非党组成员的副调研员，一干就是十几年甚至二十多年，得不到提拔使用，基本处于闲置状态，对个人对国家都是一种巨大浪费。副调研员和调研员多是协助党委或者党组成员工作，要不要协助，协助到什么程度，都是党委党组成员说了算，具体工作也没有制度规定，导致大家都凭党性看良心办事，显然经受不住现实冷暖的考验。只有党委政府重视了，才能真正发挥调研人员调查研究、决策建议、监督检查的作用,而不会沦落为某种陪衬。

各级党委要高度重视、加强和改进调查研究工作,党委常委会每年至少要听取一次调研工作汇报,专题研究部署调研工作。各级党委要充分发挥综合调研部门的职能作用,经常给他们交任务、出题目、提要求、压担子,鼓励他们多出成果。党委在政策制定和实施中,要注意听取综合调研部门的意见,对他们有价值的调研成果,要给予肯定和充分利用。要尽力帮助解决调研部门的实际困难和问题,改善调研干部职工的工作、学习和生活条件,充分调动他们的工作积极性。足额保证调研部门的办公经费和调研经费,支持逐步改善调研条件和手段,加快实现调研信息交流网络化、办公自动化,不断提高调研工作效率和决策服务水平。加强调研干部队伍思想政治建设和业务能力建设,努力培养一支思想好、业务精、素质高、默默奉献、能打硬仗的队伍。综合调研工作是培养人、锻炼人的工作,不仅应当多出成果,也理应多出人才。各级党委应按照"用事业留人,用感情留人,也用适当待遇留人"的要求,切实关心调研干部的成长进步,对工作成绩突出、德才兼备的干部要及时重用。积极创造条件,发挥他们的特长和优势,使他们更多地参与一线工作,在新的岗位上继续发挥余热。加大调研政研干部交流力度,始终保持调研队伍的生机与活力。

二、练好内功、提高素质

练好内功、提高素质是做好调研工作的基础和前提,没有坚实的理论基础、丰厚的知识积累和较强的研究能力,是做不好调研工作的。作为专职的调研人员,学习就是工作,而且是第一位的工作。因此调研人员既要加强业务知识学习,全面熟悉调研工作业务,努力做调研工作的专家;又要广泛学习多学科知识,扩展知识领域,改善知识结构,努力成为一专多能的通才。

要采取学习交流、专题笔会、业务研讨、征文评选、实地考察、脱产进修等多种形式,加强调研干部的学习培训。要创造条件让调研干部增加实际经验积累,以促进调研工作的开展。要开展学习型干部创建活动,推动学习形成制度和风气。要注意结合实际工作特点,加强调研干部队伍作风建设。

要重视整合外部资源,加强与党校(行政学院)、高校、社科院等教学研究机构的沟通和交流,协作配合,善于借助外力,共同搞好调研工作。在重点课题调研中,要积极开展与理论研究机构协作式调研、联动式调研,有效提高调研水平。要注意整合整个系统的研究资源,加强上下级和不同地区之间的分工协作,围绕重点课题进行联合攻关。

三、固本强基,不断强化调研队伍建设

在开展调研工作中,要坚持把队伍建设作为确保单位调研工作科学和有效发展的固本强基工程,着力在组织机构上求完备,在人员配备上求素质,在队伍建设上求稳固,始终保证拥有一支高素质的调研队伍。在调研队伍的建构上,注重抓好专、兼职两支调研队伍:一是把既有实践经验基础又有较好理论功底的人员"引进"到调研队伍中来,始终保持一支专门负责单位调研工作的组织协调、督促指导和检查考核的专职调研队伍。二是为每个部门配齐兼职调研人员,确保他们能及时提供有关调研的第一手材料,成为单位调查研究工作有效开展的重要桥梁。

为确保调研工作发展的可持续性,应形成新老交替、永续发展的梯次结构。要高度重视对调研骨干力量的培养,可以开展经常性的研讨活动,着眼于加强对调研人员的业务培训和素质培养,不断提升他们的调研能力,保持调研工作的旺盛发展态势。要引导和鼓励调研骨干有针对性地开展调查研究,通过调研文章的撰写、开展专题调研等培养、锻炼调研人员,既保证调研工作的源头活水,又实现调研队伍建设的源远流长,从加强调研队伍建设这个根本上推动调研工作的协调和可持续发展。

四、重视调研成果运用

被安排到副调研员和调研员位置上的干部,大多数都具有一定素质

能力,同时个性鲜明,对从事的调研工作,一般都会十分认真投入,能够对具体工作拿出独特的认识和见解,对党委、政府决策有借鉴价值。所以,各级党委、政府对调研成果,都要抽出专门时间,组织精干力量,进行认真分析和消化吸收,对搁置的调研材料,也要进行认真评价、及时交流沟通,促进提高。如此才能深入调动调研队伍的积极性,人才越用越强,事业也会越干越兴旺。

第四节　强化调查研究的制度建设

我们党有重视调查研究的优良传统,是保持党同人民群众密切联系的重要保证,在新的形势下要大力弘扬。而要发扬党重视调查研究的优良传统,培养和增强领导干部的调查研究能力,必须完善调查研究的制度。在坚持和加强调查研究方面,我们党相继制定了一系列行之有效的制度,要在实践中不断健全完善,切实抓好贯彻落实,使调查研究真正成为各级党政干部自觉的经常性活动。

一、坚持和完善重要决策调研论证制度

决策是一个提出问题、分析问题、解决问题的过程。为了防止和克服决策中的随意性及其造成的失误,提高决策的科学化水平,必须把调查研究贯穿于决策的全过程,真正成为决策的必经程序。该通过调研程序决策的事项,就要严格执行相关调研程序,不能嫌麻烦、图省事。对本地区、本部门事关改革发展稳定全局的问题,应坚持做到不调研不决策、先调研后决策。提交讨论的重要决策方案,应该是经过深入调查研究形成的,有的要有不同决策方案作比较。特别是涉及群众切身利益的重要政策措施出台,要采取听证会、论证会等形式,广泛听取群众意见。要在建立、完善、落实重大项目、重大决策风险评估机制上取得实质性进展,使我们的各项工作真正赢得群众的理解和支持,从源头上预防矛盾纠纷的发生。

二、坚持和完善领导机关、领导干部调研工作制度

调查研究作为领导机关必须抓好的一项经常性工作,应养成风气、形成制度。中共中央办公厅印发的《关于推进学习型党组织建设的意见》明确要求,建立健全调查研究制度,省部级领导干部到基层调研每年不少于30天,市、县级领导干部不少于60天,领导干部要每年撰写1至2篇调研报告。领导干部贯彻落实这一要求,可以结合党和政府工作部署和具体政策措施的落实情况有计划有针对性地开展每年的调研活动,也可以结合中心任务和部门职责,就本地区本部门经济社会发展中的难点、热点问题,选择若干重点课题开展调研活动。调查研究不一定要有很大规模、很大声势,关键在于求得实效;调研报告不一定要面面俱到、无所不包,关键在于抓住要害,提供解决问题的思路。

三、坚持和完善领导干部联系点制度

领导干部联系点制度是坚持党的群众路线的具体体现,是转变领导干部工作作风、密切党群干群关系的有效形式。联系点直接连通机关与基层、领导与群众,是领导干部掌握社情民意的"观测点"、见微知著的"显微镜"、帮扶群众的"着力点"。尤其那些问题多、困难大、矛盾集中的农村、社区、企业等基层单位的联系点,是进行典型分析、解剖麻雀的"试验田",更是总结经验、推动工作的"示范点"。领导干部应定期到联系点进行调查研究,针对发现的问题提出意见建议,并积极帮助联系点找差距、理思路、解决实际困难,确保联系点制度落实到位。

第五节　开展调研报告的评析

一般情况下,党政干部写调研报告,有的是出于工作的需要,有的是

出于上级要求完成的需要,有的是出于调查研究的需要(包括科学研究)等。不管出于什么原因,一份调研报告的好坏应有一定的评估标准。从工作角度来考虑,也要求我们的党政干部在深入实际做调查研究时,应该认真收集各种事实材料,揭示社会存在问题的实质,而不是走马观花、浮在表面、应付了事。

一、调研报告评析的内涵

调研报告的评析,就是运用调查研究的原理,仿照调研报告的基本要求,从调研报告的基本框架、特点、类型和写作要求等方面,对其逐一进行分析,从中获取有价值的信息,为制定政策、指导工作提供可参考的借鉴。从调查研究方法的技术性角度来看,调研报告作为调查研究的成果之一,对它进行检验,判断它的可靠性程度和可推论范围,以确定它的可信程度,对它的学术价值和应用价值作出评估,是十分必要的。与调研报告的撰写不同,调研报告的评析所关注的问题不是一项调查研究完成后如何分析和使用材料,而是整篇调研报告的表达是否简洁,结构是否合理,反映的问题是否真实,所提供的建议是否有用。所以说,调研报告的评析实质上是对一项调查研究所得出的结论的科学性和合理性进行检验,权衡研究结构的使用价值。

二、调研报告评析的意义

对于党政干部来说,除了要掌握调查研究的基本能力之外,还应该掌握调研报告的分析能力。这有助于党政干部正确分析调查研究的成果,测定调查研究的价值,让调查研究成果指导实际工作。开展调研报告的评析主要有如下几方面的意义。

(一)有助于科学决策

通常,调查研究的重要目的就是进行科学决策,这是调查研究成果应用的主要形式。在社会主义现代化建设中，调查研究和科学决策是领导工作的两项基本职能。对调研报告的评价，就是从调查研究方法的技术性角度，对已经取得的调查研究成果进行检验，判断该项成果的可靠性程度和可推论范围，以确定它的可信程度，为党政干部科学决策提供依据。例如：民政部门需要进行大规模的社会调查，并通过调研报告来分析当前社会对社会工作人才的需求，由此制定社会工作人才队伍的使用、激励、评价和培训等有关制度；劳动与就业保障部门需要在大量的信息中获取有关下岗失业人员的基本生活现状和需求，从而针对这类人群制定有关政策。

（二）有助于指导实际工作

各级党政干部在开展实际工作的时候，需要了解人民群众的物质文化需求，了解各类人群的需要和问题，这就需要借助于相关的调研报告。这些调研报告有些是站在学术研究的角度，有些是在大量数据的基础上分析而成。对于这些相关的调研报告，党政干部掌握评析方法，甄别调查其真实性和有效性，有效地获取真实、可信的信息，对开展实际工作有重要意义。例如，公安部门通过有关犯罪问题研究的调研报告来开展日常的犯罪预防工作。

（三）有助于提升党政干部的综合能力

对党政干部的能力要求有很多，其中，调查研究、分析能力是党政干部必须掌握的基本能力之一。通过对调研报告的评析，可以不断提高党政干部的分析能力、信息获取能力、再学习能力，同时还可以提高党政干部的辨别能力和知识应用能力。特别是在信息化网络化的今天，电视、网络、报纸、杂志等大众媒介的信息广泛，调研报告繁多。在纷繁复杂的信息海洋中，党政干部想要获取有效的信息来指导实际工作，就必须不断提高辨识能力和分析能力，从而提升自身的综合素质。例如，有关当前大学生就业难的调研报告有很多，党政干部应该能够从这些报告中找到有助于决策的信息，从而能够对大学的专业招生、学校的就业指导等工作提出具体的指导意见。

三、调研报告评析的内容

对一篇调研报告进行评析,可以从以下四个方面进行:

一是评析基本框架。看其标题是否恰当,正文的表述是否清楚。

二是评析特点。评析调研报告的选材是否真实,反映的问题是否准确,提出的建议是否具有针对性,反映的内容能否以"点"带面,是否对工作具有指导意义。

三是评析种类。根据不同种类的要求对调研报告进行评析。

四是评析写作风格。表述是否清楚明了,语言是否简单明确,例子是否翔实丰富。

例如,《第一代独生子女婚后居住方式:一项 12 城市的调查分析》是一篇认识社会的调研报告。标题采用陈述式,直接表明了调查研究的问题和对象,使研究内容一目了然。正文的前言综述了我国的养老问题、独生子女家庭中老人的居住方式、调查研究的主要问题和由来。主体部分详细分析了不同家庭中的独生子女婚后的居住方式,以及性别、文化程度对这种居住方式的影响,并指出了这种居住方式对老年人养老的影响。全文数据充分、观点明确、分析深入,有点有面且点面结合,比较深入地总结了经验,很好地体现了调研报告的真实性、针对性、典型性等特点。

通过对调研报告的评析,我们可以全面了解其基本框架、特点、种类和写作风格,从而判断其质量和价值,为实际工作提供科学依据和指导。

下 篇

调研报告写作规范

第八章
党政机关调研报告概述

调研报告是一种历史悠久、使用广泛、知名度很高的独立文体。调研报告应用范围极为广泛，凡是人类社会生活和工作中涉及的问题、事物，以及自然界的各种现象均可进行调查。所以，调研报告可以使人们全面、正确、深入地认识客观事物，推动社会的发展。调研报告在各级党政机关工作中被广泛使用，是使用频率较高的一种应用文体，各级各类领导干部首先必须掌握其内涵、作用、特点、类型、格式等基本知识。

第一节　党政机关调研报告的内涵和作用

要了解党政机关调研报告，首先应该了解其内涵和作用。作为一种使用频率较高的应用文体，与其他应用文体相比，党政机关调研报告有着其特有的内涵和作用。

一、党政机关调研报告的内涵

调研报告是对某项工作、某个事件或某个问题进行深入细致的调查研究,对调查材料加以系统的整理、分析,揭示出本质,寻找出规律,总结出经验或分清是非后形成的书面报告,为有关部门提供决策依据,为科学研究和教学部门提供研究资料和社会信息。

调研报告的核心是实事求是地反映和分析客观事实。调研报告主要包括两个部分:一是调查,二是研究。调查,应该深入实际,准确地反映客观事实,不凭主观想象,按事物的本来面目了解事物,详细地占有材料。研究,即在掌握客观事实的基础上认真分析,透彻地揭示事物的本质。至于对策,调研报告中可以提出一些看法,但这不是主要的。因为,对策的制定是一个深入的、复杂的、综合的研究过程,调研报告提出的对策是否被采纳,能否上升到政策,应该经过政策预评估。

二、党政机关调研报告的作用

党政机关调研报告的作用,从总体上来说,就是通过反映现实生活某一方面的情况以及作者的分析与思考成果,为实现一定的目标服务。它是一种沟通、交流形式,其目的是将调查结果、战略性的建议以及其他结果传递给社会大众,起到了解、剖析事物的本质及其发展趋向,对于解决问题具有积极的作用。其作用主要有以下几点:

一是调研报告为党政机关全面了解情况提供真实材料。调研报告不是一般的了解情况,而是经过周密、系统的调查研究之后对客观事物深刻感受获得的真实情况。

二是调研报告为党政机关制定切实可行的科学政策提供客观依据。调研报告不是对真实情况不加选择的反映,而是对经过调查得来的情况进行科学的分析,从中找出它们之间内在的合乎规律的联系,从而具有对客观事物的深刻认识。所以说,调研报告是掌握和研究某种情况,制定方针政策、措施的重要依据。

三是调研报告是揭示问题、促成问题解决的有效途径。通过反映现实生活中某种带有倾向性、普遍性的问题,暴露其真相,找准其根源,分析其危害;通过调查有关案件和事故等,分清和明辨是非,以便于做出正确处理;通过调查的事实,教育、说服群众,明确有关问题的解决之道。

四是调研报告是介绍先进经验的重要手段。在调研报告中,不仅有对真实情况的反映和认识,而且还包含作者对情况的判断、评价以及由此得出的相应结论,从而形成比较有实际意义的结果,有利于互通有无、相互学习。调研报告可以通过典型事例的分析、总结,得出具有方向性和普遍意义的经验来推动工作。

五是调研报告是检验路线、方针、政策贯彻执行情况,借以解决和回答现实问题的有效方法。通过反映某地、某单位工作上的突出成绩,总结经验,树立榜样,以此推动全面工作。通常在某项工作由试点向全面推开的时候,在人们对某项工作普遍感到难度很大、需要示范引导的时候,或者实践中出现某个新生事物、某方面的突出典型需要扶持和宣扬的时候,就需要调研报告。总之,通过对某项工作或全面工作的分析探讨,总结经验,找出问题,提出相应对策,指明努力方向。

第二节　党政机关调研报告的基本特点

党政机关调研报告最主要的特点是凭借事实阐明道理,从叙述的事实中引出道理,从剖析事理中引出某种科学结论。有的调研报告概括出贯彻执行方针政策的成功经验;有的得出解决矛盾的有效办法;有的从解剖典型中探索出事物发展的规律,结合面上的材料,推断出事物发展的趋向,有利于更好地贯彻执行各项方针政策。归纳起来,党政机关调研报告有以下四个基本特点。

一、真实性

真实性是党政机关调研报告首要的、最大的特点。所谓真实性,就是尊重客观事实,靠事实说话。这一特点要求调查研究人员必须树立严谨科学的态度、实事求是的精神,彻底抛弃"假大空"的虚伪作风,不仅报喜,还要报忧;不仅要充分肯定工作成绩,还要准确反映工作中存在的问题。只有树立严谨科学的态度,才能写出真实可靠并具有指导意义的调研报告。

二、针对性

针对性是党政机关调研报告的第二个显著特点,这是由调研报告具有很强的工作针对性决定的。一般来说,一项调查研究工作,特别是大型调查研究,要花费较多的时间、人力和物力,是针对一些较为迫切的实际情况、解决某些实际问题而进行的,不是随意组织进行的。因此调查研究就具有很强的针对性,在党政机关调研报告的写作上,必须中心突出,明确提出所针对的问题,明确交代这一问题所获得的事实材料,分析出问题的症结所在,并提出具体可行的建议和对策。

三、典型性

典型性是指在党政机关调研报告写作过程中所采用的事实材料具有代表性,以及所揭示的问题带有普遍性。这种特点在总结经验和反映典型事件的调研报告中表现得尤为突出。

四、系统性

系统性是指由调查材料所得出的结论,必须是具有说服力的,是成系统的。把被调查的情况完整地、系统地交代清楚,不能只摆出结论,而疏漏了事实过程和必需环节;同时还要抓住事物的本质和主要方面,写出结论的推理过程。

上述四个方面是调研报告的基本特点。一篇好的调研报告应该是这四个特点的有机统一。

第三节　党政机关调研报告的类型

调查研究门类繁多,表现各异,因此调研报告的分类也有多种。不同类型的调研报告,其格式与写法总体上大致相同,但由于强调的重点和要求不完全一样,其格式与写法也有一定的区别。下面,就简单介绍一下党政机关调研报告的类型。

一、从文字表述形式上划分

从文字表述形式上来说,党政机关调研报告大体可以分为这样几种类型。

（一）专题调研报告

这是一种最常用、形式多样、不拘一格的调研报告形式。主要是调查研究者围绕某个问题、某种倾向、某类现象、某种做法、某一典型或经验,通过专题调查研究,有针对性地进行集中论述,提醒领导机关和读者在平时工作中加以注意。

（二）调查报告

这是调查研究者以书面形式向领导机关和广大读者汇报自己调查研究成果的一种研究文章形式。主要是在大量真实可靠的调查材料的基础上,通过透彻的分析研究,反映工作的真实情况,提出新的观点和有价值的建议,促进工作的加强和改进。

（三）理论研究

这是调查研究者在统计分析的基础上,对调查资料进一步进行有系统的思维加工的方法。理论研究的目的在于从调查资料中引出理论、观点来,并对研究假设进行检验。

（四）可行性论证

这是对党政工作某些政策制度的合理性和可行性进行论证的一种调研报告形式。在基层主要是对现行政策制度的实行情况进行调查研究探讨,向领导机关反馈,作为党政工作改革创新的参考。

之所以区分这些类型,是为了说明调研报告的写作方法,在写作实践中其界限并不是很明显的,往往是根据需要选用一两种或几种形式并用。

二、按调研报告内容的性质划分

从内容的性质上来说,党政机关调研报告大体可以分为这样几种类型。

（一）反映情况调研报告

反映情况型调研报告的功能是向读者反映情况,提供信息。主要就调查对象的某一方面或几方面情况做较为具体深入的调查,摸清情况,理出头绪,把握特点,并将调查所得客观、真实地提供给读者,一般不做议论。

这类调研报告,主要用于反映某一地区、某一领域或某一事物的基本面貌,目的在于报告全面的情况,为决策者制定方针政策、规定任务、采取措施等提供决策依据和参考。

（二）经验性调研报告

这类调研报告,主要用于对先进典型进行深入调查分析后,提炼出成功的经验和有效措施,以指导和推动工作。

知识链接

古代军事指挥与调研

　　调查研究在军事中的作用不需要强调,因为战略分析和战术侦察都属于广义的调查研究。《孙子兵法》中"知彼知己,百战不殆"已成名言。在古代记录战争的史籍中,关于调查研究的记录比比皆是。以人们所熟悉的赤壁之战为例,曹操下书于孙权曰"今治水军八十万众,方与将军会猎于吴",孙权手下"莫不失色",要求投降。独周瑜对孙权说:"(这些人)不复料其虚实,便开此议,甚无谓也。今以实较之,彼所将中国人不过十五六万,且已久疲……甚未足畏。"显然周瑜对曹军的实际情况进行过认真的调查研究,所以有必胜的信心。后来周瑜、诸葛亮这两位善于通过调查研究而"知彼知己"的统帅指挥孙刘联军以少胜多打败曹军,也就在情理之中了。

（三）先进典型调研报告

　　这类调研报告,其功能是向读者提供现实生活中成功或失败的大型个案,通过对典型个案的深入调查,不但了解事情的过程、效果(结果),还要分析形成这种情况的主客观原因,从而帮助读者认清事物的真相,学习到可供借鉴的经验或可以吸取的教训。这类调研报告既要有大量事实,又要有作者的分析和观点。

（四）反映新生事物调研报告

　　这类调研报告,主要是用于报告和评价新生事物,帮助人们提高对新生事物的认识。新生事物往往代表着事物的发展趋势,因此,在写作这类报告时要抱着热情的态度给予充分肯定和积极支持。

（五）揭露问题调研报告

　　这类调研报告,可细分为两种:

　　第一种是为了研究解决工作中存在的缺点和问题,以及不良倾向等而撰写的调研报告,其目的在于揭示问题、反映情况,而不在于追究责任。

　　第二种是为了处理违法乱纪事件或严重事故等而撰写的调研报告,

这一类调研报告的写法不仅要以确凿的事实分清是非,而且要弄清性质、分清责任,提出解决和处理的具体意见。

(六)考察历史事实调研报告

这类调研报告,通常用于对某一历史现象或某一历史事件进行重新调查,用确凿的事实,揭示历史真相,作出正确的评价,还原历史的本来面目。比如为平反历史冤假错案所写的调研报告。这类调研报告的政策性和针对性较强,反映的事件往往也比较复杂。

这类调研报告,正文的内容一般包括三个方面:一是事实的本来面目;二是被歪曲的情况;三是纠正和处理的意见。

撰写这类调研报告,尤其要把事实真相与被歪曲的情况相矛盾的地方叙述清楚,要说明事实被歪曲的原因和有关的责任者。写处理意见时,态度一定要明确,办法一定要具体。如果问题正在处理和解决中,就要把进展情况写出来;如果尚有阻力,就要把阻力所在明确提出来,敦促有关部门尽快予以解决。

(七)研究探讨性调研报告

这类调研报告,主要用于研究探讨某项政策或工作,以统一认识,提出解决问题的办法。也可以用于在作出某项决策之前,进行可行性调研。其研究前提是要以大量的最新调查事实资料为基础,运用专业理论对所提出的见解和观点,从事实和理论两个方面加以分析论证,使之上升到一定的理论高度,在实际工作中具有很强的指导作用。

第四节　党政机关调研报告的格式

党政机关调研报告种类众多,由于强调的重点和要求不完全一样,因此,每种调研报告格式的写法也有一定的区别。但其格式与写法总体上相同,一般由标题、署名、提要、前言、主体、结尾、附录七部分构成。篇幅一般不超过 4000 字。

一、标题

调研报告的标题类似于新闻专访的标题,样式繁多,但无论是何种形式,总要以全部或不同的侧面体现作者的写作意图、文章的主旨。通常情况下,一篇调研报告的标题可以有规范化标题、自由式标题两种写法。

（一）规范化标题

基本格式如《关于××市强力推进软环境建设的调研报告》《省政府办公厅关于在××区农村全面开展卫生文化等公共事业建设的调研报告》《商业保险参与新型农村合作医疗试点的调查》《××县农村中学语文教学情况的调研报告》等。

（二）自由式标题

自由式标题包括正副标题结合式、陈述式和提问式三种。正副标题结合式如《打造投资兴业的"一方乐土"——对××市优化发展软环境的调查与思考》《为了造福子孙后代——××县增加教育投入调查报告》,正标题陈述调研报告的主要结论或提出中心问题,副标题标明调查的对象、范围、问题;陈述式如《我省新兴中等城市建设与发展呈现十大特点》;提问式如《向××国际旅游节学点儿什么》。

（三）标题的拟定

标题是文章的"眼睛",是立意、谋篇的纲领,是读者阅读的向导,应力求醒目、简洁、生动。

一是用设问、反问拟题。如《国家级贫困县招商引资靠什么》《我市××县"村治模式"何以引起广泛关注》等。

二是用夸张拟题。如《撑起更大一片天》《"合作"起来天地宽》等。

三是用比喻拟题。如《让"朝阳产业"魅力四射》《为传统手工业插上现代化"翅膀"》等。

四是用对偶拟题。如《在"勤"字上下功夫,在"省"字上作文章》等。

五是用数字拟题。如《"八项措施"保障残疾人利益》《我省纺织业发展凸显六大问题》等。

六是用诗文拟题。如《要留清白在人间》《更上一层楼》等。

七是用词组拟题。如《创新·挖潜》《亲民·调解》等。

八是用语气拟题。如《重视扶持山东文化品牌刻不容缓》《我省葡萄酒市场振兴任重道远,扩大投资和消费仍是当务之急》等。

二、署名

标题下面署名,署上调查研究单位或作者个人姓名、所在工作单位。也可以署名"×××课题组",课题组成员名字可在文章后面注明。

三、提要

调研报告一般不写提要,但由于一些党政机关工作的特殊性,也可以通过提要让领导迅速了解报告内容,以节省阅读时间。由于提要是调研报告全文的缩影,要以极简洁的笔墨,勾画出全文的整体面目;提出主要论点,揭示调研成果,简要叙述全文的框架结构。提要可只简要地叙述成果(看法、意见、数据、结论等),对调研手段、方法、过程等均可不涉及。文字篇幅一般控制在300字以内。

四、前言

前言,也叫导语、引言或总题,是调研报告的开头部分,要精炼概括,直切主题。有以下三种写法:第一种是写明调研对象的历史背景、大致发展经过、现实状况、主要成绩和突出问题等基本情况,进而提出中心问题或主要观点;第二种是开门见山,直接概括出调研的结果,如肯定做法、指出问题、提示影响、说明中心内容等;第三种是写明调研的起因或目的、时间和地点、对象或范围、经过与方法,以及人员组成等调查本身的情况,从中引出中心问题或基本结论。

五、主体

主体是调研报告的核心部分。是前言的引申展开,是结论的根据所在。

（一）主体结构

一是按照内容安排结构,如:"成果—具体做法—经验"式结构,多用于介绍经验的调研报告;"事件过程—事件性质结论—处理意见"式结构,多用于揭示事件是非的调研报告;"问题—原因—意见或建议"式结构,多用于揭露问题的调研报告;"情况—成果—问题—建议"式结构,多用于反映基本情况的调研报告。

二是根据逻辑关系安排结构,如纵式结构、横式结构、纵横式结构。其中,纵横式结构最常为人们采用。

（二）主体内容

一是调查到的事实情况,包括事情产生的前因后果、发展经过、具体做法等(基本情况)。

二是研究、分析事实材料所揭示的事物本质及其规律(思考启示)、特点。

三是提出具体建议或应采取的一些具体措施(对策建议)。

主体部分一定要内容丰富,结构安排力求简洁明快、条理清晰。

六、结尾

结尾也叫结论。调研报告可以有结尾部分,也可以没有结尾部分。

一般来说,有四种情况需要写结尾:

一是主体中没有提到的问题、希望、要求、建议等,需在结尾中提及。

二是主体报告情况,介绍经验,需要结论。

三是有附带材料需要加以说明的,如一些典型材料、专题报告、统计图表等。

四是附带说明有关情况,如调查过程中遇到的一些情况,主体中没有提及,需在末尾加以说明。

无论采用哪种形式,都必须简洁有力,切忌拖泥带水。

七、附录

附录是调研报告的附加部分,视具体情况而存在。主要内容有:

有关调查内容和调查工具的附录,包括问卷、量表、主要计算公式、抽样方案、主要数据和正文中未用的图表、数表、计算机程序等。

文献目录,即列出有关材料、参考资料和书籍的出处,以便于读者查阅。

第九章
党政机关调研报告的撰写步骤

撰写调研报告与撰写其他各类长文章一样，有一定的步骤。必须按逻辑顺序动笔，按步骤进行，不论写哪一种类型的调研报告，都应该按照五个步骤进行：确定报告主题，精心选择材料，拟订详细提纲，撰写报告成文，修改报告。

第一节　确定报告主题

主题是调研报告的灵魂，主题是否明确、是否有价值，对调研报告具有决定性意义。抓不住主题，会前功尽弃。报告的主题既然这么重要，就应在确定主题上下功夫，选不到理想的主题决不走第二步。选主题，不是空选，也不是乱选，而是要紧紧围绕调查得来的全部资料选。要通过对资料的认真分析，找出带有规律性的东西，得出正确的结论，从而确立报告的主题。

一、确定主题的步骤

确定主题由选题和确定观点两个步骤组成。

（一）选题

选题是发现、选择、确定、分析论题的过程。所以选题一般表现为调研报告的标题。选题是认识过程中已知领域与未知领域的连接点。它既表现为已知的，是在以往认识基础上产生的；又表现为未知的，是以往认识活动所未解决的。它既反映了现有知识的广度和深度，又反映了未知领域探索的广度和深度。

成功的选题不仅能使作者用较少的时间和精力，积累充分的材料，有目的、有计划地调整自己的知识结构，确定必要的分析方法，而且还是调研报告适时对路的前提条件。选题失误，即使调研报告表述完美也会影响其社会效益和经济效益。

选题的途径一般分为两种：领导征集或外单位委托、作者自选。选题的关键是处理好分析对象的意义、服务对象的需求和作者的主观条件。

（二）确定观点

观点是调查研究者对分析对象所持的看法与评价，是调查材料的客观性与作者主观认识的统一性，是形成思路、组织材料、构成篇章的基本依据和出发点。观点是在材料充分的基础上形成的。它的思维过程是对调查材料的分析—综合—再分析。随着认识的不断深入、认识水平的不断提高，观点渐渐产生。因此观点的确定一般要经历萌发、深化、形成三个阶段。

在观点形成过程中，遵循的原则如下：

1.立论要新颖。观点是认识的逻辑概括，要用简单语言把自己的新认识阐述出来。

2.分析要深入。要从实际调查的情况出发，分析不可以先入为主，也不可以从某观念和政策条文出发。

3.分析要具体。要从具体的现象、数字入手,在调研材料上面做文章。抓住事物的特殊性进行分析,从中找出代表性的内容,并力求观点内涵丰富。

二、确定主题应注意的问题

确定主题应注意以下几个方面的问题。

(一)调研报告的主题必须与调研主题相一致

一般说来,调研的主题就是调研报告的主题,因此选题是调研主题确定的关键。调研主题在调研之初即已基本确定,而调研报告的主题观点则产生在调查分析之后。

(二)要根据调查分析的结果确定观点并重新审定主题

有的情况下,调研报告的主题不一定就是调研的主题。这主要是因为,调研主题涉及面宽或问题较多,因而需要重新确定主题以缩小原题的范围;在调研主题的范围内有些情况和问题因材料不充分,或调查分析较肤浅、没有把握,而需要重新确定主题;在调查分析过程中发现调研主题缺乏新意或价值不大,须依据实际应用价值重新确定。

(三)调研报告的主题不宜过大

为便于反映问题,主题要相对小些、短些,且宜集中;与标题协调一致,避免文题不符。

第二节　精心选择材料

主题确定了,就要善于选择最有说服力的事实把它表现得丰满有力。首先,要选取与主题有关的材料,舍弃与主题无关的材料,使主题集中、鲜明、突出。其次,要经过鉴别,精选材料,不仅使每一份材料都能有用,而且能以一当十。

一、选择材料的原则

选择材料必须满足以下几个原则。

（一）集合性原则

就是把调查材料当作客观情况的集合来研究，并确定这一集合所应包括的材料范围和类别。

（二）典型性原则

典型性原则也叫代表性原则。在材料分类的基础上进行的第二步选择就是选择出最有代表性、最能反映问题本质的典型材料。具体做法是：首先找出哪些是说明主要问题的材料，哪些是说明次要问题的材料。在同是与解决主要问题有关的材料之中，再分出哪些是最能反映问题的本质和主要观点的；哪些是可以作为旁证和辅助材料的；哪些是可有可无的。在同是说明次要问题的材料中，也用同样的方法把材料分开，然后把可有可无的材料舍去。

（三）基本量原则

一个物体有长、宽、高、体积、重量等各种量，一个人有身高、体重等多种量。任何一个事物都有它的基本的数量概念和关系。一切事物的性质或质量总是和一定数量连在一起的，没有数量也就没有质量。数量关系变了，在一定的条件下，事物的性质也要发生变化。各种各样的决策，也都是以统计所提供的大量数据作为依据的。因为事物的发展顺序总是先定数量，再定质量，是量和质的统一。数量界限搞得正确与否，直接影响着质的规定性。因此，我们在进行调查研究时必须研究事物的数量关系。

（四）"七要素"原则

19 世纪末，美国的联合通讯社（简称美联社）总经理斯通提出，美联社发出的每一条新闻报道都必须能够回答五个 W（who/when/where/

what/why)——何人、何时、何地、何事、何故,也就是人物、时间、地点、事件和起因。后来又增加了一个 H(how)和一个 M(meaning),就是经过、结果和意义。在新闻学里,这些被称为新闻事实的"七要素"。这"七要素"也应该成为对调查研究材料的要求。

二、精心选择所需材料

收集材料要"韩信将兵,多多益善";选择材料要精益求精,以一当十。对材料的选择,是由感性认识上升到理性认识的第一个环节。

一是选择与观点一致的典型材料。观点和材料,应当水乳交融,不应油水分离。观点要统领材料,而不能与所列材料无关;材料要论证观点,而不能游离于观点之外。

二是选择最能反映事物本质特点的典型材料。要善于筛选那些反映事物的本质和规律的典型事例、典型数字、典型语言。

三是选择对比鲜明的典型材料。新与旧、美与丑、善与恶、真与假都是相比较而存在,相斗争而发展的。对比材料选择得好,就富有说服力。

对调研报告材料的选择,还要注意:

一是运用典型材料说明观点。典型材料是最具代表性的材料,显示着事物和现象的某些本质特征,有着以一当十的力量。

二是运用综合材料说明观点。将一组有可比性的材料进行对比(今昔、新旧、好坏、内外、先进与落后、正确与错误等),能使观点更加鲜明突出,从而增加说服力。

三是用精确的统计数据说明观点。统计数据具有很强的概括力和表现力,恰当地加以运用,可以增强调研报告的准确性、科学性和说服力。

三、认真鉴别所选择的材料

对选择后的材料还要进行认真鉴别,以去除虚假的、不合实际的材料。这要注重从以下三个方面来考察:

一是真实性。这是鉴别材料的第一条标准。

二是情理性。就是要合乎情理。在这里首先是指我们应该共同遵守的伦理道德规范，再就是指一个"度"字，即适度就合情，超度就不合情。真理再向前迈一步就成了谬误。所以人的思想和行为，都要合乎一定的分寸，否则就变得荒谬了。

三是全面性，就是看材料是否从各个角度反映了事物，不能只用那些虽然真实但片面的材料。要坚持两点论，善于从正反两方面考察事物。

四、选择材料应注意的事项

选择材料还要注意以下两点：

一是人和物的关系。在材料的取舍上，不能见物不见人。比如，介绍一个单位的先进经验，不能只罗列一堆成绩、摆出一串数字，必须介绍这个单位的领导班子是怎么抓的、群众是怎么干的、根本经验是什么。就是说，要看到人的活动、人的典型言行、人的精神面貌。

二是详和略的关系。人们不熟悉的、急于了解的、意义很深的、生动感人的例子和典型应多写细写，闪光的细节更是要不怕多费笔墨；一看就明白、一般性的说明应少写，尤其少写套话、空话、大话。

对调查材料的选择，其实就是根据调查研究的目的和工作任务的要求，对得来的材料进行鉴别、分类的一种二次加工过程，要使之系统化、条理化，成为能够反映事物总体特征及构成的全面资料。

第三节　拟订详细提纲

拟订详细提纲，是调研报告构思中的一个关键环节。提纲就是文章的"骨架"。拟定提纲的过程实际上就是把调查材料进一步分类、架构的过程。提纲的特点是它的内在逻辑性，要求必须纲目清晰、层次分明。

调研报告的提纲有两种：一种是观点式提纲，即将调查研究者在调查研究中形成的观点按逻辑关系——地列写出来;另一种是条目式提纲,即按层次意义表达上的章、节、目,逐一地写成提纲。也可以把这两种提纲结合起来拟订提纲。

一、调研报告提纲的拟订要求

一是要有全局观念。要从整体出发去检查每一部分内容在调研报告中所占的地位和作用,看看各部分的比例分配是否恰当,篇幅的长短是否合适,每一部分能否为中心论点服务。

二是要从中心论点出发决定材料的取舍。要把与主题无关或关系不大的材料果断舍弃——尽管这些材料来之不易。有所失,才能有所得。所以,我们必须时刻牢记材料只是为形成自己调研报告的论点服务的,离开了这一点,无论多好的材料都必须抛弃。

三是要考虑各部分之间的逻辑关系。初学撰写调研报告的人常犯的毛病是论点和论据没有必然联系,有的只限于反复阐述论点,而缺乏切实有力的论据;有的各部分之间没有形成有机的逻辑关系;有的材料一大堆,论点不明确,这样的调研报告都是不合乎要求的,是没有说服力的。为了有说服力,必须有论点有例证,有虚有实,理论和实际相结合,论证过程有严密的逻辑性,拟订提纲时要特别注意这一点。

二、拟订调研报告提纲的步骤

下面简单阐述一下拟订调研报告提纲的步骤:

第一步,先拟标题。

第二步,写出总论点。

第三步,考虑全篇总的安排:从几个方面、以什么顺序来论述总论点,这是调研报告结构的骨架。

第四步,大的项目安排妥当之后,再逐个考虑每个项目的下位论点,直到段一级,写出段的论点句。

第五步,依次考虑各个段的安排,把准备使用的材料按顺序编码,以便撰写时使用。

第六步,全面检查,作必要的增删。

三、拟订调研报告提纲应注意的事项

在拟订调研报告提纲时还要注意:

一是调研报告写作一般要求提纲拟到以下层次:

前 言

一、……

二、……

三、……

……

结 语

二是拟订调研报告提纲有两种方法:一是标题式写法,即用简要的文字写成标题,把这部分的内容概括出来。这种写法简明扼要、一目了然,但只有作者自己清楚。调研报告提纲一般不采用这种方法编写。二是句子式写法,即以一个能表达完整意思的句子把该部分内容概括出来。这种写法具体而明确,却费时费力。但这种方法便于阅读、理解,所以应该多采用这种编写方法。

三是提纲拟好后,还有一项很重要的工作不可疏忽,就是对提纲的推敲和修改。这种推敲和修改要把握以下两点:一是推敲题目是否恰当;二是推敲提纲的结构,即先围绕所要阐述的中心论点或者说明的主要议题,检查划分的部分、层次和段落是否能够充分说明问题,各层次、段落之间的联系是否紧密,过渡是否自然;然后再进行客观总体布局的检查,对每一层次中的论述顺序进行"微调"。

四、调研报告提纲范例

标题:关于溧河镇教育状况的调研报告

前言

农村教育是关系整个教育事业的一项大事。2012 年 10 月至 11 月，我们对全镇中小学及部分农民、村镇干部进行了走访、调查，获得了关于溧河镇教育状况的第一手资料，初步了解了溧河镇教育的现状和各方面存在的问题。我们试图通过了解、分析、研究这些材料，寻求一条符合溧河镇教育的发展之路。

正文

一、调研目的：通过同农民、教师、村镇干部等阶层交流，初步了解目前溧河镇教育现状和各方面所存在的问题。我们试图通过了解、分析这些信息来寻找一条符合溧河镇发展现状的教育之路。

二、调研时间：2012 年 10 月—11 月

三、调研地点：溧河镇农村中小学及部分村镇

四、调研方式：访谈法、问卷调查法

五、调研对象：教师、农民、村镇领导

六、调研内容：关于溧河镇农村教育状况

七、调研中发现的问题：

（一）关于教学硬件

（二）关于教育收费

（三）师资现状分析

（四）关于学生流失现象

（五）关于教育管理体制

（六）关于教学内容现状

（七）关于乡村学校负债情况

（八）关于社会教育的思考

八、调研结论

第四节　撰写报告成文

这是党政机关调研报告写作的行文阶段。要根据已经确定的主题、选好的材料和写作提纲,有条不紊地行文。撰写过程中,要从实际需要出发选用语言,灵活地划分段落。

一般要做到:结构合理;报告文面规范,具有审美性和可读性;通俗易懂。

一、结构要求

调研报告的结构一般包括三部分:基本情况、存在问题、对策建议。

报告的开头要概述此次调查研究的经过、时间、范围,对哪项工作或哪项工作的哪个方面的问题,进行了怎样的调查,开了什么范围的座谈会,走访了多少基层单位和人员,达到了什么目的,等等。

正文第一部分要把基本情况说得详细一些,但也不能把调查来的材料全都写出来,要进行筛选。筛选标准就是材料与后面的分析、观点等是否有联系,没有联系的材料就要舍弃。有很多调研报告,根据需要有“主要特点”这一部分,实际上是基本情况的特点。这部分可以放在基本情况介绍中,也可以单写。如果“主要特点”单写,基本情况部分就可以简写。

第二部分是存在的问题。一般来说,一个大问题总是由若干个小问题组成的。每个小问题都需要大量的归纳、分析,证实确实存在着报告中指出来的问题,且这个问题非常严重,必须解决。同时,必须分析产生问题的各方面原因,为最后提出解决方法做铺垫。比如,每到冬季,残疾人供暖问题就是一个十分敏感的问题。交不上供暖费的多,与供暖单位产生摩擦的多,上访的多。如果对这一问题开展调研工作,就要搞清楚有多少残疾人不交供暖费以及不交供暖费的原因,多少残疾人是有钱不交,多少残疾人是确实交不起,多少残疾人家庭因交不上供暖费无法供暖,还可以举具体小区、具体居民户的实际事例。还有就是供暖政策问题，有没有对贫困残疾人的特殊优惠政策。本地没有，外地的有没有，能不能借鉴一下外地的做法？要认真分析原因，只有原因找准了，才能确定好的解决方法。

第三部分是对策、建议。要以先进的理论做指导，把所有的材料反复地进行分析，再看看其他地区或国际上的经验，一定能找到解决的方法。提出的方法要具体、有步骤、有可操作性。调研报告的解决问题部分，应该含有解决方案的内容。然后按照设定方案一步一步地做下去，问题就能够迎刃而解。

二、文字要求

一般情况下，调研报告要求文风朴实。在语言表达上要求，一是书面化，用词力求准确，尽量少用口语化的表述方式。但是被调查对象反映事物的典型语言，应在调研报告中选用。二是规范化，讲究用词规范，尤其是方言土语的运用一定要准确、恰当。

要结合记叙、描写、议论、说明等多种表达方式，以夹叙夹议、层层深入、引人入胜的调研报告为优。

三、逻辑要求

调研报告要做到观点鲜明，立论有据。论据和观点要有严密的逻辑关系，要条理清晰。逻辑关系是指论据和观点之间内在的必然联系。如果没有逻辑关系，事例再多也很难证明观点的正确性。用数据说明观点，能增强调研报告的科学性和说服力。用对比材料阐明观点，能把问题说得具体且深刻。

知识链接

古代侦查办案与调研

古代法制不健全,审理案件注重口供,刑讯是常用的审讯手段,屈打成招造成的冤假错案不可胜数。但也出现少数注重证据、断案公平的"青天",如唐代狄仁杰、宋代包拯、明代海瑞等。细考他们的事迹就会发现,他们之所以在破案断案中很少失误,除了自身的公正清廉外,轻口供、重证据,重视通过亲自调查研究获取第一手证据,乃是他们办案的共同特征。

四、注意事项

撰写党政机关调研报告是一个运用材料论证观点的过程,因此要注意以下三点:

一是把握段落结构。调研报告的段落结构是有规律可循的,"情况"部分的段落结构是"理论观点＋做法＋数据或事例论据","问题"部分的段落结构是"情况＋数据或事例","建议"部分的段落结构是"理论观点＋措施"。分析问题应注意运用比较法,提建议一定要条分缕析,最好用小标题引领,即要作必要的概括总结。尤其是在总结现状和提建议时,概括要更准确、条理要更清晰。

二是及时查阅资料。撰写段落具体内容时,涉及的知识会更细、更深,撰写前准备的材料可能不够用,因此,应及时利用各种渠道查找材料。

三是合理利用间接资料。优秀的文章可以"抄",但要会"抄",不能"大抄"。要做到观点是自己的,文章框架是自己的,段落是自己的,理论可以是他人的,数据、事例是从调研中得来的。

四是用事实说话。结论、观点都要建立在客观事实的基础上,切忌脱离事实、空发议论。

五是恰当运用材料。要合理筛选材料,并进行分析,切忌大量堆积材料。

第五节　修改报告

文章不厌百回改,反复推敲佳句来。调研报告的撰写当然也离不开反复的修改润色。

报告起草好以后,要认真进行修改。这一步是从头到尾作一次过细的把关、定稿工作,主要是对报告的主题、结构、材料、语言文字和标点符号进行检查,取消重复的、多余的内容,调整不科学的顺序,纠正片面性,深化思想,润色文字。在完成这些工作之后,才能定稿向上报送或发表。修改的目的是使文章达到文从字顺、用语贴切、详略得当、张弛有度。

一、修改方式

从修改方式看,要注重个人修改、领导修改与集体修改的结合。

在初稿草拟完成上交分管领导初步审校前,执笔者要修改一两遍,尽可能避免明显的错别字及语句不通的硬伤。对全局性、决策性、战略性、技术性的问题,可邀请有关方面的专家、学者进行论证,对调研报告进行修改,进一步充实、完善。

调研报告成稿后,呈报有关领导审阅,按领导要求再作进一步的修改完善。

二、修改内容

从修改内容看,每次修改都要有所侧重。

首先是修改标题。从标题润色看,要把握两个形式标准:词语押韵,句式对仗。当然,这不是绝对的,只要标题醒目即可。

其次是修改文章结构。要查看前言、正文、结尾三大部分是否齐全,是否需要修改。

接着修改内容。要检查引用资料的合理与正误；检查所用概念、所述观点是否准确；检查全篇报告是否言之成理，持之有据；检查报告的思想基调是否符合调查的目的和时代的要求。如果有错误之处或不合适之处，要予以修改。

最后是通读全篇，检查文字与语言的细微错误。修改文字、校对数据。

如果报告是多人合作撰写的，有时因为时间紧、要求急，或者因分工某一题目的人的能力有限，写起来比较吃力，负责人或协调人可以早点动手，按照既定的格式和会审的情况，起草好一部分就修改一部分。但大多数情况下，是等各部分起草之后，再进行通稿，这样便于统观全局、前后照应、一气呵成。

一篇有价值的调研报告应当是立意新颖、文辞严谨、内容精妙、说理透彻，使人读后有启发、有提高，而不是看了上页就不想再看下页，或者勉强看完觉得是浪费时间的次品。因此，一定要对报告反复进行修改，直到完全满意为止。

第十章
党政机关调研报告的撰写技巧

调查研究是做好各项工作的基本功,而撰写调研报告是这一基本功的集中展现。调研报告具有很强的指导性和工具性,也有其相对独立的一套文字表述方法和技巧。所以,党政干部要想写好调研报告,就要下功夫掌握调研报告的写作技巧,应积极探索科学化、规范化的撰写技巧。

第一节　掌握党政机关的语言特点

特殊的应用领域与应用目的使党政机关的语言具有一定的特点。了解这些特点,有助于使党政机关调研报告更有效地"表之于外,达及他人"。

党政机关语言的主要特点是:庄重、准确、朴实、精练、严谨、规范。

庄重是指语言端庄、格调郑重严肃;准确是指在表情达意时,语言真实确切,无虚假无错漏,褒贬得当,语意明确,界限清楚,符合实际,真切表达欲表达的内容;朴实是指语言平直自然、是非清楚、明白晓畅、恰如其分、通俗易懂,无浮华夸饰,无渲染,无矫揉造作,忌堆砌华丽辞藻,忌滥用辞格,讲求于平淡之中见神奇;精练是指语言简明扼要,精当不繁,去浮辞,忌冗长空泛,同时,又不苟简,即服从撰写目的和表现主题的需要,当详则详,当略则略;严谨是指语言含义确切、文句严谨、细致周密、分寸得当,忌模糊含混、语意多歧;规范是指各级语言单位的构成及组合不仅应符合现代汉语(少数民族地区使用的本民族文字的调研报告则为民族语言)的语法规则和一般的逻辑规则,而且应合乎公务活动所提出的特殊规范性要求。

上述特点体现在词语、语句诸方面以及表达、修辞、构词组句等语言运用实际活动中。

一、词语的特点

党政机关调研报告词语的主要特点是:大都为规范化的书面词语,排斥使用一般的口语词、方言词,禁绝使用生造的词语等;词语需有确切的含义,除非不可避免或特殊需要,一般不使用含义不确的词语;在音节方面,调研报告词语以双音节词为主,单音节词(如经、依、此、何、悉等)、多音节词的使用频率比其他文章稍高;有一部分词形确定、含义精确特定的调研报告专用词语;介宾词组、联合词组、"的"字词组的使用频率较高。

二、语句的特点

党政机关调研报告语句的主要特点是:含义完整确切,在文中具有较强的独立性,关键性文句脱离上下文之后仍不生歧义,不易被歧解或曲解;起铺垫、过渡作用的语句少且简短,以利直接而精当地表意;一般都有专门表达报告主题的主题句,使主题鲜明显露;陈述句多,祈使句次之,疑问句、感叹句再次之;有较多带限定修饰成分的单句,其中含复杂主语或宾语的单句比一般文章为多;泛指性无主句较多;判断句中"是……的……"形式有较高的使用频率,常用于表达作者对陈述对象的见解、态度和解释;单句多而复句较少,比较利于阅读者全面理解和准确执行。

三、表达的特点

党政机关调研报告表达的主要特点是:在表达方式的运用方面兼用议论、说明、叙述三种基本表达方式,不同文种各有侧重;直接表意不渲染、不婉曲,以保证阅读者直接快捷地获取有用的认识;只表述对解决现实具体事务有价值的事与理,以保证调研报告具有现实针对性;对现实的反映追求从本质、总体到现象、细节的全面真实,绝不作任何虚构;较强的程式化、规范性,即对同类对象所使用的表述手法、式样甚至语句都相对固定并形成一定的规范;所使用的符号系统统一通用,目前我国党政机关调研报告都统一使用通用性强的现代汉语的书面形式作为符号系统。

四、修辞的特点

党政机关调研报告在修辞方面也有特点:在其所追求的效果方面,重准确鲜明、质朴平匀、精练顺达,反对含糊暧昧、烦冗堆砌、轻浮造作,重内在美而不只求形式美;在修辞手法方面,以消极修辞手法为主,以积极修辞手法为辅,重在选词炼句及章法方面下功夫,审慎使用修辞格。

第二节　选择合适的专业词语

词语的选择就是在充分注意和把握党政机关调研报告词语特点,认真学习和占有丰富词汇的基础上,根据行文目的以及语言环境的需要,遵从语法规则,选取最准确、最贴切且有效表情达意的词语。

一、真正掌握词语的确切含义

认真辨析词语的确切含义,使词语的意义符合客观实际。可以在党政机关调研报告中采用的词语数量大、种类多,不同词语在意义和用法方面既有差别,也有联系。为此,要使调研报告用语精当必须对词语认真加以辨析,真正掌握其确切含义,否则就很有可能造成表意的失当或失误,影响报告效用的发挥。

二、充分了解词语的感情色彩

注意分辨词语的感情色彩,以正确表达作者的立场观点。在调研报告中,对事实的叙述要求客观准确,而在表明立场主张时则要求旗帜鲜明。为达到这一要求,必须注意分辨词语的感情色彩。避免对不同感情色彩的词语的误用,否则会造成阅文者的误解或降低报告的严肃性。

三、恰当运用词语的声音和语调

注意词语声音和语调对语义的影响,以提高表达效果。调研报告中的词语若能做到音节匀称,往往既可以加强气势,表现庄重严肃的色彩,给阅文者以更鲜明的印象;又容易上口,便于记忆。

汉语语音系统的特点之一是音节不多,音节出现率不均衡。这使得汉语中同音字词的数量较多。一般情况下,在阅文者主要通过视觉"看"文件而接收信息时,同音现象对调研报告并没有什么影响,而一旦当信息接收过程存在"听"的活动(在会议上"听"调研报告,通过电话"听"调研报告)时,这种现象所带来的词语的同音异义问题,就会给准确接收信息带来一定障碍。特别是在听者无从了解作者使用了同音词中的哪一个时,就难免张冠李戴并由此产生极严重的后果。

四、注意词语间的正确搭配

注意词语间的正确搭配,遵循语言法则。词语的选择要受事理逻辑、搭配习惯的制约,如随意超越这些制约,违背语言法则,就会产生差错,影响表达的效果。词语的搭配最根本的是要使表达合乎事理、合乎逻辑,同时又要注意符合语言习惯。

五、针对具体收受对象的特点选词

注意针对调研报告具体收受对象的特点选词,以"有的放矢",便于理解和执行。调研报告具体收受对象的理解能力以及与作者的关系不同,其所选用的词语也就应有所差别,否则就难免会"无的放矢",使对方难以理解,不知所云;或给对方平添困难,影响正常的工作关系。

六、根据所涉及的人和事物的特殊性质选词

注意根据调研报告中所涉及的人和事物的特殊性质选词,以获得鲜明直接的表达效果。调研报告中所涉及的人物和事物是多种多样的,人物的地位、事物的性质、出现的年代以及相互之间的关系不同,就需要用不同的词语来表达,以使表达更鲜明、更直接、更有效。

七、根据上下文的需要选词

注意根据上下文的需要选词,以维护调研报告的完整有效性。调研报告的上下文对词语的选择具有很大影响。有时为了使文气贯通、协调一致,上下文的词语需要相互照应配合;有时则为避免不必要的重复,相互制约对方选词的范围。

八、正确使用规范词语

注意词语的规范性,以提高沟通的效果,扩展沟通的范围。沟通效果的好坏与范围的大小,与调研报告中所使用的词语的规范性有密切关联,因此要正确使用正式列入现代汉语书面词汇体系中的规范词语,力戒生造或使用不规范的词语,特别是使用不规范的简称、方言土语,以及随意

改变成语的结构形式等。

注意词语的规范性,还包括有意识地认真积累和正确运用调研报告的专用词语、常用词语。对同一概念的表述应尽可能选用已在调研报告同类表达中反复运用并被实践证明最有效的词语。这样做不仅能省时间,更重要的是使表达更准确、更精练、更有效,避免错漏。

知识链接

古代皇帝的巡视和微服私访

最高统治者亲自到各地巡视,也是一种重要的调研形式。巡视兼有督察官员的作用,但更主要的目的是了解下情。

古代有作为的帝王都比较重视亲自进行调查研究。秦始皇、汉武帝、唐太宗、武则天、明太祖以及清代的康熙与乾隆,都曾经多次离开京城到各地进行巡视。秦始皇统一中国后的 12 年中,进行了五次大规模巡视,几乎跑遍了秦国的所有国土,有人估计秦始皇有一半以上的时间是在巡视中度过的。而一些昏庸无能的统治者,则很少走出京城,如三国时蜀国的后主阿斗当了 40 年皇帝,基本上没有出过皇宫。

古代皇帝微服私访不见于正史,今人不必当真,更不能对它评价过高。这是我们在了解古代调查研究工作中必须注意的。

第三节　科学组织、安排语句

同撰写其他文章一样,调研报告写作中的语句组织也不外乎在使语句通顺、合理、获得最佳表达效果三个方面下功夫,使语句通顺涉及语法问题,使其合理涉及逻辑问题,使其获得最佳表达效果则涉及修辞方面的问题。

一、对语句的基本要求

一是含义明确、清晰、完整，便于准确理解、无歧义。

二是句子成分搭配得当。

三是句子成分完整。

四是语序安排妥当。

五是合乎事理，合乎逻辑规律。

六是句式内部结构合乎规范，力争有最佳表达效果。

二、语序的安排

在调研报告中正确地安排语序，主要应注意这样几点：

一是注意尊重语序的习惯性。词中的词素、词组中的词，其先后次序有许多都必须按约定俗成的习惯排列，否则人们就看不懂，不易接受。如表达方位时，习惯于称"东西南北"，不能随意变为"西东北南"。

二是注意事理的逻辑次序。这一次序是客观事物内部规律性的反映，因而是安排语序的主要依据。

三是注意语序的强制性。语序既然受语言习惯、事理逻辑的制约，也就具备了强制性。不管是谁，要想利用调研报告清楚地表意并为人所理解，都必须服从这种约束，不随意改变语序。

四是注意语序的选择性。从局部的和具体的情况看，语序的强制性中又有一定的可选择性，只要不出现语法错误，不改变语义，为追求更佳的表达效果，也可对词语的位置作一些调整，如将状语置于主语之前等。

在调研报告中安排语序时，常作如下处理：

一是当要表达的一组并列概念之间有轻重、主次、强弱之分和大小、高低、多少之别时，应依次顺排或倒排；而无这种分别时则按一定标准（空间分布、音节多少）分门别类排列。

二是当一组概念表现由若干连续的动作、行为构成的活动过程时，一般应按时间发展顺序排列。

三是当以一组概念表现一个认识过程时，一般按由浅入深、由此及彼、由表及里的次序排列。

四是当以一个语句反映因果关系时，一般是按先因后果次序排列，只有需特别申明或突出表现原因时才先讲结果再谈原因。

五是当将语句中的一些成分提前或后置并不违反语法规则，也不改变语义而且有利于提高表达效果时，应以此作为修辞手段。调研报告中有一部分定语、状语、谓语可以提前。

六是当由于语句中几个成分的相互关系不明而出现歧义时，有时可通过改变语序消除歧义。

三、句式的选择

句式是指句子的结构形式。句中词语类别、配置方式等不同，就构成各不相同的句式。不同句式不仅语法结构各异，且有各具特色的修辞功能。在调研报告撰写中，如下几组句式的选择与调整具有一定规律性。

一是主谓句与非主谓句。由主谓词组构成的句子是主谓句，由主谓词组以外的其他词组或单词构成的句子是非主谓句。由于调研报告对语句的要求具有高度准确的特点，因此主谓句的使用频率很高，非主谓句的运用则受到一定限制，主要是使用一些无主句。无主句指不带主语或不必交代以至根本说不出主语的句子。由于调研报告具有定向表述的特点，一些意愿（禁止、希望等）的发出者和情况问题的发现者是不言自明的，因此，一旦需由其作主语时，往往可不必交代。调研报告中的祈使句往往即以无主句为主。

二是主动句与被动句。句子的主语是动作行为的发生者，这种句子就是主动句；而主语为动作、行为的接受者时，句子就是被动句。在调研报告中，这两种句子是兼而有之的，在具体写作实践中采取哪一种，一般决定于需要强调哪一方面。如果要强调动作或行为的发生者就采用主动句,反之则采用被动句。

三是长句与短句。在调研报告中阐发道理,说明事物性质(比如下定义)、状态,叙述较复杂或精细的事物时,常用长句子。因为这时句中限定修饰成分多,联合成分多,用长句子既有利于使表达更严密精确,又可以形成一种有利于突出调研报告严肃性、权威性的特殊色彩。短句在用于表达强烈感情,以及需要人们认真记忆、随时执行的要求方面见长。因此,在调研报告中表示要求和希望的文字,叙述一连串动作的文字,以及表达激动心情的文字常用短句。在其他一些需通过念读而使阅文者了解内容的调研报告中,短句也比较多。

四是完全句与省略句。在调研报告中,完全句是主要的,只有在为使语言简洁且又不会对语义造成损伤的情况下才使用省略句,而且主要是省主语,谓语、宾语根据具体情况也可适当省略。

五是紧密句与舒缓句。紧密句就是组织得紧凑的句子,舒缓句则是松弛一些的句子。二者可形成不同的表达效果,前者简洁有力,给人以集中概括的印象,有助于突出句中的某一个重点;后者则语气舒缓,感染力强,有助于表明几层意思,突出几部分重点。从一般规律上看,调研报告中紧密句更多一些,舒缓句则主要用于一些需要宣读的调研报告。当被表述的事物有多层意思且有并列的几个重点方面时,也可用舒缓句予以强调。

六是单句与复句。单句是可表示一个完整意思而不可再分解成几个分句的句子,复句是由两个或两个以上的单句组合而成的句子。在调研报告中多用单句,以便于理解和执行。而一旦被表述的事理过于复杂,也可用复句取代复杂化的单句。在使用复句时大都选择借助虚词(关联词语等)表明分句间关系的句型。

第四节　巧妙运用文学语言

文学语言追求形象实感和艺术美感,具有鲜明的形象性及艺术感染力。党政机关的调研报告不是文学创作,它总是为了现实的特定工作或为了完成特定的现实任务而撰写的,具有很强的政治性、政策性、权威性及体式的规范性、特定的效用性。调研报告的语言是一种实用性语言,要求其语言做到庄重朴质、严谨准确、简练明白,不能像文学语言那样强调独创的个性语言,可以随意地表露个人的风格。调研报告的语言重在准确地传达调研意图,有效地处理实际公务。调研报告虽然重在实用,但不能忽视语言的表达艺术,在写作中恰到好处、恰如其分地使用文学语言,调研报告会更加准确、明白、精练,从而产生更好的效果。下面从几个方面来谈谈文学语言在调研报告写作中的运用。

一、使调研报告的语言形象化

调研报告语言的形象化,并非文学作品那样通篇地描绘整体的形象,把读者带到作品所创造的艺术境界中去,而是局部运用具体可感的语言。比如用一些生动活泼的群众口头语句,恰当地运用一些修辞方法,来突出主要精神,强调重要事项,增强行文气势,加强表达效果。如:

"岗薪分离"难抚乡村干部心头之痛。目前,乡村干部所承担的工作任务与所得到的工资报酬普遍不对称。俗话说,"上面千条线,下面一根针"。

例子中用"上面千条线,下面一根针"这种形象化的语言,使叙事说理真切深刻,使抽象的事物具体化,概念的东西形象化,深奥的道理浅显化,能加强调研报告的感染力和说服力。

二、使用凝练含蓄的语言

调研报告写作使用凝练含蓄的语言,就是用最经济的笔墨来表达丰富的思想内容,做到"意则期多,言则唯少"。体现在语句运用上,一是大量运用如"购房热""旅游热""购车热"等词缀化词语,如"三个面向""费改税""普法""扫黄"等略语,如"两个确立""反腐倡廉""扫黑除恶"等热词。

二是运用借喻、统括、拈字等修辞格,如多种资金渠道的"拼盘"项目,和由于互相"钓鱼"而没有落实资金的项目(借喻);实行粮食合同定购"三挂钩"政策(统括);星火计划要上"短、平、快"项目(拈字);等等。同时,调研报告也不排除使用富有深刻哲理和韵味的语句,创造出含意深邃的意境。如《商务局商务发展调研报告》中有一段话就体现这些特点:

落实好国家促进消费的各项政策,让更多的居民享受到优惠政策。继续开展"家电下乡""家电以旧换新"和"家政服务"工作,鼓励企业举办节假日购物节,开展各种促销活动,深化"百城万店无假货"活动,加大"农超对接工程"实施力度,巩固"万村千乡"成果,扶持承办企业配送中心和乡镇自营店建设,提高农家店现代信息技术应用率、农村覆盖率和商品配送率。

三、使用平实的语言

语言要平实,不加粉饰,并非要写得千篇一律。语言同样忌讳呆板、枯燥、无趣,应多用新鲜有变的语句和灵活多样的句式。《卫生所党小组安全工作先进事迹材料》中有一段话就体现这些特点:

人生的舞台在哪里?人们常常感到茫然,常常发出这样的追问。可是,在这群共产党员身上,你会得到明确的答案,那就是他们事业常青的秘密!是啊,不管岗位多么平凡,祖国需要,人民需要,社会需要就是一个人施展才华的广阔天地!身为共产党员,在他们身上集中体现的是一种强烈的责任感和使命感!

要使调研报告的语言新鲜多样,就要善于发掘生活中丰富的语言宝藏。积极积累的词汇多了,写出的调研报告才不会"简单化"。同时,还要注意句式,使之长短参差,整散交错,松紧相宜,各得其所。

四、借助语言本身的声调及节奏

要借助语言本身的声调及节奏,通过语气的连贯、音韵的协调、结构的匀称、句式的整齐,构成声音形象,增强语言的声律美,增强调研报告的可读性。

五、注意文学语言运用中的问题

一是要找到适用的文体。有的调研报告,如反映情况的调研报告等,只求准确,不讲究文采;只求自然,不加粉饰,使受众得到无疑的概念,以便照办。然而有的调研报告,如先进人物调研报告等,其生动性还是很重要的。适当地运用生动活泼的文学语言,能增强文章的说服力,从而发挥应有的作用。

二是使用文学语言要有度,不能滥用。使用文学语言要与内容结合得比较自然,不能游离于义外,使用后也不能产生歧义。因为调研报告语言的生动性,首先依靠事例的典型,内容具体,语言才能生动。反之,如果滥用文学语言,文字花哨臃肿,概念模糊不清,经过了"艺术加工"的事理,只能在艺术感受中去领悟,这样就失去了调研报告的严肃性、权威性和实用性。

总之,调研报告写作中使用文学语言要做到恰到好处、恰如其分,文学语言的运用要符合其体式和内容,要与通篇文稿有机地统一,只有这样才会写得富有文采,才能更好地发挥它的作用。

第十一章
经验性调研报告

经验性调研报告在调研报告写作中占了很大比例,可以说是调研报告中的"重头炮"。经验性调研报告是对社会上某一个问题或事件进行专门调查研究之后,将所得的材料和结论加以整理而写成的书面报告。

这种调研报告的特点是内容具有鲜明的代表性、科学性和政策性,结构严谨,夹叙夹议,语言简洁。撰写这类调研报告,不仅要说明某项工作、活动产生的历史条件、经历的阶段和发展的过程,而且一般还要较为详细地介绍它的具体情况、所遇到的具体问题和解决问题的方法,以及取得的成绩和推广的意义等。

第一节 指导示范性经验调研报告写作

指导示范性经验调研报告是经验性调研报告的一种类型。这类调研报告的写作,要有典型性,重点突出指导示范性,对全面工作具有极大推动作用。

这类调研报告主要是总结经验向上级反映或向下级推广。比如某一个单位、部门、个人在某一方面创造出先进经验，机关根据领导的要求和上级有关指示精神，去深入调查研究，找出带规律性的东西，加以总结，写成报告，上报下发。这是一种既受领导欢迎又受群众欢迎的调研报告，也是一种用典型指导工作的有效方法。实践证明，党政机关写这种类型的报告越多，工作就越活跃，发挥的作用就越大，有着广泛的指导意义。

一、指导示范性经验调研报告写作要求

指导示范性经验调研报告写作要求主要有几点。

（一）调查对象要典型

调查对象是否典型，不仅直接关系到指导示范性经验调研报告的成败，而且关系到党政机关的威信以及思想政治工作的效果。一般来说，指导示范性经验调研报告的写作任务都是"受领"的，要么是上级机关为了开展某项政治教育活动，为了配合某项工作任务派人到基层调查了解，树立典型，整理成文上报；要么是本单位工作突出或涌现了先进个人，受到上级表扬，于是单位领导责成某人写成报告上报。无论哪种情况，撰写者都面临着一个选择典型、认识典型的问题。

典型就是旗帜，就是导向。典型的力量，在于它的示范、导向作用。而要真正达到"一个典型就是一面旗帜"，在选择典型时我们就要充分考虑以下几种情况。

1. 时代性。结合时代特征，考察典型是否具有时代性。也就是说，确定的典型要有崭新的精神风貌，要体现出时代精神的某些方面，其经验应是大家普遍遇到的、长期没有很好解决的问题，解决的办法也应是改革性的办法。

2. 普遍性。根据党政机关在一定时期的中心工作，考察典型是否具有普遍意义，对工作是否具有指导推动作用，是否具有宣传和推广的价值。

3.真实性。严格审查典型本身的情况,如是否具有真实性。

4.有效性。只有客观真实的指导示范性经验,才能更管用,也更有针对性、指导性。切忌不明真相、以偏概全或弄虚作假。

(二)选题要立足主要任务和现实需求

经验是为时代服务的,是为政治服务的。经验材料具有时代性,除了要认真关注国内外大事外(因为国内外大事常常是时代变化的前兆,是时代发生重大变化的引发点),还要把握以下几个方面:

1.把握住当前国家建设的总体目标。发展市场经济,建设有中国特色社会主义的总体目标,是党和国家的大局,代表着时代发展的方向,牵动着时代变化的进程。必须把握这个大局,在这个大局下行动。

2.把握住当前广大群众的主要需求。时代变化牵动着群众的主要需求,群众的主要需求又集中反映时代的要求。总结经验时若能体现群众的需求,就有广泛的群众基础。

3.把握住当前党政机关发展的主要任务。作为党政机关的每一个单位,都需要时刻关注这个主要任务,指导工作的经验也要回答为完成这个主要任务而奋斗的做法。

4.把握住当前制约本单位发展进步的主要矛盾。主要矛盾是工作的着眼点,也是取得经验的价值所在。及时总结解决主要矛盾的经验做法,大家都需要,具有普遍的指导价值。

(三)主题要有统揽全篇的灵魂

主题是调研报告的中心思想,是灵魂。只有主题选准了,撰写出来的调研报告才能真正活起来,具有巨大的导向性和推动力。指导示范性经验调研报告找准主题思想有以下途径:

1.从党和政府领导人的总体要求中找依据。党和政府领导人对党政机关的要求带有全局性、根本性,从领导人的要求中找思想,总结的经验符合全局性、根本性的要求,就有了根,就能站得住。

2.从上级关注的问题中找答案。上级关注的问题,是一个时期内单位的重点问题,从中找出思想,能引起上级的关注,也是党政机关的急需。

3.从广大群众创造的经验中提炼。群众创造的经验,首先是从解决问题入手的,带有很强的实践性,也很管用。要从中抽出思想,进而总结经验,如此操作性就强。

(四)内容要反映事物的本质和规律

指导示范性经验调研报告中所介绍的某个经验,要反映事物的本质和规律。本质和规律揭示得越深入,这个经验就越深刻。经验要很好地反映事物的本质和规律,需要搞清三个问题:

1.搞清单位、个人的历史状况和现实情况,也就是他们过去怎么样、现在又怎么样。

2.搞清经验的主体与其他单位和个人的关联,看他们是怎样处理单位与单位之间、个人与个人之间矛盾的,从而透过现象看到本质。

3.搞清经验的性质,要弄明白经验的重要意义,对象是谁,有何作用。

(五)经验要为广大群众所认同

总结经验,推广经验,目的是深化认识,指导工作,使点上的经验在面上开花,形成规模效应。衡量某种经验的价值,不能只看领导叫好,还必须让广大群众叫好,让他们感到通过努力学习能做得到,实践起来很管用。因此,总结经验一定要考虑到经验的适用性。除思想和精神外,在类型上,应是党政机关的主体,照顾到单位和人员的广泛代表性,没有广泛性就缺乏指导意义;在基础上,不能落差很大,否则就会丧失学习的信心;在给予的条件上,不能有特别的优惠,否则就不能使人服气;在背景上,应处在相似的条件下,如果背景差异很大,经验很难学得了。

(六)经验要经得起历史的检验

经验要站得住,推得开,叫得响,关键在于材料的真实。只有真实,才能经得起时间的检验。把经验材料弄准确,一要多亲自调查,少道听途说;二要多人把关,当事人、本单位领导、总结经验所在单位的直接领导机关都应对材料进行把关,防止因个别情节失实而影响整体经验的可信度。

知识链接

盖洛普民意测验

美国民意调查机构——美国舆论研究所进行的调查项目之一。

盖洛普民意测验是指由盖洛普设计的用以调查民众的看法、意见和心态的一种测试方法,它常常被各大媒体用于代表民意的一种表现方式。这种民意测验是由测验的发明者、美国统计学家乔治·盖洛普(George Gallup)命名的。民意测验每年举行 20—25 次,总统大选年略多。调查内容包括政治、经济、社会等。它采用抽样调查方法,在全国各州按比例选择测验对象,派调查员面访,然后统计调查结果,分析并作出说明,提供给用户。这种民意测试的特点是用简单的随机取样法并且试图把偏差度保持在最低。

盖洛普民意测验从 1930 年就开始存在,并且常常被新闻记者用于获得社会统计数字。早期的盖洛普民意测验通常包含一些问题。几年后出现的方法论对此有了很多的改进。

二、指导示范性经验调研报告写作方法

指导示范性经验调研报告展开和表达经验的写作方法主要有以下几种。

(一)按时序和工作先后来展开和表达

任何工作的展开,在时间和步骤上都有一定的顺序。报告的撰写者从某项工作的开始进入,依据工作展开的先后步骤,探寻在每个阶段需要解决的问题,并从中引出具有指导意义的经验。这种类型报告的特点是:时序清晰,阶段体现明确,人们不仅可以从整体上把握工作开展的全过程,还能从每个时空或工作上把握其工作特点和经验。

采用这种思路展开和表达经验要把握的原则和要领是：问题要依照次序展开，按照顺序表达。报告撰写者在材料构思中，首先，要对能否按顺序展开和表达进行确定。因为按时序表达材料一般都比较平淡，不容易出新，因此一定要慎重。其次，展现这种按照顺序的材料也有多种类型。有的是按时间先后顺序展开的，有的是按照事物发展阶段的先后过程展开的。不管哪种形式，这种表达方法总的特点是帮助人们认清在每个阶段、步骤上应该注意什么和干什么，并且形成连续不断的整体印象，把握住体系的控制和发展。

（二）通过对问题因果连线的分析来展开和表达

原因往往比成果更能教育人、启发人，因此，只有通过追根溯源的因果分析，才能深刻地感觉和理解宝贵的经验。报告的撰写者可以先提出问题，然后或是通过被调研单位自己对问题的认识、对矛盾的解决，来具体表现其经验；或是通过对问题的分析探寻被调研单位成绩取得的原因和经历的艰辛，从中引出具有普遍指导意义的经验。

采用这种方法，要把握的原则和要领是：在因果连线的分析中给人以启示。报告撰写者在材料构思中，首先要选取人们关注的、比较有典型意义的问题来进行分析，这是引出有指导性观点的关键。其次在表达上可根据不同情况采取不同的样式：可以在层次观点中同时把原因结果一并体现出来，这样做的好处是比较直观、紧凑；可以只讲原因，形成有因必有果的强烈印象；也可以只写成果，让人们从成果追溯原因，从中了解和感受其工作路数和力度；还可以只提出所面临的具体问题或矛盾，围绕某一个焦点，在具体叙述内容中展现出被调研单位的经验，从而给人以启示和教育。

（三）从逐层面的分析研究中展开和表达

任何事物和工作不仅有宽阔的横面，也有多层面的纵深。我们只有坚持逐层面的分析研究，才能使我们的认识不断深化，使工作不断向纵深推进。报告撰写者通过逐层面的分析研究展开和表达被调研单位某个方面的情况,从而引出认识或有效开展工作的经验,其好处是可以增加经验的纵深,具有一定的厚度,可以帮助人们深化对某个问题的认识,并掌握事物发展规律。

采用这种方法的原则和要领是:逐层深入,不断推进。报告撰写者在材料构思中首先要考虑如何围绕主题,从纵的方向上由浅入深地进行逐层分析。展现的层次越多,对问题的揭示和经验的表现就会越深。其次可以采取多种方法,有的可以围绕一种倾向进行逐步深入的剖析,有的可以从做工作的先后顺序上逐步深入,有的可以从递进的工作过程来逐步深入地反映工作经验。

(四)通过对动机与效果的连带分析来展开和表达

动机与效果的有机统一,是人们所追求的理想目标。报告撰写者可以通过对被调查单位在工作中的思想动机与实际效果的连带分析和研究,展开和表达调研报告的思路,引出对人们开展工作的有益经验。这种类型的特点表现在:动机与效果相连,引出观点直观可信,对端正人们的指导思想、掌握处事艺术具有较强的可借鉴作用。

采用这种方法要把握的原则和要领是:力求动机与效果的一致。报告撰写者在材料构思中,首先要考虑所写的内容是不是有体现动机与效果一致的经验。其次要加强动机与效果之间的连带分析,以引出对人们有指导示范性的经验。

第二节　借鉴启发性经验调研报告写作

借鉴启发性经验调研报告,是经验性调研报告的又一种类型。这类调研报告的写作,要重点抓住借鉴启发性,全面收集、深入挖掘生动而又丰富的素材,总结概括有益的经验。

一、借鉴启发性经验调研报告写作要求

借鉴启发性经验调研报告写作要求主要有以下几点。

（一）确定广泛的调查面

调查是总结经验首要的、关键的一步。在具体调查中，一要选好途径和方法。重视对事情经过的调查，以事查情；重视对了解情况的人的调查，以人查情；重视对发展过程的调查，查清其发展脉络。二要先粗后细。在时间允许的情况下先把主要情况搞清，在此基础上，抓住有用的线索，把来龙去脉搞清楚。调查研究的过程中，要防止道听途说、不作核实，面面俱到、面面不细，罗列事例、没有细节，光有成果、没有过程等现象。三要善于发现重要线索和闪光语言。一个重要线索往往是一个生动的事例，发现了就要顺藤摸瓜，把情况详细搞清。要把群众的生动语言及时记录下来，加以概括、加工和深化，使其具有典型性。四要善于较真。关键的情节、容易引起争议的细节，一定要多方核实，力求准确无误。

（二）精心提炼主题

借鉴启发性经验调研报告的主题如何，直接关系到它的效果。然而主题不是凭空产生的，而是从大量的材料中提取出来的，是对全部材料思想意义的高度概括。

1. 要特别重视主题的现实指导意义。这是借鉴启发性经验调研报告的特殊作用所决定的。借鉴启发性经验调研报告中的"典型经验"，要求完全真实，诉诸的是原则和指导。因此，借鉴启发性经验调研报告的主题，要充分考虑党政机关工作的实际，回答工作中要求回答的问题，加强指导性和针对性，真正发挥典型经验的借鉴启发作用。

2. 确定的主题必须新颖，能与时代主题同频共振。借鉴启发性经验的导向作用，要求我们所提炼的主题必须新颖，具有新鲜感和时代气息。也就是要与时俱进，紧跟形势，把握时代脉搏。经常起草经验材料的人都

有一个体会:找准一个主题思想是一个艰苦的过程,有时会反复多次。

3.确定的主题必须深刻,能回答解决现实问题和矛盾。主题是我们对借鉴启发性经验由感性认识升华为理性认识的产物。它要求有思维的深刻性、现实的针对性。提炼主题时,要从思想内涵上去开掘和把握,从历史的高度发掘借鉴启发性经验的前瞻性和历史意义,找到能"牵一发而动全身"的关键点,提炼出凝练深刻的主题。

(三)讲究表达方式

借鉴启发性经验调研报告要注意"脱套去陈、自出机杼",防止雷同呆板、千人一面。

1.合理确定结构。材料结构的划分,必须服从服务于突出主题。正所谓"一星中立,众星拱卫"。因此,在提炼层次标题时,一是要从主题思想出发,明确和研究它对每个层次为体现主题所赋予的表达任务,适度、准确地在标题中表达出来。二是坚持局部服从服务于整体,为深刻表达主题增光添彩。

2.精选切入角度。角度,通常是指观察事物、表现事物的立足点和着眼点。先进典型经验材料的表现角度,既是观察、透视典型经验的取景窗,也是从经验的某一侧面揭示和表现材料主题思想的突破口。总的来说,选择切入点要小,通过"一滴水折射出太阳的光辉";要巧,出其不意,让人感到新鲜、独到;要准,最有利于表达主题。只有角度选择得新颖准确,才能使主题和材料的表达不落俗套。

3.注意语言的个性特点。借鉴启发性经验调研报告不是文学创作,所以它的语言应该以朴实、准确为要,不应过分渲染或过多修饰。借鉴启发性经验调研报告运用的表达方式主要是叙述和议论。同时,借鉴启发性经验调研报告除在一定场合进行宣传和刊登外,还有一个重要的任务就是向上级机关"报告"情况,为领导者提供信息,为他们制定政策和指导工作服务,所以它的语言必须准确、平实,不能运用"文学笔法"。

4.注重技巧变化。一是在构思材料结构时,要注重新颖,不能同以往的同类材料有雷同。二是在各个层次的写作展开进入上，要讲究变化，增强多层次进入的整体效果。清代《论文偶记》中指出："一集之中篇篇变，一篇之中段段变，一段之中句句变，神变，气变，境变，音节变，句字变。"一份经验材料，要想写得条理清楚，必须层层分析，步步深入，最好用小标题来表达。

二、借鉴启发性经验调研报告写作方法

借鉴启发性经验调研报告有以下几种写作方法。

（一）通过分析工作的指导思想和方法的转变来表达经验的启发效应

在改革开放不断深入的今天，人们的思想观念、工作方法要有新的转变。调查者应在调查的基础上，总结概括出被调查对象在某项工作或某个方面之所以取得成效，是因为其观念、理念的变化，指导思想的正确，工作方法的创新，并具体提炼出新思想观念和新工作方法。这样来表达这种颇具借鉴启发意义的经验，不仅时代感强，使材料富有全新的深度，而且对人们更新观念、把工作推向新的阶段具有很强的借鉴性。

采用这种方法要把握的原则和要领是：注意转变，讲究创新。要求在材料的构思中，首先，要分析所写单位或个人在工作指导思想和工作方法上有没有发生转折和改变的内容，不能随意杜撰。其次，写转变可有两种类型的转变：一是工作指导思想的转变，其特点是为了适应形势变化的要求，其主要表现为从传统向现代的转变，从保守到创新的转变；二是具体工作方法的创新，其特点是注重提高效率，表现为从工作偏颇转向全面，从方法呆板转向方法灵活，从方法欠妥转向正确，等等。

（二）通过分析典型事例背后的潜在意义来表达经验的借鉴意义

在报告写作中，用事实说话，不仅仅是发挥用事实来作证明的作用，还有一个重要方面，就是探究典型事例背后潜在的意义，引出具有深刻内

涵的观点。作者选择一些蕴藏着深刻含义的实例,进行分析探究,展开和表达思路,引出对现实工作开展具有借鉴启发意义的观点和经验。这种方法的特点表现在:透视感强,使人接受教育自然而深刻;层次观点与文字表达具有吸引力,易于触发读者深思。

采用这种方法展开和表达经验应把握的原则要领是:透过表面看深层,探究潜在的意义用来指导工作。作者在构思材料中,首先,要从诸多典型经验中选择具有厚度和有潜在意义的经验作为分析表达的对象。这种经验本身似乎流露出某些信息,但又隐藏其中需要探究。其次,要注重从背后探究潜在的意义。要从另外一个角度引出对指导工作有价值的思路和观点。在表达方式上,有的只把典型经验摆在读者面前,有的则是把典型经验和探究潜在的意义同时表达出来。无论哪种方式,一个共同的要求就是要让人们从典型经验中看出潜在的意义,得到有益的启示。

(三)从系统分析与深入思考中来表达经验的借鉴与启示

引发思考,深入探讨,是获得真知灼见的有效途径。作者在采写单位或个人的经验时,如果能够从被调研单位或个人所取得实际工作成绩的过程中,抓住一些具有普遍意义的矛盾,引发思考,展开分析,从中引出有借鉴启发意义的观点,并以此来展开和表达经验,将更具有针对性和现实性。这种写作方法的特点是:分清是非,激发人们动脑筋思考问题;追根溯源,使思考呈现理性化;思维发散,便于集思广益;总结体会,更加条理和全面。

采用这种方法要把握的原则和要领是:重在展开思考问题,贵在得出有益的启示。在构思材料中,首先,要考虑所写的内容中有没有能够引发读者思考的问题。这方面主要包括:似乎是一致的,但又有区别、容易出现混淆的做法。其次,是对启示在表达方式上因思考的内容而异。有的是只提出思考的问题,但不标出启示,留给读者按题思考得出答案的思维空间;有的将思考的问题和得出的启示一并表达,目的是以自家的研究成果引发大家展开讨论,从而把研究引向深入。

（四）围绕分清破和立的内容来表达经验的启示意义

哲人告诉我们：不破不立，要破立结合。在现实生活中，新的思想和观念要靠破除旧观念和不健康的心理束缚才能牢固树立，新工作方法要在破除老的套路和习惯做法中才能产生和推广。报告撰写者可以围绕一组组破与立的内容展开和表达经验。这种方法的特点是：破立分明，变革精神强，所表达的观点对阅读者的视觉有很强的冲击力，对实际工作的指导作用较大。

采用这种方法需要把握的原则和要领是：破立相对，态度鲜明。在构思中要注意两个问题：

一是对采用这种方法的内容要严格把关。过去在"左"的思想影响下，到处都是"破"字当头。现在处在改革开放新时代，选用破立式所涉及的主要内容是：在改革进程中要排除的某些思想障碍和弊端，在创新中需要摆脱和更新的传统观念和不正确的想法。

二是对破和立的内容和观点，要注意政策性，不能滥提口号，要做到破得有理且应该，立得有利于发展。

【参考范例】

湖泊治理保护的生态样本
——关于洱海面源污染防治情况的调研报告

洱海是云南省第二大高原淡水湖泊，是大理市主要饮用水源地，是大理人民的"母亲湖"。自20世纪80年代以来，由于周围开发过度，生态破坏严重，入湖污染负荷不断增加，1996年和2003年，洱海两次暴发蓝藻，特别是2003年7、8、9三个月洱海水质急剧恶化，透明度降至历史最低（不足1米），局部区域水质下降到了地表水Ⅳ类。农业农村面源污染是洱海的主要污染源，化学需氧量、总氮、总磷污染负荷入湖贡献率分别占流域的 90％、72％、68％。

洱海的污染引起了云南省委、省政府及有关部门的高度重视,大理州委、州政府重新审视经济社会发展与生态环境保护的关系,果断采取了各项重大举措,2006 年至 2012 年,洱海水质连续 6 年总体稳定保护在Ⅲ类,其中有 31 个月达到Ⅱ类,2012 年有 5 个月达到Ⅱ类。大理作为一个欠发达地区,有 9 个国家级贫困县,2 个省级贫困县,推动发展任务十分艰巨;而洱海流域又是滇西中心城市核心区,是大理重要的人口聚居区,经济发展与环境保护矛盾突出。在这样的条件下,大理州从面源污染的源头抓起,全面实施流域综合治理,狠抓落实并取得成效,洱海成为全国城市近郊保护得最好的湖泊之一,特别是面源污染治理成效显著,对于全国的面源污染防治和湖泊的治理保护具有重要意义。

一、洱海面源污染治理卓有成效的工作

一是全面开展村落污水、垃圾处理设施的建设。实施村落"两污"(污水、垃圾)处理设施建设缓解了洱海富营养化进程,促进洱海流域生态系统逐步实现良性循环。大理市采取"集中与分散处理相结合,以集中为主要处理手段"的布局,建设大、中、小型垃圾处理系统;采用人工湿地、土壤净化槽、一体化净化槽等一系列低投资、低成本的处理方式,初步形成了覆盖城市和乡村的"两污"处理网络。建成环洱海截污干渠 69.4 公里,片区污水收集支管网 602 公里,垃圾处理场 2 座,小型垃圾焚烧炉 54 座。初步建立起"农户缴费、政府补贴、源头分类、桶装收集、定时清运、分类处理"的农村垃圾收集模式。

二是积极调整洱海流域农业种植结构。治理农田面源污染,结构性控污力度弱是全国都面临的困难。大理从实际出发,稳步推动农业产业结构调整,建设生态高效农业。将玉米、烤烟为重点的旱作面积逐步扩大到 40％ 以上,压缩高污染蔬菜、大蒜作物种植面积 4 万亩,积极推广应用生物菌肥、有机肥和控氮减磷优化平衡施肥技术,累计推广控氮、减磷测土配方施肥技术 216.67 万亩,开展无公害农产品基地认证面积 100 多万亩,认证绿色食品 13 个。

三是广泛推广绿色养殖模式。洱海流域全面实施禁牧厩养,建成"一池三改"(建沼气池、改厕、改厩、改厨)三位一体沼气池 8984 口,堆粪发酵池 3.72 万立方米,年可收集发酵畜禽粪便 58720 吨,减少粪便流失 15000 吨,直接减少污染物排放 35000 吨。对流域畜禽粪便收集处理企业给予政策和资金扶持,建成投产年处理畜禽粪便 80 万吨、生产 30 万吨肥料的大理顺丰有机肥料厂,年处理 21.9 万吨的大理市海东垃圾焚烧发电厂即将投入运营。

四是启动洱海生态修复工程建设。全面实施洱海"双取消"(取消洱海机动渔船动力设施和网箱养鱼设施)和"三退三还"(退耕还林、退塘还湖、退房还湿地)治湖体系。共取消洱海网箱养鱼 11184 箱、退耕还林 7274.5 亩、退房还湿地 1705.8 亩,恢复并保护环洱海湖滨带 58 公里,建成罗时江河口湿地、东湖邓北桥湿地、才村湿地等万余亩。积极开展主要入湖河流水环境综合整治和水土保持,治理流域水土流失面积 189.8 平方公里。全面实施洱海水量生态调度,将洱海正常来水年的最低生态运行水位从原来的 1962.68 米提高到 1964.3 米。实行全湖上半年休渔制,增加鱼苗投放种类,优化鱼类种群结构,维护湖泊生态系统生态平衡。

二、洱海面源污染治理的基本经验

一是全面、系统地开展流域综合治理。首先是确立科学、系统的综合治理思路。坚持从湖内治理为主向全流域保护治理转变,从专项治理向系统的综合治理转变,以专业部门为主向上下结合,各级各部门密切协同治理转变,从工程治理为主向工程治理和生态修复相结合转变。其次是坚持规划引导。先后编制了洱海流域保护治理、洱海绿色流域建设与水污染综合防治等一系列专项规划,2012 年又启动了《大理州实现洱海Ⅱ类水质目标三年行动计划》。最后是狠抓落实。大理先后两次对《大理州洱海管理条例》进行修订,公布实施了一系列配套管理办法,基本形成洱海保护治理的法规体系;成立统一指挥、综合协调的洱海综合治理领导小组,完善了以市级行政主管部门为主体的多层级流域基层管理模式,流域各乡镇都成立了洱海管理所或环保工作站;在中央和省的大力支持下,多方筹集资金,累计投入洱海保护治理资金24.04亿元。

二是紧紧依靠科技进步和科学的方法治理面源污染。大理在工作中特别注重环境保护的科学研究,组建了"洱海湖泊研究中心",开展了国家重大水专项"洱海富营养初期湖泊水污染综合防治技术及工程示范项目"7个课题研究。制定了洱海水质监测方案和农业面源污染监测方案,将原来每年3期6次的洱海水环境监测增加到每月一次,实行每月监测报告制度。布设了20个农业环境监测点,对农业面源污染进行全面监测和综合分析;每月一次对洱海主要入湖河道水质进行监测,定期不定期召开洱海水质分析会,为对症施治提供科学依据。

三是坚持因地制宜、积极探索体制机制的创新。针对洱海多年来一直分属大理、洱源两市县,带来体制不顺,管理协调任务重的实际情况,大理州将原来隶属洱源县的江尾、霜廊两个乡镇划归大理市,并把州洱海管理局调整为市属市管,整个洱海由大理市统一负责管理,理顺了管理体制。首创了"河长制"和"环境管理风险抵押金制度",将环境质量目标责任制度落实到人。设立覆盖沿湖乡镇的洱海管理所或环保工作站,聘请1300多名垃圾收集员、河道管理员、滩地协管员。创建了农村垃圾清运模式(农户交费、政府补助、市场化运作),告别了长期以来垃圾入湖的生活习惯。针对地方财政不足的现实情况,创新了投融资体制,建立了按财政增长比例增加对环保投入的机制;提高水资源费的收取标准,并将其全部用于洱海的保护治理;广泛吸纳社会资金投入洱海保护治理。

四是广泛动员全社会共同参与。大理州要求各级各部门发挥部门优势,密切配合,相互联动,狠抓治理工作落实;同时,建立重奖重惩责任制,层层实现风险抵押和一票否决制,实现了州、县市、乡镇、村四级联动。大理充分发挥人民群众在洱海保护治理中的主动作用和主观能动性,大力营造全社会参与洱海保护的良好社会氛围。大理把洱海保护纳入国民教育,编写乡土教材。从 2009 年起,大理把每年 1 月定为"洱海保护月"。

三、洱海经验对全国面源污染防治工作的启示

一是做好全国的面源污染防治工作是大有希望的。洱海的经验告诉我们,大理作为一个发展中地区,经济条件一般,科技实力相对落后,一样能将洱海治理好。各地区、各有关部门和单位只要能够真正提高认识,增强责任感和紧迫感,把面源污染防治工作摆上重要议事日程,加强组织领导,完善政策措施,落实目标责任,特别是增加资金投入,加强能力建设,提高科技支撑,面源污染防治工作就一定能取得实际成效。

二是面源污染防治工作要创新理念、科技支撑、因地制宜、全面治理。洱海的经验告诉我们,农业、农村发展必须创新发展观念、拓宽发展思路、转变发展模式,要认识到生态环境也是生产力,也可以出效益,要走代价小、效益好、排放低、可持续的科学发展道路。面源污染防治要依靠科技进步,积极探索体制机制创新,发动人民群众,因地制宜,全面、系统地治理。

三是面源污染防治工作要更加重视生态系统的恢复。应该看到,洱海的水质得到改善,但原有的水生生态系统还处于退休期,尚没有完全恢复。自 20 世纪 70 年代至今,洱海的水生生态环境已发生了很大的变化,原有的生物群落结构遭受破坏。浮游植物种类减少,多样性下降;浮游动物数量剧烈波动,总体呈现下降趋势,呈现小型化,生物量的减少使藻类水华风险加大;沉水植被退化严重,面积萎缩,群落结构简单化。相对于水质的改善,生态系统的恢复将是时间更长,任务更加艰巨的工作。

(摘编自《人民日报》2012 年 11 月 28 日)

以"美丽乡村"建设引领"就地城镇化"
——海南省澄迈县城镇化之路调研报告

在城镇化过程中实现城乡一体化建设,是我国现代化建设的重大任务,没有"三农"的现代化,就没有全国的现代化。习近平总书记在 2013

年考察海南时指出:"小康不小康,关键看老乡。"这句朴实的话语,揭示的是最深刻的道理。"三农"现代化的一个根本抓手,是城乡一体化建设,城乡一体化建设的一个根本抓手,则是走好农村的城镇化发展之路。提出并践行城镇化而不是城市化的理念,正表明中国已坚定决心,要走出一条避免重蹈国外城市化建设中反复发生的"城市病"覆辙的新路。这条新路,最理想的结果,就是使海量农村人口有序转移,宜城则城,宜乡则乡,尽可能做到"离土不离乡"。中国正在进行的这场深刻的城市化运动,堪称世界上迄今为止最宏大的城市化运动,成功与否,不仅事关中国的前途命运,而且事关世界的繁荣发展。近年来,海南省澄迈县坚持"就地城镇化"理念,对破解"离土不离乡"问题进行深入实践探索,取得了显著成效和有益经验,值得重视。

一、城镇化的基点在县域小城镇

中国的城镇化之路,究竟以哪里为基点?国外通常的办法,即转移出来的农民向大城市聚集,这是各国的必由之路吗?带着这些问题,调研组踏上了澄迈调研之途。

在和澄迈县领导座谈时,围绕城镇化问题,大家热烈讨论习近平总书记2013年4月在海南考察时提出的"美丽乡村"建设的重要思想,同时讨论了习近平总书记2013年7月在湖北考察时提出的"农村绝不能成为荒芜的农村、留守的农村、记忆中的故园"的问题。县委班子成员对习近平总书记的这些思想高度认同、心得很深。他们对我们说,中国的城镇化一定不能只注重大城市的发展,不能把农民都往大城市赶,转移出来的农民,还是要按照"离土不离乡"的原则就地安置,不然,走国外过度城市化的老路,必然导致国外那种"城市病",一边是萧条败落的乡村,一边是富人区与贫民窟并存的畸形大城市,人满为患、治安不宁、交通堵塞、空气污染,生活成本越来越高、生活质量却越来越低,经济、社会、环境乃至政治的成本和代价难以预计。

澄迈县、镇两级领导形成共识:从澄迈的实际情况看,城镇化的重点应放在澄迈县域内小城镇的发展上,这些小城镇是城乡的连接点,有利于实现城乡在基础设施和公共服务方面的共建共享。如果以这些小城镇为依托,通过发展生产和增加收入,加强基础设施建设,发展社会事业,提高农民自身素质,改变生活方式,农民就可以像城市人一样享受现代化的工作、学习和生活条件,实现"就地城镇化"。

在"就地城镇化"的思路下,澄迈人理顺了城镇化发展思路,即通过发展现代农业和乡村休闲旅游业,鼓励农民在家门口自主创业或以土地使用权、房屋使用权等固定资产入股合作,开发乡村公园、农家乐、乡村旅馆、休闲养生馆、放心菜园、果园采摘、劳动体验、特色农产品销售等旅游服务业,提高农村常住人口中从事非农生产人员的比例,实现农民生产和生活方式的就地转化。为促进"就地城镇化",澄迈坚持规划先行,结合各地的自然禀赋,打造具有不同特色的现代农业和乡村休闲旅游业。

澄迈县历史悠久,是海南历史文化古县,海南传统文化重要发源地。自西汉元封元年(公元前110年)置县,至今已有2123年历史,是西汉时期海南三大历史名邑(即玳瑁、紫贝、苣中)之一,史脉久远,人文炽盛,境内文物古迹众多,古村落遍布县域各地。位于金江镇美榔村的美榔双塔建于元朝初年,是全国重点文物保护单位,具有重要的历史文化价值。位于老城镇的罗驿村,是世界上最大的用火山岩建造的古村落,自南宋1256年建村延传至今,已有800多年历史,是海南省有名的历史文化古村;该村走出了一位古云南丽江的知府,他返乡后,依照丽江古城样式再建了古罗驿村,罗驿村堪称海南的丽江城。澄迈将"美丽乡村"建设规划,融入对这些古村落的保护和修复中,城乡统筹,有力带动了这些古村落及周边的发展。如今,像美榔村和罗驿村这样古朴天成的美景,每天都吸引许多游客前来参观旅游。目前,澄迈正在实施对这些古村落集中连片整治修复的工程,并筹划申报世界历史文化遗产,作为"美丽乡村"建设的精彩亮点。

位于澄迈县北部的福山镇,环境空气质量优良,是种植咖啡的理想基地,也是海南省最早种植咖啡的地方。当地农民以传统方式种植和炒制的中粒咖啡为咖啡上品,享誉海内外。澄迈以咖啡为抓手,打造咖啡文化,建设福山咖啡文化风情小镇。这一我国首家以咖啡文化为主题的风情镇项目,总体规划范围约76平方公里,集世界咖啡种植文化观赏、咖啡交易中心、世界咖啡口岸、咖啡制作观摩品尝区、陶艺制作创意体验区、休闲娱乐度假于一体。2013年1—10月,来到福山咖啡文化风情镇品咖啡的游客约有89万人次,省外游客25万人次,境外游客10万人次。咖啡文化风情镇的建立和发展,大大促进了周边村庄的"就地城镇化"进程。例如,毗邻的向阳村基础设施得到很大改善,村庄与咖啡文化风情镇一体融合,环境优美,风韵独特,游人如织,多种产业和家庭旅游收入可观,68户村民过上了离土不离乡、幸福指数很高的城镇化生活。

在建设福山咖啡文化风情小镇的同时,澄迈还打造了台湾风情小镇、欧洲文化风情小镇、地中海文化风情小镇等,这些风情小镇各具特色,绿色、低碳、宜居、宜业、文明、富裕。这些小镇将用小火车连通,小镇及周边的村庄,连片形成就地城镇化的美丽风景,使澄迈成为海南新的旅游目的地。据统计,2013年上半年澄迈县旅游接待人数125.9万人次,同比增长114.4%;旅游收入6.28亿元,同比增长147.5%。

澄迈就地建设小城镇,既促进了传统农业向现代农业转型,依托这些小城镇发展起了专业市场、特色市场,也带动了农村二、三产业发展。目前,澄迈已重点打造出三条"美丽乡村"带,以此为纽带,计划串连县域内的村、镇、开发区和农场,使产业聚集区和人口聚集区之间,形成传统与现代、城市与乡村互为依托、相互支撑的空间格局。

"就地城镇化",农民离土不离乡,必然要求城乡统筹建设发展,相应地带来了农村现代化基础设施建设的旺盛需求,路网、供水网、供电网、通讯管网、垃圾处理网、污水处理网以及公共文化设施等基础设施建设日新月异,"美丽乡村"建设纳入了城市建设的统筹方案。

二、关键是打下新的安身立命的根基

人往哪里去,也就是转移出来的农民,如何留得住,有保障,生活好,也是调研组的问题。我们意识到,"就地城镇化"问题,说到底是使人就地"转型"的问题,其中的关键,是要有新的产业承接兜底,使惯于务农的农民,在"就地城镇化"过程中转型为新产业的自食其力者,从而打下新的安身立命的根基。澄迈的实践令我们鼓舞。

澄迈"美丽乡村"建设的突出特点,正是注重产业带动和支撑,帮助传统农民转型。"以工业化思路发展农业",让"美丽乡村"成为一个"整体性可经营的商业品牌",这是澄迈的雄心壮志。为此,澄迈采取多项措施,积极推动农业现代化,千方百计发展新型农业,振兴农村经济。

在《澄迈县"美丽乡村"建设工作总体方案》中,促进乡村经济发展的具体措施很多。比如,发展新型农业。以创建国家现代农业示范区为基础,重点培植特色农业、包装农业、旅游(观光)农业、彩色农业、外向型农业。以澄迈火山岩红土地罕见富含微量元素硒为亮点,建设"开心"农场,开展消遣性农事活动,农民利用当地的优势条件开辟活动场所,提供生产生活设施,即将土地作细致切割,每块农田占地 0.1—0.2 亩,由周边市县游客和外地游客认领种植,也可以由当地农民有偿代为种植,成熟瓜果由地块所有者自由支配。再如,发展特色林业。因地制宜,突出特色,村庄周围,房前屋后,种植珍贵树种或果树,在三条"美丽乡村"带上打造出一批咖啡村、福橙村、槟榔村、椰林村、花梨木村、沉香村等。又如,发展长寿产业。借助澄迈是世界长寿之乡、中国长寿之乡的品牌,开发长寿康体休闲项目、长寿康体休闲旅游线路、老人用品和富硒保健品等。提升城乡基本养老保障水平,完善公共养老中心、敬老中心设施建设,等等。

根据"以发展工业理念发展农业"的原则,澄迈持续加强农业的品牌化和标准化建设。2009 年至 2013 年,坚持"围绕品牌抓农业"工作思路,把注册商标与品牌打造作为农产品销售和促进农业增效、农民增收的一项重要工作,把商标品牌做精做强,努力走出"打造一件商标、带动一个产

业、富裕一方百姓"的品牌发展之路。经过 4 年"商标富农"探索实践,累计有效注册涉农商标 1033 件,其中著名商标 18 件,成功打造福山咖啡、澄迈福橙、澄迈福牛等一系列优势特色农业品牌,有力促进了全县农业经济快速发展,实现农民增收农业增效。如今,澄迈的沙土地瓜、福牛、白莲鹅等特色农产品的种养示范点已全省开花,成为广大海南农户的致富法宝;福山咖啡、福橙等也成为澄迈周边市县农民的摇钱树。由此形成的整个农业—工业—商业—旅游—消费的产业链,成功吸纳了大量转移出来的农民,"旧式"农民在转移中成功转型,找到了新的用武之地。

可以说,切实推动农业现代化,并将特色农产品销售与乡村休闲旅游相结合,发展新型农业——通过一、二、三产业的全面带动,增强乡村自我"造血功能",做好产业承接这篇大文章,以多种产业支撑促进农村经济发展,有计划、有步骤地引导、推动"美丽乡村"建设,正是澄迈的成功之道。

同时,澄迈注重推动大中城市优质资源向中小城镇乃至中心村延伸。例如,澄迈积极打造海南生态科技新城,开出了一片新天地。海南生态科技新城走产城融合的新型城镇化之路,通过发展新型工业、现代农业和现代服务业解决农民的就业问题。新城内建设农园,发展观光休闲农业,既为新城提供服务配套,又解决部分农民就业。对原土地上的农民进行就业培训,成立服务公司吸纳农民就业;为下一代农民提供更好的教育机会和条件,使他们成为新城重要的后备人力资源。目前,园区凭借日渐凸显的环境、政策及服务三大优势,吸引了包括中科院云计算中心、印度 NIIT 集团、浪潮、惠普、东软、中软、长城信息、久其软件、展创光电等 294 家企业落户园区,初步形成数字医疗、地理信息、旅游信息化、物联网应用、高端电子制造、服务外包以及动漫创意等七大业务板块的产业格局,产业集聚快速形成。2011 年园区实现产值 33.9 亿元,2012 年实现产值和软件外包服务收入超 65 亿元,2013 年将努力实现生产总值超 100 亿元,力争容纳 4 万—5 万软件工程人员,向国家软件产业基地的目标迈进。位于澄迈的中航特玻材料有限公司的发展也令人振奋,这是我国唯一能够生产飞机机窗玻璃和高铁车窗玻璃的国有控股企业,填补了国内玻璃生产的重大空白,就是这样的大型高科技企业,其物流、包装、检测、运输等业务,也为吸纳当地农民转型就业作出了实质性的贡献。

三、城乡基本公共服务均等化是硬指标

据统计,2012年全国常住人口城镇化率是52.6%,但户籍人口城镇化率是35%,两者相差17.6%。这说明,有相当一部分转移到城里的人,在就业、医疗、教育、养老等诸多公共服务方面,并未真正享受与城里人同等的待遇,处于被城市边缘化的状态。因此,调研组认为,是否实现城乡基本公共服务均等化,是衡量"就地城镇化"成功与否的重要因子。"就地城镇化"后,农民的工作、学习和生活条件,特别是在享受公共服务方面,究竟能达到什么水平,有没有一个可以评估的指标,是调研组十分关注的问题。

可以明确地说,澄迈的"美丽乡村"建设,是有这样的硬指标的,澄迈在"美丽乡村"建设中,将教育、医疗卫生、社会保障、文化体育、电力通信、金融等基本公共服务的城乡均等化统筹建设,并将之作为促进城乡一体化的关键环节和基本前提。

澄迈从2008年起,就开始实施并持之以恒地抓"8+2民生工程"(教育、医疗卫生、社会保障、就业、住房、文化建设、电信服务、金融服务8个方面,以及富民增收、社会主义新农村建设2个工程),作为澄迈推动城乡基本公共服务均等化的重大举措。

"8+2民生工程"覆盖澄迈全县城乡,并注重向"三农"倾斜,取得了重要成果。比如:

率先全省实施"十二年义务教育三免四补"政策,从2010年秋季起,将"三免二补"升级为"三免四补",即免除十二年义务教育学杂费、课本费、住宿费,补助学生作业本费、职校和中技学生生活费、住宿贫困生生活费、贫困生助学金。

率先全省实现村村有标准卫生室目标,2012年,全县投入1179万元

建设 142 家标准化村卫生室,覆盖率达 93.7%,医疗健康信息化项目全面实施,建成了连接 177 家村卫生室、20 家乡镇卫生院、3 家县级医疗机构以及卫生局的覆盖城乡、一体化的医疗健康信息化网络,创造了农村卫生试点改革县镇村一体化的"澄迈健康模式"。

率先全省创建国家公共文化服务体系示范区,推进农村"两场一室"(标准篮球、排球场,文化室)覆盖所有行政村和 500 人以上自然村,实现数字广播电视村村通,完成全县所有行政村农家书屋建设。

率先全省实行分散供养和社会供养相结合的养老体制机制,对建省后被征地农民实行养老保险政府财政全支付,同时由政府财政予以老年生活保障补助。此外,城镇居民医疗保险补助标准从每人每年 200 元提高到 240 元,新农合参合率 99.8%,城镇居民养老参保率 99.6%,新农保参保率 95.6%。60 周岁以上人口基础养老金发放率达 100%,每月给 80 岁以上老人发放长寿补贴。后来,当地又把 100—104 岁老人长寿生活补贴费提高至 800 元/月,105—109 岁老人长寿生活补贴费提高至 1000 元/月,110 岁以上老人长寿补助提高至 1500 元/月。

率先全省实现所有行政村通宽带,从 2010 年起,在全县 11 镇、177 个村(居)实施推进宽带村村通工程,2012 年继续投入 2380 万元,加快实施工程进展,有线宽带覆盖全县所有行政村居委会和半数以上自然村(463 个),基本实现有线宽带、无线宽带城乡全覆盖。

率先全国实现金融便民服务延伸到所有行政村,截至 2013 年 11 月,累计安装 823 部 POS 机(刷卡消费终端),发放借记卡 8 万多张,通过"一卡通"的方式将 47 项财政支农惠农资金直接划入补贴对象,惠及 8 万多户农民。

同时,澄迈生态建设与经济发展齐头并进,注重新能源(生物质能源、风电等)、绿色建筑和现代信息技术等在乡村基础建设上的应用,把生态环境资源优势作为产业运营资本,以"低碳发展模式",实现生态经济与环境治理相互依托、相互促进。立足对"绿色崛起"的正确理解,澄迈扎实推进"生态现代化"建设,促进经济社会与环境全面、协调、可持续发展,以创新思路保护生态,狠抓以生态林业、生态海洋、生态农业、生态工业、生态旅游、生态文化、生态家园、生态人生为内容的"八项工程",强力发展绿色低碳经济。注重在乡村发展各种类型的生态产业,以加强农村"造血功能",通过乡村旅游、休闲农业、生态林业、休闲娱乐等产业发展,既美化人居环境,又推动农民致富。让农村更美、让农民更富,构建"与资源环境相协调的农村生产生活方式",打造"生态宜居、生产高效、生活美好、人文和谐"示范典型。

截至2013年11月,澄迈人均预期寿命77.79岁,分别高出全省、全国平均水平4.77岁、6.59岁;百岁以上老人215人,占总人口的38.05/10万,超出中国和联合国"长寿之乡"规定存活百岁老人7/10万、7.5/10万标准,成为名副其实的"中国长寿之乡""世界长寿之乡"。澄迈广泛开展创建亲老敬老活动,帮老助老、敬老爱老蔚然成风。党委政府制定了一系列政策措施解决老有所养、老有所医、老有所乐等问题。中国长寿之乡、世界长寿之乡的荣誉,不仅是澄迈生态环境优良的有力证明,也是"美丽乡村"建设的最好标志。

党的十八届三中全会强调指出,必须健全体制机制,形成以工促农、以城带乡、工农互惠、城乡一体的新型工农城乡关系,让广大农民平等参与现代化进程、共同分享现代化成果。澄迈以"美丽乡村"建设引领"就地城镇化"的理念和实践,无疑是符合中央城乡一体化建设总布局精神的一个有说服力的案例。

(摘编自《红旗文稿》2013年11月25日)

到群众中去 拜人民为师

——关于上海杨浦区推行"一线工作法"情况的调查

为建立机关干部直接联系服务群众制度,推动基层组织建设年各项工作,2011 年底,我们会同上海市委组织部对杨浦区推行"一线工作法"情况作了专题调研,先后分类召开了市区组织部门和区"一线工作法"领导小组办公室、街镇领导、委办局领导、机关干部、社区干部、居民代表等专题座谈会;查阅了有关制度文件和台账资料;实地参加了有关社区居委会"一线工作法"联系群众工作日集中活动,走访慰问了困难党员家庭。在此基础上,形成了这个报告。

一、主要背景

杨浦区地处上海中心城区东北部,面积 60 多平方公里,常住人口 130 万,是中国近代工业和高等教育发祥地,区域内有高校 14 所,在校大学生、博士硕士生占全市的近一半。杨浦区实行"一线工作法"的背景:一是区域转型发展。从 2003 年上海市作出建设杨浦知识创新区的决定,到 2010 年被确定为首批国家级创新型试点城区,杨浦区经历了从"工业杨浦"向"知识杨浦"的历史嬗变,改革转型加剧了利益关系调整,加剧了高智力群体、普通劳动者"二元"结构态势,使得新老矛盾同时集聚,各阶层群众诉求相互交织,迫切需要上级党组织服务凝聚群众,增添发展"动力"。二是民生有待保障。杨浦作为老城区,经过多年改革发展,国有企业从 1200 家锐减到 200 家,产业工人从 60 万下降到 6 万,各类社会救助对象列全市中心城区第一,二级以下旧里和棚户区占全市 1/4,旧改、就业、救助压力增大,基层积聚着大量民生问题,迫切需要上级党组织回应群众诉求,解难题保民生。三是干部需要"补课"。据统计,全区 58.1% 的处级干部和新进机关年轻干部没有基层经历,普遍感到"本领恐慌",深入基层不够,对群众感情不深,不会做群众工作,迫切需要上级党组织引导干部到基层接受锻炼、提升能力,担当起发展重任,不负群众期望。

针对上述情况,杨浦区于 2005 年初推出"一线工作法",大体经历了三个阶段:一是萌芽阶段。20 世纪 90 年代,每年冬夏两季区级领导班子成员带领部门干部,集中深入到各街镇、居委会听取群众意见。二是创设阶段。2005 年结合先进性教育探索推出"一线工作法",组织领导干部、机关干部定时定点走访街镇和居委会,解难题、办实事,并建立长效化联系服务制度。三是发展阶段。近年来,特别是 2010 年以来,将组团式服务纳入"一线工作法",实行各级各类党组织和党员干部普遍走访、联系服务,形成全天候、全方位、全领域、全覆盖格局。

二、做法特点

杨浦区"一线工作法"可概括为"四个一线",即知民情,情况在一线了解;解民忧,问题在一线解决;聚民智,工作在一线推动;听民意,干部在一线考评。

1.畅通"六条渠道",在一线了解民情

一是局处干部联系街居。全区 24 名局级干部定点联系 12 个街镇,每月开展一次下访,听取一次街镇工作汇报,进行一次民情分析。300 多名处级干部,每人带领 1—2 名机关干部作为联络员,每月第二周周四到定点联系的居委会,面对面服务群众。二是机关事业党支部联系基层党支部。组织机关、国有企事业单位党支部与 858 个社区、"两新"组织党支部结对共建。三是党员干部联系困难家庭。5000 多名党员干部与 8842 户困难家庭结对帮扶、助困助学。四是基层党组织和党员组团式联系服务群众。将 300 多个居民区划分为 2088 个责任网格,组织居委会、业委会、物业公司、区域单位和民警、医生、机关党团员等共计 2.3 万人参加,组建 2105 个服务团队,上门走访服务居民,目前已走访 40 多万户,占 83%。五是党代表定时接待群众。每月 15 日组织 330 多名市区党代表,轮流到街镇党员服务中心接待群众,每年两次集中到社区接待群众。六是网络即时互动。开通"书记·百姓网上通""区长在线",区委领导每季度一次、区政府领导每月一次,在网上与干部群众互动交流,同时建立基层党组织书记微博,听取意见。

2.加强"四方联动",在一线解决问题

一是领导干部现场解决。依托职能部门,通过现场办公等形式,解决问题 6000 多个。二是服务团队上门解决。结合网格走访、组团服务,解决群众诉求问题10411个。三是条块单位协同解决。对需跨部门解决的环境保护、综合治理、联合执法等问题，由有关区领导牵头组织相关部门，在街镇召开联席会"会诊"解决。四是区"一线办"统筹解决。重要复杂疑难问题，由区"一线办"网络平台登记受理，统筹协调解决，或提交区委常委会、区政府常务会研究解决。

3.建立"三项制度"，在一线推动工作

一是民情分析制度。各街镇每季度梳理一次社情民意，各职能部门每半年汇总分析一次问题受理情况，作为完善决策、改进工作的参考和依据。二是综合研判制度。区"一线办"综合研判涉及面上的问题，督促有关部门建立长效机制解决。如针对动迁群众反映的早拆少得益、晚拆多得益的不正常现象，推动有关部门率先在全市实行拆迁补偿、评估、房源和使用等情况"六公开"的"阳光动迁"机制，改变不合理做法，加快了动迁进程。三是责任追究制度。对正常情况下应予解决而未解决的问题，严格追究部门责任。如对群众反映的下水道阴井盖损坏但久拖不决问题，召开全区大会通报警示，督促转变作风、提高效能。

4.坚持"双管齐下"，在一线考核干部

一是抓目标考核。年初组织制定干部联系服务群众工作目标书，承诺要办的实事；每季度制定下发工作指导性意见；每月部署联系服务"规定动作"，要求结合自身及群众实际安排特色活动和"自选动作"，落实情况记入干部"民情日记"，定期督查考核。二是抓群众测评。年底委托社会第三方以明察暗访、随机抽样、问卷调查等方式，对领导干部和街镇、部门工作进行群众满意度测评，建立与日常考核、年终述职、绩效考核相结合的综合考评体系。

从调研了解的情况看，我们感到，杨浦区"一线工作法"有四个鲜明特点：一是联系群众的直接性。推动党员干部下基层，直接与群众面对面，直接了解情况，直接服务群众。居民群众说，"干部就在身边，随时都能找到"。二是解决问题的快捷性。现场解答，当场拍板，就地解决，避免推来绕去。以前有的群众抱怨,"我们跑来跑去,部门转来转去,开会议来议去,结果是问题哪里来哪里去",现在这种现象已杜绝。三是为民服务的全员性。以党组织为核心、机关干部为主体,发动街道社区范围内条块单位、各类组织和在职党团员等,全员联系、全员服务、全员推动。四是工作内容的拓展性。做到了"五个拓展",即由党员干部服务群众向群众自我管理、自我服务拓展;由联系服务居委会向联系服务驻社区机关、企业、部队、院所等单位拓展;由调动区属资源向整合区域资源、社会资源拓展;由单纯注重快速解决问题向全方位、高效能服务拓展;由推动干部知民情、解民忧向育干部、促工作拓展。

三、社会反响

杨浦区"一线工作法"荣获第一届全国基层党建创新最佳案例奖和上海市有关奖项,我部和中宣部等均通过不同形式宣传推介。从各方反映看,"一线工作法"促进了改革发展稳定,取得了社会广泛认同的效果。

社区居民反映:"一线工作法"是"民情直通车",帮助解决了急难愁问题,拉近了干群之间的距离。"一线工作法"发挥了民情"窗口"、互动平台作用,是设在居民家门口的社情民意站、投诉咨询处和困难帮扶点。不少社区居民反映,实施"一线工作法"后,意见好提了,急事愁事有人管了。有的居民说,通过"一线工作法",反映问题的渠道直接、畅通,解决得好,完成率高,百姓受益。有的居民谈到,干部把大家的事当自己的事,最想办的给办了,最需要解决的给解决了,"一线工作法"确实为群众办事,与百姓贴心,是一个好办法。据统计,"一线工作法"实施七年,直接解决群众反映的各类问题2万多件;区千人问卷调查显示,96.7%的居民认为有效解决了老百姓急难愁问题,群众满意率90%以上。

居委会反映:"一线工作法"是"工作助推器",增强了基层干部底气,提升了基层组织威信。"一线工作法"引导干部不仅帮助群众解决问题,还指导居委会开展工作,以"公转"带"自转",起到了"输血"加"造血"作用。一些居委会的同志讲,这些干部来自不同单位,工作经验丰富,使我们开阔了眼界,学到了不少新知识、好方法。上海财大居民区的同志讲,以前做工作常常感到心有余力不足,现在领导下来当居委会的"编外干部",一起定计划、搞活动,"帮手"多了,工作活了。大家谈到,许多领导干部积极牵线搭桥,组织居委会与周边单位结对共建,调动外部力量为居民群众服务,搭建了很大的工作平台,颇有点"呼风唤雨"的感觉,在群众中发声更响了。

领导干部反映:"一线工作法"是"服务责任区",强化了执政为民意识,使服务群众成为一种责任和习惯。五角场街道党工委负责同志说,"一线工作法"的联系范围,实际上就是干部的服务"地盘",大家一年365天,天天开着手机,群众需要随时出现,社区有事及时处置。江浦路街道办事处负责同志认为,"一线工作法"引导干部到基层服务,为群众尽责,多年下来,这种意识和理念已经入心入脑,变成了干部的日常行为习惯。有的干部讲,不只是集中活动日,就是平常甚至节假日,也经常去"点"上转一转、看一看,力所能及帮助群众办事。一些区直部门领导干部说,对群众反映的问题,我们不一定能百分之百解决,但一定会尽百分之百的努力。区建设交通党工委负责同志讲,服务不是空话,必须既"见物"又"见人",多替群众考虑,这些年在规划选址、道路施工等工作中没发生一起事故,无一人上访,靠的就是这一条。一些干部群众说,带着责任,多接触实际,想当然的事就少;多接触群众,官气就少;多接触民情,浮夸就少。

年轻干部反映:"一线工作法"是"培训主阵地",加强了实践锻炼,提高了实际工作能力。在"一线工作法"中,年轻干部是领导干部的联络员,协同配合开展工作,这种"导师带徒"、言传身教的方式,使那些缺乏基层经历的同志学有目标、干有方向,很快掌握了工作技巧和"实战"方法。长白新村街道办事处的同志谈到,"一线工作法"是展示综合能力的舞台,原来有的干部连居民家的门都敲不开,现在好了,能与群众走在一起、聊在一起、干在一起了。许多年轻干部反映,到基层实践锻炼后,沟通、辨别、协调和执行能力大大提高,会说群众听得懂、能接受的话了。有的同志讲,最大的收获是与群众建立了像亲戚朋友一样的感情。区千人问卷调查显示,97.8%的受访者认为,"一线工作法"增强了年轻干部联系群众和为民办事能力。

政府部门反映:"一线工作法"是"工作试验田",完善了政策措施,提高了工作质量。许多政府部门负责同志讲,所联系的街居实际上是了解部门工作在基层落实情况的检验点,也是制定新政策、推开新工作的试验田。区委政法委负责同志说,在完成上级任务的同时,依托"一线工作法"发动群防群治、开展禁毒宣传效果很好,被评为公安系统先进。大家认为,通过"一线工作法"完善政策的过程,既是改进工作的过程,也是教育引导群众的过程,这实际上是一回事。区信访办的同志说,通过基层反馈情况"查漏补缺",把工作做在前面,群众对上反映问题自然就少,现在全区信访问题和信访量每年下降6至10个百分点,2010年下降21%,2011年信访件次下降27.4%、人次下降13%。有关部门结合"一线工作法",推出"满意物业""达标市容""名师课堂""健康快车进社区"等几十项惠民政策,受到了群众欢迎。

四、经验启示

杨浦区七年如一日实施"一线工作法"不容易,更为可贵的是,他们适应形势发展,不断在内容形式、方法机制上创新完善,使群众工作焕发出旺盛生机和活力。这对于建立机关干部直接联系服务群众制度,落实基层组织建设年工作,具有重要启示。

1.必须立足于直接联系

"一线工作法"有效解决了机关干部脱离基层、脱离群众、脱离实际的问题。实践证明,联系群众是党员干部的基本功,不能以服务代替直接联系。有的干部连群众的门都敲不开,不会与群众平等交流,说的话群众听不懂,干的事群众不理解,这是不正常的。同时,我们真切感到,联系群众贵在直接、重在经常,必须像"一线工作法"那样,"一竿子插到底",定时、定点、定人、定目标,人对人、面对面、手拉手,了解群众的真实想法。座谈时有的同志讲,要人到、心到、感情到,像"鱼儿"生活在"水"中,从"水"中汲取营养,学会翻腾的本领,很有道理。

2. 必须聚焦于解决问题

"一线工作法"要旨是为民服务,核心是解决问题。通过十万余次走访,万余场宣讲报告,万余件难事实事,让百万群众受益受鼓舞。实践证明,与群众打交道,解决问题是立身之本,最有说服力;解决不了问题,方法不是好方法,干部不是好干部,"包装"得再好也没用。我们推动干部直接联系服务群众,加强基层基础,不是讲空话而是办实事,一定要以解决问题为导向,把基层组织难题和"柴米油盐酱醋茶"等群众最关心最直接最现实的利益问题,作为各级干部的"头等大事",明确责任、时限和考评标准,竭尽全力办好,这样才能增强感染力和影响力,关键时候"镇得住台"。

3. 必须依托于组织整合

当前,社会阶层分化,利益格局复杂,群众诉求多样,单靠某一方面力量,不能"包打天下"。杨浦区以街道社区党组织为核心,以区域化党建为平台,引导所有单位党员干部、经济社会组织、社会工作者和志愿者直接服务群众,广泛发动群众、服务群众。比如,在动迁工作中,除街道社区正常工作力量外,组织律师、调解能手、法律顾问等"明白人"进社区,使民意上达、满意拆迁成为常态。借鉴这些做法,要实施系统动员、条块联手、全员整合,把基层组织建设成为为群众谋利益的战斗堡垒,让党员干部在直接服务群众中体现先进性,构建组织引领、干部带头、各方参与、社会协同的格局。

4. 必须着眼于历练干部

杨浦区通过"导师带徒"的办法,引导干部到基层实践中砥砺作风,积累经验,增长才干。实践证明,大楼里培养不出与群众的真感情,学不到实打实的群众法子,自觉自发地走进基层,真心实意地服务群众,才能入耳入脑、入心入行,转化为思想行为、价值追求和实际能力。我们要牢固树立在基层积累实际经验的导向，引导机关干部到基层实践中开眼界、学见识、长本事，争做深入基层的带头实践者、服务群众的坚定执行者和群众利益的自觉维护者，为我们党长期执政奠定坚实的群众基础。

（摘编自《光明日报》2012 年 9 月 4 日）

第十二章
先进典型调研报告

先进典型调研报告,是把先进集体或先进人物的事迹,加以综合整理而写成的书面材料。在党政机关工作中,经常用到先进典型调研报告,它是反映和宣传各项工作中涌现出来的有代表性的集体和人物的一种应用文体。用先进典型引领、推进工作,是党政机关工作的一个重要经验和方法。树立先进典型、宣传先进典型,这种方法符合形象认知规律,符合以点带面的工作规律。

就先进典型报告来说,又分为先进集体调研报告和先进个人调研报告两类。先进集体调研报告侧重于介绍典型群体所取得的成绩,先进个人调研报告则多是通过介绍个人的先进事迹以反映其思想品质。

第一节　先进集体调研报告写作

集体主义是共产主义道德的核心,是社会主义精神文明的重要标志。它同资产阶级个人主义是根本对立的,是共产主义道德区别于一切旧道德的本质特征。

在我们党100多年的奋斗历程中,涌现出了无数先进集体,他们为取得战争的胜利和社会主义建设事业作出了突出贡献,取得了重大成就。撰写先进集体调研报告,就是要及时发现身边涌现出来的先进集体,总结他们成长的历程,真实地展现他们的先进事迹,以便更好地向他们学习。

一、先进集体调研报告基本结构

先进集体调研报告的结构一般包括以下几个部分。

（一）标题

先进集体调研报告的标题有多种写法,通常是把先进集体高度集中地概括出来,一般不采用公文标题的写法。这种集中概括出来的标题,既包含正文中各部分内容,又不是这些内容的简单重复,可以说就是先进集体调研报告的主题。

（二）开头

先进集体调研报告的开头,一般是展示先进集体的背景材料和突出的成果。背景材料包括自然情况、社会背景等,既要写出先进集体出现的环境,又不要冗长、啰唆。成果,要概括写出最为突出之点,并尽可能与背景材料相映衬。有的也把成果放在材料的尾部来写,这要根据具体材料进行安排。

（三）主体

先进集体调研报告的主体,一般是对先进集体的事迹予以具体展开,是调研报告的核心部分。撰写这部分内容,一般是从总体上把先进事迹按照一定的逻辑关系分成几个部分。几部分都是紧紧围绕标题,服务于标题,说明标题;各部分之间要有内在联系,但不能互相重复,互相包含,要相对独立地处在一个统一体内。

一般来说,这部分内容的表述,应当既有思想,又有具体做法或实例,既要有面上的综合,又应有点上的说明,最好还要有一些必要的数字。

二、先进集体调研报告写作要求

先进集体调研报告的写作,要遵循一些基本的要求,主要有以下几点。

(一)要有较强的思想性

撰写先进集体调研报告一定要抓住典型的"闪光点"和"思想火花",下功夫挖掘、总结先进集体的精神实质。撰写先进事迹材料不能有啥说啥,不能简单地就事论事,停留在表面,更不能见人见事不见思想。要解决事例堆砌罗列、思想性不强的问题,应该从三个方面入手。

一是精选材料。一个先进集体,往往有许许多多的先进事迹。但一篇先进集体调研报告一般只有几千字,因此,要注意从中精选材料。

二是从不同角度和不同侧面选用能突出主题的材料。先进集体调研报告是通过事实反映思想、表现主题,从头至尾都是写事迹,即使有议论也是人物自己的思想。

三是议论恰到好处。适当的议论具有深化主题的作用。先进事迹材料的主要表达方式是叙述,但恰到好处的议论也是很有必要的。议论是作者对先进集体的某些方面,发表一些自己的看法和主张,以加深读者的理解。先进事迹材料的议论,只有关键之处才使用,而且总是与事实紧密地糅合在一起。所以议论必须从事实出发,点到为止,议论文字要深刻、精辟。表现方法上不能是作者"挺身而出",而是要把观点巧妙地寓于所叙述事实之中。

(二)要有时代特征和典型意义

撰写先进集体调研报告时,应注意挖掘先进集体的时代特点。衡量一个单位先进事迹是否有时代特征和典型意义,主要看它是否对工作具有指导意义,是不是人们普遍关心而又迫切需要解决的问题。如果先进事迹能真正起到教育人和鼓舞人的作用,就应加以推广。先进事迹要具有深厚的群众基础,只有群众对其有认同感,才能感到其可亲可敬、可学可比。群众满意不满意、认可不认可、信服不信服,应当作为评价先进事迹是否具有典型意义的标准。

(三)要语言生动,情节感人

有些先进事迹材料,看完之后给人印象不深,主要原因是缺乏生动的语言和感人的情节,就像一杯白开水,淡而无味。要解决这个问题,应从以下几个方面入手。

一是用主人公自己的语言和特殊环境烘托。主人公的一些比较精辟、典型的语言,往往是其思想、性格的外化和心灵深处的表白。恰当使用主人公自己的语言,能够有效地增强先进典型材料的思想性及感染力。

二是用群众赞誉的语言。群众对先进典型的赞誉,往往是出自亲身的感受,所以具有很强的说服力。

三是注意用细节来刻画人物和描写事件的具体过程。细节有"以小见大"的作用。细节要完全真实、合乎情理,否则,再生动也不会感动人。细节在形式上常常是不太引人注目的一些细小的动作、言语等,若不多加留意,或调查不深,就漏掉了。因此,在调查时就要细心搜寻,更要有透过现象看本质的功夫。

四是注意抒发感情。典型材料的抒情,不同于文学作品的抒情,是把感情寓于事实之中,在字里行间包含或透露着自己的感情。在先进集体事迹材料里,虽然没有一处专门抒情或直接抒情的地方,但应该自始至终带着深厚的感情。

五是题目和观点要注意个性化。标题应讲究思想性和艺术性,讲究简明、准确、生动,既要有助于揭示主题,又要对读者有吸引力,给人留下鲜明的印象。不能图省事,搞千篇一律,而应根据内容的不同,采取多种形式的标题。

（四）要有过硬的事实

一份好的先进集体调研报告，必须以过硬的事实作依托、作基础。只有事实过硬，才会有说服力，才能达到催人奋进的目的。我们抓典型、写先进典型事迹报告的过程，是调查研究的过程，也是确保典型质量和水平的过程。

三、先进集体调研报告写作方法

先进集体调研报告写作方法主要有以下几种。

（一）介绍和分析先进集体不同场合的突出表现

先进集体，特别是重大的先进典型，肯定是事迹生动、材料丰富。为了从多角度多侧面反映好先进集体的事迹，作者通过对其在不同场合突出表现的介绍和分析研究来展开和表达其精神风貌，既突出在各个场合表现出的典型性，又整体反映了其丰满和全面性，使先进集体的宣传既有广度又具有深度。

这种构思方式，一般是反映和宣传重大先进典型群体的事迹居多，它要求作者在构思时，要从英雄群体诸多生动事例中，选择出他们所经历的几个不同的、重大的、典型的场合，作为反映的重点。同时要概括出他们在这些重要的典型场合中超凡的表现和创下的业绩。另外一点，要注意这些重要场合之间的相互关联性和整体性，做到既有分场合的表达，又能从系列、整体上反映出不同的风格和气势。

（二）对典型数字进行分析

在调查收集素材时，我们经常会接触一些数字，尤其是一些典型性的数字，它很能使人受到触动、产生联想。其实，典型性数字里面蕴藏着不平凡的工作艰辛和意义。如果能够抓住这些具有代表性的数字，从中引出具有深层意义的思想，并以此来展开和表达其精神风貌，就能做到表达抢眼、依据可靠，使读者对材料感到印象深刻且真实可信。这种写作方法，在反映先进典型的调研报告中，并不少见。

运用典型数字来表达先进集体的先进事迹,在具体构思中作者要注意的问题主要有两点。

一是要充分发挥数字的证实和导出经验的作用。精确的数字最能说明问题。可通过列举数字反映被采写先进集体的成绩,以使人信服;也可通过数字的展开和分析,深刻反映被采写先进集体工作的艰辛;还可以通过提出几组数字进行比较,以明显展现出该先进集体的变化;等等。但无论采用哪种形式,都要注意充分发挥数字的证实和导出经验的作用,这是共同的要求或者说是要领。

二是选用的数字既要准确又要典型。在观点这个层面运用数字,不同于在材料内容叙述中的数字运用。由于其文字简明、精练,因此要在准确无误的基础上选择那些极为典型的数字,这样可以使列举的数字具有惊人的震撼力。

(三)选择和引用典型性的语言

先进事迹中典型性的语言,既能简明地体现先进集体的工作成绩,也能充分体现先进集体的内在特点和思想境界。如果在了解先进集体的生动事迹后,调研报告的撰写者能够选择或引用先进集体那些朴实可信且含义深刻的语言或观点,并以此来构架和展开调查报告,就会使先进事迹被反映得更为直接、亲切。

采用这种构思方式,需要注意两个问题:一是所选择的典型语言和所表达的观点要紧密结合;二是注意选用最能体现所写先进集体精神实质的语言,要精当,不能太多、太长。

四、先进集体调研报告写作应注意的问题

撰写先进集体调研报告,应当注意以下一些问题。

(一)事实必须真实、可靠

先进集体的先进事迹是否真实,直接关系到先进集体的生命力。只

有绝对真实才能使先进集体真正具有教育人、鼓舞人的作用。因此,凡是材料中反映的先进思想、先进事迹,一定要核对清楚,不允许有半点虚假、拔高、拼凑或张冠李戴,不能把未经核实的"先进事迹"写入材料。如果确实一时难以搞清楚,宁可暂时不写,也不能勉强凑数。

(二)观点和提法要恰当,有分寸

在叙述先进集体的先进事迹和经验时,要注意摆正先进集体和其他集体、群众的关系。许多先进集体的事迹,都不是单枪匹马干成的,是与周围群众和其他集体的大力支持分不开的。因此,介绍先进集体的事迹,一定要注意不能写那些脱离群众、脱离整体观念的文字。否则,就不能起到先进集体的带动作用。

(三)文字要朴实、简明

整理先进典型材料,主要是通过事实说话。这就要求在语言文字的表达上,一定要善于选择那些实在、贴切的词语,不要过多选用言过其实的词语,不要讲空话、套话。文字表达要简洁明了,凡是能用较少的文字把事情说清楚的,就不要长篇大论。

第二节 先进个人调研报告写作

个人与集体总是辩证统一的,两者相互依存相互转化。因此,在社会主义建设的进程中,我们既要大力弘扬集体主义精神,又要大力歌颂先进个人的先进事迹。先进个人调研报告,就是善于发现多种多样的个体典型,描述他们的先进事迹,展现他们的时代风采,变抽象的道理为具体的形象,将思想人格化,教育、感化其他人,以产生"一花引来百花香"的效果。

一、先进个人调研报告写作模式

众多先进个人的先进事迹,内容各不相同,因此要整理材料,不可能固定一个模式。一般来说,可大体从以下几个方面进行整理。

（一）标题

先进事迹材料的标题,要拟定恰当,有两部分内容必不可少,一是要写明先进个人的姓名,使人一眼便看出是哪个人的先进事迹;二是要概括标明先进事迹的主要内容或材料的用途,例如《关于评选张××同志为全国新长征突击手的材料》《王××同志端正党风的先进事迹》等。

（二）正文

正文的开头,要简要写明先进个人的情况,包括姓名、性别、年龄、工作单位、职务、是否为党团员等。此外,还要写明他（她）得到了什么荣誉称号,或获得了哪种形式的奖励。

然后,要写先进人物的主要事迹。这部分内容是全篇材料的主体,要下功夫写好,关键是要写得既生动形象又很实在;既具体又不烦琐;既概括又不抽象。总之,就是要写得很有说服力。比如,写一位搞改革的先进人物的事迹材料,就应当着力写他（她）是从哪些方面进行改革的,已经取得了哪些成果,特别是改革前后的经济效益或社会效益都有了哪些明显的变化。又如,写一位端正党风先进人物的事迹材料,就应当着重写他（她）在发扬党的优良传统和作风方面都有哪些突出的先进事迹,在同不正之风做斗争中有哪些突出的表现。在写这些先进事迹时,应选取那些具有代表性的具体事实来说明。必要时还可运用一些数字,以增强先进事迹材料的说服力。

为了使先进人物事迹的内容更加清晰、条理化,在文字表述上还可分成若干自然段来写,特别是对那些涉及较多方面的先进事迹材料,这种写法尤为必要。如果将各方面内容材料都混在一起,是不易写明的。而在分段写时,最好在每段之前根据内容拟出小标题,或以明确的观点加以概括,使标题或观点与内容结合紧密、浑然一体。

最后,是先进事迹材料的署名。一般来说,整理先进个人的材料,都是以本级组织或上级组织的名义,是代表组织意见的。因此,材料整理完后,应经有关领导同志审定,以相应一级组织正式署名上报。这类材料不宜以个人名义署名。

二、先进个人调研报告写作要求

先进个人的作用是客观存在的,要真正发挥好先进个人的引导和激励作用,先进个人调研报告的写作必须遵循一定的要求,特别是应当注意把握以下几个环节。

（一）选好典型

典型选择是否正确,不仅直接关系到调研报告的成败,而且关系到党政机关的威信以及思想政治工作的效果。一般来说,先进个人调研报告的写作任务都是"受领"的,要么是上级机关为了开展某项教育活动,或为了配合某项工作任务派人到基层调查了解,树立先进典型,整理成文上报;要么是本单位工作突出或涌现了先进个人,受到上级表扬,于是单位领导要求把这个人写成典型材料上报。无论哪种情况,写作者都面临着一个选择典型、认识典型的问题。在选择先进典型时,要充分考虑以下几种情况:

第一,根据机关在一定时期的中心工作,考察先进典型是否具有普遍意义,对工作是否具有指导推动作用,是否具有宣传和推广的价值。

第二,结合当前的时代特征,考察先进典型是否具有时代性,也就是说,确定的先进典型要有崭新的精神风貌,要体现出时代精神的某些方面。

第三,严格审查先进典型本身的情况,如是否具有真实性、事迹是否感人,切忌隐瞒真相、以偏概全或弄虚作假。

（二）深入调查采访

写作先进个人调研报告的任务是为了树立先进典型,进行宣传教育,因此不能用写作者自己的理论阐述来表现,而应该通过具体的事实去表现。从这个意义上说,材料是否具体、丰富,是能否写好先进个人调研报告的关键。而要充分占有材料,就必须进行深入细致的调查采访,掌握大量第一手材料。

第一,做好准备工作。这是指可先避开写作对象而先做好有关的"外围"工作,比如阅读有关材料,召开座谈会、调查会,利用口头询问、侧面观察等形式,以了解先进典型的成长环境、群众基础等。

第二,恰当运用调查方法。一般来说,先进典型都是很谦虚的,不愿宣传自己的成绩。调查者应该通过巧妙的听、问、看等手段,搜集所需要的材料。实践中常有这种情况,被调查者说得很少,或认为自己所做很平凡,不值一谈,而通过调查者的启发或把初步写成的材料读给当事人听,却会使他们豁然开朗,从而连带出更多材料。

第三,亲身体验。有时仅靠调查采访是不够的,还需要写作者同典型一起生活、工作,直接体验他们的思想、感情。有些大型的典型材料,还需要写作者与写作对象较长时间地吃、住在一起,从而更好地把握写作对象。我们知道,感情是写作的催化剂,只有作者自己首先被感动了,写出来的东西才能够感染别人。

(三)精心提炼主题

虽然先进个人调研报告的写作任务往往是"受领"的,其写作意图往往是事先确定好的,但是提炼主题还是必要的。

先进个人调研报告也必须从所占有的全部材料出发,在充分分析、研究、思考的基础上,提炼出正确、深刻而又新颖的主题。只不过,一般文章提炼主题是作者去感悟、去发现,而先进个人调研报告提炼主题则是作者自己去领会、去认识。具体来说,提炼主题时应注意以下两点。

要抓住先进人物身上最突出、最有特点、最具代表性的一面,深入挖掘,强化凸显,真正达到"以点带面"的效果。先进人物的事迹可能很多,时间跨度也可能很长,但写作者不能面面俱到、一一罗列,这样看似很全面,实际上可能恰恰冲淡了它的教育示范意义,让人抓不住主旨。

提炼主题的基本方法有三种:

1.根据形势的需要提炼主题。先进典型是时代的印记,是为促进各项事业进步而树立的。因此许多先进典型的树立,是形势任务的需要。当然,从形势的需要写先进典型,也是以"材料"为基础,而不是为了赶形势而有意夸大或胡编滥造,人为创造先进典型。

2.从所具有的材料中提炼主题。主题是蕴藏在众多纷繁材料之中的,没有材料就不可能产生主题;作者要把调查得来的大量材料进行分析比较,潜心思索,看材料贯穿着一根什么样的"红线",潜藏着一个什么"思想"。作者把这根"红线""思想"抽取出来,就是这个典型材料的主题思想。

3.根据人们存在的疑难问题提炼主题。人们在现实生活中,常常会因为疑问,使认识变得模糊,有时手足无措,就是常说的"迷惘"。为了拨乱反正,澄清人们对一些问题的认识,作者要在这些方面提炼主题,写出有说服力的典型材料。

(四)讲究语言表达

先进个人调研报告不是文学体裁,它的语言应该以朴实、准确为要,不应过分渲染或过多修饰。先进个人调研报告运用的表达方式主要是叙述和议论,偶尔也可以适当地运用一些描写和抒情,但是不能喧宾夺主。当然,先进个人调研报告的语言也不能呆板,没有生气和特色。应该在平实朴素中追求生动形象,在凝练简明中突出浑厚和韵味。撰写者同样应该追求自己语言的个性特点。在行文当中,可适当地引用人物的语言或对话描写,但要注意气势的贯通流畅、起伏变化,力求给读者留下深刻印象。语言表达的技巧如下。

1.句子不能太长,能短则短。使用短句子并非多打几个标点符号,而是要通过变换表达方式,缩短句子。

2.用语尽量恰如其分,不能夸大其词。如革命觉悟、为共产主义作贡献等,用得太多,就容易使人感到脱离现实。

3.多用动词,使人物在运动中活起来。

4.注意句子之间的逻辑关系。句子与句子要靠一定的逻辑关系连起来。如并列关系:统一了思想,提高了认识,坚定了信心。

三、先进个人调研报告写作方法

先进个人调研报告有以下几种写作方法。

（一）分析先进人物超越前提条件的言行

前提条件对工作开展具有一定的基础和制约作用。由于人们主观能动性的发挥,可以通过改变现状,克服制约,超越前提条件,做出惊人的表现和成绩。报告撰写者若能将先进人物面临的条件作为前提,和其表现出来的言行相对照,从较大的反差中反映其过人的精神风貌,就不失为表现先进人物思想境界的好方法。这种写作方法的特点是:对比分明,表现跨度大,能够突出体现先进人物思想的跨越性和先进性,使人们能从工作的跨越性发展中品味先进人物取得成绩的难度和艰辛,从而受到更加深刻的触动、感染。

（二）分析先进人物不同场合的突出表现

既然是先进人物,其必然是事迹生动、材料丰富的。为了使先进人物的形象更为丰满,我们可以通过对其不同场合的突出表现的描写,从多角度、多侧面反映好他们的先进事迹和精神风貌。这种写作方法的特点是:既有在各个场合表现的典型性,又有整体反映的丰满和全面性,使先进人物的精神境界和思想面貌展现得既有宽度又有深度。

（三）选择和引用典型性的语言

作者通过选择和引用先进个人的典型性语言和观点来展开和表达,好处在于能够充分体现先进人物的内心特点和思想境界,也能直接简明地体现先进个人的工作经验。同时,能给人一种亲切的感觉。这种写作方法的特点是:含义深刻、朴实可信,使先进事迹材料反映得更为直接、可信。

（四）对思想成果进行提炼

有些时候，为了更准确深刻地展现先进人物的先进思想，报告撰写者可对已归纳出的思想成果的各个方面再次进行精心的提炼，使人们更准确地理解精神、汲取力量。这种写作方法的特点是：高度浓缩，画龙点睛，易懂好记。

（五）对先进人物对人或事物的评判再提炼、再创造

对被调研对象谈吐的观点进行再提炼、再创造，并在此基础上表达思想。这种方法最为显著的特点是对人物先进性的评价将更为准确，对思想观点和工作的评判态度更为坚决。

（六）抓住先进人物最关键的因素

现在机关公文写作中都必须有一个要素，即"主题词"。写调研报告除"内容提要"外，一般也有几个"关键词"，其作用是将调研报告的主要内容给予明确的提示。在撰写先进人物的先进思想、先进事迹时，可以借鉴此法，对所写先进人物的先进思想或事例进行提炼，抓出其中最为关键的观点和因素来构建文章，从而使报告重点突出、观点明确。

采用这种方法要把握的要领是：在选取素材、提炼观点时，要善于从诸多经验、体会和因素中把关键环节、关节点找准，并归纳和提炼出重点突出、提纲挈领的观点来。同时，要少而精，不易多而滥，否则就会混同于一般的人物介绍。

【延伸阅读】

古代官场也"重民意"

提拔官员重民意，不独为当下热词，古代官场也很重视。

在我国，官场重视民意由来已久。尧舜禹时期就是一个"公推公选"领导的时代，但那是原始社会，即使在封建社会，无论是两汉推行的"察举

制",还是魏晋南北朝的"九品中正制","民意"在提拔官员中分量不容忽视,甚至在魏晋南北朝时期,还出现了一个专门品评各级官员的"清议"阶层。他们以儒家的伦理道德为依据,臧否人物。即使你身无分文,如果受到"清议"大腕们的表扬,那么恭喜你,你很有可能去朝廷当官;相反,为官者一旦触犯"清议",便会丢官免职,被禁锢乡里,不许再入仕。

到了唐朝,官吏考核标准是"四善":一曰德义有闻,二曰清慎明著,三曰公平可称,四曰恪勤匪懈。而要核实官员是否达到上述标准,就只能以"民意"来判断。李渊之子李元吉,为了保住乌纱帽,竟干起了"民意造假"的勾当。当年,李渊在太原起兵,专门让他的四子李元吉留守太原郡,并反复嘱咐他一定要看好他们老李家龙脉发祥之地。没想到,李元吉在任上贪污受贿,胡作非为,并惨无人道地打死苦苦规劝他的乳娘,把一个好端端的太原搞得乌烟瘴气。很快,老百姓的举报信雪片一样飞向"中央",李渊准备将其召回,撤职查办。与此同时,深谙官场"潜规则"的李元吉也秘密组建了由几百名群众组成的"民意代表团",赴京替其到李渊和御史大人那里去表达"民意",并承诺全额报销来往京城的费用,且有补贴,而这些花销由州政府财政"买单"。没想到"民意代表团"的声音还真起作用,京城竟长期没有动静,右卫将军宇文歆实在看不过去,向上举报李元吉。在他提供的确凿证据面前,李渊才发现自己被"造假民意"忽悠,遂下旨罢免了儿子李元吉的职务。

古代官场重民意可见一斑。但要评选最重视民意的皇帝,恐非朱元璋莫属。他当政后,给全国每个家庭都免费送了一本书,书名就是《大诰》。此书开宗明义,凡各地"耆宿老人、遍处乡村市井士君子人等",都可以对本省各级地方官吏的施政行为与绩效进行测评,其评官意见可以用"列姓名具状"的方式递送中央,也可以在岁终考核官吏时组团来京,当面告诉皇帝,本境官吏"为民患者有几人,造民福者有几人",皇帝必定根据民众评议,表扬好的,降免差的,乃至惩办有罪的。

既然"民意"事关官员仕途,于是有官员把李元吉的教训忘到脑后,在民意上作假,但假的真不了,结局大多不妙。于是,"偷鸡不着反蚀米"的故事,在古代官场轮番上演。

明太祖时,河南府新安县主簿宋圯因违法乱纪被"朝廷拿去"配合调查后,该县典史李继业为救同伙,也为自救,居然想到了打民意牌,于是召集地方耆老刘汶兴等13人开会,要他们去南京向有关部门为宋副县长说情。刘汶兴等人说"不敢去",李继业马上以今后上交公粮时刁难他们相威胁。刘汶兴等人害怕,便说去是可以去,但是没盘缠。李继业说,那你们明天来找我吧,我给你们盘缠。等这13人第二天来领盘缠时,李继业却在官府装病,躲着不出来见人,只是让人传话说,官人今天病了,你们先去,回来后保证补偿盘缠。于是,老人们自备盘缠,赴京来帮宋圯说违心话。因为底气不足,加之老人们心中本来就有怨气,根本经不住朝廷官员的询问,很快真相被揭穿,宋圯、刘汶兴等人被革职严办。

既然民意成为古代官员的救命稻草,一些谙熟官场法则的不法商贩竟为一己私利,不惜"造假民意"中伤甚至搞垮那些主持公道的正直官员。宋高宗时,向子忞守衡州,时逢大旱,衡州米价一下子蹿升到每斛(十升为斗,十斗为斛)一万五千钱。向子忞急忙遣人分赴各粮食丰收地区抢购粮食,以原价出售,每升为六十钱,这批价格适中的粮食救了很多百姓,但此举却严重损害了原本想要趁机发横财的富豪乡绅的利益,于是这批人也来"民意评官",最终导致他被罢职。消息传出,"士民相与群聚",到衙署前敲击给老百姓鸣冤叫屈用的登闻鼓,"愿举留"向子忞。现场群情激奋,"鼓为之裂",吓得提刑忙以巡视为名趁夜登舟逃走。最终向子忞官复原职,"正义的民意"终于战胜了"邪恶的民意"。

(摘编自《中国党政干部论坛》2013年6月6日)

四、撰写先进个人调研报告应注意的问题

全面建设社会主义现代化国家的伟大历史进程决定了先进个人调研报告必须坚持以正面宣传为主的方针,形成鼓舞人们不断前进的巨大精

神力量,真正地发挥耳目喉舌作用。然而,在实践中,先进个人调研报告中出现的问题并不鲜见,主要有以下几个方面。

(一)一味追求轰动效应,走向事物的反面

"感召力",是先进个人调研报告普遍追求的目标,没有哪个报告撰写人愿意让自己笔下的人物苍白无力。然而,有一些报告撰写人过分追求轰动效应,把先进个人写成了"完人",把原本一个很真实的典型弄得过于完美高尚,以至于失真。真实是党政机关调研报告的生命,是其感召力的动力之源,然而,先进个人调研报告中的许多纰漏却正是出在这个常识性的问题上。如一篇关于"中国杂交水稻之父"袁隆平的典型报道,写他搞研究一连多少天不睡觉,累倒在稻田里还不放弃研究。后来袁隆平在武汉与一群学生进行面对面交流时,学生们提及此事,赞美他痴迷于科学研究忘我工作的高尚境界,袁隆平连忙澄清自己"从来没有累倒在田里"。典型拔得太高了,离开了他们脚下那块生长的土地,就难以令人相信了。强调正面宣传报道为主,追寻典型报道的感召力,一定要实事求是,如果典型还不尽"理想"、"嫩"一点、"单薄"一点,也不能去人为拔高,一切必须以真实性为基础,这才是产生感召力的源泉。真实,辩证,是避免产生问题的前提与基础。

(二)靠贬低他人抬高典型

我们常可以见到这样一个现象:某个先进人物在不被宣传报道前,人们对他还很佩服、很尊敬、很友好,而一经报道,马上就被疏远、被孤立,讽刺、挖苦等也接踵而来。一些典型在吃足了苦头之后,见到采访就害怕,不愿意接受采访。为什么会产生这种现象?原因在于报告撰写者有意无意伤害着先进人物和他们周围的人。例如,为了写出先进人物的高尚灵魂,就在他周围勾勒出对先进人物的不理解、不信任、不配合,搞讽刺、挖苦、刁难、压制甚至打击报复等一批思想落后的"小人",以此来衬托先进人物的高大形象;为褒扬一个先进人物,把周围的人给贬得一无是处。这种打击别人抬高先进人物的做法,带来的负面影响是显而易见的,极大地伤害了先进人物周围人们的感情,容易引起这些人在感情上与典型的疏远甚至对立。人民群众是成就与造就一切先进人物的"沃土与摇篮",我们在先进个人调研报告中必须科学地把握好先进人物与周围人物的相互关系,既写出"红花"的艳丽动人之处,又真实地反映出绿叶的盎然生机与默默护花的风格,以防自酿负效应。

（三）一味追求完美,反而败坏了先进个人的名声

宣传先进个人,只要是真实地为先进个人画像了,有时即使暴露了先进个人身上的某种缺点,不仅不会掩盖先进个人的光辉,反而更能使人们看到一个立体、真实、可亲可信的典型形象,从美学角度说,先进个人变得更有审美价值了。

如《人民日报》上有一篇先进人物调研报告就令人印象深刻。报告中的这个先进人物在 5 年内取得了 7 项科研成果,4 次获得省部级科技一、二、三等奖,31 岁便被评为高级工程师。但对这样一个出类拔萃的科技界的先进人物,报告中却毫不遮掩地讲了他的"古怪个性",亮了他的"丑",给人们留下了深刻的印象。因为它真实地反映了这位先进人物"认死理""脾气倔"等个性,没有搞以俊遮丑,真实地反映了他的成才环境,反而产生了良好的报道效果。

不搞以俊遮丑的妙笔生花,去营造"高大全"式的典型,是许多典型产生动人心魄魅力的奥秘之所在。保尔和张海迪都产生过自杀的念头,而孔繁森对第二次到西藏工作也有思想斗争。[①] 先进人物有缺点,不仅没有否定其先进性,反而使人们觉得看到的是一个活生生的人,从而觉得这个先进人物是可信的。

（四）强扭角度,牵强附会,损害典型报道的可信性、指导性

先进人物调研报告所反映的人和事必须符合事物产生、发展与变化的客观规律,符合人们的认知规律。如果违反了这个规律,就必然会出现

---

① 汪盛颜:《采写正面典型宣传报道应注意的问题》[J],安徽工业大学学报(社会科学版),2005(04):139—140。

事与愿违的效果。

有的报告撰写者为了达到宣传的"时效性"和指导性,对先进人物随意"打扮",为了宣传需要,或强扭角度,或移花接木牵强附会,这突出地表现在:有些先进人物在某个方面的工作能力比较突出,是某个方面的典型,但是报告中却偏要将其描绘成一个全面开花的典型;某个先进人物昨天是实践"三个代表"的典型,今天是科技创新的典型,明天又是扶贫帮困的典型;有的先进人物,先进事情并不多,但是只要形势需要,就被换上一身新装成为新典型"问世"了。这样的调研报告,势必会带来一连串负面影响,它使先进人物变得虚幻,失去了真实的光泽,失去了其应有的感染力与号召力,使其失去了其应有的价值,也使先进典型变得难当,人们也怕当典型。

事实证明,世界上的任何事物都有其特定的质的规定性,先进人物也不例外。所以在撰写先进人物调研报告时,不能随意改变事物的规定性,任何人为的拔高、牵强附会,都是违背事物存在与发展的客观规律的。只有尊重客观规律,实事求是地宣传先进人物,才能避免出现负面影响,才能收到好的宣传效果。

【参考范例】

用坚守诠释忠诚的"治沙书记"
——董福财先进事迹调查报告

董福财,男,汉族,1953 年 5 月出生,1993 年 3 月加入中国共产党。1973 年起,先后任阜新市彰武县阿尔乡镇北甸子村村民组组长、村治保主任、村委会副主任、村委会主任、村党支部书记。2015 年 3 月 21 日因病去世,享年 62 岁。董福财生前曾被评为彰武县造林先进个人、阜新市防沙治沙先进个人、阜新市党员"双带头"标兵。去世后,被追授"辽宁好人·

时代楷模"等荣誉称号。2015年"七一"前夕,中共辽宁省委追授董福财"优秀共产党员"称号。

信念坚定,对党忠诚

矢志不移拼搏在治沙第一线

北甸子村地处科尔沁沙地边缘。半个世纪前,村里的生态遭到严重破坏,一年四季风,风过三尺沙,有时沙子大量堆积在门外,连门都打不开。肆虐的风沙给农业生产带来严重危害,每年春季刮大风,刚发芽的玉米秧苗被连根拔起,只能反复翻种,一年忙下来,每亩地才打200多斤粮食。沙丘侵蚀使北甸子村的地越种越"薄",粮食收成越来越差,百姓的日子也越过越紧巴,村里"光棍多、迁出多、失学多"的现象日益严重。

1996年,国家有关部门派工作组考察,提出北甸子村整体移民规划。故土难离,正当村民心里一片茫然的时候,董福财站出来坚定地说:"绝不能让这片土地毁在我们这代人手里,作为一名党员,只要党和政府信任,我一定带领北甸子人治住白沙,就算付出再多,也在所不惜!"从此,北甸子人开启了植树治沙的征程。

刚开始,村民对在沙地上植树充满疑虑。1997年,董福财第一个走进沙丘,贷款1万元包下200亩荒沙坡,领着妻子和两个孩子为乡亲们作示范。沙丘一般都高达四五米,即使空着两只手往上走都费劲。董福财却要带着工具、挑着树苗,艰难地在沙丘上行走。栽树苗需要大量用水,他每天驾着自家马车到水泡子取水20多次。为防止刚栽的树苗被大风连根拔起,他用玉米秆铺在树苗周围防风固沙。一连两个多月,他都是天刚亮就跑到沙坨子上植树,天黑后才回村,一回村就打开广播向村民作动员,一天只能睡四五个小时。由于长时间在沙地里站立行走,两条腿疼得不行。深夜里,家人经常被屋里"咚咚"的响声惊醒,那是董福财为了缓解腿疼,在炕上摔腿时发出的声音。一年后,在寸草不生的沙坡上,一棵棵树苗成活了。第二年,董福财又发动11名党员和自己的亲属承包荒沙坡,与他一起植树。他带领大家逐步摸索出一整套在沙地上造林的方法:

从坡下起步到逐步上移,从湿沙挖坑到见土下苗,从草格护苗到定量浇水,从肩挑背扛到接力浇水……用这套方法,造林成活率达到 85% 以上,为北甸子大规模沙地植树趟出了路子。董福财和党员们承包的 2000 余亩沙坡逐渐泛起了绿色,在沙丘地上连接成了一片绿洲,周边耕地因此受益,粮食产量有所提升。2000 年,看到希望的北甸子人陆续投入到植树治沙中来。

2002 年,国家出台了退耕还林政策。刚尝到栽树治沙后土地增产的甜头,很多村民一开始难以接受,不愿意把耕地退出来造林。董福财主动退出自家 30 多亩耕地,要求全村党员向他看齐。他挨家挨户讲政策、做工作,使乡亲们逐渐明白了不退耕植树,原来的耕地都得变成沙丘,响应退耕还林号召就是造福北甸子村子孙后代的道理,大家纷纷退出自家耕地。这些年来,全村人均退耕还林 15 亩,董福财家退出耕地 60 多亩。为确保树苗成活率,董福财每次栽完树苗后,都一棵一棵地检查,不过关的坚决要求重栽。有一次,董福财发现亲家母马桂芹栽的树苗不合格,毫不客气地全给拔了,当着村民的面狠狠批评了她一顿。2008 年春季,辽西北十县启动草原沙化治理工程,董福财又带领党员群众种植草场,当年北甸子村种植草场 3.4 万亩。草场种好后正值盛夏,董福财每天带领村民冒着近 40 摄氏度的高温,步行 10 多里路,在沙坨子上进行实地探查,检查草地长势,防止牲口踩踏草场。8 月份,国家投入围封草场的设施运到北甸子村。马车进不去,设置草场围封区用的水泥杆、铁刺线只能靠人抬,董福财就和年轻力壮的小伙子一起抬。铁刺线扎破了他的手,划破了他的衣服,可他仍和大家一起干。2014 年 8 月,上级调拨的 882 根崭新的围栏杆运到了北甸子村草场围封区。细心的董福财特意用红色油漆在每一根杆上画上标记。当时,他的肝脏已隐隐作痛,但他还是拖着病弱的身体到围封区看护围栏杆,直到天亮。

目前,北甸子村森林覆盖率为 48%,林地面积 3.8 万亩,高于全镇和彰武县的平均水平。这些年来,董福财亲手栽下树苗 3 万多株,带领全村植树 300 多万株,在科尔沁沙地边缘构筑了一条十几公里长的防护林带。董福财用心呵护着每株树苗,带头并号召村民把牛羊在家圈养,把封山禁牧写进村规民约里。每年火灾高发季节,他都带领党员、村民组长组成护林小分队,夜以继日巡视守护。清明节前后,董福财把党员、村干部分成 10 多个防火小组,只要有村民到林地里上坟,他就带领大家拿着铁锹,分头跟着村民。等村民祭祀完,他反复检查,确认火熄灭后,再挖深坑把烧纸灰埋到地下⋯⋯就这样,北甸子的樟子松、白杨树一天天茁壮成长,生态环境得到改善,扬沙天气越来越少,粮食产量趋于稳定,亩产由治沙之前的 200 多斤提高到近 1000 斤,这在以前是想都不敢想的。在重病不起的时候,甚至在弥留之际,董福财依然牵挂着植树治沙。他对乡亲们说:"只要我不死,还要带着大伙儿种树,北甸子就是我的家!"

敢于担当,躬身实干

倾力带领村民修路致富

前些年,村子通向阿尔乡镇的路被一个巨大的沙丘阻隔,村民去镇上办事,孩子去镇里上学,都得绕着走,每趟得多走五六里。路不好,外面收粮买牛的机动车进不来,买卖农副产品只能靠马车、牛车,粮食每斤要少卖一角钱,猪、牛、羊等每斤要少卖 1 元钱。董福财下决心在自己任期内带领村民修出一条通往镇里的公路,彻底解决村民"买贵卖贱"问题。董福财认准的事情,办不成决不罢休。他积极向上级争取项目规划立项。2002 年 10 月,村民们盼望已久的北甸子村通往阿尔乡镇的 6 公里村级公路终于立项了,但前提是需要村里自筹资金削平沙丘、筑好路基。当时村里账上只有近 5 年来为修路攒下的 20 多万元积蓄,而光修筑路基的砂石和土料就需要 20 多万元,移沙丘、挖边沟、路边植树等只能靠村民义务出工。董福财先后召开村民组长会议和村民代表大会,向大家讲明修路的意义、项目争取来不容易和资金短缺等问题。听了以后多数人都理解,表示愿意出工出力,只有马家子和好宝起两个自然屯的几户村民不愿义务出工,因为他们出行不走这条路。会后,董福财让村组干部和党员每人认领一户做思想工作,做了工作还想不通的由他亲自出马。大家被董福财的执着劲儿所感动,陆续加入了义务出工的队伍。全村老少齐上阵,靠手提肩扛、马拉人拽,开始了修路大会战。董福财更是起五更爬半夜,白天干活儿,晚上在路边看石头、水泥。2002 年 11 月 3 日,由于过度劳累,董福财患上了重感冒,村民劝他回去歇一歇,他坚决不肯,后来累得连站都站不起来了,才被人扶着送回家。妻子刘玉莲一边陪着挂吊瓶,一边含泪劝他:"这个村干部咱别干了。"董福财的心里也很不是滋味,他忍着病痛,强作笑颜对妻子说:"等治好沙、修好路,全村老百姓的腰包都鼓起来,我就不干了,回家好好照顾你。"可第二天天刚亮,他又不顾妻子反对,拖着病体回到了修路工地。

由于沙地软,有时马拉不动车,董福财就拽着车辕帮着拉。村民费占军家的马性子烈,2002 年 11 月 11 日那天耍起脾气撂挑子,正当董福财拿鞭子想教训它时,马抬腿就把董福财踢倒了。当时董福财脸色蜡黄,手捂着肚子疼得满头大汗,但仍坚持和大家继续干。晚上收工后,硬扛了一天的董福财再次栽倒在地上。村民们急忙把他送到县医院,经诊断为脾破裂,医生立即为他做了脾摘除手术,从此也埋下了病根。在董福财的带动下,全村党员群众仅用了两个月,就把挡了村民几十年的巨大沙丘移走了,并按施工要求铺好了路基,为修筑柏油路做好了充分的前期准备。第二年春天如期施工,村民们期盼多年的"天路"终于在 2003 年 8 月竣工了。自从通了公路,收粮收牲口的车直接开到了家门口,不但村民卖粮卖牲口方便,收购价格也比以前提高了不少。

公路修通了,董福财又将全部精力投向带领村民致富上。他多次召开村民代表会议,研究北甸子村发展思路,带领村干部和村民代表挨家挨户地征求意见建议,最终把发展牛、羊为主的养殖业确定为脱贫致富的突破口。

路子确定了,技术、资金又成了大问题。2003 年底,董福财找到镇领导,汇报了村民的想法和愿望,在镇领导的帮助下,分别从市、县请来专家,在村民的炕头上为大家进行辅导。村民们在学技术的同时,逐渐打消了顾虑,增强了信心。2004 年初,董福财还自掏腰包带着村里有养殖基础的 10 多名村民到内蒙古考察学习。

买牛犊儿、进羊羔儿,建牛棚、修羊圈,多数群众拿不出成本,想贷款又因为有陈欠不符合条件,看到群众着急,董福财心里更急。他找到信用社,不厌其烦地表决心,并找到镇机关包村干部为村民担保。在他的软磨硬泡和执着努力下,信用社终于破例为第一批养殖户办理了贷款,村民们迈出了养牛、养羊致富的第一步。

目前,北甸子村家家有致富项目,其中养牛户、养羊户占 60% 以上,养牛在 50 头以上的有 20 多户,养羊在 100 只以上的有 30 多户,养殖户中党员大户有 17 户,每年仅养殖业一项就人均增收 4000 余元。2014 年,北甸子村人均纯收入达到 9700 余元,比 2000 年时增加了近 8 倍,人均纯收入超过全镇平均水平。现在,沙治住了,路好走了,家家户户都有了机动车,不少人家还买了家用轿车。学校的校车一直通到家门口,村里再也没有辍学的孩子了,还陆续走出了十几个大学生。

随着养殖业发展,家家户户房前屋后都是牛棚羊圈,对环境造成一定污染。董福财和省直机关工委驻村工作队的同志商量,争取建一个养殖小区,把养殖户都集中到小区,变各自为战为抱团发展,实行互助合作的经营模式,实现生产区和生活区分开,推进美丽乡村建设。他一次次往市、县有关部门跑,就在 2014 年 11 月 6 日被查出肝癌晚期的前 7 天,他还强忍着病痛和驻村工作队的同志一起到省畜牧局争取政策扶持和资金支持。在董福财的努力下,北甸子村的养殖业逐步走上规模化、规范化发展道路。2014 年底,村里通往另外两个屯的柏油路也立项了,2015 年初已开工建设。

牢记宗旨,心系群众

满怀质朴真情服务乡亲

董福财时刻把群众利益放在首位,以质朴真情和真诚行动为群众办实事做好事解难事。1996年4月初的一天,他听说村民宋旭东家的窗户被大风刮坏了,满屋都是沙子,就连刚端上桌的饭碗里都有沙粒,全家人没法吃饭。董福财当即揣上4000元钱,一路小跑跑到宋旭东家,量好窗户尺寸便马上联系维修人员……几天后,宋旭东家的窗户修好了。董福财这才想起自己该去购买种子化肥了,可一数钱才发现,购买农资的钱已花去大半。2000年秋天,贫困户王贵青的房子漏风漏雨,眼看冬天就要来了,"不能让王贵青受冻!"董福财费了很大周折,争取来资金、物资,帮王贵青盖上了新房。2005年,村民胡忠文盖房子盖到一半的时候没钱了,董福财听说后,开了个家庭会议,倡议儿女资助胡忠文,当天全家人共为胡忠文送去了14000元钱。村里谁家有个大事小情,董福财基本上都是第一个赶到帮助处理;村里80%去世的老人,都是他帮忙送走的。热心助人的董福财家境并不富裕,早些年,儿子盖新房都拿不出钱,还得找亲戚筹钱,但他却先后拿出三四万元帮助他人。

董福财作为全村"当家人",只要村民有困难,他都倾其所有给予帮助。1999年7月,董福财得知村民徐正文的女儿患上多发性神经根炎,在沈阳看病急需钱。他二话没说,第一个带头捐款,还动员养牛户借钱给徐正文,并承诺如果徐正文还不上钱,由他来负责还债。现在,渡过难关富起来的徐正文也经常帮助别人,他经常说:"董书记能为咱做的都做了,现在咱也要像他一样为村里作贡献。"2000年,村民王辉的父亲去世了,全家生活陷入困境。董福财帮忙料理完丧事后,主动带着王辉选择了养牛这条致富路。王辉没有技术,董福财就跑镇里、县里帮着借书籍;王辉掏不出本钱,他就自己作担保为王辉贷款8万元;为了解市场,董福财背着干粮与王辉一起,步行几十里到周边乡镇和内蒙古养牛大户家中取经。路走得太多,董福财的脚始终肿着,水泡破了一层又一层……如今,王辉成了村里数一数二的养牛大户。2003年,村里有个少年徐宏伟患了白血病,董福财听说后,迅速张罗了8000元钱,第一时间送到了徐家人手中,使徐宏伟得到了及时治疗并康复出院。每次提起董福财,徐宏伟都哽咽着说不出话来。2002年,村里回来一个复员兵,他的名字叫黄晨,精神上受过刺激,家里连个像样的房子都没有。董福财毫不犹豫地伸出了援助之手,发动村民帮助黄晨改善居住条件,带头一车砖、一车土地运材料,出义务工,很快就把新房盖起来了。村民赵玉腿脚不好日子过得很紧巴,董福财时常送去大米等生活用品。2014年年底,赵玉去世时,董福财的病情已经恶化,卧床不起,仍不忘打电话给村会计,叮嘱把赵玉的后事安排好。

董福财除了对本村人无私帮扶外,对其他村急需帮助的人也给予帮助。1987年9月,董福财听说内蒙古后旗七古台村温斯娜家的孩子考上大学却交不起学费,就赶到温斯娜家,送去了1000元钱。得知温斯娜家还有4个孩子而且学习都很好,董福财当即表示,要资助这几个孩子。为了兑现诺言,董福财每年都去一趟温斯娜家,把资助款送去,直到4个孩子都完成学业。2006年,内蒙古后旗的包宝山遇到了资金难题,买不起种子、化肥,种不上庄稼。董福财听说后,立即找到包宝山,帮他联系种子、化肥,垫付了部分货款并作担保人,解了包宝山的燃眉之急。在帮助包宝山的过程中,董福财听说那里还有几个困难户买不起农资,当即想办法、找门路,一一为这几家解决了农资问题。直到去世前,董福财每年都会帮助内蒙古后旗的一些村民协调生产资金和物资,保证他们能种上地。

董福财事事为他人着想,影响和感染着北甸子村民。早些年尽管穷,但村里没有一个上访的。现在整个村团结和谐,凝聚着互帮互助互信的正能量。不管谁家有个大事小情,全村老少齐帮忙。偶尔两家发生些小摩擦,只要董福财出面,都会妥善解决。

严于律己,无私奉献

永葆共产党人的政治本色

1987年,董福财的女儿董丽、儿子董伟都在上小学,学校离家有十多里远。那时公路没有修好,家家户户都要赶马车接送孩子。有一次放学时正赶上下大雨,

董福财着急查看危房里的村民,顾不上接孩子,两个孩子在半路上被

雨淋得晕头转向,在瓢泼大雨中咒作一团。2000年7月初,连续几天的大雨浇塌了董福财家的山墙,他却无暇顾及,依旧忙着带领村民抢在雨季植树造林,最后还是妻子刘玉莲找来亲戚帮助重砌了山墙。2001年8月的一天,刘玉莲让难得清闲的董福财去放马。路上遇到了几个栽树的村民,他便和大伙儿一起干起活儿来。其间一个村民不慎受了伤,董福财顾不上把马牵回家,就赶紧张罗着把受伤的村民送到了医院。一切安排妥当后,已经是晚上11点多钟,放马的事情早就被他忘在了脑后,最后还是刘玉莲把马找回家的。2003年春天,村里干旱严重。为了保苗,村里每家每户都打井抗旱,一个人顶几个人忙。董福财一门心思帮着村民联系打井资金,确定打井地点。别人家的井都打好了,地也浇上了水,董福财家的井却是全村最后一个打完的。2003年中秋节,董福财家里来了很多亲戚,他答应妻子早点回家陪客人吃午饭。可领着大伙栽树栽到兴头上的董福财早把陪客的事儿忘了,直到天黑才回家。妻子看他一脸的疲惫,也不忍心埋怨他,饭菜端上来时,董福财已经斜倚在炕上睡着了。

　　董福财始终严格要求自己,严格要求亲属,从没让家里人沾过自己一点光。他很少买新衣服,一年四季的衣服加起来也就十多件。他家的房子也还是几十年前青年点的老房子,屋子里依旧是红砖铺地。为了防止大风把屋顶的油毡纸卷走,房子上面压满了砖头,遇到下大雨时,还经常漏雨。董福财家的房子一直是全村最破的房子。村里每次研究申请危房改造补贴时,他都将指标让给其他人。1997年,镇里空出个临时工岗位,儿子动了心,董福财却一口回绝,让儿子自己干出个样儿来。儿媳妇嫁过来3年,董福财不给分地,还是其他村干部按照规定给补上了地。1999年女儿结婚时,想让他给批两棵树盖房子,他坚决不同意。董福财的几个兄弟没少为他分忧,曾经有一次大雨浇塌了他家的马棚,砸死了一匹马,由于董福财整天忙着村里的事情顾不上,是几个兄弟帮着把马处理掉,重搭了马棚。但在分地这样的大事上,他们却一点儿便宜也占不到,同等条件下,别人能分到30垄地,董福财的兄弟顶多能分29垄。

　　董福财注重调动村民参与村务管理的积极性,认真落实村民知情权、参与权和监督权,重视发挥党员会议和村民代表大会的作用,使党员群众都能参与村屯的大事小情。他设置了村务公开栏,把村上收支情况和群众关心事项上墙公开,接受群众的监督。为规范村财务管理,2009 年 4月,他着手建立了村理财小组,制定了财务收支计划,健全资产管理、财务审批、资金管理、财务公开等制度。2011 年起,村里建立了"四议一审两公开"制度,凡是 3000 元以上的花销和重大项目建设都要按程序通过后才能实施。2007 年,董福财兼任村党支部书记后,制定了联席议事制度,每个月抽出一天,组织党员、村干部和村民代表学习党和国家的方针政策,研究村里工作,商定解决群众反映的问题。为村里 12 户贫困户翻盖新房,给谁盖、怎么盖,都是在村"两委"联席会上研究决定的。任村党支部书记以来,董福财始终守着这样一个规矩:凡是研究村里的事情,大家充分发言,谁说得对,就听谁的;定了的事情,必须认真带头干,差一点儿也不行。支委班子议事时相互较真,落实时讲求配合,已成了一种习惯。他常说:"啥叫党员,就是要遇事冲在前,打出样,比普通群众奉献得多!"

　　在平凡中见伟大,在坚守中见忠诚。董福财的先进事迹,生动诠释了"为民、务实、清廉"的人民公仆形象和共产党员"牢记宗旨、敢于担当、敬业奉献、鞠躬尽瘁"的高尚情操。董福财是全省共产党员的楷模,是优秀农村基层干部的代表,是践行"三严三实"的典范。

　　　　　　　　　　　　　　　　　（摘编自《共产党员》2015 年第 8 期）

一方金印在民心

——记唐庄镇党委书记吴金印践行群众路线的事迹

　　"来啦,吴书记,快来家坐!……哎呀,刚才还在念叨您哩,都说俺能住上恁好的别墅,都是托您的福。搁从前啊,俺做梦都不敢想!"

　　"吴书记,又到工地上来了?质量绝对保证,这是为俺自己造地,能不上心?"

"今年的收入？中！俺家那个桃园，挣了20多万。"

"俺那几个大棚啊，今年种的黄瓜，挣个十四五万没问题。就是您当初说的，比种庄稼强多啦！"

"今儿个跑车净挣500多块！俺村上人说啊，车轮一转，一年收入十来万……哈哈，多亏您给俺指了这条路！"

"养牛就是中。去年挣了300来万；今年嘛，只会比去年多。要不是您帮俺贷款买小牛、建青贮池，哪有今天？"

在四合社区，在靳湾村复耕工地，在石屏村外万亩桃园，在代庄村蔬菜基地，在龙山治山治水施工现场，在六庄店村大桥牛业公司……在卫辉市唐庄镇村村寨寨，穿着布鞋、一身农民打扮的吴金印走到哪里，哪里的群众都是笑脸相迎。人们大老远地跑着围过来，亲亲热热地跟他打招呼，痛痛快快地与他拉家常。临走，人们拉着他的手把他送出老远老远。

在唐庄镇，大人小孩都认识他们的书记吴金印，镇上的老百姓都知道他的手机号码。吴金印能叫出全镇每个村组干部的名字，跟大多数村民都熟识。他不习惯坐办公室，一有空就到村里、厂里走走，或是到老百姓家里住几天。他说，跟群众在一起，情况明，心里暖，就跟鱼儿在水中一样，自在，舒坦。

"老百姓是咱最亲的人"

"我是农民的儿子，我离不开他们。"这是1966年8月，吴金印在一份决心书上写下的一句话。

那时候，吴金印24岁，刚从中央团校学习归来，主动要求到农村最艰苦的地方去工作。就像种子渴望回到土地，他的魂儿离不开土里刨食的农民。他18岁入党，从大队会计、大队长、大队支书，一直当到公社团委书记。他领导着比他大几十岁的人，把家乡董庄大队搞得在全县乃至全地区都很有名。他觉着跟农民在一起，快乐，充实。

"还是让我到农村去吧，越是艰苦的地方，越能锻炼人。"他跟领导郑重地谈了自己的想法。组织上同意了他的请求，把他派到地处太行山深处的狮豹头公社。狮豹头山高沟深，资源贫乏，交通闭塞，全公社两万多人口，有90％吃粮靠统销、花钱靠救济，遇到天旱，好多地方的群众连水都吃不上，是全县最穷最苦的地方。

到狮豹头公社报到的当天，他就背着行李到靳庄大队驻队去了。大队干部安排他在群众家里吃派饭，晚上住在大队部。到了第三天，吴金印找到靳庄大队支书孔现银："老孔，我知道你是关心我。在大队部住，一个人一间房，又卫生又清静，可我总觉着心里空落落的，不是个滋味儿啊。"

孔现银有些为难，说："以前上头来人都在大队部住。咱这里苦寒，哪个人家也没有大队部的条件好，我是怕你……"

吴金印说："俺是来接受贫下中农教育的，不和他们同吃同住同劳动，社员心里想的啥，咱不知道；咱心里有啥想法也不能跟他们交流，两张皮，这会中？活鱼水中游，死鱼水上漂。你替我找个出身好、最困难的人家，我就在那里住。"最后，选定了全大队最穷的牛德英家。

吴金印到牛德英家的时候，正赶上他们吃午饭。吴金印来到牛德英跟前："大娘，让我看看你们吃的啥。"牛德英把饭碗往一边扭了扭，吴金印还是看见了，是糠团和野菜。他从牛德英手中端过饭碗喝了一口，那菜汤连盐都没有，又苦又涩。他慢慢品味着，眼泪唰地流了下来。他在心里默默地说：我吴金印要是不能把群众碗里的糠团变成白面，就不配当共产党的干部！那天下午，吴金印向县委写了决心书："为改变山区面貌，我十年不下山！"

吴金印在狮豹头15年，有7年多住在群众家里，另外7年多住在造田工地上。无论住在谁家，他都会给主人家打扫卫生、挑水，帮助他们解决生活上的困难。

有一年，他到砂掌大队驻队，住在五保户武忠家。武忠当时70多岁，孤身一人。吴金印往武忠家去的时候，正遇上武忠瘸着腿从外头回来。吴金印迎上前去，问："武大伯，你的腿……"

"没啥毛病，就是脚指头那儿顶得生疼。"

吴金印烧了一锅热水，倒在盆子里，说："武大伯，来，烫烫脚，让我看看你的脚是咋回事儿。"他把武忠扶到椅子上，脱了他的鞋子一瞧，原来是脚指甲长得太长，钩到肉里了。吴金印为武忠烫脚，找来小刀替他把钩到肉里的脚指甲一点一点挖出来。武忠逢人就说："你瞧，人家是公社干部哩，给俺洗脚……别看俺没儿没女，俺觉着跟有儿有女的一样哩！"

吴金印在池山大队驻队的时候，住在烈属宋大娘家。有一天晚上，宋大娘的胃病犯了，疼得在床上打滚。吴金印赶紧找来一张竹床扎成担架，跟另外几个人抬起宋大娘，在漆黑的山道上深一脚浅一脚地往公社医院跑。到了医院，吴金印跑前跑后找医生，替宋大娘办了住院手续、交了住院费。等医生给宋大娘看过病，吴金印亲自去取了药，找来开水帮宋大娘把药吃下。病情稳定了，吴金印依然守在宋大娘床边为她捶背、擦汗、扇扇子。宋大娘吐痰，他赶紧用手帕接住；宋大娘的痰和涎水流到衣服上，吴金印就一点一点给她擦。他在宋大娘床边守了整整一夜。

宋大娘病愈之后，行动不便，吴金印每天早晨为她端尿盆、穿鞋，每天晚上给她烧水洗脚。宋大娘感到难为情，一再说，往后可别这样了，你是干部哩，这样侍候俺，大娘经受不起啊。吴金印说："你大儿子为革命牺牲了，我就是你的儿子。儿子照顾老人有啥不应该的？"一句话把宋大娘说得眼泪哗哗地往下流。

吴金印在社员家吃派饭，每次端起饭碗总要先往锅里瞧瞧，见锅里的饭稀，端住自己的饭往锅里一倒，说："咱们有稠的一起稠，有稀的一起稀。"遇到有的人家特意为他准备了肉和菜，他扭头就走，随便到哪个人家盛一碗红薯稀饭，蹲在门口一喝了事。每次吃了饭，吴金印都要给粮票给钱。山里人不习惯，说啥也不收，吴金印就悄悄地把钱和粮票压在饭碗下面。

他视群众如父母，群众拿他当亲人。

吴金印总是忘不了杨务新杀鸡的故事。

杨务新是池山大队的一个五保户，老两口都60多岁，无儿无女。吴金印到池山以后,每天给他家担水。日子久了,老两口经常在一起念叨:人家吴金印跟咱一不沾亲二不带故,这样照顾咱,咱拿啥报答人家?

有一天,大队给吴金印派饭派到他家,老两口高兴得团团转。他家最值钱的是两只老母鸡,这是他家的小"银行",吃盐、打油全靠鸡蛋去换。老两口把那只最肥的母鸡杀了,用文火炖了一上午。吃晌午饭的时候,老两口把炖好的鸡和鸡汤用盆子盛了,端到吴金印面前,笑眯眯地说:"吃吧!"

"你们这是……"吴金印瞅着鸡汤,瞅着两位老人充满爱意的目光,心里一热,不知说啥好了。吴金印对杨务新说:"你们先吃吧,我有点事儿出去一下。"老两口在屋里左等右等不见吴金印回来,四处寻找,发现吴金印在别人家端着红薯稀饭正吃着。杨大娘哭着说:"你这是咋哩?给你炖的鸡,你为啥不吃?为啥不吃?"老两口站在那里哭着不走。吴金印也哭了,说:"你们的心意我领了。可我是干部,不能搞特殊,不能脱离群众啊!"那只鸡他虽然没有吃,但这件事情却深深地铭刻在他心里。

这些故事,是心灵的乳汁,滋养着吴金印。他说:"我那时候年轻,是朴实的山里人教我懂得了啥叫善良、啥叫感恩。这一辈子,啥时候想起他们,心里都是暖烘烘的,觉得不尽心尽力地为老百姓办事,就是没良心,就是不孝之子!"

正是有这种感情支撑着,吴金印的人生有了方向、有了动力。在狮豹头,2600多道岭、2700多条沟、三四十个大队、几百个自然村都留下了他的足迹。春天,他跟群众一起找水源、修水池、上山挖地、下河造田;冬天,背着救济粮、带着救济款,来瞅瞅群众碗里盛的啥、身上穿的啥、床上盖的啥。几十年来,不论走到哪里,他都没有忘记自己的责任:帮助群众圆那个温饱梦。他感到浑身有使不完的劲儿。

说到跟群众的感情,吴金印很有一番感慨。他说,咱当干部的,不要成天想着"我要联系群众"、更不能嘴上喊着"我在联系群众";真正的联系群众,就是根本不把自己当成官,要把自己当成老百姓。这样一来,遇事你就会自觉地替群众着想;跟群众在一起,你就会自然而然地放下身架。

"群众是最好的老师"

都说吴金印工作上的办法多、点子多,他说,我有多大能耐啊? 很多办法和点子都是从群众那里得来的。他经常说的一句话就是:"群众最有智慧,群众最有办法,群众是最好的老师。工作上遇到什么困难,跟群众一商量,办法就有了。"

在狮豹头工作期间,他带领干部群众用 8 年时间改河造田,其中最大的工程是沧河造田。沧河造田的核心工程,是在羊湾一带的棋盘山上打洞,取直河道,裁湾造田。这个裁湾造田的点子,就是群众想出来的。

那是 1970 年的春天,吴金印肩上挎着粪筐,腰间挂着水壶,挎包里装着干粮,走在山间的小路上。每到一地,他都要同党员、干部、群众代表商量咋样改变山区面貌。

这天,吴金印来到羊湾大队党支部书记郭文焕家。晚上,他俩躺在一张床上喷,吴金印说:"我一直在琢磨,沧河的河滩白白地浪费着老可惜,能不能想法在河滩上造点田出来?"

"啊呀",郭文焕一拍大腿,忽地坐了起来,"我也在琢磨这事儿哩。沧河流到咱羊湾的时候,叫棋盘山给拦住了,往西拐一个大弯,然后往南再往东流走了。俺庄上老辈人就想过:要是把棋盘山钻个洞,把河取直了,不就能造出好几百亩地来?"

"好点子啊!"吴金印披衣起床,拉着郭文焕就出了门。二人踏着月光在棋盘山下的河滩里走着,设想从哪儿打洞、在哪儿修坝,一直转悠到鸡叫。

有一年,吴金印在砂掌村驻队,发现这里的山光秃秃的,就想着怎么绿化。有人说,这山上根本就不长树。当时,吴金印住在五保户武忠家,晚上聊起这个事情。武忠告诉他,这一带的山顶上早些年树可多了,满山黑油油的大柏树,一人搂不住。后来有人在山上栽过树,其他树种都死了,就柏树能活下来。武忠说:"听读书人说,柏树的根带酸性,能降住石头。对了,朝阳的山坡多少有点土,可以种苹果树,早些年有人栽过,结的苹果可甜了。俺估摸着,兴许种苹果能行哩……"

吴金印白天跟群众一起劳动,晚上同群众一起讨论。最后,他综合归纳群众意见,组织全大队男女老少齐上阵,用两年多时间绿化了 2000 多亩荒山。

吴金印刚到唐庄工作的时候,每天骑自行车到各村走访群众。有一天,他来到镇西北部的后沟村。这里靠山临沟,交通不便,是出了名的穷地方。跟群众聊起如何脱贫致富的话题,村民窦全福说,咱这儿靠山,有石头,如果把路修通了,建石砟厂,兴许能发财。他说,交通方便的地方,有人搞这个就发了财。他的话,让吴金印眼前一亮。他沿着这个思路进行调研,最终提出了"西抓石头"即发展石头经济的思路,使西边几个村子的群众迅速富裕起来。

"北抓林果"的思路,也是来自一次走访。

那是 1988 年秋天,三个月没下雨,唐庄北部的丘陵,庄稼旱得卷了叶。当检查旱情的吴金印来到侯庄村地界时,突然看见一片浓郁的绿,走近一看,是一片山楂园,枝繁叶茂,山楂果红成一片。一个 60 多岁的老农正在侍弄山楂树,吴金印上前搭讪,问他咋会想到种山楂。老人说,山楂树是铁杆庄稼,最顶旱。吴金印又问他,山楂园一亩能收入多少,老人说,弄好了可以收入千把块。老人还告诉他:"咱这儿的地,种旁的不中,种果树中。"吴金印不由得眉毛一扬:"这是个好点子!"

据此,唐庄镇提出了在北部丘陵地区发展林果业的思路。几年之后,这里建成了万亩林果基地,搞了个"中国唐庄桃花节",每年春天吸引着来自中外的 10 多万名游客。承包果园的人家都发了财,有了私家车,住上了别墅。

在工作中遇到难题,吴金印就会到群众中间去,跟他们商量解决办法。这个法子很灵。

唐庄镇有个山庄村,1997 年的时候,村民提出来想让镇里帮助他们修条水泥路。吴金印带着几个镇干部住到这个村,跟群众商量修路的事,最后商量的意见是:修路的经费主要由镇财政支出,每家每户多少兑一点钱,村民以出义务工的形式参与修路。绝大部分村民同意这个方案,并在协议书上签了字。有两户村民不同意出钱,但同意出工。有一户村民,既不同意出钱,也不同意出工。

吴金印召开村民大会,就最后一户村民的态度让大伙讨论。

群众站出来说话了。这个说:"镇里支持咱村修路,是给咱们办好事哩,你这个态度,像啥话?"那个说:"就你能,俺都是傻子?俺村盛不下恁能的人,你走吧!"还有人说:"你不出钱,不出力,就没权走新修的路;要走,走一次掏一次钱!"大家你一言我一语,把那人说得无地自容。他低下了头,真诚道歉并履行了义务。结果镇里出钱,村民出力,把这个村的路修通了。

吴金印经常拿这些事例,跟唐庄镇的干部讲什么叫"从群众中来,到群众中去"。他说,咱永远不要觉得自己比老百姓高明,不能到了一个地方就指手画脚瞎指挥。群众在基层,最能吃透情况,并且整天都在思考问题,他们的想法往往更切合实际。我们当干部的,如果放着恁好的老师不去请教,岂不是傻子?

"群众是最亮的镜子"

1987年11月,吴金印调任唐庄镇党委书记之后的第一件事情,就是带领镇里全体机关干部到辉县常村乡燕窝村上一堂特殊的党课。

那天,他们大清早出发,前往太行山深处去看望一个人。此人就是郑永和。郑永和曾任辉县县委书记,后来担任省部级领导,退休后组织一批老干部成立"老头队",在太行山里为群众服务。

"老领导,"吴金印见到郑永和,一把拉住他的手,激动地说,"你这是在干啥哩?"

"房东家的门框坏了,我给他们做个石头的。"郑永和憨厚地笑着,手中的锤錾不停地在石头上敲打着。

"郑书记,你是咋想的? 省里有你的高级住宅你不去住,儿孙一大群,你不去享受天伦之乐,咋就偏偏往这山旮旯里钻啊?"吴金印明知故问,他是想让大伙听听一位老共产党员的心声。

"要说享福啊,我觉着这就是享福。"郑永和停下手中的活计,望着四周的山,深沉地说,"活了快一辈子,回头想想,谁对俺最亲? 是最底层的老百姓! 他们对俺亲,俺就到他们这儿来。吃饭—干活,干活—吃饭,一点烦恼都没有。这生活呀,越过越有味儿⋯⋯"听着郑永和质朴的话语,大家开始思考"人为什么活着""我们为谁当官"这些问题。此时,大伙明白吴金印带他们到这里来"开会"的用心了。

告别郑永和,他们没有马上回到机关,而是把车开到唐庄北部的大司马村,会议在这里接着进行。吴金印从社会上流行的享乐风开始讲起,讲到我们为谁当官的问题,他说:"大道理咱就不讲了,党章上写得清清楚楚,咱就讲一个最起码的道理吧:我们的工资是从哪里来的? 是人民交的税收;我们吃的饭是从哪里来的? 是农民种的粮食。一句话,人民养活了我们。人民养活我们干啥? 为了让我们替他们办事。老百姓养牛,牛能为他们犁地;老百姓喂鸡,鸡能为他们下蛋。我们当干部的,花着人民的税收,吃着农民的粮食,如果不给群众办事,那就连牛都不胜,连鸡都不如! 从前,人们习惯称我们叫'父母官'。我不赞成这种说法,因为人民是我们的父母,我们是人民的儿子、人民的公仆。不要以为老百姓无职无权,免不了咱的职,也提拔不了咱,就不把他们放到眼里。要知道,干部和群众是种子和土地的关系,心系群众苗得土,背离群众树断根,离开群众就是死路一条!"

咋样才能让干部不脱离群众? 作为党委书记,吴金印深知仅靠口头上说说是不行的;即使按照要求执行一阵子,也很难持续下去。制度管根本,机制管全局,必须通过制度建设来保证群众路线的落实。于是,在这次大会上,吴金印和唐庄镇干部一起立下了"四不""四同"的规矩。"四不",就是身不懒,积极参加劳动;嘴不馋,到村进厂不喝酒、不吃请;耳不聋,倾听群众意见;手不长,不拿群众东西。"四同"即干部要与群众同吃同住同劳动,有事同群众商量。同吃,就是驻村干部不准单独起伙,一律到群众家吃派饭,不准喝酒,吃了饭要交钱;同住,就是驻村干部不准住村委会,必须住到军烈属、五保户、困难户家里;同劳动,就是每个干部自备一套劳动工具,每年20个义务工;有事同群众商量,就是村里制定重大决策前,驻村干部要跟村民商量。

唐庄镇党委还规定,每个镇干部要交10户农民朋友,其中必须有三分之二的穷朋友。吴金印解释说,人在难处盼亲人,困难群众是最需要帮助的,跟他们交朋友最能体现咱们的价值,我们应该多做这样的事情。

有一天,吴金印在大司马村偶然听到一个叫韩志明的村民的不幸遭遇。韩志明原来在外地一个煤矿上班,一次事故使他下肢瘫痪,成了残疾人。孩子尚小,一家人靠妻子一个人支撑着,日子很艰难,韩志明几次想到了死。得知这个情况,吴金印拉上村支部书记,说:"走,到他家瞧瞧。"

来到韩志明家,吴金印坐到他的床沿儿上,握着他的手,仔细询问他的身体和家庭情况,说:"你放心,有党在,不会让你过不去。"然后,对韩志明的妻子说,好好照顾老韩,有啥困难给村里和镇里说。临走的时候,吴金印把身上的钱全部留给他们。第二天,吴金印又来了,带着救济款,带着自己家里的两袋面粉。

过了几天,吴金印给韩志明送来一辆手摇三轮车。他看到韩志明家门前有一条四五米深、两米多宽的沟,就带领村里人填平了那条沟,并在他家门前修了一条直路。逢年过节,吴金印总要带些吃的用的到韩志明家慰问;每次从大司马村过,他总要拐到韩志明家里看看。

吴金印经常对干部们说:"世界上没有无缘无故的爱。想叫群众真心拥护咱共产党,就得实实在在为老百姓办好事;不然的话,人家为啥要死心塌地跟着咱啊?共产党不是一个抽象的概念。在基层,老百姓就是从咱们的举动中去认识共产党的宗旨。咱们为群众办好事,就是维护党的形象。"

有好的规矩,还得有监督机制。吴金印深晓此理,所以在制定了"四不""四同"规定以后,又制定了一整套检查监督措施:每逢单月,镇里派人到村里听取群众对干部的意见,问当地群众,某某在你们村住了没有,参加劳动没有,为群众办好事没有,是否有违纪行为,对这个干部有什么意见等;逢双月,让村党支部来镇党委汇报驻村干部的表现和群众对这个干部的反映;到年底,由群众和村党支部对驻村干部进行考评,对违反有关规定的干部一律严肃处理。

1995 年的一天,有群众反映说,某位镇干部到他们村检查工作的时候喝了酒。吴金印在对此事进行调查落实之后,找到那位干部,问:"据群众反映你在村里喝酒了,可有这事?"

"有……"

"咱们的规定你还记得吗?"

"记得。"

"你说咋办?"吴金印满脸严肃。

"我愿意接受处罚。"那位干部羞愧地低下了头。

听说那位镇干部为了这事受处分,这个村的支部书记找到吴金印,替那位干部求情:"是俺请他喝了几盅,要处分就处分我。现在的干部到了下边哪有不吃不喝的? 这算不上大问题,你就放过他这一回吧!"

吴金印说:"我也知道现在社会上吃吃喝喝的现象比较普遍,可咱唐庄就是不兴这一套,就是不能容忍脱离群众的现象存在。你要是真的爱护我们干部的话,以后就不要请他们喝酒了。既然定了规矩,就得按规矩来,谁也不能例外。"

不久,镇里召开机关干部大会,让那个干部在会上作了检查并罚款 80 元。这件事在全镇干部中震动很大,从此再未出现过类似事情。

按制度办事,人际关系就变得单纯而清爽了。在唐庄镇,逢年过节领导与领导之间、领导与同志之间是不兴请客送礼的,连送一点土特产也不行。谁要是给他送礼,第一次,给你退回去;第二次,在镇机关干部大会上

321

批评。这样一来，就形成了好风气，大家都把心思和精力用在了工作上。

2007年，吴金印的母亲去世。他谁也没告诉，悄悄地办了丧事。乡亲们还是有人知晓了，一些乡邻送来礼金表示慰问，受过他帮助的人也纷纷前来表达心意。吴金印费了好大劲，把礼金逐个退回；实在退不了的，全部交给镇财政用于龙山治理。

采访的时候，记者问到这事，吴金印感叹说，人啊，钱财多少是个够？够吃够用就行了。在物质上少一分欲望，心里头就多一分轻松和坦荡。当干部的，只有不存贪欲才能做到处事公正；你公正了，群众才会打心眼里佩服你、拥护你。"还是那句话，"他说，"群众是最亮的镜子。我们应当经常拿群众这面镜子照照自己，看我们是不是干净、是不是有好的形象！"

在唐庄镇，群众就是干部的镜子。

"一切为了群众，是干部的职责"

吴金印深知，老百姓的心思千条万条，最根本的就是三条：有饭吃，有房住，有钱花。一句话，就是过上富裕的生活。他说："啥叫联系群众？当干部的，把大伙领上致富路，才是最大的联系群众。"

为了让群众有饭吃，几十年来他造地不止，人们称他"造地书记"。

为了造地，他在狮豹头的山沟里、河坡上搭起工棚住了8个寒暑。

为了造地，他在寒冬腊月跳进结冰的河水中垒石堰。

为了造地，他累得晕倒在地，在工程抢险中险些被滚石砸死。

在狮豹头，吴金印带领群众在乱石滚滚的河滩和荒沟野岭上造出了2400多亩旱涝保收田，解决了当地群众的温饱问题。

吴金印调任唐庄镇党委书记之后，瞄上了镇子西北方向那10多公里长的后山沟和10多公里长的十里沟。1992年10月，他带领唐庄镇机关干部，扛着铺盖卷，拉着锅碗瓢盆和劳动工具，在杂草丛生的后山沟安营扎寨，组织起近万人的造田大军，开动3000多台大小车辆和施工机械，连续奋战两个月，造出了1000多亩良田。第二年冬天，他们又在十里沟造田1000多亩。

2009 年,南水北调中线工程进入唐庄段,占用耕地 1420 亩,开挖土石方约 740 万立方米,堆放这些土需要占用很多耕地。吴金印决定抓住这个机遇,用该工程剥离出来的耕作表层土在十里沟闸沟造田。经过 200 多天奋战,他们在这条荒沟里造出了 1810 亩良田。如今,全长 11.8 公里的金门沟造田工程也已启动,工程完成后可新增耕地 2600 亩。

荒沟造田,荒山造田,复耕废弃窑场,复耕拆迁的村庄,这些年来,吴金印带领唐庄镇干部群众造地 1.5 万亩。与此同时,他们对全镇的荒山进行治理,在山坡上修筑鱼鳞坑以保住水土,为跑水、跑土、跑肥的"三跑田"垒上石堰,将其变成保水、保土、保肥的"三保田"。

在造田治山的日子里,吴金印和唐庄镇干部吃住在四处漏风的工棚里,天不亮就起来搬石运土,抡锤打钎。2001 年冬的一天,干了一天活的吴金印,夜里突然感到严重的腹疼。第二天,他发现尿液带血。医生建议他马上到大医院检查。为了不影响工程进度,他没有惊动镇里的干部,只让儿子陪着他到外地做了手术。伤口刚刚愈合,他又马上回到工地,人们动情地说:"吴书记,你这样干,是在为俺老百姓拼命啊!"

群众温饱问题解决之后,如何让他们尽快过上小康生活、过上城里人那样的生活,是吴金印一个新的梦想。早在 20 世纪 90 年代初,他就提出在唐庄镇的代庄、双兰、石屏、仁里屯等村搞新村规划,建成了一批别墅式农民新居。2000 年,他们又制定了《唐庄镇村庄规划建设实施具体办法》,按高标准进行村庄综合整治。如今,唐庄镇 85% 的农户住进了新居。

说起新型社区建设,四合社区的居民能讲出一长串故事。

2005 年,卫辉市行政区划调整,谷驼、张庄、靳湾、虎掌沟这四个国家级贫困村划归唐庄镇。这几个村,地处太行山区,缺水少电,交通不便,当地群众吃水难、吃粮难、走路难、看病难、上学难、娶媳妇难。划归唐庄镇的第二天,吴金印就安排人往这几个村送水,并亲自到群众家中探望。看到山里群众的生活境况,吴金印就跟大伙商量:能不能考虑搬下山去,在镇子附近交通便利、生活条件好的地方建个新村?村民们激动地说:"吴书记,您是替俺办好事哩,俺听您的!"

征得村民同意之后,吴金印又带着社区规划和住房图纸,挨家挨户征求意见、商量建房标准。从 2008 年开始,吴金印带领镇机关干部与群众一起动手建设四合社区。镇干部在建房工地上劳动是尽义务,村民出工却可以拿到工钱,用村民的话说就是"盖房挣钱,建我家园"。这是一个以别墅为主、功能合理、设施齐全的社区,设计标准十几年,甚至几十年不落后。镇里不仅投入大量资金用于社区公共设施建设,而且给每户建别墅的村民补助 2.5 万元。同时,让困难户、五保户和残疾人免费住进了社区公寓楼。

那天,走在四合社区的感恩路上,71 岁的村民王法对记者说:"你看这房子多好,你看这路多光,你看这路灯多亮,真跟做梦一样……"他说,入住社区那天,村民们情不自禁地喊起了口号:"感谢党! 感谢政府! 感谢吴书记!"

对于城镇化建设,吴金印想得很深。他觉得,城镇化绝不仅仅是盖一些新楼让大家搬进去这么简单,关键是要解决好群众的就业和生活保障问题。为此,唐庄镇做出规定,凡是因建厂、建社区、建公益事业等占地人均三分以上(含三分)的户,镇政府出资每人每年 50 元参加新型农村合作医疗。镇里还规定,完全没有土地的农户,全家享受低保;现有土地人均三分以下(含三分)的农户,60 周岁以上的老人和 17 岁以下的孩子享受低保;现有土地人均五分以下(含五分)的农户,60 周岁以上的老人享受低保。同时保证每户一至三口至少有一人就业,四至六口至少有两人就业,七口以上至少有三人就业。镇里还通过贴息贷款、提供信息服务等多种方式,扶持农村社区居民成立了种植、养殖、运输等合作社,促进了居民就业,提高了农民收入。

吴金印深知无工不富的道理,所以多年来他始终把发展工业作为带领群众奔富路的重要途径。20 世纪 80 年代末,唐庄镇大力发展"石头经济",办起了 100 多家石砟厂、一家上规模的水泥厂和一批石灰窑,使西部山区群众迅速致富。当发现粉尘污染给周边群众的生产和生活带来不良影响时，吴金印听从群众意见，决定关停污染严重的石砟厂和石灰窑。一些人想不通，感到心疼，吴金印就跟大家说："咱发展经济还不是为了让群众过上好日子？如果环境破坏了，就是给个金娃娃也不能抱，咱绝不能干以牺牲环境为代价的事情！"最终，他们将8家规模较大、环保达标的石头加工企业迁往深山区，其余的石砟厂、砖窑、石灰窑全部拆除。

10多年来，唐庄镇先后投资5亿多元，在10平方公里的产业集聚区修筑了五纵五横10条高标准公路，铺设供水管网6.5万米，排水管网6万米，建设110千伏变电站2座、小型变电站10多座，建设日供水1万吨的水厂2个、日处理2万吨污水处理厂一座，西气东输的天然气辐射镇区各个厂矿和村庄，实现了路、水、电、气、通讯、绿化、美化等七通一平。同时，在项目审批、土地使用、跟踪服务等方面实行一站式、零障碍、心贴心服务。他们通过营造良好投资环境，吸引世界500强和国内500强企业前来投资建厂。

2010年，为了吸引世界500强企业百威英博啤酒集团在唐庄投资建厂，吴金印一次一次奔赴该集团总部所在地上海，诚恳地邀请他们到唐庄考察。一连几天，吴金印没睡过一个囫囵觉，两眼熬得通红。百威英博啤酒集团高层被吴金印的真情所打动，在综合评估各方面条件之后，决定把投资27亿元、年产啤酒100万吨的项目放在唐庄镇。该集团一位高管说，他们选择唐庄镇，除了这里的环境好、基础设施完备之外，主要是钦佩吴金印的人品和能力。

他们的判断是正确的。

2011年2月20日，百威英博啤酒集团决定要在3月19日举行唐庄项目奠基仪式。在短短28天内拉80多万立方米土方、平出600亩大的工地，这是连对方都感到难以完成的任务。吴金印动员全镇机关干部搬进工棚，展开工程大会战。几十辆铲车、推土机，几百辆大卡车日夜不停地工作，吴金印一天只睡两三个小时。在工程最紧要的几天里，他更是彻夜不眠,硬是在规定时间里完成了任务。该集团老总紧紧握住吴金印的手,说:"这是了不起的'唐庄速度',这是你们在百威历史上创造的奇迹!"

接下来,世界500强北新建材来了,国内500强六和集团来了,国内最大的塑料薄膜项目银金达开工了。目前,唐庄产业集聚区引进企业30多家,2012年该集聚区内的工业总产值达到33.8亿元,财政收入超亿元。在三至五年内,这个产业集聚区内的几家大型企业,产值合计将超过100亿元,税后财政收入将超过10亿元。

在温康社区的马路边上,吴金印跟记者一板一眼地描绘着唐庄的"四化"——工业化、城镇化、农业现代化和环境生态化的前景。他说:"说一千道一万,谁能让群众过上好日子,群众就愿意跟着谁。明白了这个理儿,我就想啊,一切为了群众,是干部的职责,只要群众还需要我,我就会一个劲儿地干下去,决不松劲儿……"

(摘编自《河南日报》2013年9月9日)

闪光的青春 无悔的选择

——记大学生村官、河南省上蔡县文楼村党支部第一书记魏华伟

2012年9月12日,大学生村官工作会议在中组部3楼报告厅举行。

河南省上蔡县文楼村党支部第一书记魏华伟走上发言席,以《无悔的选择》为题,汇报了自己在"艾滋病村"服务群众、发展经济的成长历程。"我愿把所有的热情奉献给我热爱的农村,选择村官之路我无怨无悔。"话音刚落,经久的掌声在会场回荡。

掌声响起来,为魏华伟无悔的人生追求喝彩!

掌声响起来,为魏华伟把艾滋病患者当亲人的高尚情怀喝彩!

掌声响起来,为魏华伟直面挑战敢于担当的奉献精神喝彩!

……

让我们循着魏华伟的成长足迹,去感知他别样的青春风采。

选择农村，只为坚守理想信念

魏华伟说：到农村去是对年轻人的考验，只有坚定理想、坚持信念，才能战胜困难，坚持到底。

报名当大学生村官，并非魏华伟的冲动之举。

在母校清华，他有机会接触到社会实践、就业实践、短期挂职、科技服务与志愿者服务等多种实践活动，认识到"只有把个人理想和国家需要结合起来，才能收获有意义的人生"。当得知中组部等有关部门实施选聘高校毕业生到农村任职的计划时，他的心动了——这是一项促进新农村建设的人才战略工程。"但我来自农村、背负着父母的殷切希望，要放弃唾手可得的城市工作机会，再次回到农村，是否是最佳选择呢？"

清华法学院党委书记李树勤老师知道了他的犹豫，多次找他谈话。"越是艰苦的地方越需要人才，越能锻炼人的成长。因此，无论是从个人发展的角度还是从社会发展的角度看，选择比较艰苦、人才相对缺少的农村工作，更加容易得到持久的锻炼和提高。"反复咀嚼老师的一席话，魏华伟终于下定了当村官的决心。"我的内心告诉我，我的情感在农村，我的事业在农村，我的未来在农村。我不想一个人走出农村，我要通过全心的付出来改变农村！"

开始，他被分配在一个条件相对较好的村子，但他主动申请到全国重点帮扶的"艾滋病村"文楼，理由是"一般人不愿去，所以更需要人才"。

文楼村辖6个自然村、17个村民组，总人口3693人，其中艾滋病毒携带者占全村总人口的十分之一。一般人是躲着文楼村民的，外村的亲戚甚至和他们断绝了往来，文楼村民外出打工也不敢自报家门。

2008年9月17日，魏华伟入驻文楼。出乎意料，他听到的并不是欢迎声。有个老党员问他：你是来镀金的吧？话语中充满了不信任。村民程国富更是直截了当盯着他说："小魏，干好了，你走时我们敲锣打鼓送；干不好，就用砖头砸你走。"

面对质疑,魏华伟没有辩解。他想用行动来证明自己扎根文楼的决心。

有一次,当村民正在聊天的时候,魏华伟走过去。一个老大爷起身要给他搬凳子,魏华伟却一屁股坐到了砖头上。旁边的群众开玩笑说:"小魏,这才是一个好干部。"魏华伟笑了笑:"我和大家一样,也是农村长大的。"正是从这些点滴小事开始,魏华伟和村民越来越"对味儿"。只要一有空,他就走村入户与群众聊天,在田间地头与群众攀谈。看到哪家正在干活,他就过去帮一把。村里有人头疼发热,他就主动去慰问。遇到阴雨天,他四处奔波,看庄稼是否被淹,看农户房屋是否漏雨。入村仅 2 个月,他就走遍了 17 个村民组,把全村 700 多个农户一家不拉地走访了一遍,对文楼有了较为全面的了解。

尽管工作打开了局面,但艾滋病的阴影一直困扰着魏华伟。特别是 2010 年,一位和他朝夕相处的村干部发病 10 天就骤然离世,这位文质彬彬的小伙子真的尝到了害怕的滋味,但又不能随意流露出来。他悄悄去检查了一下自己的身体,发现没问题,才松了一口气。此后,县委组织部的同志安慰他:艾滋病传播途径很严格,你不用担心。清华的老师也表示:有困难就跟我们说!"组织上给我关心,母校老师给我打气,帮我渡过了心理难关。"而在他的内心深处,远大的理想始终是最强大的精神支撑,是永不言悔的坚守!

百折不挠,只为甩掉贫困标签

魏华伟说:农民渴望致富,当村官就要带领群众加快发展,千方百计让群众过上好日子。

贫穷是文楼曾经的标签,许多人卖血感染艾滋病,穷是根子。到文楼不久,几个村民就找到魏华伟:"魏书记,我们病号出去打工受歧视,重活又干不了,你能不能引进几个项目,让我们不出门就能打上工?"看着村民期盼的眼神,魏华伟下决心要为村民叩开致富之门。

2010 年,魏华伟通过清华校友联系了一家节能灯生产厂到村里投资,但厂家一听说艾滋病，便一口拒绝了。

外面的企业不来，只有自谋出路。魏华伟和村"两委"班子经过认真分析，决定利用文楼多年的蔬菜种植传统以及靠近县城的地理优势，发展大棚种菜。但是大多数村民有顾虑，不愿当"出头鸟"，甚至有人说："咱不会技术，万一搞不好，这个白脸书生拔腿走了，留下烂摊子不还是咱收拾?"魏华伟对症下药，先是带领5名态度比较积极的村民到上海参观学习，后又组织有种菜经验的种植户到河南省汝南县、临颍县等地实地考察，并请来专家现场为村民解疑释惑。花了半年时间，魏华伟前前后后开了29次会，才让村民相信了他。开了眼界、有了底气的村民，终于迈出了第一步，文楼村历史上第一个由18户村民组成的蔬菜种植专业合作社诞生。其中，7户农民率先建起了7个温棚，开始了番茄、黄瓜、草莓等经济作物的种植，每个温棚经济效益5万多元。榜样的力量是巨大的，村民勤劳致富的积极性大大提高，全村蔬菜种植很快发展到500多亩。如今，附近的乡亲提起文楼村都不再说"艾滋病村"了，取而代之的是"蔬菜专业村"。村民雷铁山说："魏书记当初让我建棚，我怕赔本不敢干，他到我家跑了七八趟，我老伴还骂过他，现在挣钱了，文楼人抬不起头的日子已经过去了，真不知怎么感谢他。"

文楼是个农业村，通过论证，搞良种基地有便利的农田水利条件，是个很好的发展路子。魏华伟四处奔波，终于在本县找到了一家种子公司。刚开始公司负责人挺热情，但一听说是文楼村，立即打了退堂鼓。魏华伟并不灰心。偶然一个机会，一位清华学长告诉他，驻研种业有合作意向。兴奋的他立马来到驻研种业吴总的办公室，提出邀请他们建立良种基地的愿望。也许是由于那位清华学长的面子，吴总当即爽快地答应了。可过了两天，吴总口气却变得有点迟疑了，因为他听到了文楼村的一些负面传闻。魏华伟只得再次登门，掏心掏肺地说："这是我引进的第一个项目，乡亲们听说了都很兴奋。我不能让乡亲们失望，你一定要帮我这个忙!"吴总终于握住魏华伟的手，说："我们合作一次吧，就为了你的这份心意!"

驻研种业 500 亩良种基地项目顺利落户文楼。魏华伟"三请专家"的故事也在当地传为美谈。

魏华伟在村几年,文楼年年都有新的致富项目,一批村民从中受益。2010 年,魏华伟在外地学习时,发现种白金瓜周期短、见效快,就与武汉一家公司合作,签订了一个最低保护价,鼓励村民试种 30 余亩,每亩增收 1500 元;接下来,他谈判转包村里的菌种厂,解决了 50 余名村民的就业问题;引进江西海通集团投资 500 万元在文楼建立饲料厂,30 多名群众就近打工。通过一个个项目积累,文楼人的收入正如芝麻开花节节高。

真情服务,只为扶贫扶志并行

魏华伟说:把群众的事放在心上,得到的不单单是信任与拥护,那种因为自己的努力帮村民解决困难的满足感是金钱买不来的。

在其他乡村,干部不吃群众的饭是廉洁自律。但在文楼,不吃群众的饭,就是歧视的表现。了解到艾滋病患者的这一敏感心理,魏华伟总是尽量满足村民的"吃请"。

文楼村六组村民马大娘,身患艾滋病,还经常上访。子女大学毕业后在城市落户,感觉母亲丢了自己的脸,要与她划清界限。倍感孤独的她一度对生活感到绝望,几次想服毒自杀。魏华伟得知后,一次又一次登门看望谈心,与她同吃一锅饭,帮她解开思想疙瘩。同时积极与其子女沟通,消除了亲人之间的隔阂,一家人又过起了和和美美的日子。如今,马大娘种植蔬菜之余,常到村委大院健身、跳舞。她逢人便夸:"华伟就像我的亲生儿子一样。"

有一件事情,让魏华伟成了村民"可以掏心窝子的亲人"。他刚到文楼,正赶上村里木耳大丰收,但 10 万多斤木耳堆在仓库里无人问津。看着村民们愁眉不展的样子,魏华伟坐不住了。他找领导、同学、朋友帮忙,又自掏腰包在郑州的超市和批发市场推销。因为连续奔波,饥一顿饱一顿的,他突发急性阑尾炎,倒在了郑州街头。住院做完手术,第二天,虚弱的他就拖着病体继续为木耳找买家。平煤集团和义煤集团看他"用命工作",为他的精神所感动,全部收购了这批木耳。这件事情深深打动了文楼人,村民程广华说:"华伟,这次你为俺文楼立的功真不小啊!"

魏华伟注意到,由于社会各界的支持,文楼村的物质条件正在逐步改善,但村民们稍不如意就上访,遇事等靠要的思想并没有根本改变。"脱贫致富不能光靠物质上扶贫,更重要的是精神上扶志。"于是,他在带领村民鼓钱包的同时,又在文化建设上动起了脑筋。因为他深知,健康活跃的文化生活,是精神疗伤的一剂良药,能有效唤起人们的自信和创造力。

他和村"两委"班子成员,先后10多次跑到上级文化部门、图书发行单位协调,"磨"来了一批健康有益的图书。村委会新建了"农村书屋",藏书达到3000多册。白天参加劳动、晚上读书学习成了村民的新习惯;针对村民的健康需求,在驻村工作队的帮助下,村里新建了文化广场,配备了乒乓球、羽毛球、篮球等健身器材,群众健身有了很好的去处。

文楼有个腰鼓队,30名队员中不少是艾滋病患者。为了更好地发挥腰鼓队的作用,魏华伟乐于"跑龙套"。他们想提高打腰鼓的技术,魏华伟就去县里找来老师;他们想组成一个军鼓队,魏华伟就去文化部门争取军鼓、衣服等。每逢春秋季节,腰鼓队晚上就在村委会门口的小广场上演出,吸引不少群众观看。激情的鼓点,不仅活跃了村里的气氛,也让不少艾滋病患者焕发出积极向上的生活热情。现在腰鼓队已能自编自演30多个文艺节目,每年县里举办文艺汇演,他们都会参加并多次获奖。

文楼群众对文化生活有着热切的渴望。村里部分会唱戏的村民,自发组成了一个小剧团。魏华伟不时上网下载小品、秧歌等资料帮他们排练,还经常帮忙张罗解决一些实际困难。剧团除了传统剧目,还把孝顺父母、自立自强,以及党和政府对"艾滋病村"的救助等现实内容编排进去,提升了村民的精气神。"剧团虽小,但是意义重大。"魏华伟介绍说,小剧团是村里开展宣传教育的一支生力军,对村民可以寓教于乐,对外可以展示文楼的精神面貌,增进社会对"艾滋病村"的了解。"一定要让大家看到,文楼村并非他们想象的那样。"

加强学习，只为涵养工作本领

魏华伟说：农村工作千头万绪，要想做好就要拜群众为师、勤于学习，用知识开拓思路、涵养本领，使自己的村官之路越走越坚实。

文楼村曾是有名的上访村。魏华伟发现，这是由于民主管理没有得到落实，公平公正难以保证，惹得群众心气不顺的缘故。

在省里推广"四议两公开"工作法之际，魏华伟借机倡导村务公开、民主决策，村里重大事项规范化管理。

河南省卫生厅驻村工作队每到过节都会给文楼村村民发放慰问品，但如何分配成了难题。艾滋病患者说，社会捐助是给患者的，健康人不应该有；健康人说，病号影响了全村的经济发展，让他们受到连累，慰问品也该有份。2012年春节，工作队送来了1400壶食用油。魏华伟组织召开"两委"班子会议达成初步方案，又召开村民代表大会讨论方案，终于达成了一致：艾滋病病人每人一小壶，其余部分按照缴纳新农合的人数平均分配，每人2.8斤。这次分油，第一次没有村民告状。

不光分油，村菌种厂年终分红、良种基地试点等诸多事项，都照此办理，党员群众一致拥护，大家心里都很服气。过去"群众见了干部想发火，干群一说话就吵架，干部一办事群众就猜疑"的现象不见了。

其实，村务管理更多时候是处理一些烦琐的小事。村民问建房的事情，他就积极帮助了解相关政策；邻里闹矛盾，他就登门耐心做"和事佬"；村里修田间生产路，他就跑前跑后争取上级扶持。即便是这些琐碎的小事，擅长思考研究的魏华伟，也从中总结了许多科学管用的方法，比如，取得村干部理解和群众信任应坚持"三要""三多""三不"，即要虚心、要耐心、要多看别人长处；多看、多听、多思；不随意评论、不随便许诺、不传话。用这些务实的理念和方式，他真正把工作做到了群众心坎上。

从一个法学硕士到基层工作的行家里手，魏华伟的秘诀就在于不停地学习。在文楼的空闲时间，尤其是晚上，魏华伟都花在看书上。在他简陋的宿舍内，放着《毛泽东文选》《资治通鉴》等五六十本经典著作。不管翻看哪一本,都会发现魏华伟在里面不少地方做了感想笔记。"比如说,《毛泽东文选》里面有很多做农村工作的方法和办法,还有很多处理问题应该遵循的原则、立场、态度和策略,反复读可以提高政治素养,丰富工作方式。"在 2011 年中组部举办的培训班上,魏华伟向新入行的大学生村官传授自己的独特经验。

如今的文楼,村庄整洁平静,没有一个健康人再感染艾滋病毒,大家都在一心一意奔着好生活。而这一切,无不浸透着魏华伟的智慧和心血。"以前有大学生来过俺村,但一年后就走了。没想到魏书记一个研究生,能在村里住这么长时间。他把大伙领上了一条好路子,他是俺们文楼的主心骨。"土生土长的文楼村干部刘根柱,跟记者实话实说,"但我们也不忍心老拖累他,人家到现在还没找对象呢。"

"你后悔吗?"这是魏华伟被问得最多的问题。每一次,他的回答都惊人一致,"我不后悔,也许我失去了一些东西,但我也有很多收获。经受了艰苦环境的磨练,知道了中国发展之不易,人生之不易,等于上了一次社会大学。这些宝贵的财富在别的地方是得不到的。"

(摘编自《大学生村官报》2013 年 5 月 17 日)

第十三章
反映情况调研报告

　　现代社会是信息社会,信息已经成为我们日常生活中不可或缺的组成部分。每天,我们都会接收到各种各样的信息。对于社会公众来讲,信息是人们了解社会、认识事物、进行交流、参与管理的重要渠道;而对于领导干部和领导机关来讲,信息是掌握情况、实施管理、科学决策的重要工具。

　　反映情况调研报告,是指调查主体在实施调查行为后,对所收集到的各种信息进行综合分析、加工提炼之后,所形成的以传播真实、完整信息为目的的调研报告。

　　反映情况调研报告按其内容,可分为两类:一是反映基本情况的综合性调研报告;二是反映具体情况的个案性调研报告。

第一节　反映基本情况的综合性调研报告写作

　　反映基本情况的综合性调研报告,是指围绕一个专题,采取自下而上地进行调查,或者组织一个调查组,抓住一个专题,既搞纵向调查,又搞横向调查;既搞宏观调查,又搞微观调查;既搞单层次调查,又搞多层次调查,写出全面、系统的调研报告。

这种调研报告的目的是掌握某一方面或者某一领域的概貌,它的调研范围相对宽泛,涉及的对象也较多,其内容主要用作宏观决策参考,或者用于说明某种客观现象、某一观点。

一、反映基本情况的综合性调研报告写作要求

反映基本情况的综合性调研报告写作要求有以下几点。

（一）要力求准确

实事求是,客观反映事物的本来面目,是反映基本情况的综合性调研报告写作的一条基本要求。向上级反映的情况、报送的信息,必须以对党的事业高度负责的精神,做到真实准确,不夸大、不缩小,有喜报喜、有忧报忧,尤其是要敢讲实话,报实情,不避短,不掺假。对工作成绩和训练成果不能人为地拔高。党政机关不但需要了解工作中成功的经验,也需要了解存在的矛盾和问题,两者对于正确实施和完善决策,更好地指导工作,都具有重要意义。所以,一定要抱着实事求是的态度,真实客观地反映工作中动态性、倾向性的情况,每一条信息都应做到准确可靠、不掺水分,必须具有很高的保真度。

（二）要有全局观念

党政机关工作涉及政治、经济、文化等方方面面的内容,反映基本情况的综合性调研报告不能以偏概全,或者只调查某个方面而忽视其他方面。这就要求调查人员在展开调查时,要树立一种全局观念,调查了解多方面的情况,把各个方面相互联系起来进行整体观察和分析,善于抓住主要的问题和矛盾。

（三）要保持时效性

古人讲："言当其时,一字千金;言背其时,一文不值。"获取信息的广度、深度和速度,直接关系领导决策和指导工作是否科学有效。因此,反映情况调研报告的时效性非常重要,它直接决定着信息的价值。迟报或晚报的信息常常会失去其应有的价值。尤其对一些重要和紧急的情况,应该事不过夜,快写快报。如汶川地震抗震救灾期间,国内外报刊快速反应,报道了中央的果断决策、党和国家领导人深入一线动员讲话以及军民团结奋战的先进事迹,为激发广大军民的救灾斗志,最大限度地挽救受灾群众生命、最大限度地减低灾害造成的损失发挥了至关重要的作用。我们撰写反映基本情况的综合性调研报告,也要像记者赶写新闻稿件那样,稿件不写完不睡觉,自觉培养快速反映情况的能力。

（四）要灵敏锐利

党政机关工作千头万绪,需要反映的问题与情况很多,究竟要反映什么样的情况以及提供什么样的信息,调研报告的撰写者一定要感觉灵敏,思想锐利,善于抢抓对领导决策和指导工作有参考作用和实际价值的信息。有的调研报告虽然传递给上级机关的信息数量很多,但能被上级采用和进入领导决策的却不多。究其原因,主要是对情况不敏感,缺乏灵敏的嗅觉。见事不敏感,必然导致信息质量不高,与党委和领导的工作思路贴得不紧,与中心工作和重大部署贴得不紧,与本单位的实际情况尤其是热点、难点问题贴得不紧。提高信息质量的关键,是要增强情况反映的灵敏度,要自觉养成想全局、抓中心、贴实际、报要情的习惯。只有反映的情况和问题及时、对路,才可能引起领导和机关的重视,这也是写情况反映调研报告的一条基本经验。比如,党中央一项重要决策出台后,人民群众有哪些真实想法和反映,贯彻中遇到哪些困难和问题,如何去解决,有什么建议,等等。对于这些令党政机关十分关注的有价值的情况,要非常敏感,切勿放过。

二、反映基本情况的综合性调研报告写作方法

反映基本情况的综合性调研报告写作方法有以下几种。

(一)善于抓发展中的问题

当前,我国面临的主要问题是发展问题,要把我国建设成为一个强大的现代化国家,还有很多事情要做。在当前特别是在全球化的大背景下,我们必须认真研究工作中面临的问题,反映基本情况的调研报告若能发现并抓住这些问题,将这些问题揭示给广大群众,反映给上级领导机关,那对于加速我国的现代化建设无疑具有极为重要的意义。因此,我们要摸准时代的脉搏,尽量抓住一些发展中的问题展开调查研究。

(二)善于站在高处抓问题

站得高才能看得远。站在高处看问题,以一种"全局性视角"来观察事物,就能看清其全貌。观察事物,需要选取恰当的角度,角度选得好,往往能收到意想不到的效果。为了更有效地发现问题,应该强化全局意识,站在全局的角度,去观察分析问题,如果观察问题的视角缩小了,我们的发现力就会随之退化。站在高处看问题,还有一个重要作用,就是能产生对事物一种深沉而厚实的把握,深沉是指思想,厚实是指材料。

(三)善于用联系的观点来挖掘问题

在现实生活中,许多事物都有着千丝万缕的联系,只是有的联系不那么明显,不容易被人发现罢了。如果没有一种发散性思维和品质,可能就会忽视掉许多有价值的材料。所以,必须拥有一种联想能力,能发现在别人看来是一般的事物的特有价值。联想,说得通俗一点,就是由近处的事情想到远处的事情,由事物的正面想到事物的反面,由一件事情想到另一件事情,由小事情想到大事情,由事物的局部想到事物的整体,由事物的现象想到事物的本质。

（四）善于多角度对比分析问题

"横看成岭侧成峰,远近高低各不同。不识庐山真面目,只缘身在此山中。"对待同一事物或现象,因为观察者的身份、利益、所处的位置等的不同,会有不同的看法和认识。因此进行调查研究时,不能偏听偏信,不能只看某一现象就草率地下结论,而要多方调查,综合分析,善于比较,通过多方印证,仔细地分辨真伪、轻重和缓急,这样才能够找出问题的重心,才能对症下药,从而找到解决问题的适当办法。

【延伸阅读】

美国民意调查的由来和影响

不久前,陕西一位姓郑的听众打来电话,提出这样一个问题:"我听说,影响美国政治走向的有三大问题,就是总统、国会和民意。总统是一国之尊,国会议员负责立法,他们具有影响力容易理解。民意在美国政治的作用中究竟有多大呢? 能不能介绍一下美国的民意调查?"在这次听众信箱节目里,我们就来谈谈美国的民意调查。

近两百年历史

美国的民意调查由来已久。早在 1810 年,北卡罗来纳州《明星报》的两位编辑以传阅信件的方式进行问卷调查,被认为是世界上第一次民意调查。

真正的民意调查是随着科学抽样方法的问世而诞生的。1932 年,乔治·盖洛普的岳母出马竞选州务卿,他利用这次机会在博士论文中提出一种科学抽样方法,结果一炮打响,准确无误地预测出选举结果。

在 1936 年的美国大选中,盖洛普再次使用科学抽样法进行选情调查,显示富兰克林·罗斯福的得票率将是 55.7%,而大选的结果是罗斯福赢得 62.5% 的选票。从此,民意调查越来越受到美国公众和各界人士的关注。

各行业注重民调

为了准确掌握民意动向,美国的政府机构、商业部门和民间团体都很注重民意调查,作为决策的重要依据。为了保证调查结果的准确性,同时又不至于花费太大,美国的民调机构一般都把调查对象的人数限定在 500 到 1000 人左右。专家认为,成功的民意调查的误差大约应当在正负 3% 到 4.5% 之间,如果误差超过正负 5%,调查就失去了意义。

目前,美国的职业民意调查机构数量极多,数不胜数,其中以盖洛普民意调查所的名气最大。

在美国,民意调查早已成为一个规模庞大的行业,每年用于民意调查的开支高达数十亿美元,其中大多数是工商界主持的民意调查,但政治方面的民意调查也占有很大分量,而且往往更受公众的关注。从竞选总统到选举数千名小城市的市长,每年要进行成千上万次民意调查。

出于了解民意动向的需要,几乎每个总统候选人都有自己的民意调查班子,都要依赖民意调查机构提供的咨询。此外,美国各州和地区的民意调查机构定期公布民众意向报告。目前,关于美国总统的民意调查准确性非常高,误差仅在正负 2.2% 左右。

经过多年的发展和改善,民意调查已经被西方各国普遍采用,其他一些国家也开始加以仿效。

(摘编自学术交流网 2006 年 7 月 7 日)

第二节　反映具体情况的个案性调研报告写作

反映具体情况的个案性调研报告的目的是把一个具体问题界定清楚,调研范围单一、具体,一般用来作为处理某一具体问题的依据或重要参考。如对某个单位、某个部门、某个人,贯彻执行某一项方针政策,开展某一种活动的情况进行调查,或者对某一个具体事件发生的情况进行调查。这种类型的调研报告,多用来供领导参考,也是领导作决策的一种主要依据。

一、反映具体情况的个案性调研报告写作要求

反映具体情况的个案性调研报告写作要求有以下几点。

(一)要深入调查

要写好反映具体情况的个案性调研报告,在调查过程中切忌浮于浅表。占有材料是写好这类调研报告的基础。调研报告是用事实说明道理的,而事实是客观存在的,有些事实对于报告撰写者来说可能知之甚少或一无所知,只有经过深入细致的调查研究,详尽地占有材料,报告撰写者才能对事物的本质有所了解、有所掌握,才能进行分析,才有写作的资本。因此,撰写这类调研报告前一定要做好调查,详尽地占有材料。

(二)要有针对性

要写好反映具体情况的个案性调研报告,忌"散",忌"平"。顾名思义,反映具体情况是要针对某个问题或某一方面的事情或现象。个案性调研报告则表明这类情况是不多见的,不具有一般性和普遍性。因此,这类调研报告的写作,一定要有针对性,要聚焦,要针对某件事展开调查,要把重点和主要的精力放在对这件具体事情或具体问题的调查、了解和分析上。

二、反映具体情况的个案性调研报告写作方法

反映具体情况的个案性调研报告写作方法有以下几种。

(一)坚持与时俱进,发现新情况,反映新情况

社会在前进,形势在发展,工作中,一些新情况、新问题总是会不断出现。但是,由于传统思想观念的束缚,人们的认识总喜欢停留在以往的层

面上,所以出现了对新形势跟不上、不适应,或者对新政策、新指示感到不理解、有疑惑的现象。如果调查者能够与时俱进,捕捉到新问题,从对新问题、新变化的研究中引出新的看法,提出新的对策;从人们的不理解中找准"扣结",提出开导和解决的思路和办法,就能对人们起到启迪和指导作用。

(二)深度挖掘现象背后的原因

凡现象,其背后必有原因。现象是本质的表现,规律是本质的反映。搞调查研究不能仅仅停留在现象的发现和描述上,而应透过表面的现象,看到、揭示和反映许多人都感受到但还未能理清头绪的"本质"。开挖现象背后深层次的内容,要求我们必须有一种透视的能力,善于发现偶然现象背后隐藏着的必然性;既要善于从时代高度观察和研究眼前发生的问题,又要善于从此时此地发生的问题看全局,跟踪、观察和研究这些重大事件的连锁效应;要善于用科学的眼光观察问题,从基本的演变过程中对各种现象作历史的考察,以便发现苗头、掌握动向、预测未来、描绘趋势。如《北京市外商独资企业党建工作情况调查》就是一篇这样的调研报告。该报告3000字左右,写得很精练,深度挖掘现象背后的原因,看了以后,给人留下了深刻的印象。

(三)善于挖掘新思想

大量调查研究反映的是经常性工作和常规性的内容。在这些人人都熟悉、都具有一定经验的工作上,单靠反映得早、反映得快还不行,必须发掘新东西。这需要拓宽思路和加大深度。已有的认识,反映的是人们在一定时期内认识的成果,随着形势的发展,这种反映在宽度和深度上都只能体现当时的认识水平,终归有其局限性。若在调查的基础上,扩张研究宽度,开掘研究深度,那么,即使反映的是常规性问题,也会有新意。这种新意是由于将常规性问题放在一个新的背景下、新的条件下重新进行考量,以一种新的视角进行观察和分析而得到的。

（四）从研究工作指导思想和方法的角度反映具体情况

人的言行受一定的动机支配,工作的开展受一定指导思想的制约。一方面,正确的指导思想,对人的行为、对工作开展起着"引魂"和"定向"的作用。另一方面,为了适应形势的发展,人们在思想观念、指导思想、工作方法上又都要实行新的转变。调查者根据形势和工作的新需要,抓住一些有影响的问题,在对被调研单位情况的调查分析中,概括出它们在认识和处理这些问题中是如何积极探索和研究工作指导思想和方法的,从而指出需要转变和更新的观念和方法,把握发展走势,提出要努力形成和确立的新思想、新方法。以此来展现问题,提升调研报告的指导意义。

【参考范例】

宜宾市农村思想政治工作调研报告

宜宾市近期组织调研组深入到各区县、乡镇、村社,采取召开座谈会、听取介绍、问卷调查、查阅资料、实地走访等形式对我市农村思想政治工作的现状、工作开展情况、面临的困难和问题等进行了深入的调研。现将有关情况报告如下:

一、宜宾市农村思想政治工作存在的主要问题

（一）农村思想政治工作发展不平衡

领导重视程度高、经济条件好、毗邻城区的乡镇,抓思想政治工作的情况相对较好,在阵地、经费和人员上有所保证。而领导重视不够、边远地区、经济条件落后的乡镇,特别是村上思想政治工作薄弱的现象尤其明显。同时,许多乡镇思想政治工作虽然建立了一定的工作机制,但在队伍建设、经费保障、考核评比等落实上还没完全到位,往往是出现什么问题解决什么问题,"见子打子"现象较为普遍,一定程度上影响了思想政治工作的扎实开展。

（二）农村思想政治工作队伍"专干不专"

农村思想政治工作主要依靠乡镇和村干部开展，但由于乡镇工作千头万绪，每一位干部都要应付几项甚至十几项工作，没有足够的时间和精力去专心抓思想政治工作。且乡镇人事变动频繁、分管领导、宣传干事又很少接受开展思想政治工作的专门培训；有的村干部认为待遇低，忙完村里的经济发展后就只顾忙自家的发展，不愿把精力花在做群众的思想政治工作上来，形成了"说起来重要，做起来次要，忙起来不要"的现象。

（三）村级思想政治工作阵地建设投入不足

据调查，全市所有乡镇都设有宣传橱窗、配备了电脑，98％的村设有村务公开栏，90％的村配备了 VCD 机、电视机，20％的村有读报栏，65％的村有农家书屋或图书阅览室，55％、23％、42％的村分别组建了文艺宣传队、科技示范队、红白理事服务队。由于乡镇财力有限，部分乡镇文化中心（站）、村活动室现有的设备设施简陋残旧，农民群众农闲时的主要生活方式是"看电视、打牌"，无法满足农民群众日益增长的精神文化需求。

（四）农民思想政治素质不容乐观

农民以一家一户为经营单位，劳作地点分散，劳作时间不一，加上农村土地、水利、山林等问题纠纷不断，外出打工人员多，留在家里的多为老人、妇女、儿童，思想政治工作难度很大。部分农民的国家、集体观念和社会公德意识淡化，对正当合理的社会公益事业不关心；部分农民存在小富即安、小进则满、求稳怕乱思想，"等靠要"思想严重；有些农民抱残守缺，传统的生活习惯、陈规陋习不愿改，导致有的地方封建迷信、打牌赌博、大操大办、低俗媚俗文化等歪风邪气蔓延，严重影响着农村群众的思想道德素质。

（五）思想政治工作手段、方式简单

调查表明，有的地方把开会、作报告当成农村思想政治工作的唯一手段，很多工作停留在从会议到会议，从文件到文件，从材料到材料，不能真正回答和解决群众思想上存在的疑问，党在农村的方针政策不能及时传达给群众,工作出现了"断层"和"盲区",导致部分农村群众不信任,产生逆反心理和抵触情绪。一些基层干部在面对新情况新问题时,被动应付,方法单一,往往感到力不从心,"老办法不顶用,新办法不会用,硬办法不敢用,软办法不管用",无从下手。思想教育的针对性、感染力、说服力、渗透力不强。

二、宜宾市思想政治工作采取的主要措施及取得成效

(一)着力提高农民思想素质,增强农村思想政治工作的感染力

近年来,宜宾市积极探索农村思想政治工作的有效载体,不断丰富思想政治工作的形式和内容,让农民在丰富多彩的活动中受到教育和启迪。

1.开展科学技术学习教育活动。为了帮助农民提高对热点问题的认识能力和对政策的把握能力,宜宾市针对农民关注的热点问题,由市、区(县)委宣传部牵头,每年从组织部、党校、农业、林业、司法等相关部门抽调具有较高的政治、政策、科技、法律水平的人员组成巡回宣讲团,深入各区县乡镇,对广大农民进行宣传教育。帮助农民解疑释惑,引导农民了解政策、掌握政策、支持政策、执行政策。近年来,分别围绕深化税费改革、劳动力转移、农业结构调整、粮食流通体制改革、林权制度改革、科技兴农、农村新型合作医疗、健全农村社会保障机制、改善农村金融服务等专题组织宣讲,在培养"有先进思想观念、有高尚道德情操、有科学致富本领"的新型农民方面做出了努力,发挥了重要作用。

2.开展文化娱乐教育活动。近年来,我们在农村广泛开展丰富多彩的文化娱乐活动,寓思想教育于娱乐活动之中。市委宣传部指导区县从各地实际出发,广泛组建具有乡村特点的"三室一队",即图书室、阅览室、文体室及农民组成的秧歌队、腰鼓队、演唱队、乐器演奏队等乡村文艺队,并在此基础上发展培养"文化中心户",组织开展以农民为主角的"原汁原味"的农村文艺汇演。每年组织专业文艺团队下乡演出,开展乡镇文化广场的评选,这些形式多样的文艺活动,极大地丰富了农民群众的文化生活,陶冶了农民群众的思想情操,促进了民风、乡风的好转。如高县庆岭

乡文武村通过举办春节联欢晚会吸引村民参与,跳舞的人多了,赌博的人少了,家庭邻里和睦,该村由于村容整洁,村风淳朴,村民和谐,成为高县社会主义新农村建设先进村,2009年荣获市级卫生村称号,川南农村思想政治工作现场会在该村召开。

3.开展典型示范教育活动。通过典型引路,充分发挥典型的示范带动作用,是开展农村思想政治工作的重要手段。为此,我们在全市广泛开展"文明村""安全村""文明户""文明村民""遵纪守法户""好婆媳、尊老敬老好儿女"等评选活动,大力推广江安县"道德评议会",逐步改变农民群众的思想和行为,净化民风,并重点加强了对农村产业结构调整、外出务工经商及回乡创业、农村公民道德建设等方面先进基层党组织和先进个人的评选宣传。近年来,先后组织了农民增收致富先进事迹报告团、优秀村党支部书记报告团、"春风精神"先进事迹报告团、"4·20"芦山抗震救灾先进事迹报告团、菊美多吉先进事迹报告团和宜宾市"最美追梦人"先进事迹报告团等到全市10区县巡回宣讲,达到了用群众身边的人和事教育引导群众,多层次、多侧面地把先进性和广泛性结合起来,使宜宾市的农村思想政治工作逐步实现从"说教式"向"引导式",从"号召式"向"激发式"转变的目的,全市农村思想政治工作的引领作用进一步增强。

(二)着力办实事办好事,增强农村思想政治工作的凝聚力

宜宾市始终把服务农民,带领农民增收致富作为农村全部工作的根本出发点和落脚点,把思想政治工作融入扎实服务群众中去。

1.坚持以经济建设为中心,服从服务于全市工作大局。宜宾市农村思想政治工作把立足点扎根在"围绕中心,服务大局"上。每一次重大宣传活动的安排,都围绕市委、市政府的中心工作来进行,力求将经济工作与思想政治工作彼此融合,相互渗透,相得益彰。2009年,为了加快宜宾市新农村建设,市委、市政府提出实施"千村春风工程",宜宾市以农村开展深入学习实践科学发展观活动为契机,深入挖掘筠连县腾达镇春风村党支部一班人带领全村人民走上富裕道路的经验,总结提炼出"科学实

干、顽强苦干、创新巧干、共同致富"的"春风精神",组织巡回宣讲团,编印书籍,制发光碟,宣传推广"春风精神",全市上下掀起了"比春风、学春风、赶春风、超春风"的热潮,全市确定了1200个"春风工程示范村",进一步加快了社会主义新农村建设。同时,积极探索新形势下农村精神文明建设示范片、示范村建设的新途径,实施筠连县春风村农村精神文明建设"735"示范工程建设,该经验2013年被中央文明办总结为"筠连模式"在全国推广,并入选2013年全国宣传部长培训班教学案例,筠连县委书记应邀3次进京作经验交流。目前,春风村已获得全国文明村、全国法治示范村、全国生态文化村等多项荣誉。

2. 坚持"三贴近"原则,优化群众工作载体。在开展农村思想政治工作中,宜宾市坚持贴近实际、贴近生活、贴近群众的原则,紧密结合农村工作的实际和农民思想实际,以基层管用不管用、群众接受不接受为检验标准,切实把"关心、爱心、知心"贯穿于整个思想政治工作的始终,及时化解矛盾,疏导社会情绪,维护社会稳定。宜宾市充分利用"为民工作队"这一有效载体开展思想政治工作,市委每年从各部门、各行业抽调党性强、业务精、作风正、群众工作经验丰富的干部组成各级为民工作小分队,下基层前统一集中培训,重点培训如何宣传政策、如何与群众沟通、如何督促协调等工作方法。为民工作队深入基层,把田间变课堂,把农家当学校,以座谈会、问卷调查、民主议事会、听证会等形式,收集群众意见、建议,免费向农民赠送《农村政策法规问答》120万余册,深入基层为群众办实事、解难事、做好事上万件,各区县也广泛开展了情系人民谋发展、流动政务进农家等干部下基层活动,使一批群众最急、最盼、最怨的问题得以及时解决。

3. 坚持求真务实,把解决思想问题同解决实际问题紧密结合起来。宜宾市开展农村思想政治工作,坚持既讲道理又办实事,倾听群众呼声,了解群众意愿,关心群众疾苦,为群众诚心诚意办实事、尽心竭力解难事、坚持不懈做好事,多办得人心、暖人心、稳人心的事情,在办实事中贯穿思想教育,在解决实际问题的过程中解决群众的思想认识问题。屏山县是国家重点工程——向家坝水电站的淹没重点县,全县要整体搬迁1个县城和5个集镇,涉及移民6万多人,其中农村移民2万多人。移民工作面宽量大、情况复杂、矛盾尖锐、任务异常艰巨,安置好移民,既关系到向家坝工程能否顺利推进,更关系到库区社会的稳定。面对移民工作的严峻挑战,宜宾市组织在屏山县开展"十名专家讲课、百场专题培训、千名干部宣讲"等活动,同时通过编发《宜宾日报·向家坝特刊》等形式准确解释政策规定,进行耐心细致的宣传动员,做好思想政治工作,创造了35天完成向家坝水电站左岸施工区移民搬迁任务的"宜宾奇迹",有效促进了围堰线下农村移民搬迁,确保了工程移民与工程建设的协调推进。珙县针对农村思想政治工作的难点和薄弱点,探索建立了"一定四通"服务模式,针对不同群体不同需要,提供远程"点菜式"服务,比如"网络课堂"、一对一沟通、"X+1"关怀、"农民工就业疏导"、"致富能手创业疏导"、"信访偏执疏导"等形式,增强基层群众工作的主动性和互动性,进一步密切了干群关系。

(三)创新服务机制,增强农村思想政治工作的活力

宜宾市积极适应农村形势的新变化和实践的新发展,不断创新理念、创新手段、创新基层工作,努力使农村思想政治工作更好地体现时代性、把握规律性、富于创造性。

1.加强领导,促进农村思想政治工作运行机制不断完善。机制创新是农村思想政治工作创新的保证。市委把思想政治工作放在重要位置,市委常委会坚持定期分析、研究包括农村在内的全市思想政治工作。市委宣传部每年召开部长办公会议进行专题研究、部署;坚持把农村思想政治工作纳入市委、市政府对各区县、市级各涉农部门目标管理考核内容;在部内实行宣传科与政研会秘书处合署办公,并以政研会为平台统筹组织开展思想政治工作,每年组织开展优秀调研文章的评选,确保农村思想政治工作各项任务落到实处。积极推进10区县成立思想政治工作研究会,区县政研会均将乡镇党委书记、分管书记作为理事。思想政治工作运

行机制的创新和完善,促进了全市农村思想政治工作的有效开展。

2.拓展方法,促进农村思想政治工作载体建设取得成效。为了总结推广全市农村思想政治工作创新的经验,推动宜宾市农村思想政治工作的创新,为各区县提供一个相互学习、相互交流、相互促进的平台,提高宜宾市农村思想政治工作的整体水平,我们组织开展了"宜宾市思想政治工作创新奖"的评选,召开农村思想政治工作现场会,举办"宜宾市创新思想政治工作论坛"和"思想政治工作创新成果展播",我们将思想政治工作创新案例拍摄制作成专题片在宜宾电视台和各县电视台连续播出,有效地激发了各区县、各乡镇的积极性和创造性。这项工作得到了省委宣传部、省政研会领导的好评,《思想政治工作研究》以《宜宾:举办首届创新思想政治工作论坛》为题作了介绍。中国文明网、省政研会《政工论坛》分别以《宜宾市不断改进创新思想政治工作》为题进行了宣传推广。

3.鼓励创造,促进农村思想政治工作创新各具特色。为使全市各区县、各乡镇思想政治工作上层次、上水平,连续几年来,宣传部一方面请专家、学者为宜宾市开展调查研究和咨询服务,另一方面利用征文、经验交流会、媒体宣传等不同形式,帮助基层单位寻找工作亮点,努力将创造性工作转化为工作成果。全市涌现出一批展现个性,富有实效的农村思想政治工作先进典型,如高县文江镇开展"十好"评选,促进乡风文明;翠屏区高店镇建"新型农民培训学校"破解农民教育难题;翠屏区金坪镇建立"外出务工人员党支部",做好流动务工人员思想政治工作;南溪区以乡风文明"四个一"活动为载体,推进农村思想政治工作;筠连县维新镇推行"组代表"机制构建思想矛盾调解新格局;珙县王家镇开展"三站一中心"模式推动农民工温馨服务工程;宜宾县成中集团建立以自治为主的农民工夜校,推进农民工思想政治工作;江安县开展"三心"教育活动,促进未成年人思想道德建设;江安县"道德评议"评出好民风等。这些创新典型,《政工论坛》陆续进行了登载,宜宾市思想政治工作呈现出各具特色、丰富多彩的局面。

三、工作对策

（一）强化城乡统筹

统筹城乡、协调发展，加大对财力较弱、条件较差的乡镇、部门的扶持力度。一是从"联"的方面加大力度。着力加强部门和乡镇的资源整合、统筹发展，坚持以党建工作、综治资源整合为突破口，以资源共享、信息共通、人员共用、资金共筹、项目共建、双方共利为内容，加快研究一体化发展的政策和措施，促进经济社会协调发展。二是从"人"的方面予以关心。着眼于支持边远乡镇、条件较差部门发展，在干部选配上，坚持了为了发展选配干部的用人导向，紧紧围绕发展需要选配干部，真正将发展意识强烈、发展思路清晰、发展能力突出的干部选配到发展最需要、最关键的岗位"挑大梁"，把好钢用在刀刃上，确保人尽其才，才尽其用。同时，对经过艰苦环境、复杂工作锻炼的干部，在干部调整时给予优先考虑。三是从"财"的方面加强支持。在财政支出方面向边远乡镇、条件较差的部门倾斜。县级财政在预算中，应充分考虑边远乡镇、条件较差的部门，适当增加或追加预算，缓解乡镇和部门经费紧缺的困难。四是从"物"方面注重倾斜。针对边远乡镇、条件较差部门困难、艰苦的实际，在住房条件、办公条件、交通条件、通信条件等方面，应给予适当的政策支持和财政扶持，体现出对乡镇干部的关心，充分调动干部干事业的积极性。

（二）强化工作创新

农村思想政治工作的方式方法决定了农村思想政治工作的成败，基层干部的一言一行对农村思想政治工作都有潜移默化的影响，切实加大培训教育力度，使广大农村党员干部讲政治、精业务、能干事，培养基层干部掌握必要的工作技巧，逐步解决工作针对性不强、方式方法不灵活的问题。要改进和推广一些传统的有效方式。农村广播、大喇叭等由于安装简便、覆盖面广、收听方便、效果好的优点，使其成为开展农村思想政治工作的有力载体。在乡镇成立农村广播宣传队伍，定期编制节目，讲解国家大政方针，提供政策咨询，做到"事事讲"且"时时讲"。要充分运用信息技术和现代传媒手段,增强思想文化信息的覆盖广度。积极探索网上开展思想政治工作的新路子,充分重视网上思想舆论引导的重要性和影响力,用社会主义先进文化占领网络阵地。针对新经济组织和各类社团不断增多的新情况,将思想政治工作向这些组织和社团延伸。加强对个体劳动者、进城务工人员教育和管理,提高他们的思想道德素质和科学文化素质。针对下岗失业人员、老年人、青少年对村社依赖程度较高的特点,将思想政治工作向这些群体延伸。根据他们的不同需求,完善农村、社区的服务功能,增强凝聚力和吸引力,努力为他们排忧解难。

(三)增强工作实效

面对新形势,应主动适应社会情况多样化的变化,在继承的基础上创新,知群众之所想,察群众之所为,及时把握干部群众的思想脉搏,有的放矢的开展农村思想政治工作,达到宣传教育的作用。要经常深入人民群众中开展调查研究,了解和准确把握群众的思想状况,了解群众关注的热点、难点问题,重点对广大农村党员干部和群众进行党的基本路线和现阶段党在农村的方针、政策教育,社会主义、爱国主义、集体主义的思想教育,社会主义法制教育,采取农民喜闻乐见的文化娱乐形式,寓教育于活动之中,坚定走中国特色社会主义道路的信心。要紧紧抓住提高农民素质这个核心,通过镇农村远程教育点等培训基地,加大教育和培训力度,制订切实有效的培训计划,在提高农民素质上下功夫。在新农村建设中,要通过宣传教育,使群众懂得"什么是新农村""怎样建设新农村",强化农民群众对新农村建设的认识,积极营造新农村建设的良好氛围。

(摘编自求是理论网 2013 年 11 月 27 日)

青海绿色有机农畜产品品牌建设的调研报告

2022 年 5 月召开的青海省十四次党代会进一步明确了以产业"四地"建设为主体着力构建现代化产业体系的发展路径。绿色有机农畜产品品牌建设不仅是提升青海农牧业竞争力,推进青海绿色有机农畜产品走出去的重要短板与路径,也是在保障食品安全这一"国之大者"中青海应有的责任担当。为此,青海省委党校第63期中青班第二小组查阅学习相关部门和地方文件资料,深入到黄南州、海东市进行实地调研,走访11家企业,访谈相关专业人员、农牧企业负责人,设计农牧企业问卷和公众问卷开展网络调查,系统分析青海绿色有机农畜产品品牌建设存在的突出问题,提出相关对策建议,最终形成了这一调研报告。

一、推进青海绿色有机农畜产品品牌建设的基础条件

(一)现实基础

一是品牌建设取得显著成效,青海绿色有机农畜产品影响力不断提升。近年来,青海省农业农村厅立足省情特点,突出抓特色、打品牌,共认证绿色食品、有机农产品和地理标志农产品960个。培育、打造、扶持179个农牧业品牌,设立26个青海特色农产品营销促销窗口,省级以上产业化龙头企业达到154家,农畜产品加工转化率达到60%。大通牦牛、兴海青稞等7个品牌入选中国农业品牌目录。启动实施"百佳优品"评选活动。打造青稞姓"青"品牌,突出青稞丰富营养价值和医药保健功能,推进精深加工,"青字号"品牌影响力得到提升。

二是各地争当"先行区",利用资源优势深挖品牌潜能成为新焦点。各州市认真贯彻省委、省政府安排部署,研究制定绿色有机农畜产品输出地方案,着力打造绿色有机农畜产品品牌。黄南州以品牌效应拓宽农畜产品销售渠道已认证国家地标农产品19个,培育有机产品43个、省级区域公用牌2个,打造绿色食品47个,"三品一标"建设走在全省前列。泽库县培育西北弘、叶堂、雅稞、拉格日等绿色有机畜产品企业品牌及"泽优牧品"区域公用品牌。河南县强化"产学研"结合,建立绿色有机畜产品研究院,研发生态有机产品330余种,完成26项144类商标注册。

三是企业品牌意识不断增强,青海绿色有机农畜产品品牌不断壮大。农牧企业对品牌建设更加重视,调查显示,69.86%的企业设置了专职或兼职品牌管理的部门,50.69%的企业设置了分管品牌的高层经理或品牌管理经理,69.86％的企业认为产品品牌是市场中最具竞争力的要素。71.23％的企业认为品牌建设对本企业发展具有重要作用,23.29％的企业认为品牌建设对本企业发展具有决定作用。青海省三江集团深入挖掘农畜产品的地域特色、品质特性,培育打造了马铃薯淀粉"威思顿"、牛羊肉"三江黄金牧"、高寒牧草"昆仑三江源"、有机肥"岗什卡"、油菜籽"雪域丰润"等近 10 个品牌。青海农牧产业龙头企业示范效应不断凸显,可可西里、西北骄、5369、小西牛、大漠红、马佳肴等农牧品牌影响力持续提升。

(二)有利条件

一是独特资源是推进绿色有机农畜产品品牌建设的先天优势。青海气候冷凉,享有"江河之源""中华水塔""全球气候形成启动器""高原生物自然物种资源库"的美誉,是世界四大无公害超净区之一,全国五大牧区之一。全省草地面积 6.32 亿亩,其中可利用草地面积 5.83 亿亩,全省共有耕地面积近 882 万亩。近年来,青海农牧业产业结构不断优化,持续开展化肥农药减量增效行动,大力发展高原特色绿色有机农畜产品、建立健全牦牛藏羊原产地可追溯体系、做强农畜产品特色品牌,优势特色产业已具雏形,绿色、天然、优质、有机的资源优势日益凸显。

二是顶层设计是推进绿色有机农畜产品品牌建设的根本保证。农业农村部、省政府联合印发《共同打造青海绿色有机农畜产品输出地行动方案》,强化顶层设计,提出要"紧紧围绕品种培优、品质提升、品牌打造和标准化生产,加快转变农牧业发展方式,做优做强绿色有机农牧产业,增加绿色有机地理标志农畜产品有效供给",将"坚持精品定位、塑强品牌"放在重要位置,为青海绿色有机农畜产品品牌建设提供了方向,指明了路径。

三是消费理念转变是推进绿色有机农畜产品品牌建设的社会基础。随着人们生活水平的不断提高和对美好生活的追求,绿色有机产品越来越成为消费新趋势,据中国连锁经营协会统计,中国有机食品消费市场以每年 25％的速度增长。同时,农畜产品品牌流行、品牌选择和品牌追随成为新消费理念,在消费理念不断升级的新趋势下,消费者购买安全放心的品牌化绿色产品意愿持续增强。

二、目前青海绿色有机农畜产品品牌建设存在的突出问题

（一）品牌建设理念保守，跟不上时代发展的需要

对品牌建设认识还不到位，品牌意识较为模糊，品牌建设理念还跟不上时代发展的要求，思想解放还不大胆，理念转变还不到位，在品牌建设中重"藏"轻"青"，对省外市场需求把握不精准，产品市场化、精细化程度不高，没有将特色与市场需求很好地结合。在省外销售市场中超过50%的企业无法发挥好产品品牌的作用，将营销手段和创新能力作为提升产品品牌核心竞争力的企业仅占9.59%。

（二）"放、管、服"不精准，市场主体突出不够

在品牌建设中如何放权、精准科学管理和加强服务还没有形成完善的工作体系，支持市场主体发挥还不充分，在品牌宣传中缺乏市场化理念。对企业打造品牌缺乏精准性帮扶和科学性指导，调查显示，70%以上的企业希望政府主管部门对品牌建设给予政策支持、资金支持和宣传支持。

（三）"三大品牌"定位不清晰，品牌融合发展不够

在加快推进青海绿色有机农畜产品品牌中，企业认为区域公用品牌是第一位的，而公众将产品品牌放在第一位，企业与消费者在品牌认知上缺乏统一。一些部门和企业对品牌建设存在认知误区，混淆了品牌和商标的区别，缺乏对品牌内涵的认识、对品牌形象的塑造和文化的挖掘。部分企业存在品牌定位意识缺失的问题，商标注册随意性较大，认为"高大上"就是品牌等错误认识。

（四）产品多样性开发不够，满足不了消费新需求

农牧企业绿色有机农产品开发主要集中在牦牛、藏羊产品上，对其他特色产品开发还不够。直接进入商超和餐桌的绿色有机农畜产品偏少，产品精深加工和冷链物流能力不足。多数品牌影响力还仅停留在局部地域，跨省跨区域的品牌不多。56.16%的企业2021年的省外销售额占总

销售的 30％以下,其中省外销售 10％以下的企业占 27.40％。

(五)品牌策划和推广创新不够,缺乏有效营销体系

品牌策划不专业,推广理念跟不上时代,难以有效推广品牌。调查发现,在制定品牌培育和品牌市场中发展规划和策略不足,仅有 27.40％的企业对行业主要竞争对手的市场份额、品牌策略等情况经过细致的系统调研,仅有 20.55％的企业对品牌走向全国市场研究了策略,企业对品牌的宣传策划不足,缺乏创新方式方法,品牌建设精准性不强,与市场对接不到位。

(六)互联网应用能力不足,网络传播力不强

目前对品牌建设和宣传主要依赖于传统模式,互联网应用能力不足,传播覆盖面不大。调查显示,仅有 37.72％的公众通过互联网渠道了解青海绿色有机农畜产品品牌,企业中 71.23％的品牌宣传的主要途径选择展览展示,67.12％的企业没有主流中央媒体网站做过宣传。企业参与数字经济发展的能力不足,50.68％的企业通过电商平台的销售额占总销售额10％以下。

(七)品牌建设缺乏专业人才,产品研发创新能力不足

相对于二、三产业,农牧业行业科技研发周期率长、短期内见效不明显、经济效益增加不明显和从业人员收入不高等原因,影响企业对科技投入的积极性,人才队伍建设缺乏,科技创新不足。专业人才不足影响品牌建设,多数企业在品牌建设中靠模仿或"摸着石头过河",缺乏专业性。调查显示,靠技术特点取得产品品牌的市场地位的仅占 2.74％,79.45％的企业缺乏品牌建设相关专业人员。

三、推进青海绿色有机农畜产品品牌建设的对策建议

(一)以"三级联动"为基础,加强绿色有机农畜产品品牌建设顶层设计

一是充分发挥省、市(州)、县三级政府作用,强化品牌建设顶层设计,形成系统性品牌建设规划,强化品牌建设共性管理、突出个性创新,避免

品牌建设重叠、恶性竞争等,加强统一宣传推广,提升品牌建设的合力。二是紧紧围绕青海绿色有机农畜产品的突出特点和市场需求,精心策划青海绿色有机农畜产品整体品牌形象,制定品牌建设、管理和推广工作方案,明确省、市(州)、县的任务和责任。三是建立"省级整体品牌、区域公用品牌、企业产品品牌"的品牌运营体系,在企业品牌和产品品牌建设中发挥好市场主体作用,有效激励企业做强做优做大企业品牌和产品品牌。

(二)以"双轮驱动"为引擎,推进绿色有机农畜产品品牌建设融合发展

坚持改革创新,充分发挥市场在资源配置中的决定性作用,更好发挥政府作用,紧紧抓住政府和企业这两个"轮子",优势互补,相互协力、共同驱动,推进农牧业供给侧结构性改革和高质量发展。一是按照"特色化、精品化、市场化"原则,打造一批能够代表青海绿色有机农畜产品输出地建设成就的区域公用品牌,带动企业品牌和产品品牌协同发展,支持农牧企业集团化发展,做强做大优势产业。二是加快要素市场化配置改革,主动融入全国统一大市场,扶持特色优势企业做大做强。指导和扶持农牧业龙头企业做优做强做大绿色有机农畜产品品牌,加快完善绿色有机农畜产品品牌建设力度,研究制定品牌建设方案,发挥好品牌建设的主力军作用,发挥好重点企业品牌、重点产品品牌的引领和带动作用。三是支持企业大力推动名品创建、品质革命、品牌提升,并积极向全国拓展,增强企业核心竞争力和影响力。加快培育"专精特新"农牧企业,重点突出新产品开发,结合市场需求开发"专精特新"绿色有机农畜产品和特色品牌。

(三)以"三大品牌"为关键,加快绿色有机农畜产品品牌建设聚力提升

推进区域公用品牌、企业品牌和产品品牌是加快绿色有机农畜产品品牌建设的关键。一是根据青海各地生态优势、地理优势、农畜产品优势和产业优势,夯实和提升区域公用品牌。二是推进企业品牌和产品品牌

创建,通过奖励和补贴等方式鼓励企业做强做优品牌,在产业中起到示范引领作用。三是引导和激励农牧企业"企业品牌和产品品牌"品牌建设主体作用,扶持重点企业、重点品牌发展壮大,助力区域公用品牌的价值提升与可持续发展。

(四)以"四大体系"为主线,提升绿色有机农畜产品品牌建设质量体系

将"三品一标"贯穿到种养殖业、农畜产品加工、冷链物流、农畜产品销售"四大体系",推进产业链、供应链、价值链品牌建设的提升,推动建立现代农牧业产业体系、生产体系和经营体系。一是推进农牧企业由粗放式管理向精细化管理转变,由单一的生产端转向复合的消费端转变,由粗加工单一企业向精加工食品企业转变。二是促进产品设计和品牌营销联动推进,根据产品定位、消费群体打造各具特色的品牌形象,紧跟消费趋势,加快推进电商平台建设,积极探索社区团购、直播带货等营销方式。三是加快冷链物流体系建设,积极发展"生鲜电商+冷链宅配""中央厨房+食材冷链配送"等冷链物流新模式,不断满足消费者体验。

(五)以创新品牌策划宣传为平台,提升青海绿色有机农畜产品品牌的影响力、竞争力

一是组织开展青海绿色有机农畜产品品牌营销拓展行动,利用互联网、大数据、人工智能等现代信息技术,组织开展营销推介活动,提高营销推广效率和受众覆盖率。二是立足有机农畜产品特色和优势做好品牌策划,找准生态旅游品牌和绿色有机农畜产品品牌的融合点,以生态旅游品牌力带动绿色有机农畜产品影响力,推进青海旅游品牌与绿色有机农畜产品品牌融合发展,发挥好著名旅游品牌的带动力,加快塑造青海绿色有机农畜产品品牌形象,培育扩大消费群,不断提高品牌识别度和市场销售力。三是围绕消费者群体创新宣传方式,突出"互联网+"品牌宣传,与中央网络媒体加强合作,加强互联网宣传。创新推广和营销模式,积极打造"数字营销""智慧会展"。开展"青海绿色有机农畜产品品牌推广和提升"

活动,选拔推广优秀品牌案例、品牌故事等。

(六)以强化人才队伍为根本,为青海绿色有机农畜产品品牌建设提供智力支持

一是建立绿色有机农畜产品各专业领域的品牌建设专家库,组织开展专业咨询、调研培训、品牌论证等工作,加强专业指导。二是加大绿色有机农畜产品品牌人才培育力度,通过"引进来+走出去"的方式加快培育专业人才,结合青海绿色有机农畜产品输出地建设打造品牌专业人才队伍。三是加大绿色有机农产品精深加工科技研发,强化农牧科学技术人才和创新人才培养,积极研究开发"专精特新"绿色有机农畜产品,努力让新产品符合新消费理念。

青海省十四次党代会指出,我们具有独特的资源禀赋,农畜产品绿色有机、市场广阔。如何将农畜产品绿色有机品牌推向广阔的市场,离不开品牌建设。加强绿色有机农畜产品品牌建设,提高农牧业发展质量、效益和竞争力,需要进一步解放思想、转变理念、开拓创新,以新理念促发展、以高品质创品牌,推进青海绿色有机农畜产品走向全国,走向世界。

(摘编自人民网 2022 年 7 月 13 日)

第十四章
反映新生事物调研报告

在现实社会中，新生事物总是不断涌现的。这些新生事物，究竟是显示了社会发展的某种趋势，有着光明的发展前景，还是昙花一现的偶然现象？对这些新生事物，究竟应该肯定，还是应该引起足够的警惕？反映新生事物的调研报告的文体功能，就是全面地报道某一新生事物的背景、情况和特点，分析它的性质和意义，指出它的发展规律和前景。

第一节　反映新生事物调研报告概述

反映新生事物调研报告是针对社会现实中某种新近产生或新近有了长足发展的事物而写的调研报告。我国正处于中国特色社会主义新时代，随着社会的进步与发展，新事物、新经验层出不穷。要善于发现新情况，敢于扶植新事物，勇于承担责任和风险，及时把新的历史条件下我国现代化建设中涌现的新生事物展现出来，并通过调查分析，写出有思想、有见地的调研报告，更好地为我国的现代化建设出谋划策。

一、基本概念

反映新生事物调研报告主要是指通过展现具有方向性的新形势、新情况、新事物、新思想、新风尚、新创造,达到支持、发展新生事物目的的调研报告。这类调研报告着重说明新生事物新在何处,它产生的历史条件、经历的发展阶段、遇到的矛盾和困难以及解决矛盾、克服困难的过程,特别是要揭示其发展规律,阐述其重要地位和作用,指明其发展方向以及采取的应对措施。

二、主要作用

这类调研报告,主要是用于报告和评价新生事物,帮助人们提高对新生事物的认识。新生事物往往代表着事物的发展趋势,因此,在写作这类调研报告时要抱着满腔热情的态度给予充分肯定和积极支持。这类调研报告格式写作的特殊性上,源于一个"新"字,不仅要说明新生事物的孕育、产生和发展过程,而且要指出它的背景,也就是说要指出它是在什么样的环境和条件下产生的,经历了什么样的发展过程,遇到了哪些矛盾、困难和问题;不仅要说明它的性质和特点,而且要指明它的作用和意义,包括对其发展前景的预测和未来发展方向的展望。由于新生事物处于不断发展和完善的过程中,往往不够成熟,甚至存在某些弱点和不足,所以在调研报告的结尾时,一定要如实地指出它需要进一步完善的地方和可能带来的新问题,以便使其进一步改进和完善。

三、主要特点

一是新颖性。展现我国现代化建设新面貌、新成就,调研报告应紧紧抓住社会中出现的新动向、新问题,引用一些人们未知的通过调查研究得到的新发现,提出新观点,形成新结论。做到从全新的视角去发现新变化,用全新的观点去展示新成就。

二是时代性。调研报告要始终保持生命力,就必须与时代发展的进程相一致,反映时代的特征。调研报告不仅要具有浓厚的时代特色,而且要有震撼人心的效果,有很强的说服力、感染力。同时做到准确反映时代特征,科学回答时代提出的课题。

三是真实性。真实是调研报告的第一生命。无论是用事例、数据或有代表性的话作为实例,都必须确凿、真实。对于不能肯定的情况要反复调查、核实,切不可不了解实际的情况就去编造,去进行不合理想象。材料不真实,贻害无穷。因此,必须进行深入细致的调查研究,调研者应该通过巧妙的听、问、看等手段,搜集、了解自己所需要的真实情况材料。

【延伸阅读】

民意调查在俄罗斯政治决策中的独特作用

任何一种现代政治体制,无论是民主的还是威权的,都越来越关注和重视民意,都希望将民意纳入当局对重要的社会、政治和经济问题的决策过程。俄罗斯的民意调查大致起源于苏联时期,在转轨以后逐步发展起来,并得到各界特别是政界重视,在政治决策中起到了独特作用。

国家领导人对民意调查的重视

时任俄罗斯总统梅德韦杰夫非常重视民意,在许多发言和报告中都特别强调这一问题,他指出:"在任何情况下都必须考虑民意,因为这涉及我们国家相当大数量的人","民意应该成为评价警察工作效率的主要标准","评价地方领导人工作的主要标准是当地居民对他的信任度"。

2007年2月1日,俄罗斯总统普京在其第二任总统期间召开的外国记者招待会上针对俄罗斯正在进行的地区联合与合并表示,"任何地域上的变更,如合并或是分解,只能在征求民意的基础上通过。根据各地法律,可以通过不同方式进行,但都是生活在这片土地上的公民的意愿的表达。"

叶利钦在退休后撰写的回忆录中讲道:"在我的工作会晤开始和电话

铃声响起前,我一定要浏览一下报纸、杂志、新闻摘要和社会学调查结果,否则我不能开始自己一天的工作。"叶利钦意识到,社会舆论研究,这不只是国家最高领导层决策的最重要因素,而且是他的工具。

尽管我们无法度量民意调查的结果究竟在多大程度上对领导人的认识起作用并影响其决策,但是从他们的讲话中可以明确看出,这种作用是存在的。

民意调查在选举运动中的应用

民意调查应用于各级各类的选举运动在全世界都很普遍,俄罗斯也一样,在总统选举、国家杜马选举,甚至地方议会选举中都广泛利用民意调查工具。

全俄社会舆论研究中心对 2008 年总统大选所进行的专项调查从 1 月 17 日到 3 月 25 日投票前一日共进行了 25 次,调查内容涉及总统与东正教会的关系、总统候选人的个人品质和形象、对未来总统职责和任务的认定、对选举结果的调查和预测、国家发展战略、对梅德韦杰夫和普京关系的认识、未来总统与俄罗斯民主制的命运等。这些资料无疑对当局、社会政治力量和居民阶层了解选举情况,预测国家政治形势的发展提供了很好的依据,特别是对候选人了解选民意图,制定和及时调整自己的竞选纲领、策略和行为提供了重要的参考。

社会舆论基金会在 1996 年总统大选中与叶利钦团队深入合作,其总裁奥斯隆成为叶利钦的竞选智囊"分析小组"的成员。后来叶利钦在回忆录中说,"在讨论某个想法的时候,当大家都沉寂下来时,就会提出一个问题:'人民在想些什么?'此时,与会者的目光就会转向奥斯隆,而他会埋头在自己的小本子里做出最后的评论,说出人民的想法。"社会舆论基金会以及其他民意调查机构的民调结果,成功地帮助叶利钦认清形势,消除不利因素,争取选民,从而扭转了最初的不利形势,赢得了最后的胜利。

俄罗斯政府机构对民意调查的应用

俄罗斯几家大的社会调查机构的调查项目主要是官方定制。有关国内局势、国家领导人信任度、政府及国家机关工作绩效及满意度评价、居民社会生活水平和居民情绪、选举运动的情况、国家重要社会经济计划实施的民意反应等,都是政府关注的重要问题,此类问题的常年定期的综合性调查和专题调查基本上都是政府买单。

2010 年 3 月 6 日至 7 日,全俄社会舆论研究中心针对"政府在过去一年工作的主要成绩和失误"进行了民调,调查涉及全俄 42 个州、边区和共和国的 140 个居民点,总计 1600 人参与。调查结果显示,被列为政府工作成绩的主要包括:退休金、工资和津贴的提高(13%受访者)。认为政府工作没有任何成就的人从上一年的 40%下降到 35%。认为政府的主要失误有:失业问题(7%)、通货膨胀(6%)、发生严重的危机(6%)、对体育事业的忽视和社会领域的失误(4%)、生活水平的下降和公用住宅事业问题(3%)、政府对农业的疏忽以及反腐败斗争的无效和国家计划实施的失败(2%),等等。

对政府活动绩效、社会经济计划实施、政治家信任度等问题进行的社会调查及分析报告,渗入到各级政府的决策过程,有利于政府在制定涉及重要民生问题的计划和措施中吸收民意并调整自己的工作方向,对政治家调整自己的行为、改善公众形象也提供了重要参考。

当然,俄罗斯民意调查机构除接受官方定制外,还受许多国内外社会团体、党派和商业机构委托,进行一些社情和商情调查。

俄罗斯民意调查的发展已经有很多年,尽管存在一些不足,但可以客观地说,其民意调查体系已经比较系统和完备,特别是针对国家政治、经济、社会和外交等重要问题的定期大范围的综合调查已经形成机制,民意调查基本上遍布全部国土,从理论上讲,每个公民都有被抽取进行民调的机会。老百姓通过参与调查能够将自己对国家政治和社会生活的意见和需求表达出来,从而形成社会各界一定程度的互动。

(摘编自《北京日报》2017 年 8 月 27 日)

第二节 反映新生事物调研报告写作规范

作为比较常用的调研报告形式,反映新生事物调研报告有着自己独特的写作规范。这里我们主要介绍它明确的写作要求和典型的写作方法。

一、反映新生事物调研报告的写作要求

一是要以敏锐的洞察力,抓住萌芽状态的新情况和新问题。有人说,世界上并不缺少"美",而是缺少发现。同样道理,在多姿多彩的现实生活中并不缺少有价值的事件,关键在于我们有没有一种发现力。新时代新征程,社会中出现一些新苗头、新问题,都值得关注。在我们的现实工作和生活中,并不缺少苗头性的东西,而是缺少"发现"。如果我们注意发现苗头并及时进行调查分析和展现它们,这样的调研报告就会给人一种新鲜感。因此,写这一类调研报告,作者应该增强观察意识,扩大生活空间,树立大局意识,扩大知识领域,提高理论素养,养成联想习惯,尤其是要有强烈的"发现意识""发现欲望"。任何新生事物,当它还处于萌芽状态时,往往不为人们所注意,而对于撰写展现新生事物调研报告的人来说,就应该有高度的政治敏感和新闻敏感,关注它,培育它,敢评、敢论、敢开"第一腔"。当今世界正经历百年未有之大变局,我国正处于实现中华民族伟大复兴的关键时期,改革调整也在逐步深入,新事物、新经验更是层出不穷,我们应当把此作为工作研究选题的一个重要来源。抓问题能够透过现象看本质,能有自己的独立见解,能提出与众不同的观点。有时尽管这些提法还不够严密,有些论证还有待于完善,但仍不失为一篇有价值的研究成果。

二是要着力关注工作中出现的新情况和新问题。随着改革开放的不断深入,党政机关各项工作产生了大量的新情况、新问题,人们的思想观

363

念、价值取向等都发生了前所未有的新变化。新情况、新问题刚刚露头，人们对它还缺乏正确的认识。有的新情况、新问题往往代表事物的一种发展趋势，关注和选择新情况、新问题作为展现的重点内容，会引起各级领导的关注。

三是要善于从独特的视角观察和分析新情况和新问题。在展现新生事物的调研报告中，能够发现"新大陆"者毕竟为数不多，更多的是从不同的角度去揭示"新大陆"。庐山还是那个庐山，由于你所处方位变化，就会出现"横看成岭侧成峰，远近高低各不同"的感受。因为，同样的事物，同样的问题，反映的角度、层次不同，揭示的正误、深浅就各有不同，所得出的结论就会有很大的差异性。调研报告要展现新面貌、新情况、新举措，作者就应时刻用敏锐的眼光去捕捉新事物，多角度地分析事物的各个侧面和层面，注意在别人的写作"盲区"之处开拓创新。要注重多角度地思考问题，把握反映问题的最佳角度，多侧面、全方位地观察事物，不断地发现和提出新问题。

四是着眼实际效果，抓住具有现实针对性的焦点问题。改革要实现新突破，开放要开创新局面，也必须通过具体工作、具体办法来实现。工作怎么去抓，是受领任务后要认真思考的主要问题。措施对、方法好，就少走弯路，甚至事半功倍。很简单的道理，我们要到哪里去，可以走不同的路线、乘坐不同的交通工具，但采取哪种形式，要根据时间缓急、经济条件和出行需要来定，这就是一个办法和手段的问题。展现新生事物调研报告的写作，必须认真分析党政机关各类工作的属性、地位和作用，因事制宜，因地制宜，因时制宜，采取相应的办法。特别是对首次进行的工作，无论是调研活动，还是调研报告的写作，都要根据其属性和要求，结合实际，认真研究方法和措施，广泛征求群众意见，在此基础上进行综合归纳和总结，努力提炼给人们以启迪和指导的思想观点。

对新生事物，调研报告的最终意见可以是肯定性的。例如 1985 年 1

月 15 日《人民日报》刊登的《"中关村电子一条街"调查报告》,在对被人称为"中国的硅谷"的中关村电子市场进行调研以后,认为它为科技、教育、经济体制的改革提供了新的思路,是值得充分肯定的。但对一些新生事物目前的状况,也可以持一种质疑或探讨的态度。如 1999 年 12 月 9 日《人民日报》刊登的社会调查《个人住房贷款缘何发展缓慢》,所调查的个人住房贷款在中国当时是一个新生事物,但是它的发展状况并不理想,原因在哪里? 作者揭露了形成障碍的几个因素。

二、反映新生事物调研报告的写作方法

反映新生事物调研报告的写作方法主要有以下几种。

(一)抓住党和国家方针政策在贯彻落实中的新要求

改革开放不断深入,经济体制深刻变革,社会结构深刻变动,利益格局深刻调整,思想观念深刻变化,广大群众的思想活动呈现多元、多样、多变的特点,独立性、选择性、差异性明显增强。尤其当前房价居高不下、食品价格上涨、收入差距拉大、就业困难等一些与群众切身利益相关的民生问题,成为群众关注的"热点",容易引起情绪上的波动和思想上的困惑。调研报告必须把这些难点和焦点作为调研的主题,把基层攻克"常见病""多发病""疑难病"的新举措、新面貌及时展现出来,读后肯定让人感到"解渴""管用"。要引导广大人民群众看到我国集中力量办大事的制度优势,从综合国力和国际地位的显著提高看中国特色社会主义的独特优势,从立党为公、执政为民的惠民政策看我们党的政治优势,就能澄清思想是非,划清理论界限,坚定理想信念,进一步打牢高举旗帜、听党指挥、履行使命的思想政治基础。

(二)介绍党政机关在贯彻落实指示政策中采取的新做法

贯彻落实上级的新指示、新要求,不能是空泛的口号,不能是经院式的议论,而应该是一系列实实在在的行动。有些单位贯彻的力度不够,成

效不大,主要不是因为他们对指示要求的意义认识不深,而是因为他们打不开采取实际步骤的思路,或者是他们采取的措施不具体、不对路。我们应该关注一些单位的成功做法,应该对他们所采取的步骤进行剖析,力求用具体事实向外界作生动、具体的介绍。这样的调研报告有实用价值和指导意义,肯定会受到欢迎。

(三)反映党政机关改革发展的新思路

随着学习贯彻习近平新时代中国特色社会主义思想主题教育活动不断深入,党政机关的各级党委、领导干部在推进中国特色社会主义建设的实践中,形成了一系列新的思想观念、新的发展理念、新的工作思路、新的工作方法,各单位有各单位的"高招",需要我们及时发现,深入调查,充分展示。用此鼓舞和激励党员干部和广大人民群众,更加自觉地推动我国现代化建设又好又快发展。

(四)把握群众在社会转轨中思想变化的新动向

今天,社会生活内容日益丰富,社会生活节奏在不断加快。生活在这样一个社会之中,人们的思想观念、行为方式以及个人追求、向往等,都会随着时代的变化而不断地丰富和变化。我们的调研报告要及时地披露群众的思想新动向,紧跟时代,追逐时代,从而及时捕捉、及时反映。

(五)大力讴歌社会中形成的新观念和创造的新业绩

在习近平新时代中国特色社会主义思想的指导下,我们一定要解放思想、大胆开拓、研究新情况、解决新问题、总结新经验、创造新成绩,把实践精神和创造精神大大发扬。展现新生事物调研报告,应该精心研究我国现代化建设过程中的这种主流性变化,大力讴歌人民群众在主流性变化中形成的新观念和创造的新业绩。

【参考范例】

山区转变发展方式的"美丽样本"

——丽水市推进养生产业、实现"绿色崛起"的调研报告

党的十八大报告把生态文明建设纳入中国特色社会主义"五位一体"的总体布局,提出要建设"美丽中国",为山区有效解决"转变经济发展方式,促进又好又快发展"这一时代命题开启了新的思路。作为"九山半水半分田"的山区,丽水市抓住省委、省政府支持浙西南山区加快发展的重大机遇,发挥优势,积极探索,走出了一条生产发展、生活富裕、生态良好、生机蓬勃的山区绿色崛起新路子。他们对养生旅游休闲产业发展的探索和实践,为山区转变发展方式提供了"美丽样本"。

一、丽水市发展的制约因素和比较优势

从我国的实际出发,实现区域经济又好又快发展,就要准确把握区域要素的特点,充分发挥区域经济发展过程中的比较优势。丽水市对自身经济发展的环境与条件有着清醒的判断和认识:

与东部沿海发达地区相比,丽水市经济发展面临四个主要的制约因素:一是交通设施和交通运行水平相对较低;二是可开发用地较少,88.42%为山地,紧缺的耕地资源无法满足规模化农业生产与现代工业产业集聚区的形成,更不利于日益扩张的城市化建设;三是建设资金缺乏;四是经济基础薄弱。显然,山区必须开辟一条不同于一般工业化的发展道路,以实现跨越式发展。

与省内平原地区相比,丽水市山区虽然不具备一般工业发展的优势,却拥有独特的生态资源。全国生态环境质量评价研究报告显示,丽水市9县(市、区)生态环境质量均为优秀,全部进入全国前50位,其中4个县市列前10位。丽水市森林覆盖率达到80.8%,植物资源占全省约66%,是"浙江绿谷"和"浙南林海";又是拥有瓯江、钱塘江、飞云江、灵江、闽江、交

溪等源头水系,跨行政区域河流交接断面水质达标率为100％的"六江之源";还是农村山地空气环境质量达到国家一级标准、城镇区域空气环境质量普遍优于国家二级标准的"华东氧吧"。好山、好水、好空气,为其赢得了"中国生态第一市"的美誉。利用好这一比较优势,就有可能开辟出符合山区实际、实现跨越发展的独特路径。

二、养生旅游休闲产业对于山区实现"绿色崛起"的重要意义

养生旅游休闲是一种生活方式。进入21世纪,生态旅游、养生休闲成为时尚,旅游与休闲产业蓬勃发展,尤其是建立在山水生态环境基础上的养生旅游休闲正成为国际旅游经济发展的新潮流。正是在这样的背景下,丽水市将独特的生态资源优势、人文资源优势和当今世界生态消费和养生旅游休闲经济蓬勃兴起的潮流结合起来,提出了"绿色崛起"的战略总要求,即以保护生态环境和发挥生态优势为基础,以优化养生环境、发展养生经济、弘扬养生文化为重点,以生态休闲旅游景区、休闲养生(养老)基地和养生乡村建设为载体,形成"食养""药养""水养""体养""文养"五大养生品牌,努力把丽水市建设成为特色鲜明、国内外知名的现代化休闲养生城市和养生福地。这是符合当今世界生态经济发展潮流的,也是山区扬长避短走向现代化的必由之路。其重要意义表现在:

发展养生旅游休闲产业是优化山区产业结构、加快发展现代服务业的必然选择。优化山区产业结构,一个重要举措就是要加快发展服务经济,并逐步转移到以服务业为主导的产业结构上来。养生产业是代表旅游经济未来发展方向的新型业态,是服务业中的重要产业,是转型升级的先行产业、创业创新的先导产业、生态文明的示范产业。

发展养生旅游休闲产业,既是科学开发、利用、保护资源的有效途径,又是统筹城乡发展、促进城乡一体化的主要抓手,也是提升人民生活品质、促进身心健康的重要载体,更是山区加快发展方式转变、实现"绿色崛起"的客观要求。丽水市把建设"秀山丽水、养生福地",发展养生产业作为经济发展的重大战略,对于加快山区发展方式转变、促进创业富民都具有重要意义。

三、实现养生旅游休闲产业发展战略需重点突破的关键环节

发展生态休闲养生经济,涉及面广、综合性强,必须坚持规划先行,做好科学规划、规范实施,发挥规划在建设中的引领和指导作用。同时,致力于对外塑造鲜明的"秀山丽水、养生福地"形象,加大推广力度打响品牌,提升总体影响力和吸引力,增强市场竞争力。结合丽水市自身发展现状及存在的短板,当前应在以下两个关键环节实现重点突破。

(一)夯实基础,提升品质

一是强化基础设施建设,突破交通瓶颈。要对接日益增长的养生市场,满足养生产业的开发建设需求,丽水市必须加大交通基础设施建设力度。第一,必须加快建设民航机场,以改善区域交通条件,大大缩小丽水市与外界沟通的时间成本,拓展养生产业辐射半径。第二,加快铁路、高速公路建设,全面纳入全省两小时交通圈。同时,应加强"养生福地"点对点交通道路建设,包括县市之间、县市与养生产业节点之间、各个养生产业节点之间的道路建设。第三,加速交通设施配套建设,使交通方式变成观赏工具、养生工具、体验工具、娱乐工具。

二是提升城市功能,打造"城市养生"。丽水城市建设应更加重视绿色、低碳,城市环境应更加优美、安逸,城市形象应充满轻松、自在的气息,城市设施应更多地服务于养生产业,城市功能应更趋于养生化。根据这一理念,可考虑增加城市的健身设施和运动场所。要提升城市环境景观,开发更多的市民公园,重点开发滨水生态公园;开辟城市步行休闲商街,开发养生餐饮娱乐街区,丰富夜间休闲养生生活,打造慢生活城市。只有将城市养生与乡村自然生态养生有机结合,才能全面建成"秀山丽水、养生福地"。

三是加强信息网络建设,推进"智慧养生"。按照适度超前、配套协调、高效可靠的要求,加强丽水城乡及山林养生区域的信息网络建设。依托云计算平台、高速互联通信技术、物联网、地理信息系统、虚拟现实等支撑技术,发展"智慧养生"。还可以开发和发展"智慧养生"装备制造业,提

高养生产业的科技含量、信息含量,以及互动体验。

(二)创新政策,大力推进

一是土地政策。政府应研究出台符合养生产业发展规律的倾斜性的土地政策,确保养生产业发展用地。可以探索宅基地及住宅用于养生产业的政策,包括出租、转让和置换,农户可按一定比例用旧宅基地置换新宅基地,多余部分宅基地可以入股、流转形式用于养生产业发展。充分利用城乡建设用地增减挂钩政策,将腾出的建设用地指标,以及政府收回的闲置土地等重点用于养生乡村基础设施、城镇养生服务业及特色产业项目等。

二是物业政策。丽水市拥有宜居的环境,但缺乏足够的、较好的养生居住物业,不利于吸引大量的和高端的养生群体,也难以满足未来不断增长的养生需求。要先行先试,用好用活现有房地产政策,根据养生产业的特点,探索利用低丘缓坡开发低密度养生产业综合体,包括养生别墅、度假排屋、休闲酒店、运动基地、娱乐场所、疗养中心、创意工坊、购物中心等。

三是税收政策。在养生产业发展的培育期,应研究制订有针对性的引导社会资本投入开发养生产业的税收优惠政策,重点减免开发养生休闲产业、文创产业的企业以及农民投资养生产业的税收,对投资养生综合体、高星级旅游酒店,以及与养生相关的新兴型、科技型、环保型重大项目,采取倾斜性税收优惠政策。

四是配套政策。除加大财政扶持力度外,还应建立财政投入稳定增长机制,设立养生产业发展专项基金,重点用于发展养生产业的基础设施、公共服务平台建设;加大养生产业招商引资优惠政策力度;研究制定建设"秀山丽水、养生福地"的惠民配套政策。出台大力吸引养生客源的政策措施。

(摘编自《浙江日报》2014 年 1 月 6 日)

充分发挥司法职能 为生态文明建设护航

——辽宁省抚顺市中院关于生态环境司法保护的调研报告

为进一步提高对生态环境司法保护水平,抚顺中院对 2010—2013 年 6 月全市两级法院审结的涉及生态环境保护案件进行了调研,总结了一些好的经验和做法,分析了存在的问题并提出了司法建议。

一、近年来抚顺法院生态环境司法保护基本情况及做法

2010 年至 2013 年 6 月,抚顺市两级法院共审理各类涉及生态环境保护案件 1037 件。其中:刑事案件 435 件,占总案件数的 41.95%;民事案件 316 件,占总案件数的 30.47%;行政案件 89 件,占总案件数的 8.58%;非诉执行案件 197 件,占总案件数的 19%。涉及生态环境保护案件总体态势是逐年递增(见图一),案件类型覆盖刑事、民事、行政和非诉执行等方面,刑事案件所占比重最大,非诉执行案件占有一定比例(见图二)。

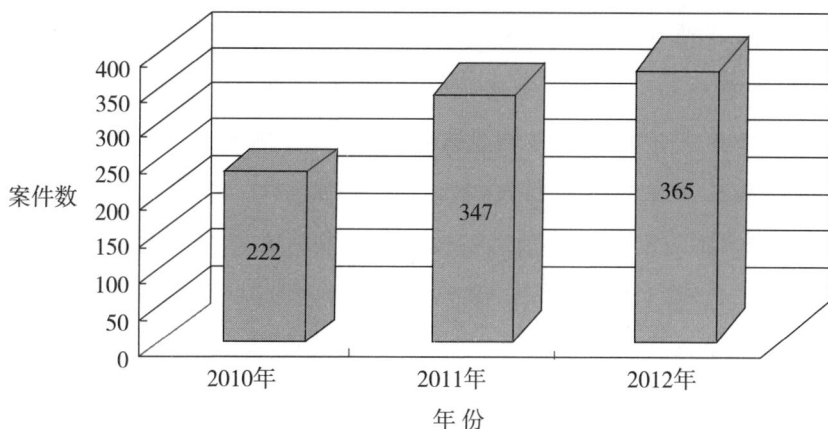

图一:2010—2012 年抚顺市两级法院受理生态环境保护案件数量

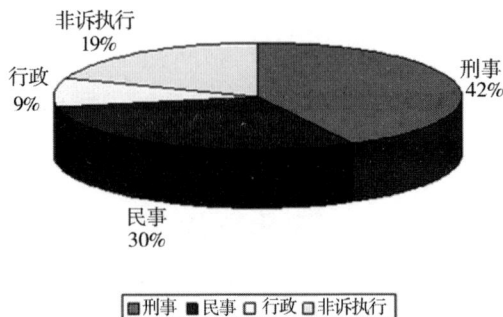

图二:抚顺市两级法院受理生态环境保护案件类型分布图

全市两级法院在生态环境司法保护中,一是坚持罪刑相适应原则,依法惩治和有效预防破坏生态环境犯罪。抚顺市所辖三县全部位于山区,多年前,由于林木价格不断上涨,少数村民难以抵御诱惑,走上了违法犯罪道路。2013 年全市法院开展青山治理行动,对 2010 年 1 月起至 2012 年 12 月审结的 400 余件涉林案件开展检查评查,对 9 件量刑畸轻、缓刑面过宽的涉林犯罪案件重新进行了审理,有效地遏制了涉林犯罪案件数量逐年增加的趋势。抚顺大伙房水库是辽宁省 7 个城市 2300 万人口的重要水源地,为保护水源地生态安全,全市法院在依法打击私挖盗采矿产资源和毁坏山林等破坏生态环境犯罪的同时,还积极促成被告人用补种树苗、义务担任护林员等方式弥补损失。并在水库周边设立 9 个巡回审判点,实现审理一案,教育一片的目的。二是坚持调解优先工作方针,积极化解涉及生态环境民事纠纷,清原县法院审理并成功调解的原告抚顺菜河矿业有限公司诉小菜河村民委员会、抚顺清原矿业有限公司矿业权纠纷一案,被最高人民法院评为 100 件"全国法院践行能动司法理念优秀案例"之一。三是坚持监督和支持并重,化解和预防并举的原则,依法审理涉及生态环境的行政案件,积极支持市委、市政府生态环境建设。四是坚持非诉执行的合法性审查,为环保等行政机关依法行政提供有力保障,2010 至 2012 年共受理排污费非诉执行案件 197 件,执行回款金额为 147 万元。

五是坚持延伸司法职能,提高人民群众生态环保意识。2013 年,市法院出台《为建设幸福美丽抚顺提供有力司法保障的实施意见》,得到市委充分肯定。积极运用司法建议这一重要载体,向党委、政府提出涉及生态环境保护司法建议共计 20 余条。

二、生态环境司法保护存在的现实困境及分析

(一)涉及生态环境民事侵权案件难以通过诉讼途径解决。随着经济社会的快速发展,工业化程度的显著提高以及公民个体对于自身权益保护意识的加强,涉及生态环境民事侵权案件本应呈日益增多的态势,但司法实践中法院审理的涉及生态环境民事侵权案件数量并不多,三年半来,全市两级法院受理涉及生态环境民事侵权案件仅 20 件,约占受理涉及生态环境民事纠纷案件的 6%。探究其中的原因有以下几个方面:一是原告主体资格不明确。对于那些涉及不特定多数人的环境污染的公害行为,由于其个别侵害与利益关联的程度不高,因此,传统法律并未授权个别主体提起公益诉讼的适格权利。二是因果关系鉴定难度较大。在涉及生态环境的民事侵权案件中,被告侵权行为与其损害结果之间存在初步因果关系须由原告承担举证责任,原告提供相关证据,就需要申请鉴定,而影响人体健康因素的复杂性,以及污染致害的隐蔽性、长期性,致使损害后果与侵权行为的因果关系鉴定极为复杂,甚至无法进行。三是诉讼成本过高。涉及生态环境民事侵权案件一般牵涉面大,诉讼费用较高,如要进行鉴定,按照谁申请谁先行垫付鉴定费用的要求,原告还要先行垫付高额鉴定费用。在公益诉讼制度规定不够完善时,公民个人并不愿为公共利益先行支付如此高额的诉讼费用。四是法院审理难度大。涉及生态环境民事侵权案件往往具有较强的专业性、技术性,审判环节多,审理周期长,受害人举证困难,赔偿范围和赔偿数额不好确定,最终结论难以作出。

(二)涉及生态环境的修复补偿机制不健全。生态环境司法保护的重要目的不是打击,而是对生态环境的修复与改善。生态环境审判不仅要惩治破坏生态环境的行为人,更要通过公正审判,使遭到破坏的生态环境

得到恢复,让受到损害的生态环境得到补偿,但由于目前相关法律规定的责任承担方式单一,系统完备的生态环境修复补偿机制尚未真正建立,导致破坏生态环境违法犯罪人付出的违法犯罪成本较低,而造成的生态环境破坏程度大,损失多,恢复难。

(三)个别行政机关在生态环境行政执法中不理解、不接受司法监督。在涉及生态环境行政争议案件中,个别行政机关对行政诉讼的认识有误区,认为行政相对人将其诉讼到法院,就削弱了政府和行政机关的权威,对法院作出的撤销或部分撤销判决采取了消极对待的态度,又以同一事实和理由作出与以前相同的处理决定,导致行政相对人再次提起行政诉讼,从而产生循环诉讼,既浪费了司法资源,又增加了行政相对人诉讼成本。在法院审查部分非诉执行案件中,个别行政机关认为法院对申请执行的具体行政行为的审查只需走个形式,没有必要再进行实体性审查。

(四)人民群众的生态环保意识有待加强。生态环境保护案件逐年增加,一个深层次的原因就是群众的生态环保意识缺失,环保法律意识淡薄,有的企业和群众看重经济效益,忽视环境保护,急功近利,不惜以牺牲环境为代价获取经济利益。有的村民仍抱有靠山吃山,靠水吃水的态度,对生态环境肆意破坏,对自然资源野蛮式开采,对于已构成生态环境违法犯罪的,都不知道其行为是违法犯罪行为。如在涉林犯罪中,有些村民认为自留林、自栽树可以按照自己的意愿进行砍伐,不需要申请;有些村民认为山地已由个人承包,应该自己说了算;还有些村民认为只要村里同意砍伐,就不需要再办理其他手续了。

三、加强生态环境司法保护的思考和建议

(一)完善生态环境司法保护的各项制度。"程序先于权利",公共利益的个别化保护已成为诉讼文明发展的趋势,尽管新修订的民事诉讼法面对现实和面向未来确立了公益诉讼制度,为公益诉讼预设了良好的权利保障框架与程序救济系统,但要使环境公益诉讼真正发挥作用,成为有可操作性的法律规则,还要对环境公益诉讼制度涉及的原告主体资格、因

果关系鉴定、诉讼费用承担、损害后果评估、利益归属等具体问题进一步明确和规定,确保环境公益诉权在司法实践中真正得以实现。同时,建立生态环境修复补偿机制,对生态环境修复补偿利益主体的权利、义务、责任以及修复补偿的内容、方式和标准进行明确界定、规定,实现对生态环境的修复和改善。

(二)充分发挥行政机关对生态环境保护的积极作用。各行政机关要进一步树立保护生态环境就是保护生产力、改善生态环境就是发展生产力的理念,将经济建设与生态文明建设一起推进。要充分发挥行政执法权在生态环境保护方面灵活主动的优势,认真履行行政监管职责,实现对生态环境的全面、及时的监控与保护。坚持从源头化解矛盾纠纷,尽可能通过思想工作、协调和解、行政复议程序等,力争将大部分涉及生态环境行政争议化解在基层,化解在初始阶段,化解在行政程序中。各行政机关尤其是基层和一线执法人员应进一步增强法律意识,既要注重实体结果的正确性,又要重视遵守法定程序,确保行政行为认定事实清楚,适用法律正确,符合法定程序。行政机关要把生态环境保护相关法律法规的学习纳入干部培训总体规划,有针对性地加强行政执法人员的教育培训,使行政机关领导和工作人员能够理性地认识和对待涉及生态环境的行政诉讼,支持和配合人民法院的行政审判工作和对非诉执行案件的合法性审查。

(三)切实增强人民法院对生态环境司法保护的能力。随着对生态环境保护力度的加大,涉及生态环境纠纷案件将会日益增多,建议在全市两级法院的刑事、民事、行政等业务部门成立专门审理涉及生态环境纠纷案件的合议庭,确保规范化、制度化,稳妥化解生态环境纠纷。并在三县山区设立"生态服务点""法官驻村工作室""巡回法律服务点",加强巡回审判、巡回服务、巡回宣传,妥善解决林业发展过程中出现的矛盾纠纷,实现生态经济良性循环。

为解决涉及生态环境纠纷案件专业性强、举证不易等问题,建立生态环境保护审判专家咨询委员会制度和人民陪审员参与诉讼规则,选任具有生态环境专业知识或业务背景的人民陪审员参与审判。加大对相关专业人才的培养力度,注重招录环境保护法学专业人才,积极开展环境保护专题培训,努力培养一批精通生态环境案件审理的专家型、复合型法官。

在生态环境民事侵权案件中,被告的行为如可能严重危及生态环境安全或者可能造成生态环境难以恢复或者继续加重对生态环境破坏的情形时,法院有权根据申请人的申请或不经申请在必要时颁布禁止令,及时禁止被告的相关生态环境侵权行为,以避免出现诉讼期间生态环境侵权行为持续发生并扩大生态环境损害的情形。

(四)全面构建生态环境司法保护的联动机制。涉及生态环境纠纷案件涉及面广、影响面大,案件类型错综复杂,当事人众多,仅凭法院一己之力,将会使生态环境司法保护力度大打折扣。要综合运用包括行政执法权和司法权在内的多种手段,充分调动、协调、整合各方力量,构建立体的、全方位的联动机制,形成行政和司法等部门齐抓共管的生态环境保护体系。公安、检察、法院等一线司法部门要及时与环保、国土、林业等环境行政执法部门加强沟通,互通信息,交流经验,通过执法联席会议等形式将涉及本地区的生态环境保护案件信息进行平台整合和资源共享,共同探讨生态环境保护的有效措施和可行办法,合力打击和制裁破坏生态环境的违法犯罪行为,从根本上促进本地区环境的改善和发展。

(五)加大生态环境保护法制宣传力度。人民群众是美好生态环境的创造者和生态环境保护的有力推动者。要多形式、多渠道、多层次地开展生态环境保护法制宣传,采取媒体宣传、标语宣传、流动宣传、资料宣传、召开座谈会、开展法律咨询等形式,大力宣传自然资源和生态环境保护的重要性,推动法制宣传进社区、进乡村、进企业、进校园、上街头,大力宣讲生态环境保护法律、法规、政策和典型案例,切实提高人民群众的生态意识和法制意识,调动全民力量共同担负生态环境保护的重任。

(摘编自《人民法院报》2013 年 11 月 21 日)

一条热线撬动的"治理革命"

——北京市"接诉即办"改革情况调研报告

北京市坚持以习近平新时代中国特色社会主义思想为指导,深入贯彻习近平总书记对北京重要讲话精神,从 2019 年开始推进"接诉即办"改革,用一条热线撬动"治理革命",形成落实以人民为中心发展思想的生动实践,创造了超大城市治理的北京样本。

一、主要做法

"接诉即办"是北京市贯彻以人民为中心发展思想,以 12345 市民服务热线及其网络平台为主渠道,通过体制机制创新和业务流程的系统性再造,对群众诉求快速响应、高效办理、及时反馈的为民服务长效机制。其主要做法集中体现为"一个小组、一条热线、一张派单、一份卷子、一套机制"。

一个小组抓统筹,强化统一领导、顶层设计和整体推进。设立"接诉即办"改革专项小组,在市委全面深化改革委员会领导下,负责全市"接诉即办"改革工作的顶层设计、统筹谋划、整体推进,通过建立健全定期调度、会商研判、每月一题、专项攻坚等工作机制,实现了面上工作整体推动,重点问题挂账督办,共性问题一揽子攻坚。各级各部门普遍结合实际成立领导机构、专项小组或工作专班,完善党委领导、政府负责、市级部门和街道乡镇(简称"街乡")以及承担公共服务职能的企事业单位落实、社区(村)响应、专班推动的责权明晰的领导体系和工作体系。

一条热线听诉求,实现对社情民意的全渠道、全时段、全方位响应。建立全市统一的 12345 市民服务热线受理平台,将全市 338 个街乡镇、16 个区、有关市级部门和公共服务企业全部接入,市区街三级政府机构组建专班承接热线派单,公共服务企业 24 小时在线支持,形成"统一模式、统一标准、左右协调、上下联动"的热线服务体系。同时开通"12345 网上接诉即办"平台,上线运行"北京市 12345"微信小程序,建设并完善涵盖"人民网"地方领导留言板、国家政务服务投诉与建议微信小程序、国办互联网＋督查平台、政务微博、政务头条号、手机 APP 的统一互联网工作平台,打造从"耳畔"到"指尖"的全方位服务热线,实现全年 365 天、7×24 小时对群众诉求的全渠道响应。

一张派单管到底,建立群众诉求办理的闭环运行机制。对于群众诉求实施"首派负责"制,所有诉求直派街乡,街乡能够自行解决的,及时就地解决;需要跨部门解决的复杂问题,由街乡启动"吹哨报到"机制,调动相关部门力量共同研究解决;需要进一步研究办理和回复的,及时做好沟通解释和安抚工作。同时,探索诉求联合双派制度,将涉及街乡和市区两级部门的诉求,派街乡的同时,派区政府或市级部门,缩短"条""块"衔接周期,形成工作合力。建立群众诉求分级分类快速响应机制,由 12345 热线平台根据诉求轻重缓急程度和行业标准,针对不同诉求类型,实施四级响应。具体承办人对每件诉求办理情况点对点向群众反馈,热线中心通过回访征求群众对工作的评价,形成接诉、办理、督办、反馈、评价的闭环运行机制,做到"事事有回音、件件有落实、效果有反馈"。

一份卷子压责任,构建以人民为中心的考核评价体系。建立以接诉响应率、问题解决率和群众满意率为基本指标的"三率"考评机制,每月对各街乡、各区、市级部门、承担公共服务职能的企事业单位进行考评,并通报排名。针对群众反映较多的行业问题增设"部门＋行业"联合考评。对解决群体性诉求、历史遗留问题给予加分,强化为民服务和群众满意导向。在此基础上,进一步聚焦幼有所育、学有所教、劳有所得、病有所医、老有所养、住有所居、弱有所扶"七有"要求和市民群众便利性、宜居性、多样性、公正性、安全性"五性"需求,创建监测评价指标体系,综合评价相关领域发展和"接诉即办"情况,引导市区两级补短板、强弱项,有针对性增加公共服务有效供给,更好满足市民对美好生活的向往。

一套机制促提升,持续推动超大城市治理向精细化、智慧化转型。建立"日通报、周汇总、月分析"机制,每日汇总分析群众诉求情况,为市委市政府决策提供支撑。建设以诉求量分析、类别分析、地域分析、考核排名、城市问题台账为主要内容的大数据分析决策平台，实现了全市热线受理数据的统一汇总和深度分析运用。2021年以来，北京市将"接诉即办"作为"我为群众办实事"实践活动的重要抓手，通过大数据汇聚分析，"算"出百姓"吐槽"最集中的民生问题，开展"每月一题"专项治理，推动12345市民服务热线从服务平台向民生大数据平台、城市治理平台升级，使城市治理更加主动智能、精细精准。

二、实践成效

经过两年多的探索，北京市"接诉即办"改革稳步实施，城市治理能力明显提升，党政机关工作导向、党员干部工作作风以及群众感受、社会评价明显向好，以优良成效交出了人民至上的"北京答卷"。

以人民为中心发展思想的"新实践"探索。在"接诉即办"改革中，牢固树立"人民城市人民建，人民城市为人民"的理念，始终坚持以人民为中心，推动政府公共服务供给模式从政府"端菜"变为群众"点菜"，从"大水漫灌"变为"精准滴灌"，实现了政府服务的供给侧结构性改革。同时，聚焦"七有"要求和"五性"需求，把"以人民为中心"理念具体转化为可操作的测量指标体系，引导和推动各级政府向前一步推动治理变革，通过主动解决问题提升城市治理效能。如2021年以来，根据大数据分析，市改革专项小组将"拖欠工资问题"纳入"每月一题"重点督办，4月份12345市民服务热线反映同类问题比2月份下降48.7%。两年来，房产证办证难、预付式消费退费难、老旧小区改造推进难等一批久拖未决的"硬骨头"被"啃"了下来。有区委书记表示，"把群众的问题和困难想在前面，解决在前端，'主动办'就一定能够得到群众的认可。"截至2021年5月，12345市民服务热线共受理群众来电反映2276万件，响应率始终保持100%，解决率从53%提升到86%，满意率从65%增长到90%。

党建引领基层治理的"新路径"探索。北京市在"接诉即办"改革中，始终坚持党建引领，注重将党的政治优势、组织优势和密切联系群众优势转化成治理优势。突出加强党的领导，将"接诉即办"作为各级党委政府"一把手"工程。注重发挥党组织在基层治理中的领导核心作用，以市民诉求为最直接的"哨源"，以街乡、社区村党组织为"轴心"，街乡党组织"吹哨"，上级部门、辖区单位"报到"，将党的组织体系与基层治理体系有机融合，构建起党组织统一领导、各类组织积极协同、广大群众广泛参与的多元共治的格局，有效助力了"四个中心"功能建设和"四个服务"水平提升。社区干部普遍反映，"有党建作引领，我们抓基层治理的方向感更明了、底气更足了、统筹各方更有力度了；以基层治理为落脚，社区党建工作更实了、成效更显了、基层党组织的组织力凝聚力战斗力更强了"。

新时代群众路线的"新范式"探索。北京市在"接诉即办"改革中，坚持工作下抓两级，市委抓到街乡、区委抓到社区村。赋予街乡对辖区党的建设、公共服务、城市管理、社会治理等行使综合管理职能，推动治理重心下移、行政权力下放、治理力量下沉，形成到基层一线、群众身边解决问题的新导向。各级党政机关和领导干部坚持"眼睛向下""脚步向前"，从过去坐在办公室看"转播"到现在现场"直播"，作风明显转变，实现了市区各部门围着街乡转、街乡围着社区转、党员干部围着群众转。着眼做好送上门的群众工作，探索形成了"三转三包三上门"等群众工作模式。"三转"，即"围着一线转、围着群众转、围着问题转"，明确重点地区、核心人群、难点问题，强化工作靶向性；"三包"，即"领导包片、干部包村（社区）、两委包户"，广泛动员各级力量，构建区、镇、村三级职能体系，强化职责任务分工；"三上门"，即"合理诉求上门办、不合理诉求上门劝、咨询建议上门谈"。通过直面群众、直面现场、直面问题，把"接诉即办"的日常工作作为践行群众路线的生动课堂，拉近了与群众的距离，密切了党群干群关系。"接诉即办"改革以来，市信访办接待来访总人次、集体访人次连续两年实现两位数下降。市民纷纷反映，家门口的事有人管、有人办了，点赞"12345真管用"。

党和政府应考能力的"新提升"探索。北京市在"接诉即办"改革中，通过做好每一篇群众诉求"命题作文"，不断提升承担重大任务、应对突发事件、防范化解风险的能力。2019 年国庆 70 周年期间全市实现刑事警情"零接报",重点区域周边治安"零发案",12345 市民服务热线来电总量和诉求量"双下降","接诉即办"机制在其中发挥了重要作用。2020 年新冠肺炎疫情暴发后,北京市 12345 市民服务热线迅速增设发热咨询、心理咨询、涉外防疫服务、复工复产等"六线一席",对涉疫情诉求提级响应、优先办理,一方面实时监测疫情关联数据,及时反映全市防疫资源调配、精准防控各方面的社情民意,同时深度挖掘大数据,绘制涵盖 60 万条疫情数据的风险区域分级图和点位图,报送疫情防控信息 1095 份,为市委市政府制定防控政策、完善防控措施提供了重要参考,在打赢首都疫情防控的人民战争、总体战、阻击战中功不可没。

三、基本经验

北京市"接诉即办"改革,核心要义在于推动以人民为中心的发展思想在京华大地形成生动实践,落地生根、开花结果。其基本经验可以归纳为"五个坚持"。

坚持党建引领,把党的领导优势转化为城市治理效能。坚持党建引领,是由党的领导地位、基层党组织的职责使命和现阶段基层治理现实条件决定的。习近平总书记指出,在统揽伟大斗争、伟大工程、伟大事业、伟大梦想中,起决定性作用的是新时代党的建设新的伟大工程。[1] 北京市在推进"接诉即办"改革中,不断强化党的政治引领、思想引领、组织引领,教育引导各级党组织和广大党员干部牢记"看北京首先要从政治上看"的要求,深入学习贯彻习近平新时代中国特色社会主义思想,增强"四个意识",坚定"四个自信",做到"两个维护"。在实践中将党建引领落实为把方向、保大事、建机制、促服务的实际举措,聚焦深入落实首都城市战略定位,强化"四个中心"建设,提高"四个服务"水平,围绕服务保障庆祝中国共产党成立 100 周年、筹备北京冬奥会冬残奥会、做好常态化疫情防控等

---

① 《习近平:以时不我待只争朝夕的精神投入工作 开创新时代中国特色社会主义事业新局面》,《人民日报》2018 年 1 月 6 日。

大事要事,充分发挥党组织在基层治理中的领导核心作用,增强党组织的政治功能和组织功能,把党员干部人才动员起来,把群众团结起来,凝聚起推动首都治理体系和治理能力现代化的智慧和力量。

坚持两点论和重点论相统一,真正压实各方主体治理责任。面对艰巨繁重的改革发展稳定任务,习近平总书记多次强调坚持两点论与重点论的辩证统一,注重抓主要矛盾和矛盾的主要方面,注重抓重要领域和关键环节,以重要领域和关键环节的突破带动全局。北京市在"接诉即办"改革中,坚持把街乡作为推进基层治理体系和治理能力现代化的基本单元,牢牢抓住街乡这个"牛鼻子"和"突破口",推动权力向街乡下放、资源向街乡聚集、力量向街乡下沉、责任在街乡压实。探索诉求直派和联合双派相结合,将责任向市区两级政府部门、公共服务企业等各方主体延伸。组织、纪检等党委工作部门也根据各自职能定位参与到"接诉即办"中,把"接诉即办"工作情况纳入各级领导班子和领导干部考核考察、开展专项执纪问责监督,为压实各方治理主体责任提供有效的激励和约束。

坚持全周期理念,真正形成全程闭环治理格局。习近平总书记在湖北考察新冠肺炎疫情防控工作时强调要"树立'全周期管理'意识,努力探索超大城市现代化治理新路子"①。北京市在"接诉即办"改革中,将诉求办理分为若干阶段和环节,并在每一阶段实施跟踪介入,实现全流程管控,形成管理闭环。其中,问题识别与派单是发现环节,其核心是第一时间将群众诉求转化为可操作、可解决的治理事件,并精准确定责任主体。诉求办理与解决是解决环节,其核心是不同治理主体调动自身资源,在权限和职责范围内解决民众诉求。结果考评与反馈是评价环节,其核心是回答问题是否得到真正解决、诉求主体是否满意。治理预警和反思是改进提升环节,其核心是回答在问题解决过程中,能否通过基础性制度创新和治理创新来减少问题和诉求产生,努力实现"主动治理、未诉先办",从

① 习近平:《在湖北省考察新冠肺炎疫情防控工作时的讲话》2020年第7期。

源头上减少治理风险,实现超大城市治理的可持续。

坚持法治思维,形成全面立体制度体系。习近平总书记指出,在整个改革过程中,都要高度重视运用法治思维和法治方式,发挥法治的引领和推动作用。① 北京市在"接诉即办"改革中,一方面分类建章立制,明确多层次、多类型治理主体的职责,规范和完善全过程闭环管理,通过制度实现问题与治理主体之间有效链接,推动实现评价与反馈本身的合法性、有效性;同时,根据实践发展不断改进、完善和充实现行制度,推进"接诉即办"工作标准化规范化,体现了"在法治下推进改革,在改革中完善法治"的辩证关系。两年间,北京市各级先后出台包括《关于优化提升市民服务热线反映问题"接诉即办"工作的实施方案》《关于进一步深化"接诉即办"改革工作的意见》等相关工作制度 832 项,初步构建起"上下贯通、衔接有效"的制度体系。2021 年以来,北京市正式启动《接诉即办条例》立法工作,将实践中证明行之有效的机制上升为法律条款,用法治保障改革的深入推进。

坚持系统思维,走可持续治理路子。习近平总书记在论述社会治理时多次强调,要坚持问题导向,把专项治理和系统治理、综合治理、依法治理、源头治理结合起来。② 在城市治理实践中,群众反映的问题构成了对城市治理的反馈,只有及时有效回应,才能形成良性互动。北京市通过回应群众咨询、解决群众诉求,提升治理水平;首都群众通过问题解决和需求满足再次反馈城市治理中存在的问题,经过多轮良性循环往复,最终达到一个较高质量的平衡。北京市在专项治理取得成效基础上,着力在系统治理、源头治理上发力,通过大数据分析"算"出民生痛点、治理堵点,综合施策消除问题产生的根源,推动"有一办一"的被动响应向"举一反三"的主动治理转变,努力实现城市治理长效化、可持续。

(摘编自《求是》2021 年第 12 期)

---

① 《习近平:把抓落实作为推进改革工作的重点 真抓实干蹄疾步稳务求实效》,《人民日报》2014 年3 月 1 日。

② 《习近平:完善中国特色社会主义社会治理体系 努力建设更高水平的平安中国》,《人民日报》2016 年 10 月 13 日。

总结推广浙江"千万工程"经验
推动学习贯彻习近平新时代中国特色社会主义思想走深走实

"千村示范、万村整治"工程(以下简称"千万工程")是习近平总书记在浙江工作时亲自谋划、亲自部署、亲自推动的一项重大决策,全面实施20年来深刻改变了浙江农村的面貌。近日,中央有关部门赴浙江开展专题调研。调研组在杭州、宁波、湖州、金华等地实地走访,广泛接触各级党政干部、基层群众、企业负责人等,与20年来亲历见证"千万工程"的老党员、老支书面对面交谈切身感受,与长期工作在"三农"一线的同志深入交流,并委托相关单位到嘉兴、丽水等地了解情况。在此基础上,与浙江的同志一起总结实施"千万工程"的经验启示。

总的感到,20年来,浙江持之以恒实施"千万工程",探索出一条加强农村人居环境整治、全面推进乡村振兴、建设美丽中国的科学路径。"千万工程"充分彰显了习近平总书记以非凡魄力开辟新路的远见卓识和战略眼光,全面展现了人民群众伟大实践同人民领袖伟大思想、伟大情怀相互激荡形成的凝聚力和创造力。总结推广"千万工程"的有益经验,对推动学习贯彻习近平新时代中国特色社会主义思想走深走实,完成艰巨繁重的改革发展稳定任务,具有特殊重要意义。

一、基本情况

2003年6月,时任浙江省委书记的习近平同志在广泛深入调查研究基础上,立足浙江省情农情和发展阶段特征,准确把握经济社会发展规律和必然趋势,审时度势,高瞻远瞩,作出了实施"千万工程"的战略决策,提出从全省近4万个村庄中选择1万个左右的行政村进行全面整治,把其中1000个左右的中心村建成全面小康示范村。在浙江工作期间,习近平同志亲自制定了"千万工程"目标要求、实施原则、投入办法,创新建立、带头推动"四个一"工作机制,即实行"一把手"负总责,全面落实分级负责责任制;成立一个"千万工程"工作协调小组,由省委副书记任组长;每年召开一次"千万工程"工作现场会,省委省政府主要领导到会并部署工作;定期表彰一批"千万工程"的先进集体和个人。亲自出席2003年"千万工程"启动会和连续3年的"千万工程"现场会并发表重要讲话,为实施"千万工程"指明了方向。2005年在安吉县余村调研时提出"绿水青山就是金山银山"的发展理念,把生态建设与"千万工程"更紧密结合起来,美丽乡村建设成为"千万工程"重要目标。习近平同志始终牵挂着"千万工程",担任总书记以来多次作出重要指示批示,强调坚持因地制宜、分类指导,规划先行、完善机制,突出重点、统筹协调,通过长期艰苦努力,全面改善农村生产生活条件;强调一件事情接着一件事情办,一年接着一年干,建设好生态宜居的美丽乡村,让广大农民在乡村振兴中有更多获得感、幸福感;强调深入总结经验,指导督促各地朝着既定目标,持续发力,久久为功,不断谱写美丽中国建设的新篇章;强调实现全面小康之后,要全面推进乡村振兴,建设更加美丽的乡村。习近平总书记一系列重要指示批示为推进"千万工程"提供了根本遵循。

浙江历届省委、省政府按照习近平总书记的战略擘画和重要指示要求,顺应形势发展和实际需要,持续深化"千万工程"。20年来,整治范围不断延伸,从最初的1万个左右行政村,推广到全省所有行政村;内涵不断丰富,从"千村示范、万村整治"引领起步,推动乡村更加整洁有序,到"千村精品、万村美丽"深化提升,推动乡村更加美丽宜居,再到"千村未来、万村共富"迭代升级,强化数字赋能,逐步形成"千村向未来、万村奔共富、城乡促融合、全域创和美"的生动局面。

"千万工程"造就了万千美丽乡村,造福了万千农民群众,促进了美丽生态、美丽经济、美好生活有机融合,被当地农民群众誉为"继实行家庭联产承包责任制后,党和政府为农民办的最受欢迎、最为受益的一件实事",被专家学者誉为"在浙江经济变革、社会转型的关键时刻,让列车换道变轨的那个扳手,转动了乡村振兴的车轮"。淳安县下姜村老党员姜祖海动情地说:"当年我听总书记的话,在全村第一个建沼气池、第一个开农家乐。现在村里环境越来越美、发展越来越好,老百姓日子越过越幸福,我们最感恩的就是总书记!"

从调研情况看,浙江实施"千万工程"主要有以下突出成效。一是农村人居环境深刻重塑。规划保留村生活污水治理覆盖率100%,农村生活垃圾基本实现"零增长"、"零填埋",农村卫生厕所全面覆盖,森林覆盖率超过61%,农村人居环境质量居全国前列,成为首个通过国家生态省验收的省份。调研中不少农民群众津津乐道从"室内现代化、室外脏乱差"到"室内现代化、室外四季花"的巨大变化,从"坐在垃圾堆上数钞票"到"端稳绿水青山'金饭碗'"的华丽转身。金华市浦江县向水晶产业污染"开刀","黑臭河"、"牛奶河"再无踪影;台州市仙居县"化工一条江"变为"最美母亲河",生态绿道串联起山水田园。二是城乡融合发展深入推进。城乡基础设施加快同规同网,最低生活保障实现市域城乡同标,基本公共服务均等化水平全国领先,农村"30分钟公共服务圈"、"20分钟医疗卫生服务圈"基本形成,城乡居民收入比从2003年的2.43缩小到2022年的1.90。"城市有乡村更美好、乡村让城市更向往"正在成为浙江城乡融合发展的生动写照。嘉兴市同志讲,"当年总书记乘坐101路公交车调研城乡基础设施一体化建设,现在老百姓乘坐101路公交车见证城乡风貌的巨变、触摸城乡融合发展的脉动"。三是乡村产业蓬勃发展。休闲农业、农村电商、文化创意等新业态不断涌现,带动农民收入持续较快增长,全省农村居民人均可支配收入由2003年5431元提高到2022年37565元,村级集体经济年经营性收入50万元以上的行政村占比达51.2%。全省建成风景线743条、特色精品村2170个、美丽庭院300多万户,形成"一户一处景、一村一幅画、一线一风光"的发展图景。实施"十万农创客培育工程",累计培育农创客超4.7万名,打造出"衢州农播"、丽水"农三师"等一批人才培养品牌。义乌市李祖村引进农创客200余人,带动创业就业村民人均月增收2500元。当地一位归乡农创客感慨,"水土好、梨才好,我做的梨膏糖卖得也好"。四是乡村治理效能有效提升。以农村基层党组织为核心、村民自治为基础、各类村级组织互动合作的乡村治理机制逐步健全,乡村治理体系和治理能力现代化水平显著提高,农村持续稳定安宁。宁波市基层干部谈到,"实施'千万工程'以前,有些村级组织说话没人听、办事没人跟,现在村'两委'给群众办实事、办好事,组织有了凝聚力战斗力,干部有了威信,老百姓信得过"。五是农民精神风貌持续改善。推动"物的新农村"向"人的新农村"迈进,全域构建新时代文明实践中心、新时代文明实践所、农村文化礼堂三级阵地,建成一批家风家训馆、村史馆、农民书屋等,陈规陋习得到有效遏制,文明乡风、良好家风、淳朴民风不断形成。杭州市小古城村村民说,"村里建起了文化礼堂,经常有'我们的村晚'、'我们的村歌'、'我们的村运会',放下筷子就想去"。六是在国内外产生广泛影响。各地区认真贯彻习近平总书记重要指示批示精神,结合实际学习借鉴浙江经验,农村人居环境整治提升和乡村建设取得扎实成效。"千万工程"不仅对全国起到了示范效应,在国际上也得到认可,2018 年 9 月荣获联合国"地球卫士奖",为营造和谐宜居的人类家园贡献了中国方案。

二、主要做法

习近平总书记在浙江工作期间对"千万工程"既绘蓝图、明方向,又指路径、教方法,到中央工作后继续给予重要指导。20 年来,浙江按照习近平总书记重要指示要求,深入谋划推进、加强实践探索,推动"千万工程"持续向纵深迈进,形成了一系列行之有效的做法。

(一)坚持生态优先、绿色发展。习近平总书记在浙江工作期间强调,要将村庄整治与绿色生态家园建设紧密结合起来,同步推进环境整治和生态建设;打好"生态牌",走生态立村、生态致富的路子,并明确提出"绿水青山就是金山银山"。浙江把这些重要理念和要求贯穿实施"千万工程"全过程各阶段,以整治环境"脏乱差"为先手棋,全面推进农村环境"三大革命",全力推进农业面源污染治理,开展"无废乡村"建设,实施生态修复,不断擦亮生态底色。坚持生态账与发展账一起算,整治重污染高耗能行业,关停"小散乱"企业,大力创建生态品牌、挖掘人文景观,培育"美丽乡村＋"农业、文化、旅游等新业态,推动田园变公园、村庄变景区、农房变客房、村民变股东,持续打通绿水青山就是金山银山的理念转化通道,把"生态优势"变成"民生福利"。

(二)坚持因地制宜、科学规划。习近平总书记在浙江工作期间要求,从浙江农村区域差异性大、经济社会发展不平衡和工程建设进度不平衡的实际出发;坚持规划先行,以点带面,着力提高建设水平。浙江在实施"千万工程"过程中,立足山区、平原、丘陵、沿海、岛屿等不同地形地貌,区分发达地区和欠发达地区、城郊村庄和纯农业村庄,结合地方发展水平、财政承受能力、农民接受程度开展工作,尽力而为、量力而行,标准有高有低、不搞整齐划一,"有多少汤泡多少馍"。着眼遵循乡村自身发展规律、体现农村特点、注意乡土味道、保留乡村风貌,构建以县域美丽乡村建设规划为龙头,村庄布局规划、中心村建设规划、农村土地综合整治规划、历史文化村落保护利用规划为基础的"1＋4"县域美丽乡村建设规划体系,强化规划刚性约束和执行力,一旦确定下来就不折不扣实施。

(三)坚持循序渐进、久久为功。习近平总书记在浙江工作期间指出,要不断丰富"千万工程"内涵,拓展建设领域;坚持不懈地抓好这项惠及全省千百万农民的"德政工程"。浙江紧盯"千万工程"目标不动摇、不折腾,保持工作连续性和政策稳定性,每5年出台1个行动计划,每个重要阶段出台1个实施意见,以钉钉子精神推动各项建设任务顺利完成。根据不同发展阶段确定整治重点,与时俱进、创新举措,制定针对性解决方案,既不刮风搞运动,也不超越发展阶段提过高目标,从花钱少、见效快的农村垃圾集中处理、村庄环境清洁卫生入手,到改水改厕、村道硬化、绿化亮化,再到产业培育、公共服务完善、数字化改革,先易后难、层层递进。

(四)坚持党建引领、党政主导。习近平总书记在浙江工作期间要求,各级党政主要负责人要切实承担"千万工程"领导责任;充分发挥基层党组织的战斗堡垒作用和党员的先锋模范作用。浙江坚持把加强领导作为搞好"千万工程"的关键,建立党政"一把手"亲自抓、分管领导直接抓、一级抓一级、层层抓落实的工作推进机制,每年召开"千万工程"高规格现场会,省市县党政"一把手"参加,地点一般选在工作力度大、进步比较快、具有典型意义的县(市、区),营造比学赶超、争先创优浓厚氛围。坚持政府投入引导、农村集体和农民投入相结合、社会力量积极支持的机制,真金白银投入。将农村人居环境整治纳入为群众办实事内容,纳入党政干部绩效考核,强化奖惩激励。突出党政主导、各方协同、分级负责,配优配强村党组织书记、村委会主任,推行干部常态化驻村联户、结对帮扶,实行"网格化管理、组团式服务"。

(五)坚持以人为本、共建共享。习近平总书记在浙江工作期间强调,必须把增进广大农民群众的根本利益作为检验工作的根本标准,充分尊重农民的意愿,充分调动农村基层干部和广大农民群众的积极性和创造性。浙江在实施"千万工程"过程中,始终从农民群众角度思考问题,尊重民意、维护民利、强化民管。实施初始就把增进人民福祉、促进人的全面发展作为出发点和落脚点,从群众需要出发推进农村人居环境整治。在进行决策、推进改革时,坚持"村里的事情大家商量着办",不搞强迫命令。厘清政府干和农民干的边界,该由政府干的主动想、精心谋、扎实做,该由农民自主干的不越位、不包揽、不干预,激发农民群众的主人翁意识,广泛动员农民群众参与村级公共事务,推动实现从"要我建设美丽乡村"到"我要建设美丽乡村"的转变。

(六)坚持由表及里、塑形铸魂。习近平总书记在浙江工作期间强调,要加强思想道德建设,开展多种形式的文化活动,满足农民群众日益增长的精神文化生活需求。浙江注重推动农村物质文明和精神文明相协调、硬件与软件相结合,努力把农村建设成农民身有所栖、心有所依的美好家园。大力弘扬社会主义核心价值观,加强法治教育,完善村规民约,持续推动移风易俗。构建农村文化礼堂效能评价体系、星级管理机制,在文化场所建设、文化活动开展中融入乡土特色、体现农民需求,变硬性推广为潜移默化,变"文化下乡"为"扎根在乡"。通过打造"美在安吉"、德清"德文化"等区域性品牌,挖掘农村传统文化基因,推动崇德向善。结合农村特性传承耕读文化、民间技艺,加强农业文化遗产保护、历史文化村落保护。在未来乡村建设中专门部署智慧文化、智慧教育工作,着力打造乡村网络文化活力高地。

三、经验启示

浙江"千万工程"之所以取得突出成效,最根本在于习近平总书记的战略擘画、关心厚爱和关怀指导,在于习近平新时代中国特色社会主义思想的科学指引。必须更加深刻领悟"两个确立"的决定性意义,增强"四个意识"、坚定"四个自信"、做到"两个维护",切实把浙江"千万工程"经验总结推广好、学习运用好,把握蕴含其中的习近平新时代中国特色社会主义思想的世界观和方法论,不断转化为推进中国式现代化建设的思路办法和具体成效。

(一)必须坚持以人民为中心的发展思想,把实现人民对美好生活的向往作为出发点和落脚点。"千万工程"源于习近平总书记的深厚农民情结和真挚为民情怀。20年来,浙江从全省千百万农民群众的切身利益出发,坚持民有所呼、我有所应,不断改善农村生产生活条件,提高农民的生活质量和健康水平,使广大农民有更多获得感、幸福感、安全感。实践证明,只有心里真正装着农民,想农民之所想,急农民之所急,不断解决好农业农村发展最迫切、农民反映最强烈的实际问题,才能得到农民群众的真心支持和拥护,才能加快补齐农业农村这块我国现代化建设的短板。新时代新征程上,要更加自觉站稳人民立场,强化宗旨意识,尊重人民意愿,采取更多惠民生、暖民心举措,千方百计拓宽农民增收致富渠道,巩固拓展好脱贫攻坚成果,让农民腰包越来越鼓、日子越过越红火,推动农民农村共同富裕取得更为明显的实质性进展。

(二)必须坚持以新发展理念为统领,全面推进乡村振兴。"千万工程"实施前后农村面貌的鲜明反差、推进落实带来生产生活的巨大变化,根本上反映的是发展理念的变革、发展方式的转变。从村庄环境建设到农村全面发展,从物质文明建设到精神文明建设,浙江坚持新发展理念,走出了一条迈向农业高质高效、乡村宜居宜业、农民富裕富足的康庄大道。实践证明,观念一变天地宽。只有完整、准确、全面贯彻新发展理念,推进乡村振兴才能理清思路、把握方向、找准着力点。新时代新征程上,要以新发展理念为统领,立足加快构建新发展格局,正确处理速度和质量、发展和环保、发展和安全等重大关系,加强机制创新、要素集成,抓好乡村产业、人才、文化、生态、组织"五个振兴",实现农业生产、农村建设、乡村生活生态良性循环。

(三)必须强化系统观念,着力推动城乡融合发展。"千万工程"实施20年来,浙江始终坚持统筹城乡发展,不断推动城市基础设施向农村延伸、公共服务向农村覆盖、资源要素向农村流动,使城乡关系发生深刻变革。实践证明,必须把农村和城市作为一个有机统一的整体系统考虑、统筹协调,充分发挥城市对农村的带动作用和农村对城市的促进作用,兼顾多方面因素,注重多目标平衡。新时代新征程上,要系统摆布城乡关系,以县域为重要切入点,统筹部署、协同推进,抓住重点、补齐短板,加大改革力度,破除妨碍城乡要素平等交换、双向流动的制度壁垒,促进发展要素、各类服务更多下乡,加快形成工农互促、城乡互补、协调发展、共同繁荣的新型工农城乡关系。

(四)必须大兴调查研究,从实际出发想问题、作决策、办事情。"千万工程"是习近平同志到浙江工作后不久,用118天时间跑遍11个地市,一个村一个村地仔细考察,充分掌握省情农情作出的重大决策。20年来,"千万工程"的每一次深化,都是基于调查研究的成果。实践证明,正确的决策离不开调查研究,正确的贯彻落实同样也离不开调查研究。只有学好练精这个基本功,才能把情况摸清、把问题找准,提出的点子、政策、方案才能符合实际情况、符合客观规律、符合科学精神。新时代新征程上,要持续加强和改进调查研究,围绕学习贯彻党的二十大以来的重要会议精神,聚焦推进乡村振兴、实现共同富裕、增进民生福祉等改革发展稳定中的重点难点问题,深入基层、掌握实情、把脉问诊,紧密结合自身实际,谋划实施有针对性的政策举措,不断破解矛盾瓶颈、推动高质量发展。

(五)必须突出抓基层、强基础、固基本工作导向,健全党组织领导的基层治理体系。"千万工程"实施 20 年来,浙江抓党建促乡村振兴,充分发挥农村基层党组织战斗堡垒作用,充分发挥村党组织书记、村委会主任的带头作用,引导基层党员干部干在先、走在前,团结带领农民群众听党话、感党恩、跟党走。实践证明,群众富不富,关键看支部;支部强不强,还看"领头羊"。只有坚持以党建引领基层治理,善于发动群众、依靠群众,才能把党的政治优势、组织优势、密切联系群众的优势,不断转化为全面推进乡村振兴的工作优势。新时代新征程上,要突出大抓基层的鲜明导向,选优配强基层党组织领导班子,完善党组织领导的自治、法治、德治相结合的治理体系,推动各类治理资源向基层下沉,不断激发人民群众的积极性、主动性、创造性,形成凝心聚力、团结奋斗的良好局面。

(六)必须锚定目标真抓实干,一张蓝图绘到底。20 年来,浙江始终把"千万工程"作为"一把手"工程,保持战略定力,一任接着一任干,实现一个阶段性目标,又奔向新的目标,积小胜为大胜,创造了接续奋斗不停歇、锲而不舍抓落实的典范。实践证明,真抓才能攻坚克难,实干才能梦想成真。必须持续改进工作作风,把更多心思和功夫花在狠抓落实上,力戒形式主义、官僚主义,不搞"政绩工程"、"形象工程",防止"新官不理旧账"。新时代新征程上,要紧紧围绕党的中心任务,对标对表党中央决策部署,保持历史耐心,一件事情接着一件事情办,一年接着一年干,尤其要注意防止换届后容易出现的政绩冲动、盲目蛮干、大干快上以及"换赛道"、"留痕迹"等倾向,以良好的作风进一步赢得党心民心,凝聚起强国建设、民族复兴的磅礴力量。

(摘编自《求是》2023 年第 11 期)

第十五章
揭露问题调研报告

揭露问题调研报告的主要任务是通报情况，揭露问题。当某个单位、某个部门或某个行为人发生了什么事件，出了什么问题，犯了什么错误，机关有关部门，根据领导的要求和上级的指示精神，通过调查核实，写明问题发生的过程、形成的原因、造成的危害以及应汲取的教训。这种类型的报告，政治性、原则性强，要求结构严密、文字准确，写作难度比较大。必须以对人、对事高度负责的精神，严肃认真地写好这类报告。按照报告中所揭露问题是个别性的还是普遍性的，也就是问题所涉及的范围来分类，揭露问题调研报告可分为揭露普遍性问题的调研报告和揭露个别性问题的调研报告。本章主要介绍这两种调研报告的写作。

第一节　揭露普遍性问题调研报告写作

揭露普遍性问题调研报告，就是指揭露那些在党政机关建设和发展中带有普遍性的问题，描述、归纳这些现象和问题，并分析其原因，进而提出对策建议、引起相关各方重视的调研报告。揭露问题的调研报告中，揭露的现象一般是消极的，但我们却要使其起到积极的作用，因此，我们揭露的问题涉及的范围越广泛，引起的反响就越大、越强烈。

一、揭露普遍性问题调研报告的写作要求

揭露普遍性问题的调研报告写作要坚持以下几点。

（一）揭露和批评的对象要精心选择，不能"有闻必录"

要尽量选择那些有普遍教育意义的典型事例，通过批评和揭露，使党政干部能够从中受到深刻而生动的法治教育、政策教育、纪律教育和作风教育。还可以选择那些已经处理或者正在处理的典型事件，在批评和揭露矛盾和问题的同时，让党政干部看到领导对这类消极的东西和不良倾向的正确政策和鲜明态度。

（二）要有胆识、胆略

报告撰写者对党政机关建设中存在的各种问题要有一种高屋建瓴的宏观把握和深刻认识，见微知著，触幽探微，有一种识别"风起于青苹之末"的敏锐眼光。报告撰写者还要有胆量。坚持真理，无私无畏，在审时度势、慎思多谋的基础上，敢于闯"雷区"，敢于提出新观点，写出有特色、有影响的报告。报告撰写者也要有"略"，就是要有谋略、策略、方略。政策和策略是党的生命，也是揭露问题调研报告写作的生命。必须有勇有谋、多谋善断，正确分析判断所揭露问题的性质、严重程度、危害大小、影响范围等，恰如其分地把握好调研报告的"度"，以利于问题的有效解决。

（三）批评和揭露问题时要实事求是

即使不会有意制造假情况，也要防止和克服由于作者自身思想方法片面或偏激情绪而造成问题失实或情节失真，事实一定要十分准确。

（四）要有分析

一篇好的揭露普遍性问题的调研报告，既要有对现实问题真实而准

确的反映,又要有精辟的论点、精湛的见解,更要有具体入微的说理,剔肤见骨的剖析,帮助人们认清是非界限,汲取经验教训,受到深刻教育。

(五)语言要有锋芒

恩格斯曾经把报刊言论的战斗作用比喻为"榴弹"。他说:"你会亲眼看到每一个字的作用,看到文章怎样真正像榴弹一样地打击敌人,看到打出去的炮弹怎样爆炸。"揭露普遍性问题调研报告既然重点是揭露普遍性问题,就应当敢于刺刀见红。拥护什么,反对什么,应当旗帜鲜明,尖锐泼辣,不应当模棱两可,含糊其词。

二、揭露普遍性问题调研报告写作方法

揭露普遍性问题调研报告的写作方法大致有以下几种。

(一)揭露群众关注的热点、难点、焦点问题

在"坚持以正面宣传为主"的方针下,"想群众之所想,急群众之所急",适时针对群众关注的热点、难点、焦点问题,展开调查研究,弄清这些问题的具体表现,分析存在的原因和危害,与群众一起研究探讨解决问题的途径和方法,不但是促进机关改革,推动机关工作,加强机关建设进程的需要,而且肯定会受到群众的关注和赞扬。

(二)揭露上级有关指示要求或重大举措在本单位贯彻落实中存在的问题

上级有关指示要求或为加强机关建设而采取的一些重大举措,涉及机关建设全局,其贯彻落实的深与浅、好与差,直接影响着机关发展进步的进程。而实际工作中,由于各单位领导思想观念的差异、工作任务的区别,以及其他各方面条件的制约,在贯彻落实中可能思想存在误区,工作出现偏差,也可能由于情况的变化而产生新的问题和矛盾。我们要本着"讲成绩恰如其分,说问题不遮不掩"的态度,实事求是地指出问题,分析原因,寻找对策,以促进人们思想观念的转变,推动上级指示要求、重大举

措的贯彻落实。这不仅是揭露问题调研报告题中应有之义,也是我们的责任所在。

(三)揭露想说未说或不敢说的问题

我们的调研报告,之所以要揭露一些问题,主要是为了克服工作中的缺点,巩固党群关系。也就是说,揭露的问题或某些现象是消极的,但发挥的作用是积极的。可在现实生活中,有些领导干部的民主作风不太好,有些单位的党内民主生活还不够健全,一些部门缺乏接受群众监督、舆论监督的良好习惯,使得一些单位或某些领导干部明明存在问题,人们不敢说,也没有人说。其实,这无论是对机关工作还是对这些单位的领导本人都是没有好处的。这就要求揭露问题调研报告的撰写人必须具有一种胆识,本着对党负责、对机关工作负责和对领导负责的态度,敢于触及有些人想说未说或不敢说的问题。这与其说是一种写作方法的展示,不如说是一种责任的需要。

(四)揭露能引起共鸣的问题

在党政机关工作中,关于廉政建设、风气问题、党群关系、群众利益保障等,都是群众普遍关心、经常议论的话题,这类问题直接关系着广大干部、群众的各种切身利益,影响着干部、群众的思想情绪和工作热情。另一方面,从实际情况看,随着形势的发展变化,在这些问题上肯定会出现许多新情况、新问题、新矛盾。抓住这些问题展开调查研究,往往能做到内容的新闻性与工作的指导性相统一。

(五)揭露不合理但司空见惯的问题

机关工作是一个多变量、多因素的复杂系统,在某些时候、某个方面存在某些不合理的问题,可能在所难免。但是若对这些问题熟视无睹、不闻不问,就可能对机关工作造成不良的影响,甚至造成损失。因为有些问题虽然不是大局,但搞得不好却可能影响大局;不是中心工作,但处理得不好也会干扰中心工作。我们如果能够对工作中存在的明明不合理却又司空见惯的问题进行调查,开展研究,对于机关工作的整体推进是会有很大帮助的。

【延伸阅读】

中国民意调查发展的历史轨迹

我国的民意调查是一个比较新的研究领域,起步比较晚,相关研究比较不太多,基本上还处于引进、介绍、梳理、运用阶段。温淑春[1]、陈月生[2]、林竹[3]等人对国外民意调查理论与实践进行了深入介绍,李莹[4]等对国外 CATI、CAPI、网络调查等技术做了详细的介绍,王来华[5]、林竹[6]等人对我国民意调查的沿革、民意调查的理论和当前民意调查的应用做了系统介绍。综其所论,我国民意调查理论,根植于中华民族几千年文明土壤中,发端于国人为实现民族独立的革命斗争,腾飞于中国共产党领导的社会主义建设和改革事业,得益于现代科技的迅猛发展和广泛应用,是中国优秀传统文化、马克思主义、西方先进社会政治思潮与具有中国特色革命、建设和改革的产物,大体经历了四个发展阶段。

(一)古代民意调查。以面访为标志的古代舆情收集制度,既是我国民意调查的早期形态,也是民意调查理论的源头,其主要内容是民本思想、重民崇德、察举吏治。在中国,"民意"一词最早出自先秦时期的著作。早在春秋以前,民本主义思想就已初显熹微。随国大夫季梁提出"夫民,神之主也。是以先生先成名而后致力于神"[7]。战国时期的孟子鲜明地举起民本主义的旗帜,提出"民为贵、社稷次之、君为轻"[8]的思想。魏晋时期,民本主义思想已基本成型,《尚书·五子之歌》中记载,"民可近,不可下,民为邦本,本固邦宁"[9]。以唐代《贞观政要》为标志,民本主义思想理论体系已日臻成熟完善。就实践而言,中国民意调查始于周朝设置的"行人","使之四乡以采诗"。行人不论外出采诗、打仗或访问邻国,都会带回一些有关社情民意的新信息,但是这同从尊重民意出发,主动征询民众对社会事务意见的民意调查是有差距的。古代民意调查主要是收集舆情,掌握民意、民心、民愿,目的是维护社会统治,其官方意识浓厚。这种所谓的民意调查不过是统治者装扮自己、用以愚弄人民的工具而已。

(二)近代民意调查。这个时期其理论主要融合在孙中山先生提出的三民主义中。问卷调查是其鲜明标志,它是现代民意调查理论萌芽形态。"咸愿共和,此全国人民之心理如是。"[10]"政治变革的最后之成败,自以民意之向背为断。"[11]1822 年—1949 年间的民意调查可以作为近代民意调查实践的发端期。主要是关注民主政治、如何改进新闻、报纸内容等,主要以学术界和新闻界为主导。近代中国最早的民意调查,是 1922 年 11 月留美归国的心理学硕士张耀翔对参加北京高等师范成立 14 周年庆典活动的来宾进行了一次民意测验,其内容涉及总统选举、宗教信仰、社会风俗、公共管理等问题,调查结果在《晨报》上公开发表。1923 年 12 月 17 日,正值北京大学建校 25 周年校庆之际,北京大学对前来庆贺的师生、校友和宾客约 1007 人作了一次民意调查。1942 年 10 月 10 日《大公报》主持的关于中国民众对抗日战争前途问题看法的民意调查,共收到读者调查回复答卷 1230 份,社会反响强烈。这批中国早期民意调查,虽然开了我国民意调查的先河,但其社会影响力很小,中国并没有像西方那样迎来民意调查蓬勃发展的时期。

(三)新民主主义时期民意调查。它诞生于中国共产党领导的新民主主义革命实践中,以马克思主义为指导,代表和反映全体人民根本利益、中华民族的发展方向和中国革命、改革和建设的统一战线利益,是近代民意调查理论在新民主主义革命中的发展和应用。由于革命战争环境的残酷,这一时期民意调查理论的最大特征就是引入马克思主义,在技术上没有太大进展,采取的是传统的土方法。但是,它掀开了我们党民意调查理论发展的崭新一页,是真正意义上的民意调查,它是社会主义阵营国家开展民意调查的理论指导和强大武器。新中国成立初期,由于有着与当时苏联、东欧社会主义国家相类似的原因,民意调查很少举行。加之 1957 年的反右斗争及"文化大革命"的十年动乱,更是没有条件进行普遍的民意调查。新中国成立后,在我国大陆地区,由于受到特殊的政治环境影响,再加上当时对实证研究不重视,无论是新闻界,还是学术研究机构,民意调查均处于发展的缓慢时期。而台湾地区此时期民意调查处于萌芽时期。1952 年,《新生报》针对关于对日合约问题,举行读者意见调查,这是台湾地区第一次举办的民意调查。1958 年成立的中华民国民意测验协会承办了许多政府机关、团体及企业委托的调查项目。这一时期,调查的主要方法处于量化搜集资料的阶段,主要有面访、邮寄问卷、定点访问和在报纸上刊登问卷等方式。调查的程序沿用西方流行的方式。

(四)中国特色社会主义时期民意调查。1978 年以后,停顿已久的民意调查活动才得以在中国大地上逐渐恢复。这一时期结合中国国情,不断引进西方传播学理论和现代民意测验新方法。具体包含行政民意调查理论、零点调查理论、网络民意调查理论等。但是,我国尽管形成了组织机构健全、调查方法科学、调查内容宽泛、调查功能多元的较为成熟的民意调查理论,但就理论本身而言也还存在创新性不够、程序规范不多、质量不高、人才较少等突出问题。民意调查的应用主要在新闻界和各类教学科研院所。调查内容主要是新闻、传播等,对象主要是新闻受众。这一时期,民意调查都是严格遵照随机原则,抽取样本进行调查。1979 年 9 月,《北京日报》内参部在北京维尼纶厂进行的民意调查,这是新中国成立后第一次民意调查,调查的主要内容是了解不同层次的企业职工对一些重大问题的看法。例如,对实现"四个现代化"的信心、对真理标准问题讨论的看法、最反感和最感兴趣的事情、认为我国急需解决的问题等。1982 年 6 至 8 月,中国社会科学院新闻研究所和首都新闻学会开展的"北京市读者、听众、观众调查"。它是我国第一次采用电子计算机抽选样本和统计分析数据的民意调查,先后有 20 多家国外的报刊、电台、通讯社发布消息或文章,引起国外广泛关注。

1985 年至今可以说是我国民意调查的繁荣时期。此时民意调查机构大量诞生,其活动日益频繁,影响不断扩大,大体又可以分为三个小段:一是20世纪80年代中期至90年代初。中国出现了专门机构,各类商业调查公司如雨后春笋般涌现,在数量和规模上超过了传统的调查组织。同时,民意调查日益被人民所接受,也受到决策部门的重视,各党政部门、企事业单位和科研教学机构纷纷开展不同规模、不同内容的民意调查。如,1988年成立的广州社情民意研究中心,挂靠在广州市政协下,作为当时我国第一家半官半民性质的民意调查机构,它针对物价、交通、房政、社会治安、城市卫生、社会就业等等展开过专项民意调查。二是1992年邓小平南方谈话后至2000年。随着改革开放的深入,民意调查的需求迅速增加,尤其是外资企业带来的市场分析与预测方面的需求,境外一些著名的调查公司进入我国市场,或者设立分支机构。美国盖洛普调查公司、澳大利亚的模范市场研究社、香港亚太市场研究公司的进入,给中国民意调查事业带来了全新理念及调查技术,也促进了民间独立市场研究与民意测验机构的成立。1992年,民办的民意调查公司——零点公司成立。与此同时,新闻媒体也开始介入民意调查领域。包括中央电视台在内的众多我国媒体都开辟了固定版,报道有关民意调查的结果。同时,民间独立机构的相关调查数据也开始进入媒体视野。这一阶段,政府也开始设立各类民意调查机构。1998年,国家统计局建立国际统计信息中心,同年中国民意调查和市场研究第一次行业代表大会召开,2000年中国市场调查行业分会成立。三是2000年至今。进入新世纪,民意调查业的异军突起,呈现事业发展的多元化、资金注入的多元化、调查内容的多元化等特征。我国的民意调查进入飞速发展时期。这一阶段,政府高度重视民意调查,我国各地民意调查机构不断涌现;隶属于官方或半官方性质的民意研究机构开始私营化;政府开始购买民间研究服务成果,民间调查的结果开始成为政府决策的依据之一。2000年12月,陕西省人大新闻事业发展中心成立了民意调查部,决定通过走访人大代表,了解人民群众对"一府两院"工作的满意程度。2003年底,北京市统计局率先从美国引进设备,建立起100条专用电话调查线的计算机辅助电话调查系统[12]。2004 年初,国家统计局召开专题会议,要求各省市统计部门尽快建立"计算机辅助电话调查系统"(CATI),积极开展社情民意调查。当时全国已有 20 多个省、市、区及副省级城市统计局,在原有统计信息咨询服务中心的基础上成立或加挂了社情民意调查中心的牌子,有绝大多数的省统计局咨询服务中心开展了社情民意调查。此外,我国一些准官方机构(学术团体,政府研究机构)和民意调研公司开始涉足于公共政策评价领域,其调查结果也开始进入政府决策的参考范围。如中组部已委托国家统计局从 2008 年起每年在全国 31 个省区市以及中央和国家机关、中央企事业单位开展组织工作满意度民意调查。

(摘编自中国改革论坛网 2012 年 6 月 3 日)

[1]温淑春:《国外民意调查发展研究综述》,理论与现代化,2007 年第 2 期,第 125—127 页。

[2]陈月生:《国外政府利用民意调查引导民意研究综述》,社科纵横,2007 年第 2 期,第 125—128 页。

[3]林竹:《西方民意调查的发展及其对中国的借鉴》,社科纵横,2007 年第 5 期,第 42—43 页。

[4]李莹:《民意调查技术的新发展》,社科纵横,2007 年第 3 期,第 59—60 页。

[5]王来华:《略述民意研究、民意测验的沿革及其在中国大陆的发展》,理论与现代化,2009 年 4 期,第 79—82 页。

[6]林竹:《民意调查在中国的发展和应用》,社科纵横,2007 年第 8 期,第 6—7 页。

[7]《左传》,长沙:岳麓书社,2001 年版,第 46 页。

[8]《四书集注》,长沙:岳麓书社,1987 年版,第 61、252、402 页。

[9]《今古文尚书全译》,贵阳:贵州人民出版社,1990 年版,第 97 页。

[10]《孙中山全集》(第六卷)北京:中华书局,1985 年版,第 166 页。

[11]《孙中山全集》(第五卷)北京:中华书局,1985年版,第92页。

[12]北京市统计局:为什么要建立"北京市社情民意调查网"。

第二节　揭露个别性问题调研报告写作

揭露个别性问题调研报告是指从平常较小的问题、不太常见的现象中发现问题的根源,仔细调查原因并为解决问题,引起重视,警示教育广大干部、群众的调研报告。这种调研报告重在讲"个别",通过对"个别"性问题的调查研究做到"以小见大",让报告的接受者能够从"小问题"中悟出"大道理"。

一、揭露个别性问题调研报告的写作要求

揭露个别性问题的调研报告,其写作既有与揭露普遍性问题的调研报告相同的要求,又有一些特定的要求。

(一)要深入调查

调查是写作揭露个别性问题调研报告的基础依据。调研报告不像总结那样写自己经历过的事情,而是写其他对象,一切材料只能来自调查研究,因而首要的工作在于调查。要通过深入细致的调查,充分掌握第一手材料。调查时要扎扎实实地深入下去,采用多种方法听取意见,搜集材料,从而使揭露的个别性问题抓得实、抓得准。

(二)要据事言理

揭露工作中存在的个别性问题敏感性强,撰写此类调研报告一定要用事实说话,用客观的事实、确凿的数字来说明自己的观点。如果只有观点,没有事实,调研报告就失去了它的说服力。同时注意引用有说服力的数据、事例和富有形象性的群众语言、名言警句等增强此类调研报告的特有表现力。

（三）要正确分析

对调查取得的个别问题的材料,要进行客观、辩证的分析研究,去粗取精,去伪存真,要用全面的、联系的、发展的眼光看待机关建设中存在的个别问题,切忌以偏概全,一叶障目,更不能上纲上线。

（四）要做到"全局着眼,一点着手"

全局着眼,也就是要站在党的路线方针政策的高度,站在机关建设与发展全局的高度,看清哪些是当前最突出、最令人关心的问题,而且还要了解它的发展趋势,预见到事业发展中可能出现的问题——找到选题的大致方向。一点着手,也就是进一步选择"突破口",即揭露个别性问题调研报告的具体选题。这个具体选题,既是关联全局的问题,又是最容易着力突破的问题。它是"一点",却是工作中的"突破口";它是"一发",却是"牵一发动全身"。它是从大处着眼,又是从小处着笔的。

二、揭露个别性问题调研报告的写作方法

揭露个别性问题调研报告有以下几种写作方法。

（一）抓落实上级法规、指示中存在的问题

上级的有关法规、指示是应该认真贯彻执行的。各级领导干部对于执行上级有关法规、指示的重要性、必要性是清楚的。但在实际执行过程中,由于种种原因,总会出现一些问题,或是执行不力,或是"走样变味",甚至阳奉阴违。及时暴露这些问题,分析其原因,对于落实上级指示和有关法规大有裨益。

（二）抓看似浅显却潜藏深意的问题

在日常工作生活中,有些问题和现象,我们常常熟视无睹。因为这些事初看起来好似浅显,其实并不那么简单。这些问题和现象之所以泛滥,或是显示出一种风气,或是表明一种心态,里面潜藏的深意是绝对不能忽视的。我们应该具有警觉性和敏感性,抓住这些看似浅显却潜藏深意的

问题,进行披露,展开分析,以引起人们的警觉。

(三)抓容易被人忽视的问题

由于机关工作千头万绪,领导干部需要关注的方面、思考的问题很多很杂。在现实工作中,或由于领导精力分配不当,或由于领导精力照顾不过来,抑或领导对某些单位、某些部门、某些个人过于信任,会导致对一些单位或个人关注不够、指导不多,也就是说它们有时会被忽视、被"边缘化"。这种忽视和"边缘化"势必会给工作造成一定的损失。所以,调研者的思维触角涉及这些容易被人忽视的"角落",也是很有必要的。

(四)抓工作中出现的重大事故案件

事故案件对机关建设会产生很不利的影响,但是事故案件已经发生了,我们只有尽量将其消极影响减到最低程度,特别是要通过这些事故案件教育干部、群众,防止以后再出现类似的事情。对于这些事故案件的调查,我们可以采取直陈案件原委和透视事故案件相结合的方法。直陈案件原委首先要讲明问题或事故的基本情况,即事故发生的时间、地点、当事人、事故的主要过程、当事人应承担的责任等内容。这一部分应该采用叙述的方式,要写得概括、简明。其次要分析问题或事故发生的主观原因和教训,以及对问题或事故的处理情况。在分析原因找出教训时,多采用夹叙夹议的方式,要写得诚恳、深刻,既不能回避矛盾,怕触痛处,或大事化小、小事化了,推卸责任;也不能无限上纲,否定一切。最后就是要明确今后的打算、努力方向和改进的具体措施。

(五)抓住能"小中见大"的问题

鲁迅先生曾经说过:"太伟大的变动,我们会无力表现的,不过这也无须悲观,我们即使不能表现它的全盘,我们可以表现它的一角,巨大的建筑,总是一木一石叠起来的,我们何妨做做这一木一石呢?"采用"以小观大"或者说"小中见大"的方法,来表现某些问题,可能会使情况表现得更为突出、更为集中。因为从哲学的观点来看,"一般"总是从"个别"上升而来的,"个别"总比"一般"更容易被及早发现,"个别"比"一般"更真实、更具体、更丰富,而且从"个别"入手表现重大主题往往更符合读者认识客观事物的习惯。

【参考范例】

城乡基本公共服务均等化如何推进
——针对咸阳市的调查分析

【摘要】长期以来,我国的基本公共服务发展很不平衡,城乡之间、区域之间、不同人群之间在基础教育、社会保障、文化教育方面均存在较大差距。在对陕西省咸阳市农村走访及问卷调查的基础上,分析其城乡基本公共服务均等化进程中存在的问题,并提出以制度创新促进均等化进程的办法,如服务政策的倾斜、供给主体的开发等。

【关键词】基本公共服务 均等化 供给主体 社会保障

基本公共服务均等化的含义

基本公共服务均等化是指政府要为社会成员提供基本的、与经济社会发展水平相适应的、能够体现公平正义原则的大致均等的公共产品和服务。公共服务的均等化,就是本着公平公正的原则,尽可能为需求主体提供大致均等的公共服务。基本公共服务均等化是要将基本公共服务的差距控制在社会可承受的范围内,促进社会公平正义,保障社会和谐稳定;在保证全体社会成员基本生存和健康的前提下,基本公共服务均等化更加关注困难群体的生存和发展权利。

咸阳城乡基本公共服务均等化存在的主要问题

咸阳市辖1市、2区、10县,人口504万,农业人口占80.07%。近些年来,咸阳市委、市政府在城乡基本公共服务均等化方面付出了艰辛的努力,做了大量开拓性工作,并取得了长足进步。然而,这种努力还难以满足农民对基本公共服务需求的全面增长,基本公共服务方面的供求矛盾依然突出。

咸阳市城乡基础教育不均衡。主要表现有二：

首先是起点与过程不均衡。咸阳市现有幼儿园 603 所,普通中小学 1683 所,专任教师 5.7 万名。值得关注的是,幼儿园大都集中在城市或县城,分散的乡村几乎没有正规幼儿园。以武功县为例,幼儿园只有 2 所,这意味着只能吸收县城里的孩子入托,绝大部分农村幼儿未能进幼儿园集体生活和接受训练,主要由祖父母看护。从起点教育开始,农村孩子就已经比城市孩子晚了几年。[①] 据统计,2005 年,咸阳农村拥有 2527 所中小学,而截至 2011 年,整个咸阳城乡共有中小学 1683 所,撤并了近千所农村中小学。很多家长支付高成本把子女转向城市中学,出现了生源的梯级流动。一方面,农村中小学校逐渐萎缩,有些学校出现了自然消亡态势;另一方面加大了农村学生求学的成本和城市教育资源的紧张。

另外,农村师资学历明显低于城市,农村学校的校舍、仪器设备等状况仍较落后。这成为教学质量低的一个很重要原因。可见,咸阳市城乡基础教育在起点就出现了非常明显的不均等化。

其次,结果不均衡。咸阳市城乡基础教育在起点和整个教育过程中都呈现出不均衡,必然出现结果的不均衡。在各个阶段农村升学率都低于城市。调查表明,农村学生初中毕业升入普通高中的比例仅为 34% 左右,初中毕业升学率的 76.5% 中,40% 以上的学生进入职业中学或技校,这意味着这部分农村学生已经提前退出常规升学通道。另外,在高等教育入学机会上差异明显。进入一流大学的农村学生远远低于城市,且呈不断下降趋势。这一点可以从全国重点名校的生源比例统计中得到证实。清华、北大、浙大等农村学生比例不足三成。教育学博士罗立祝发现,在保送、自主招生、高考加分中,城市子女获得的机会分别是农村子女的 17.2 倍、8.2 倍和 7.3 倍。而且从目前的自主招生设计来看,各校的自

---

① 咸阳市统计局:《2011 年国民经济和社会发展公告》。

主招生考试与面试对农村学生明显是不公的。重点高校的自主招生机会主要给了城市的超级中学,农村学生机会少之又少。农村学生在优质入学机会中的竞争劣势并没有明显改变,甚至更恶化了。

很多方面的事实证明目前咸阳和其他地方一样,城乡教育差距从显性转为隐性。农村考生目前大多沉淀在高等教育的"中下层",造成这种现象的主要原因还是城乡发展的不均衡,是"高等教育前段"的投入差异带来的。

社会保障方面的不均衡,主要表现如下。

从基础数据看,财政逐年增加对农民的转移支付,同时对城市居民的补贴同步且高于农民。2011年咸阳企业退休职工基本养老金月平均为1621元,如果算上事业单位退休职工实际超过2000元,领取年龄从55岁、60岁开始。2007年底农民参保的到期领取仅仅为5元左右。现在农村65岁以上老人开始领取养老金,人平均80元。咸阳市低保人均2560元,享受低保人数比例为9.1%,农村低保人均1379元,享受低保人数比例为6%。和城市相比,享受最低生活保障的农民比例较低,但最低生活保障费对改善农民生活作用明显。调查显示,咸阳市农民家庭享受最低生活保障的比例仅为22.5%,70.1%的家庭没有享受过最低生活保障。调研结果显示,现行保障制度及配套机制等都需要继续完善。

首先,低保标准偏低,实施面窄,资金来源不足。由于长期实行城乡分割的二元经济体制,农村地区的社会保障曾经一度处于空白状态,农村贫困人口相对较多,制度实施范围窄,覆盖面小,部分贫困农民得不到救济和补助;同时,低保资金来源不足,低保标准偏低,难以保障救助对象的基本生活。

其次,在最低生活保障对象的确定上,只把传统的农村社会救济对象和个别贫困户作为低保对象,还是对由于农产品市场竞争生产经营不善陷入困境的农民、由于企业不景气乃至关闭等陷入困境的乡镇企业职工、或因超生罚款、赌博欠债或好吃懒做使生活陷入困境的农民也纳入其中仍有异议。

同时,对一些困难家庭成员的临时收入和隐性收入也无法确定。

文化医疗方面的不均衡。主要表现如下:

首先,文化方面。居民的文化需求是通过社会公众对公共文化服务生产者和提供者提供的各类文化服务(文化活动)的参与和体验来得到满足的。2011 年,咸阳市共有剧场、影剧院 10 个,公共图书馆图书总藏量 1044 千册(件),订销报纸杂志 66 千份,广播节目综合人口覆盖率 99.35%,电视节目综合人口覆盖率 99.56%,有线电视入户率 31.09%。文化设施方面的建设基本集中在咸阳市或所辖市或县城,能很好满足市民的需要,但能真正为农民提供服务的很少。

其次,医疗方面。调查显示,咸阳市农村卫生资源总量不及市区,医务人员业务水平低、医疗设施差等问题普遍存在。60% 以上农民生病后选择自己买点药吃,只有不到 30% 的农民选择去医院看病;如果是老年人得病,有 40% 的人采取了不治疗的方式,硬挺着,50% 的人自己买药吃,只有 10% 的老年人选择去医院看病。主要原因是医疗费用昂贵,虽然农民基本都参加了新农合,但医院的门槛费对于农民而言依然很高,报销的比例过低,有许多不属于报销的范围,自己负担的部分过高,让很多农民不敢进医院。

由于文化服务、公共医疗卫生服务资源有限,使得农民可及性降低,不同社会成员医疗卫生、福利需求的实际被满足程度因收入差距、资源不平衡而严重地两极分化,从而导致差异性的社会公共健康。综上所述,咸阳城乡在文化教育、医疗、社会保障等方面不均衡的问题已成为城乡基本公共服务均等化进程中亟待解决的突出问题。

以制度创新促进咸阳市城乡基本公共服务均等化

基本公共服务政策应向农村倾斜。咸阳市应按合理布局的标准,因地制宜,处理好提高教学质量与方便学生入学的关系。对于没有撤并的农村小规模学校和教学点,下大力气建设好,充分发挥县级教育行政部门和中心学校统筹资源的作用,确保生均公用经费足额拨到小规模学校和教学点,配备高素质教师,满足教育教学需要。更新教育观念,高度重视和通力合作,加大对农村幼儿教育的投资,并鼓励社会团体和个体按标准化、规范化开展幼儿教育。另外要加强家长教育工作,各方配合,进行心理辅导和教育,共同培养好农村留守儿童。

加快建立咸阳市城乡协调发展的公共服务基础体系。加快咸阳市公共服务基础设施向农村延伸,优化城乡道路交通等设施的合理配置。敬老院、幼儿园可以利用农村的人力、土地资源优势走向农村。推进城乡义务教育均衡发展,加快农村卫生、文化发展,提高社会事业设施在农村的普及性,逐步缩小城乡教育、卫生、文化等方面的服务差距。完善新农合制度,提高补助标准,降低门槛和医疗费用,推进和完善市医院、县医院、乡镇医院和村卫生所服务一体化管理模式。咸阳市也在努力尝试,比如在试点县旬邑积极提高农村社区基本公共服务体系建设,新建设社区实现了卫生院(所)、幼儿园、社区服务中心、水、电、路、休闲广场等基本公共服务设施全覆盖,已经形成了城乡基本公共服务均等化的良好格局。

建立多元化城乡基本公共服务供给主体和方式。为了提高整个咸阳城乡基本公共服务均等化水平,弥补财政资金不足,应该建立政府、市场、社会充分参与,共同协同治理的公共服务供给模式。灵活采取授权、特许、外包、购买服务等多种模式提供公共服务。大力培育社会合作组织,支持社会组织发育,提高特定人群自我提供公共服务的能力,防止出现公共风险过于向政府集中的倾向。在此基础上,要建立完善的政府监督机制,发挥政府监督作用,保证社会组织参与公共服务的健康发展。

(作者为陕西科技大学副教授王珍;本文系咸阳市科技计划项目"以制度创新促进咸阳市城乡基本公共服务均等化研究"研究成果,项目编号:2011K13—07)

(摘编自《人民论坛》2013 年 11 月 18 日)

一家纺织企业的账本

——江苏鼎盛丝绸有限公司经营生态调研报告

苏州吴江,自古被称为"丝绸之府",吴江的盛泽镇更是以"日出万绸、衣被天下"而闻名。

1997年亚洲金融危机,盛泽抓住机遇,承接了从日本、韩国和中国台湾地区转移过来的装备技术,实现了传统丝绸纺织产业的进一步现代化。在2008年的国际金融危机后,随着外贸复苏,国内需求增加,盛泽纺织业迎来了2010年8月到2011年9月的"小阳春"。然而从2011年下半年到2012年,随着国际需求的减少,国内经济增速的下滑,盛泽,这座纺织小镇的实体经济又一次面临着考验——这次的危机还能化为机遇吗?

成长要有自己的节奏,一些纺织企业前两年扩大产能太快,面对订单急剧减少,生产线一下子就停了

鼎盛丝绸有限公司是盛泽的一家中型民营企业,员工200余人,年营业额八九千万元。就是这样一家并不很知名的公司,在2009年国际金融危机深化的时候并购了百年丝绸企业苏州东吴丝织厂,值得一提的是英国戴安娜王妃婚纱所用的真丝塔夫绸就是定购于当年的东吴丝织厂。鼎盛靠什么收购了东吴呢?

2005年鼎盛仅有64台有梭织机,年产量72万米,厂里没有一台先进的剑杆织机。2007年,引进了4台新的进口剑杆织机,年产量95万米。2008年,又增加2台剑杆织机,年产量达145万米。

2008年东吴丝织厂的全部真丝制造设备包括120台有梭织机和35台剑杆织机,比鼎盛的设备总量还多。然而,国际金融危机让很多依靠出口订单的老厂子一下子断了活路。鼎盛丝绸有限公司董事长吴建华说:"危机的时候是收购的好时机,挺过来就好了。"

收购完成后,鼎盛并没有把所有的机器都推向生产线,而是挑选了部分优良的机器继续投入使用,其余的被淘汰或者变卖。2009年鼎盛的年产量达到 200 万米。

即使在 2010 年的纺织业"小阳春",只要开工就有钱赚,产品供不应求的情况下,鼎盛也没有迅速扩大产能,而是致力于引进和改造新机器。2010 年年产量达 240 万米,2011 年提升至 260 万米,当时预计 2012 年产量可达 280 万米。"引进先进织机,不仅可以保证产品不被市场淘汰,还可以替代一部分劳动力,来对抗劳动力成本的上涨。"吴建华说。

2012 年上半年,吴江区一些纺织企业由于前两年扩大产能太快,面对外贸订单急剧减少,有些生产线一下子就停了下来。"我们逐年扩大产能是为摊薄企业的厂房等固定成本,但从不一下子突然提高产能,成长要有自己的节奏,否则就失去了对企业的控制力。"吴建华说。

现在只做常规产品就一定会亏本,但又不能不做,不开工亏得更多

像鼎盛这样的中小工业企业在盛泽有 2500 多家,中小工业企业纳税占全口径财政收入的比例为 50.8%,中小工业企业就业人数占总就业人数的比例约为 70%。可以说中小企业的运行情况直接关系到当地的经济发展和社会稳定。

走在盛泽镇的马路上,经常能看到来来往往的货车上装着一捆捆白色的坯布。盛泽本地人顾先生说:"盛泽的产品主要以化纤丝、白坯布、里料为主,价钱低廉,处在'为他人作嫁衣'的被动状态。"盛泽的大多数中小企业都是生产这些附加值低的产品,利润空间狭小。

企业家对利润是最敏感的,吴建华算了一笔细账,以每米销售价 51 元的常规产品 14654 素绉缎为例:原料 109 克,市场价 39.42 元,约占产品成本价的 75%;人工成本合 6.5 元,约占 13%;电费 1.5 元、炼费 0.8 元,约占 4%;需缴纳国税 1.12 元、地税 0.76 元,约占 4%;财务费用 2 元,约占 4%。算下来成本需 52 元左右,比销售价 51 元还多了 1 元钱,这还不算房租和机器折旧费等固定成本。"现在只做常规产品就一定会亏本,但又不能不做,厂房在那、机器在那、工人在那,不开工亏得更多。"吴建华说。

用先进机器替代人工来应对工资上涨,但原材料价格大起大落吃走了利润

再翻开企业 2005 年的账本,其他各项费用基本差不多,相差比较大的是,当时一米素绉缎的原料成本只需 28 元左右,比现在便宜 11 元还多,人力成本是 8 元左右,比现在还贵 1.5 元。

维修工吴军 2003 年来到鼎盛工作时的工资是 2600 元左右,现在是 4600 元左右,工资涨了 2000 元。为什么这几年劳动力成本上涨很快,但是鼎盛的每米丝绸的人工成本却在下降?"2005 年用的都是有梭织机,需要的工人数量多,我们不断用先进的剑杆织机替代有梭织机以减少工人数量,来应对工人工资上涨。"吴建华说。

这样算来,与 2005 年相比,一米素绉缎的成本上涨最快的部分是原材料。"原材料的价格波动非常大,从最便宜时的 11 万元/吨,到最高点时的 45 万元/吨,最近回落到每吨 35 万元左右。这对于制作工序复杂、生产周期较长的丝绸产业来说,非常不利。假如在高点时进货,在低点时售出,就赔大了。"

吴建华说,原材料的波动很大程度上受到期货市场以及投机商等的炒作影响。对丝绸纺织产业来说,原材料市场并不大,用几千万元的资金就能撬动。广西和浙江嘉兴茧丝绸市场成立的初衷是调节余缺,但是现在显然已经偏离了这个目标,价格的变动主要是前期过度炒作的结果。目前商务部正在为稳定物价做出努力,很多企业也都希望能加大力度遏制炒作行为。

"开发附加值高的特殊商品才有钱赚",利润倒逼企业转型

常规产品不赚钱,盛泽纺织企业老板都知道,因此纷纷开发附加值高的特殊产品。盛虹集团的黑色记忆纤维、华佳集团的抗皱真丝面料、福华织造的锦纶织物、向兴纺织的防寒面料……盛泽的企业都在研制自己的看家面料。"一米布多卖几块钱,抵得上新上几十条生产线。"这是盛泽纺织企业家们心照不宣的秘密。目前,盛泽每年共生产 85 亿米布,其中 15

亿米是各种有特殊工艺的流行面料。

鼎盛也把利润投向了附加值高的产品，如色织塔夫绸，毛利可达每米15到20元，但是这类商品的需求量不大，每年大约为四五万米。为了更好地转型升级，鼎盛近年来也开始开发自己的"特殊商品"——宋锦。

为让宋锦这种古老的工艺和现代化机械生产相融合，吴建华找了很多技工来改造织机，虽然改造不成功几十万的织机就废掉了，但吴建华没有停步。当这种色泽华丽、图案精致的面料从织机里拿下的时候，吴建华却不舍得把它卖出去了。"这是我们自己的技术，我要用它做自己的产品，做自己的品牌。"于是在2011年鼎盛开始打造自己的品牌"上久楷"，用自己的面料开始制作箱包、礼品、服装等。

然而，鼎盛自有品牌的箱包在市场上的售价与那些名牌箱包相去甚远，一些奢侈品牌也有很多纺织面料的包，但仍比一般品牌的真皮包价格高出很多，这其中最大的差别就是品牌价值。鼎盛和它所要打造的品牌还有很长的路要走。"不能只做市场需求量大的常规产品，还要开发附加值高的特殊商品才有钱赚。"这是吴建华朴素的生意经。

企业希望国家能结合行业特点给予税收优惠

像鼎盛这样的中小企业占盛泽企业总数高达85%，它们中任何一家企业倒闭都不会对盛泽的纺织行业造成什么影响，但是如果这些中小企业共同面临着一些困难，集体出了问题，就会产生比龙头企业倒闭还要大的影响。

盛泽地区的纺织业主要提供面料，营业税改增值税并没有让企业觉得获得了多少实惠。翻开鼎盛会计王小妹拿来的缴税单，记者看到鼎盛需要缴纳增值税、城建税教育附加、出口货物印花税、印花税、个税、企业所得税、职工教育经费、土地税、房产税等税费。企业希望国家能结合行业具体特点给予税收方面的优惠政策。

吴建华说："在丝绸纺织业，鲜茧作为农产品收购就可以抵扣全部的税，干茧作为原料只可以抵扣13%的税，经过缫丝厂加工再销售就有了

17％的增值税,用于茧我们织厂就相当于增加了 4 个点的成本,每吨约合 1 万元。这些征税的细节影响了企业好几个点的利润。"

中小企业实际上一直在给银行和担保公司打工

财务成本过高是中小企业普遍存在的问题。中小企业缺乏抵押品,贷款难是个普遍问题,为了能拿到贷款,很多中小企业不得不找担保的中介公司。王小妹说:"我们中小企业向银行贷款,利率为 11％,其中包含 2.5 个百分点是给担保公司的,然而我们丝绸产业的平均利润率也仅有 3％—5％,且行业资金周转慢、工序长,财务费用和成本较高。此外,利率浮动有个区间,只要是我们中小企业,肯定给取个上限,我们企业实际上一直在为银行和担保公司打工。"

吴建华说:"如果中小企业能绕开担保公司直接贷款,这 2.5 个百分点就省下了。"

人才,是企业家们关注的另一个重要问题,当时"崇工重技"已经成为苏州市的城市战略。吴建华说:"丝绸产业对产品的品质要求很高,需要一年甚至几年才能培养一个熟练工人。这其中除了老师傅培养新人的成本之外,还有新工人做出来的次品也是成本的一部分。A 级和 C 级的产品,一米布料差价可能会在几十元。"企业家希望社会能够更多地承担培养技术工人的成本。苏州市自"十一五"以来,每年免费培训城乡劳动力 40 万人左右,其中技能培训 10 万人左右,却仍然没能完全满足企业对技术人才的需求。

(摘编自《人民日报》2012 年 12 月 4 日 10 版)

第十六章
研究探讨性调研报告

研究探讨性调研报告初始的选题,首先必须善于提出问题.然后要明确调查研究的具体目的、对象、范围。明确目的才知道围绕什么问题展开探讨,明确对象才能知道所调查研究的主要应该是什么问题。通过搜集资料、分析资料,最后才能找到可靠的立足点和调研报告的主题。所以选题决定和制约着调研的全过程,调查的水平决定着搜集资料和分析资料的好坏,搜集研究的好坏又决定着研究探讨性调研报告的价值。因此,撰写研究探讨性调研报告,必须在总揽整个调查研究过程的基础上进行。

第一节　研究探讨性调研报告概述

弄清研究探讨性调研报告的概念、内涵、作用、特点及其必备条件,是撰写研究探讨性调研报告的基本条件。如果连基本条件都认识不清,又怎能写好它呢?所以,首先我们要了解有关研究探讨性调研报告的基本知识。

一、研究探讨性调研报告的概念和内涵

研究探讨性调研报告,是一种系统地记录有关某一课题的调查材料和研讨结果的文章,它不停留于对调查结果的显示,而要求对调查结果作理性分析,提出作者自己的具有科学价值的结论,以引起人们的思考。

理解研究探讨性调研报告概念,要注意以下两点:

第一,它以事实为基础,它的研究是以调查的结果作经验理论的升华,不要求作事实以外的探讨,这一点与学术论文有区别。学术论文要求既要作事实的归纳概括,又要作理论的探讨。

第二,它具有课题性质,是为了研究某一课题而展开的调查。这一点与新闻型的调研报告有区别。新闻型调研报告侧重于典型做法和经验的介绍,目的在于宣传党的方针政策,用以鼓舞人教育人,因此要求作者站在客观的立场对事实作客观的分析,有时重要的结论可以让读者自己去分析;研究探讨性调查报告带着课题研究的使命,因此它把调查结果作为研究的对象,要求必须有自己的认知成果和科学结论。

为了深入理解研究探讨性调研报告的概念,还必须把握它的内涵:

第一,研究探讨性调研报告传播的是带有普遍意义的值得借鉴或汲取的典型经验或教训。这个经验与一般调研报告里传播的那个经验不同,它不注重具体做法供人们模仿,而是将经验作理性思考供人们借鉴。这种借鉴不是模仿,而是理论指导下的实践。

第二,研究探讨性调研报告研究和描述的对象是某一事物的发展过程。因此,材料要作历史过程的搜集与展现,研究要作历史和逻辑的研究,而不能只作片段的、零星的搜集或作片面的、横断面的研究。

第三,研究探讨性调研报告所揭示的是某一事物发展变化的客观规律。因此,对调查结果作理性分析,实际上就是探讨其中哪些是带规律性的,能够升华到理论高度来认识和评价;哪些还只是偶然性的,如何去认识和评价这些偶然因素,通过这种理性分析得出的结论自然是有科学价值的。

二、研究探讨性调研报告的作用和特点

研究探讨性调研报告，主要用于研究探讨某项政策或工作，以统一认识，提出解决问题的办法。当然，也可以用于在作出某项决策之前，进行可行性调研。

这类调研报告的特点是，其写作虽然取材广泛，但总是针对某个现实问题或者紧紧围绕中心工作展开，通过研究和分析大量系统的材料，探索解决问题的办法和途径，有时还要与不同的意见展开商榷和争鸣。

格式上，这类调研报告的标题大多数采用直述主旨的方式，当然也可以采用提问的方式作标题，如《打开宝岛的"金钥匙"在那里？——关于海南岛开发建设的调查》。这种标题，如果运用得当，既可以准确反映主旨，又能对读者产生较强的吸引力。

其前言，一般是提出要探讨、解决的问题及研究此问题的意义。如果对问题有不同的认识，则要把各方面的主张摆出来。研讨性调研报告提出的往往是新观点、新见解，所以在主体中，不仅事实材料要充足有力，而且还要进行充分的论证，必要时，还应对不正确的意见进行批驳。这就要求在内容中把立论和驳论有机结合起来。但不管是立论还是驳论，都要以事实材料为基础，切记不要偏离到抽象或空洞的理论证明上去。

注意的问题：由于这种调研报告的目的是探讨解决问题，所以应采取平和的、商榷的语气，切忌冷嘲热讽。

这类调研报告的结尾可采取归纳全文、强调主旨的方法，也可采用提出需进一步探讨解决问题的方法。

三、把握好撰写研究探讨性调研报告的必备条件

撰写研究探讨性调研报告，必须具备下列条件：

（一）针对性

要明确地针对研究探讨性调研报告选题的目的。选题的目的体现着研究探讨性调研报告的课题价值。因此，有无明确的针对性，实际上反映出这篇研究探讨性调研报告有无价值。所以撰写研究探讨性调研报告首先就要有明确的针对性，即首先要把调查研究的目的搞清楚，换句话说，本课题研究究竟要解决什么问题。例如，山东省档案局易炳炎等五位先生发表在《档案学通讯》1995年第5期上的《山东省重要档案损坏情况调查及治理对策》就是针对"国家综合档案馆保存的一批重要档案，如不及时进行抢救和综合治理，将会造成不可弥补的损失"这一重大问题的。针对性问题是选题和调研阶段应该解决的，在撰写前作者心中就应该十分明确。如果撰写前还不明确，那么写出来的研究探讨性调研报告就达不到目的，或者说就没有什么价值，所以明确的针对性也是必备条件之一。

（二）真实性

研究探讨性调研报告必须是作者亲自深入第一线调查，获取第一手动态资料。没有亲自作调查，就没有写这种文体的资格，仅靠别人提供的书面总结之类的材料也是无济于事的。因此，是否亲自调查、深入实践，是一个前提条件。亲自调查得来的材料还要保证其真实性。这种真实性包括细节的真实、数据的真实。有时为了保证取材的真实，还可采取必要的环境选择和条件限制。为了取得真实的材料，调查者还需要一定的调查技巧，例如：调查前做好明确目的、制定调查纲目、学习有关知识、研究调查技术和方法、选准调查对象等准备工作；调查过程中要做到方法灵活、正反结合、点面结合、综合统计与典型事例结合、书面材料与实际走访结合等丰富多样的形式和周密科学的取证；调查末尾需要去伪存真、去粗取精、由此及彼、由表及里、纵横比较等，以保证材料的真实性。只有严格保证材料的真实性，才能作出正确的理性升华，才能找到事物的客观规律，才能保证结论的科学性。如果所得材料是片面的、虚假的，研究所得的结论必然是虚假的，那就违背了研究探讨性调研报告的目的。

（三）典型性

研究探讨性调查研究所选的对象必须具有极强的典型性。这种典型当然就是有研究价值的典型，就是具有普遍性意义的典型，而不是随便挑选一个对象来写。手头的材料适不适合作为研究探讨性调研报告来写，是需要认真衡量一番的。所以极强的典型性也是撰写研究探讨性调研报告的一个必备条件。

综上所述，撰写研究探讨性调研报告，一定要具备针对性、真实性、典型性这三个条件。这是三个客观性条件，如果不具备这三个条件，那就要放一放；或者另选体裁，或者再创造条件。

【延伸阅读】

德国民意调查的特点及启示

民意是现代民主政治过程中不可缺少的成分，是国家制定政策的重要依据。经过近60年的发展，德国民意调查在理论支撑、管理机制、运作程序、调查方法等方面逐渐形成了具有鲜明特色的规范体系。笔者专程赴德国美因茨、柏林等地进行调研，对德国多位民意调查研究专家和德国社民党总部民意调查工作的负责人进行访谈，听取专题报告，并实地考察了德国电视二台及其内设的专门的民调机构、德国最大的民调公司（Infratest Dimap）及其电话工作室。在此基础上，归纳德国民意调查的特点，总结德国民意调查的有益经验及启示。

一、德国民意调查的特点

（一）注重民意调查的理论性

民意调查是用科学手段收集民意信息的调查方法。民意调查要有理论支撑，特别是要以明确的理论假设为基础。不同的假设，会对现实提出不同的问题，从而得出不同的答案。德国社会民主党现在正在进行的民意调查中，以心理学为基础来设计调查问卷，采用了"人的心理、情绪对人的行为的影响"这种新的尝试,对原有的理论概念进行调整和扩大。这与传统的收集信息得出结论的民意调查方式截然不同,使调查变得更为科学。以"选举的安全感"问题为例,民众选择的理由可能是"在这个政党的领导下感觉很安全、很舒服"。这就是一种心理因素,但是会对选举结果产生重大影响。20年前,德国社会民主党内曾经有一场非常激烈的讨论:党的支持者、对象到底是谁? 是中产阶级还是其他? 德国社会民主党根据当时的研究和调查结果,进行归纳总结,把党的追随者分为两类:一是传统的市民、工人阶层;二是技术性很强、对现代技术感兴趣、很愿意摆脱原来低的阶层往上走的阶层。德国社会民主党从中得出结论:要争取的不是某一阶层,而是要追求不同群体的支持,不仅要找到他们的区别,更要找到不同类型人的交汇和交集点,然后,针对不同群体对象的特点制定政策。

(二)注重民意调查的周密性

第一,积极取得民众的支持、理解和配合是民意调查得以顺利开展的前提条件。在德国民意调查的起步阶段:一方面,通过媒体对民众进行广泛的宣传启蒙教育,如在电视节目中开设专栏,介绍民意调查的形式、操作方法和目的等,让民众了解民意调查,消除抵触心理,减轻工作难度;另一方面,一般使用面访的调查方法,在设置问卷的同时,还设置附加的说明书,解释调查的意图、目的和意义。为了赢得公众信任,调查的数据和结果通常在媒体上公布和发表,使参与调查者产生自己亲自参与的自豪感。

第二,针对不同的民意调查议题,考虑不同人群的特点,选取不同的民意调查方法。不同的调查方法有各自不同的优缺点。比如网络采集方式的客观性、公正性就有待观察和考量:一方面,上网人群有其自身的特征,以年轻人居多,老年人极少;另一方面,网络不具有普遍性,主要集中在城市,在乡村很少使用。再比如座机询问的方式虽有其便利性,并且成本低,但被调查的群体往往是年纪较大、在家时间较长的老年人,或不工作的人群,而年轻人普遍使用的是手机,而不是固定电话。因此调查方法需要精心选择,保证民意调查误差最小化。2009年是德国大选年,同年1月5日的《明星》周刊与RTL电视台联合进行了一项民意调查,1003名德国公民参加了投票,1月7日调查结果公布:基民盟/基社盟与自民党加起来一共获得了50%的支持率(其中基民盟/基社盟的支持率保持在37%,自民党的支持率为13%),社会民主党的支持率为23%,左翼党的支持率为11%,绿党的支持率为10%,其他小党派共获得了大约6%的选票。实际2009年的大选结果是:基民盟/基社盟得票率为33.8%,自由民主党得票率为14.6%,社会民主党得票率为23%,左翼得票率为11.9%,绿党得票率为11.7%。民意调查的误差基本控制在了3%左右。

第三,民意往往是发展变化着的,德国非常注重民意调查的持续性。民意调查所做的工作不是一次性的,而是在大的框架范围内不断重复进行的。在社会调查研究工作中,具体的调查工作都有固定周期。以有关大选的民意调查为例,德国基本上每个月都要开展,周期的长短根据具体项目的不同有所变化,调查的问题也会根据具体的情况不断进行调整。

第四,德国民意调查者非常注重使民意调查的研究成果被有关部门或政治家采用。民意调查的研究结果一般会经过浓缩与简化,提供给政治管理者,如政党的主席、政治竞选工作小组等。重视民意调查的政治领袖,在对待民意调查结果的时候,通常会进行理性的判断,而感性的、凭直觉工作的政治领袖则往往忽视民意调查。通常情况下,研究出来的成果一旦不符合政治领袖的想象和观点,就很容易遭到拒绝,认为这只是知识分子纸上谈兵。所以对于从事研究工作的人来说,需要艺术性的将研究内容和结果转化成政治领袖能够理解和接受的语言。如德国社民党在莱茵州的一位政治候选人,她自认对经济学有深入研究,因而在公共场合常常指责基民盟的政治候选人不懂经济,而自己才是经济学专家。但事实上,民意调查显示,民众对此的看法恰恰相反。民意调查研究者花了很大精力才说服她避免在公众场合指责他人不懂经济。

(三)注重民意调查公开性

德国民意调查的结果通常会公开发布,且以委托方和受委托方的名义共同发布。民意调查报告发布的内容,不仅包括调查的结果、数据,还包括调查所使用的方法、时间、样本数和保证质量的标准等,以确保民意调查的公开透明。但是也有例外,如民意调查公司与政党、政治团体、社会团体所进行的一些专项问题的调查项目,其结果往往是不公开的,而且,参与这些项目调查的人员与其他普通民意调查的人员也是分开的。

除了在媒体、调查公司、网站进行民意调查结果和数据的发布并随时进行更新以外,德国民意调查的另一特色是所有的数据都要在中央民意档案馆存档。中央民意档案馆位于科隆,是由国家出资、长期存在的非政府机构,属于服务机构,为公众提供义务服务。中央民意档案馆的设置有诸多益处:第一,提供调查结果本身是一种成果展示,是对调查结果价值和权威性的认可;第二,大学、其他机构或个人等需要相关调查数据时,可以随时调阅;第三,避免数据被滥用和歪曲,可为学术界提供经汇总、全面翔实的资料,有利于科研;第四,这种数据的整理保留在短期内可能意义不大,但是从长远看具有积极、重要的作用,可供人们长期使用并为以后的研究提供可靠而详尽的资料。

(四)注重民意调查的中立性

德国媒体、民意调查公司等多方面的共同努力,保持了民意调查的中立性。媒体方面,如德国电视二台的“政治晴雨表”类似中国的“焦点访谈”,采用非常尖锐的、批评的眼光进行报道,一些利益集团或大公司通过律师事务所对电视台施加压力的情况并不少见。从某种意义上说,正是媒体的尖锐态度不断促进了社会某些方面发生变化,推动了社会的改善和改革。

此外,民意调查公司都有长期的合作伙伴,包括政党、社会团体等。从理论上来说,由于委托方提供资金,调查结果可能会具有倾向性。为保证民意调查的中立性,德国民意调查公司采取了相应措施:一是保持民意调查全过程的公开,通过高度的透明来实现民众随时随地监督;二是民意调查机构也会承担监督职能,防止调查结果被随意歪曲;三是明确要求工作人员在合法的、符合职业道德的前提下进行工作,并对其进行严格的监督和教育培训,防止调查结果受工作人员政治立场的影响。

二、德国民意调查的经验启示

中国和德国虽然国情、党情各异,但德国近60年积累的一些民意调查经验值得思考和借鉴。

(一)执政党要善于利用民意调查巩固执政地位

"调查研究是谋事之基、成事之道",以民为本也需要有一些可衡量的东西来支撑,通过民意调查,执政党可以了解社情民意、倾听民众诉求,以制定契合民意的执政纲领和政策,并充分利用民意监督功能防范和惩治官员腐败行为,从而巩固执政地位。德国社会民主党总部的民意调查负责人认为,执政党需要一张"航海图"。民意调查本身就像是一张航海图,船长要确定航线的目的地在哪里、怎么走以及如何绕过暗礁到达目的地。民意调查不仅可以指明线路,还会注明暗礁,帮助大船顺利到达目的地。如德国社会民主党的"2010议程"提出后,反对者很多,这就是该党的一个暗礁,由于没有及时绕过该暗礁,该党在2009年大选失败成为在野党。

(二)选取恰当的民意调查途径和方法

德国民意调查的经验启示我们,根据不同的民意调查议题,首先要在事先成效评估的基础上,选择正确的民意调查途径和方法;其次要在调查对象的分类选择、调查程序的组织实施、调查内容的精确设定和调查结果的严格评估等技术环节方面遵循科学的方法、严格的程序,尽可能减少人为因素等造成的影响和误差,提高民意调查结果的准确度、可信度,从而保证民意调查结果的权威性和有效性。

(三)充分发挥民意调查结果的社会价值

在德国,民意调查经过近60年的发展,整个社会已经形成了重视民意调查的良好氛围。特别是在民意调查结果的管理使用方面,坚持专门机构收藏管理,坚持非营利性、公益性、开放性,最大限度地发挥了民意调查结果的社会价值。如果我国能够建立类似德国中央民意档案馆这样的专门机构,对民意调查结果进行收集、整理、分类,并建立起民意调查使用的有效机制,将会使民意调查的功能得到更充分的发挥。

(四)循序渐进,把握民意调查的节奏

德国学术界认为,过于频繁的民意调查容易导致社会情绪波动,政府也总会担心民众对自己的看法,不利于政府工作的开展。因此,民意调查要在适当的范围内开展,避免过于频繁。需要指出的是,民意调查开展的初期可能会十分困难,关键是要赢得信任。作为人口大国,我国民意调查的探索要立足国情,从小到大、从局部到整体、从易到难。

(摘编自《中国党政干部论坛》2012 年 12 月 6 日)

第二节　研究探讨性调研报告写作规范

作为一种比较常用的调研报告形式,研究探讨性调研报告既有所有调研报告共有的写作规范,又有着自己独特的写作规范。这里我们主要介绍它的结构、段落的写作及有关注意事项。

一、安排好研究探讨性调研报告的结构

有人曾生动地比喻:主题好比人的灵魂,材料好比人的血肉,结构好比人的骨骼。骨骼是支撑人体的主要载体,人体是否完善,从骨骼是否健全可以作出初步判断。结构也一样,它是文章的主要载体,文体是否"象样",从结构也可以作出初步判断。

研究探讨性调研报告的结构一般应由以下几部分构成:

标题

绪论(也叫绪言)

方法(调查方法、过程及使用的材料)

调查结果

讨论（对方法进行评价、对结果作理性分析）

结论（作者的主观见解、科学结论）

建议（提出解决问题的措施和办法）

参考文献

上述结构中的项目一般是不可少的，但在具体写作时可作灵活调整。如"方法"一项，如果方法特殊或特别重要，可单独列成一项来写；如果"方法"一般，只作交代就行，也可并入"绪论"去交代。再如"调查结果""讨论""结论"三项，则可根据"调查结果"的内容层次繁简灵活安排；如果"调查结果"是一个层次简单但内容深广的问题，则可按上述结构安排，先显示"调查结果"，再从不同角度作多侧面"讨论"；如果"调查结果"是一个多层次多方面的问题，则可采取纵横结合的逻辑结构安排，即按层次内容或方面内容编序码，每一层次或每一方面又分别按"调查结果""讨论""结论"这个顺序写作。现举例来说明：

《浙江省重要档案损坏情况调查及治理对策》结构简介：

绪论

阐明该课题调查的意义，介绍德国国家档案局的做法，说明浙江省借鉴国外经验搞普查和抽样调查的基本情况。

一、抽样调查方案

（一）多阶段、分层按比例等距抽样

1.多阶段抽样

2.分层抽样

3.抽样数目和抽样方法

（二）抽样调查的误差控制

二、重要档案损坏抽样结果

1.纸质档案损坏情况

2.音像档案损坏情况

3. 全省档案损坏情况推算

4. 全省重要档案抽查情况

（以上运用了10个表格显示抽查的各种数据）

三、治理对策

从"超前保护"和抢救两方面来阐述。拟制了一个"长期保护计划概念模型"。抢救又分为第一、第二阶段。

从上述结构可以看出，"抽样调查方案"相当重要，因为该方案是否科学合理决定着结论是否正确，所以作者把它作为研究探讨性调研报告的一个重要部分来单独写，又把对"方法"是否正确的"讨论"放在这一部分里。同样，"重要档案抽查结果"是该研究探讨性调研报告的目的和重要内容，也把它作为重点来写，而把对"调查结果"的"讨论"和"结论"放在"调查结果"中去写，显然"全省档案损坏情况的推算"就是重要结论。"治理对策"显然就是"建议"部分。

撰写研究探讨性调研报告在作结构安排时，要注意与一般调研报告相区别。一般调研报告主体部分注重介绍基本情况、基本经验、主要问题和具体建议，换句话说，它集中表达的是"调查结果"，它的所谓纵式、横式、混合式结构也是针对"调查结果"所作的安排，它不注重也不必要去作理性的"讨论"。所以，是否有理性的"讨论"是一般调研报告与研究探讨性调研报告的根本区别。

研究探讨性调研报告的结构有自己的特征，从这个特征也可以将它与其他文体相区别。因此，我们在撰写研究探讨性调研报告时，首先就要安排好它的结构，结构好比人的骨骼，骨架立起来了，外部特征大体就具备了，这是解决"象不象"的关键一环。

二、写好研究探讨性调研报告的段落

撰写文章自然是一个段落一个段落地进行，因此就从标题讲起。

（一）研究探讨性调研报告标题的写法

研究探讨性调研报告的标题可分为两大类：单行标题和双行标题。一般地说，无论单行标题或双行标题都应该显示"调查"性词语，使之与其他文体区别，例如："关于……的调查""……调研报告""……调查与思考""……调查与分析""……研究探讨性报告"等。也有一些特例，即在双重表示中只表其一，如《欠发达地区农户科技接触现状及科技有效供给机制（调查与）分析》，作者就节省了"分析"前的三个字，但仍可看出是一份研究探讨性调研报告。

双行标题的拟法：一般是用破折号显示副标题，副标题显示调查的范围、内容和文体；正标题的表达则呈多样化的趋势。例如：

主题式：

农村环境治理现状调查与对策分析

——以南通市三余镇为例

对比式：

功与过

——××厂改革情况的调查与思考

口语式：

三个和尚没水喝

——××行业无序发展调查与分析

引用式：

为有源头活水来

——××县××局思想政治工作创新调查

一般来说，初学撰写此种调研报告者选用主题式正标题更有利于完成初稿。

（二）研究探讨性调研报告绪论段写法

研究探讨性调研报告的绪论，一般情况下要写明该课题研究的目的、意义或总的观点，调研对象的基本情况，调研使用的方法，调研开展的情况,调研收获。

在研究探讨性调研报告绪论中比较难写的是"总观点"。一篇研究探讨性调研报告必须有一个总的观点。这个总的观点起着统率全篇的作用。没有总的观点,全文就会像一盘散沙。而这个总的观点的确立,既要从全部材料中归纳总结,又要考虑现实生活和实际工作的需要,回答群众最关心、迫切需要解决的问题。这个总观点要求新颖,能体现客观事物的发展趋势和方向(规律),所以撰写时要千方百计把这个总观点表达清楚。

(三)研究探讨性调研报告主体段写作

研究探讨性调研报告的主体段分两种类型:以"调查方法"和"调查结果"为主要层次安排的段落,一般以说明、叙述为主;以"讨论"和"结论"为主要层次安排的段落,一般以分析、判断、议论为主。

关于主体段落写作,分两类情况说明:

1. 以说明叙述为主的"调查方法""调查结果"段落,在写作时必须观点和材料统一,必须以事明理,用事实说话。即写作每一个段落时,既要用观点句明确观点,又要把材料分清主次轻重对应入各个观点,充分运用调查对象的事实材料来阐明"方法性"或"结果性"的观点,所以主要的文字仍然是以叙述、说明为主。如果有几句议论,那也是为了挑明观点,而不是故意论证观点。

2. 以分析、判断、议论为主的"结论"段落,在写作时必须使用议论性语言,必须有论证方法。例如使用评论性或评价性语言,即对调研对象的有关材料进行评说议论,指出其质量优劣或价值大小。例如使用论述性语言,即运用调查到手的有关事实,阐明一方面的道理,可以先叙后议、先议后叙或夹叙夹议。例如使用阐述性语言,即在叙议结合中运用比较多的事实,从一定的广度和深度上论证问题,作者跳出原调研对象的狭小圈子,站在较宏观的立场阐明一个道理。再如使用推断性语言,即对调研对象的有关材料,运用论断或论证,推导出有关道理,使人们得到规律性认识。

在"讨论"段落里最常用的论证方法是直证法和比证法。直证法就是运用事实论据、事理论据直接证明最终论点是正确的,即论据直接与最终论点发生关系。比证法就是通过被调查对象纵向的、历史的、与平行单位的横向的比较来证明论点,即论据与论据先比较,然后再论证。

(四)研究探讨性调研报告的"建议"段写作

是否需要"建议"段落,应根据课题需要或结构安排需要而设置。凡属问题类研究探讨性调研报告或结构中有问题研讨部分,都需要"建议"段落。如果属经济类研究探讨性调研报告而又没有必要展示问题,那么也可以省略这一部分。当然也可以将"建议"的内容纳入问题研讨部分各项问题之后去写。我们前面引用过的例文《浙江省重要档案损坏情况调查及治理对策》,就有明显的"建议"部分。

"建议"部分的写作,显然是针对"问题"展开的。一般来说,"问题"涉及哪些方面,"建议"也相应地涉及哪些方面,要把"问题"都消化掉。对于每一条建议的写作,既要提出针对性的解决问题的观点,又要对观点加以阐述,使观点站得住脚。因此它应该有一个比较完整的论证过程。

综上所述,研究探讨性调研报告的段落呈现出多种形态,写作必须区别对待。段落是由材料组成的,段落的好坏好比人体血肉是否丰满,不同形态的段落就好比人体不同部位的血肉,共同组成整体的完善与完美,所以认真写好每一个段落相当重要。

三、撰写研究探讨性调研报告应注意事项

随着改革开放的不断深入,新事物、新典型不断涌现,可作为研究探讨性调研报告写作的主题内容越来越多,并且近年来选用研究探讨性调研报告这种文体的调研者也越来越多。这是好事,但完全符合文体要求的却并不多。其问题主要表现在以下方面。

(一)缺乏文体意识致使文题不符

没有弄清研究探讨性调研报告的文体概念及其内涵,写作毫无文体

感的把握,不是将研究探讨性调研报告与一般社会调研报告相混淆,就是与其他文体(工作总结、工作研究、学术论文等)相混淆。例如,一篇标题为《关于××县乡镇企业发展情况的调查》,除第一部分有100多字左右的发展历史概述与"调查"文体有关外,其余二、三、四部分均在论证乡镇企业的作用、好处,怎么样发展,根本没有该县乡镇企业发展情况的具体材料。虽然这些部分观点论证倒还清晰,材料也翔实具体,但全文记叙到底,毫无"研究探讨性"可言。

(二)缺乏调查研究造成内容空洞

有些学员缺乏调查研究基本功,或者怕苦怕累,不愿深入调查,手头具体材料不多,又要选这种文体,结果往往造成内容空洞。例如,在一篇名为《对四川省化工设备机械厂实行股份制情况的调研报告》中,文中对过程的叙述倒也清晰,但文后讲"实行股份制后的变化和思考",就没有任何事实材料证明,全是在那里分析,空讲道理。其内容不是对被调研对象的事实进行理性升华,而是生搬一些书本理论去填补空白。此外,也有人到被调研单位去搜集了一些总结材料或统计资料就满足了,不愿作深入的调查,结果看到的都是一些表面现象,得到的是虚假数据,文章经不住推敲。例如,有篇《关于××县物价局提高物价监督水平的调研报告》就是这样,它没有一个具体的典型的事实材料,前后观点之间又有出入,漏洞百出。

(三)缺乏归纳概括能力导致观点材料不统一

有些人因为社交能力强,其搜集资料的能力也是很强的,他们能搜集一大堆资料回来,但不善于归纳概括,不善于提炼观点,更不善于理论升华。例如,《加强现代化管理,促进企业发展——四川省××公司调研报告》一文的作者,他搜集的公开的、内部的材料相当多,有些材料也很具体、翔实,该公司本身是央企上市公司,业绩很好,极具研究探讨性调研报告的写作条件,但由于该作者缺乏必要的归纳概括能力和相应的研究能力,写出的文章就成了原材料的拼凑,造成观点与材料不统一。

（四）缺乏语体感，表达方法欠佳

研究探讨性调研报告的表达方法前面已经提到过，即"调研方法"和"调研结果"段落使用叙述和说明方法，"讨论"和"结论"段落使用分析、判断、推理等论证方法。对于上述方法，写作者一般都会使用，主要问题在于表述的立场和角度。起草研究探讨性调研报告，无论是第一人称或第三人称（主要是第三人称，第一人称在特殊情况下使用）都应该是站在调查研究者的立场来表述，不能站在被调查研究者立场，或站在旁观者的立场；在研究问题的时候既要钻得进去，又要跳得出来，尤其是在"讨论"和"结论"段撰写时，要站在宏观的角度观察、思考被调查研究者的微观问题，才能进行事理升华，而不能站在被调查研究者角度，就事论事，跳不出来，或者远离被调查研究者的材料高谈阔论一番，不接触实际问题。我们有时读一篇研究探讨性调研报告往往感到不是滋味，甚至感到困惑，就是基于上述原因。

前车之覆，后车之鉴。撰写研究探讨性调研报告，除了正面接受有关文体知识外，也需要了解别人的教训，只有事先预防，不走弯路，才能走好正路。

【参考范例】

释放区域发展战略的更大红利

——关于建设山东西部经济隆起带的调研报告

山东西部地区主要包括枣庄、济宁、临沂、德州、聊城、菏泽6市和泰安市的宁阳、东平2县，共60个县（市、区），面积67179平方公里，人口4481万，分别占全省的42.8%和46.5%。该地区是山东省与华北、华东和中西部联结的重要门户，地域辽阔，人口众多，资源富集，交通发达，工业体系相对完备，中心城市、县城和重点镇错落分布，在山东发展大局中具有重要地位。

由于各种原因,山东西部地区经济发展缓慢。如何加快西部地区发展,是省委、省政府高度重视并着力解决的问题。近年来,为了探索西部地区科学发展路子,我们不断深化对西部地区的调查研究。我到西部县(市)普遍进行了调研考察,并在聊城市东阿县建立了联系点。2013年年初,省委常委会决定把建设西部经济隆起带作为重大调研课题,由书记省长共同负责。我和树清同志分别带队,还有几位省级干部参加,在此前调研工作基础上,集中深入到西部各市县50多个乡镇、村,与数百名干部群众座谈交流;召开省直部门和专家学者座谈会,广泛听取意见建议。经过几个月的深入调研,形成了《关于建设西部经济隆起带的调研报告》。这个调研报告,分析了建设西部经济隆起带的必要性可行性,论述了西部经济隆起带的定位和内涵,提出了发展重点、需要解决的突出问题和有关扶持政策。在此基础上,省委、省政府研究制定了《西部经济隆起带发展规划》,并于8月底召开会议作出部署,在全省引起较大反响。回顾调研和决策过程,我深刻体会到:调查研究是谋事之基、成事之道,是我们联系群众、摸清实情、把握规律、科学决策的必由之路。

站在统筹全省发展高度,充分认识建设西部经济隆起带的必要性可行性

建设山东西部经济隆起带,首先要分析西部地区能不能加快发展、怎样加快发展的问题。我们在调研中深刻感受到西部目前存在一定差距,同时又蕴藏着巨大潜力,从全省大局的角度分析论证了建设西部经济隆起带的重要意义。

第一,建设西部经济隆起带,是深入贯彻落实习近平总书记一系列重要讲话精神、顺应人民对美好生活新期待的重大举措。党的十八大以来,习近平总书记发表了一系列重要讲话,为做好各项工作进一步指明了方向。习近平总书记强调:"人民对美好生活的向往,就是我们的奋斗目标。"经过改革开放后的艰苦奋斗,山东省经济社会发展取得重大成就,城乡面貌发生巨大变化,人民生活水平有了很大提高。但由于多方面原因,我省西部地区发展水平还相对较低,部分群众生活还不富裕。山东省的省级贫困村和贫困人口,大部分集中在西部,分别占全省贫困村和贫困人口总数的77%和73%。我们在西部地区基层调研时,亲身感受到广大干部群众求发展、盼富裕的强烈愿望和不甘落后、顽强进取的奋斗精神,以及在区域内和相对于周边的良好发展态势、巨大潜力。通过科学制定和积极推进西部经济隆起带建设,加快西部地区的发展步伐,是基于我们对中央重大战略部署和本省省情的深刻认识和把握,是顺应人民群众对过上更加美好生活新期待的重大举措。

第二,建设西部经济隆起带,是抓住机遇、挖掘潜力,培植山东省新的经济增长极,打造山东发展新优势的迫切需要。2012年西部6市生产总值占到全省的29.2%,公共财政预算收入占到全省的22.5%,进出口总额占到全省的10.6%,城镇化水平低于全省6.9个百分点。这些差距,实质上是发展阶段的先后,差距的另一面就是后发优势,蕴藏着巨大潜力。目前世界经济正在深度调整,国内经济也处在转型过程中,一些地方出现了发展空间不足、资源环境约束加剧、商务成本增高等变化,这有利于西部在更大规模、更高层次上承接先进技术、资本和产业转移;随着外需减弱,国家加紧实施扩内需措施,有利于西部发挥人口多、市场大、空间广的优势;西部相对周边地区居于优势地位,有多项扶持政策的叠加之利,有全省经济的强大支撑,必然会形成集聚辐射的环境落差,邻边经济发展前景广阔。我们要善于从经济发展大势中找准工作着力点,善于从存在的差距中看到潜力,为推动山东科学发展增添新动力,打开新局面。

第三,建设西部经济隆起带,是进一步完善山东省区域发展格局,增强山东长期发展后劲、实现可持续发展的战略选择。山东省东西部地区发展不平衡,是省情的一个明显特点。如何统筹兼顾、推进区域协调发展,是省委、省政府长期思考和着力解决的一个重大问题。近年来,山东省大力实施重点区域带动战略,取得了丰硕成果。东部,以发展蓝色经济和高效生态经济为主导,大力实施山东半岛蓝色经济区和黄河三角洲高效生态经济区两个国家战略；中部，以经济紧密型和一体化发展为特征构建省会城市群经济圈；西部，以条形布局、邻边经济为特征建设经济隆起带。这样，山东省东中西部各区域，都根据自己的特点明确了各自的功能、定位和发展方向，全省就构筑起特色鲜明、功能互补、相互促进的"两区一圈一带"区域发展总体格局。这几个区域的协调发展，将形成全省经济的良性互动，对山东发展影响深远、意义重大。

科学谋划发展思路，正确把握工作导向

在调研中我们深刻认识到，建设山东西部经济隆起带，关键是要发挥西部地区的优势和特色，明确发展定位和发展思路，把握好工作导向，使西部发展符合客观实际，符合科学发展的要求。

根据西部地区的地理位置、基础条件和资源禀赋，我们考虑，建设西部经济隆起带，就是在山东省西部的长条地带，依托贯穿其中的交通干线和优势资源，以现代农业为基础，以区域性中心城市和重点镇为骨架，以特色产业为支撑，形成若干发展高地，对周边地区产生聚吸优质生产要素的"海绵"效应和商品流通、产业辐射的"泵压"效应，利用后发优势实现跨越发展，逐步建成山东西部经济的隆起地带，为山东省发展注入新的活力。在工作指导上，应做到"五个注重"：

一是注重发挥优势，在特色化上下功夫。西部地区除有共同的特点，还有不同的优势。要鼓励引导各市因地制宜，找准发展定位，明确发展重点，经过努力形成若干发展高地。枣庄、济宁应重点抓好传统产业的改造升级，加快发展信息技术、软件研发、服务外包等产业，培育文化旅游、新能源等新的增长点；临沂应重点建设装备制造业基地和优质农产品基地，培育"中国商贸名城"，做大做强沂蒙红色旅游品牌；德州、聊城应重点发展商贸物流，培育有色金属及深加工、新能源、生物医药等产业，建设新能源产业基地、有色金属及深加工基地；菏泽应重点发展能源化工、生物医药、机电制造等主导产业，打造"花城水邑林海商都"的鲜明特色；东平县和宁阳县应努力建设优质专用粮食生产基地和太空育种基地。

二是注重"四化同步",在产城融合上下功夫。西部农业基础好,与东部相比,差距主要在工业化、城镇化上。应协调推进信息化、新型工业化、城镇化和农业现代化同步发展。积极推进创新转型发展,大力发展县域经济,以区域性中心城市和重点镇为载体,以产业发展为支撑,实现产城融合发展。重点扶持一批重点城市、强县强镇、特色园区、龙头企业加快崛起,成为带动工业化、城镇化发展的主力军。

三是注重环境保护,在生态文明建设上下功夫。加快西部发展,不能走以牺牲环境为代价的粗放发展老路,要用生态文明、绿色发展、可持续发展理念指导发展。在发展过程中,既要调整和优化存量,又要扩大绿色经济、生态经济增量。编制规划、布局项目、制定政策都要体现环境容量、排放总量控制的要求,同步推进资源开发、经济发展和生态建设,增强可持续发展能力,努力建设"美丽新西部"。

四是注重改革创新,在激发内生动力上下功夫。建设西部经济隆起带,最重要的是靠改革创新,靠内部活力的迸发,靠创造性开展工作。要以更大力度深化改革,把创新驱动发展战略落到实处,努力做到"三个结合":科技创新与体制机制创新相结合,思路创新与实践创新相结合,顶层设计与基层创新相结合。更好地发挥政府引导和市场主导"两个作用"、外部帮扶和激发内力"两个积极性",更多地依靠市场机制和内生力量,确保西部经济隆起带建设持续推进。

五是注重改善民生,在让群众得实惠上下功夫。建设西部经济隆起带主体力量是广大人民群众,最终目的是让人民群众过上更好生活。必须把保障和改善民生放在重要位置,统筹推进经济建设和各项社会事业发展。在就业、教育、卫生、社会保障等方面逐步加大投入,合理配置资源,积极推进公共服务均等化,不断改善群众生活条件,让人民群众共享西部经济隆起带建设成果。

明确发展重点,着力构筑"五大支撑"

建设山东西部经济隆起带需要坚固支撑。通过调研我们认为,各市应选准着力点和突破口,集中用好资源、财力和政策,加快培育以产业为核心、以城镇为载体、以文化为引领的综合竞争优势,着力强化五个方面的支撑。

1. 以巩固基础提高效益为重点,强化现代农业支撑。农业是西部的优势。从调查来看,西部第一产业增加值和农林牧渔业总产值都占全省1/3以上,粮食和棉花总产分别占全省的2/3和3/4左右,特色农业亮点很多。只要充分发挥这个优势,做强特色,补齐短板,农业完全可以成为西部发展的重要支柱。根据西部地区农业生产条件,应着重建设鲁西北平原、鲁西南平原、鲁中南山地丘陵三大优质农产品供给区,建设"山东粮仓"和全国重要的农产品生产加工区。重点抓好一批特色产业、一批新型经营主体、一批精深加工品牌,大力推进农业生产规模化、标准化、品牌化,提高农业效益和竞争力。

2. 以产业集群和基地建设为重点,强化新型工业化支撑。西部地区欠发达原因主要是工业不够强。2012年西部第二产业增加值占全省的比重仅为30.2%。西部要实现隆起,关键是工业崛起。要坚持走新型工业化道路,把集约集聚发展作为建设西部经济隆起带的着力点,集中布局建设能源、化工、有色金属深加工、农副产品加工、商贸物流"五大基地"和装备、医药、新材料"三大集群",逐步形成自己的产业特色和优势。

3. 以做强文化旅游品牌为重点,强化经济文化融合发展支撑。文化资源是西部颇具竞争力的优势之一。近年来西部文化旅游业发展势头较猛,2012年旅游总收入增幅达到25.1%,高出全省4.2个百分点。但西部文化资源点多、分散的问题也很突出,应按照"串珠成链"的思路,将儒家文化、水浒文化、运河文化、红色文化等同一文化类型的景区串成四个旅游链,并取"四链"之精华,勾画文化旅游"金环",打造高端旅游品牌,使之成为山东旅游强省的新地标。

4. 以区域性中心城市和重点镇建设为重点,强化新型城镇化支撑。新型城镇化是西部发展的最大潜力和后劲所在。根据西部各市呈长条形空间布局的特点,应把区域性中心城市和重点镇作为建设重点,面向邻边地区点对点协作,形成各展优势、竞相发展的格局。按照扩展空间、完善功能、集聚辐射的标准,支持有条件的城市调整优化行政区划,构建一小时"泛城市圈",促进中心城市与周边县域同城发展。支持一批经济强镇、区域重镇、文化旅游名镇加快发展,争取进入全国百强镇行列。

5.以大力改善营商环境为重点,强化民营经济支撑。相对东部而言,西部大企业数量较少,这是差距,但客观上也使中小企业有了较大的发展空间。在发展民营经济方面应重点抓好三个环节:一是降低准入门槛。在全省已实行"零首付""免登记""免收费"的基础上,在更大程度上允许并鼓励民间资本合法进入。二是坚持分类施策。对一些特色突出、成长性好、科技含量高的中小企业,制定专项培育计划,扶持其做大做强。三是鼓励全民创业。发挥创业投资引导基金、产业投资基金作用,解决创业初期注册资本金和创业启动资金问题。支持建设创业孵化基地,健全商会、行业协会等中介组织,发挥其为中小企业提供服务的作用。

以创新实践为动力,认真解决影响西部发展的突出问题

建设山东西部经济隆起带,当前应着眼于破除瓶颈,紧紧围绕制约西部发展的关键性问题,大力推动工作创新和体制机制创新,以改革创新推动发展。

创新园区发展方式。园区是实现产业集聚的有效载体,对于西部具有特别重要的先导示范作用。应研究创新发展飞地经济,加强高层推动、园区对接及信息互通,探索"区中园""托管园""共建园"等合作模式,广泛吸引东部地区和省外、海外客商及优质资源参与西部园区建设。应拓展完善园区功能,在有条件的地方规划增设一批海关特殊监管区,推动东部保税港区、综合保税区等到西部建立"无水港"、配套功能区,实现园区功能延伸。应积极改革园区管理体制,赋予各类园区更加灵活的管理权限。

积极开展金融创新。应坚持畅通金融主渠道与激活民间融资并举,充分释放西部金融创新活力。一是扩大融资规模。加强银地对接、银企结合,吸引国内外大型金融机构在西部设立区域性总部及分支机构,积极发展村镇银行、社区银行等中小型金融机构。支持西部各市引入民间资本推进农信社改革,做大做强地方金融机构。二是充分发挥民间资本力量。以优良服务吸引民间资本有序配置,参与西部开发建设。加强民间融资风险监测,防范和打击非法集资活动。三是着力提高金融工具的实效。对信贷、信托、资产管理、股票等传统金融工具,积极支持其拓展空间、提升水平。研究推出针对西部的新型融资手段,努力做好西部投融资这篇大文章。

创新发展职业教育。西部劳动力资源丰富,全省近50%的农村富余劳动力集中在西部,其中绝大多数外出打工。加强对外出务工人员的培训,让他们掌握一技之长,是增加农民收入的一条良策。应以县为重点,整合各类教育培训资源,发挥远程教育、图书阅览、电子阅览等作用。同时,积极发展职业教育,结合西部高校及专业设置情况,拿出一部分大学、一部分专业,扩大专科与本科"3+2"、中职与本科"3+4"分段贯通培养招生试点,着力培养适应西部产业发展要求的高层次、应用型人才。

大力推进科技创新。当时西部地区还没有一所工科院校,科技创新较为滞后。建设西部经济隆起带,必须向科技创新要先进生产力,要核心竞争力。应加快创新资源向西部聚集,组织实施一批重大科技项目,以此突破一批关键技术,转化一批重大科技创新成果。应大力提升西部企业的创新能力,组织开展面向西部企业的合作对接活动,优先在西部布局建设一批企业研发中心,引导创新要素向企业集聚。应增强产业的科技承载功能,以关键技术的创新为突破口,进行全产业链设计,促进西部地区新能源、装备制造、现代服务业等产业领域的创新发展,加快培育壮大创新型产业集群。

创新政府管理服务。这是建设西部经济隆起带的重要保障。要坚持市场化取向,更多运用市场化手段谋发展,切实解决一些职能部门重收费、轻服务问题,用政府权力的"减法"换取市场活力的"乘法"。要把深化审批制度改革作为重点,通过建立"一站式"服务体系、设立"绿色通道"、提供"一对一"全程跟踪服务等,提高办事效率和服务质量。要建设透明、务实、高效和符合国际惯例的政府工作流程,促进西部扩大开放,加快融入经济全球化,在招商引资、招财引智上谋求更大作为。

研究制定更加有力的扶持政策,助推西部科学发展

我们在调研中发现,山东西部地区基础薄弱,历史欠账较多,发展面临较大困难,必须给予有力的政策扶持。经与省委组织部、发改、财政、交通、民政、国土、税务、工商等 19 个部门认真研究,认为应从以下六个方面制定扶持政策。

1. 财税政策。重点建立健全三项机制:一是省级财政投入、引导、激励、筹资机制。每年拨出 10 亿元,设立省级西部经济隆起带发展专项资金,增加地方政府债券额度,吸引更多的社会资金参与西部建设。二是动态财力保障机制。完善县级基本财力保障机制,清理、压减专项转移支付,加大对财政困难县一般性转移支付力度。对国家和省里确定安排的预算内投资建设项目,分别提高省配套资金和省补助资金比例 5—10 个百分点。三是财政激励机制。完善出口退税制度,对西部地区负担的出口退税比上年增长部分,省财政分担 70%;对省属及省属以上采矿权人缴纳的矿产资源补偿费,省级分成比例统一降低到 50%;对基本农田建设补助标准,省级按全省平均标准上浮 5%—10% 执行。

2. 基础设施和重点项目政策。支持综合交通运输建设,对列入国家、省规划的城际铁路、高铁客运专线、货运专线等项目,省际高速公路和重要运输通道高速公路等,加大支持力度。加快信息网络设施建设,加快宽带网、数字网建设,推动新一代移动通讯网、下一代互联网、物联网、云计算等在西部地区的应用。支持新能源开发利用,鼓励生物质能综合利用,支持风力发电项目建设,推进太阳能光伏电站和煤炭综合利用发电项目建设。加大水利工程支持力度,推进饮水安全水源工程、生产生态供水网络和农田灌溉体系等建设。加快城市公用设施建设,规划建设综合立交、城市环线等快速通道,提升城镇供排水、供热、供气和供电等公用设施档次,建设生活污水、垃圾处理和生态工程设施,完善城市综合防灾体系。争取设立西部经济隆起带发展基金,支持省内外重点项目向西部转移,对战略性新兴产业转移项目,省里给予奖励。

3. 土地政策。坚持重大项目重点保障,试行土地利用总体规划定期评估和调整制度,争取将重大基础设施项目列入国家用地计划,重点保障民生工程和产业转型升级等重大项目用地。改进土地指标分配方式,实行城乡建设用地分配到市、到县相结合的方式,增强地方自主权。注重土地挖潜,探索区域内土地调剂使用方式方法,加大对区域内节约集约模范县创建活动的指导。省里考虑每年掌握一定数量的耕地占补平衡指标用于支持西部发展。

4. 人才政策。从高校、科研院所中选聘一批优秀人才到县(市、区)挂任科技副职,实行东西部地区干部交流任职、挂职制度。定期组织国家"千人计划"、泰山学者等高层次人才到西部地区开展志愿者服务。实施"基层之光"访问学者计划。新建 15 家省级企业重点实验室,新建 30 个院士工作站。推进留学人员创业园建设,西部各市建立至少 1 处留学人员创业园区。

5. 民生保障政策。完善民生支出分担机制,对国家和省新出台的义务教育、社会保障、医疗卫生、保障性住房等重大民生政策(包括已出台政策调整标准或扩大范围),省级结合中央财政支持,逐步提高补助比例。对西部县(市、区)基础教育改善办学条件资金的补助标准上浮 10%。从 2013 年起,支持符合条件的县(市、区)建设 1 所规范化标准的中等职业学校,每校补助 800 万元。

6. 扶贫开发政策。省级专项扶贫资金向西部地区倾斜,使省级每年对西部地区扶贫开发财政投入不低于全省总量的 80%。省直 17 个行业扶贫部门重点帮助改善贫困村的生产生活条件,在 2015 年底前,使所有贫困村达到"五通十有"标准。在 5 年内通过资金扶持、贴息贷款或财政提供担保金等形式,支持创办 100 个龙头企业和 1000 个专业合作社。选派"第一书记"工作向西部地区倾斜,达到省级贫困村全覆盖,重点做好"抓党建、促脱贫"工作。

我们相信,通过积极推进山东西部经济隆起带建设,山东省西部地区一定会加快科学发展步伐,民生得到进一步改善,展现出更加美好的前景。

（摘编自《光明日报》2013 年 9 月 24 日）

凉山脱贫攻坚调查

凉山彝区是全国脱贫攻坚主战场之一,是影响四川乃至全国夺取脱贫攻坚全面胜利的控制性因素。习近平总书记对凉山脱贫攻坚高度重视、对彝区群众十分牵挂,2018 年春节前夕深入大凉山腹地考察指导,2019 年新年贺词中还深切关心看望过的彝区群众,给我们极大的鼓舞和鞭策。我到四川工作一年多来,先后 6 次到凉山调研扶贫工作。这次"不忘初心、牢记使命"主题教育,我确定以脱贫攻坚为主题,选择到全省贫困发生率最高的凉山州布拖县和金阳县开展蹲点调研,对如期高质量打赢脱贫攻坚战有了一些新的认识和思考。

凉山彝区面貌正在发生深刻变化

布拖县和金阳县位于凉山州东南部,彝族人口均超过 80％。经过这些年脱贫攻坚,两县贫困发生率从 2013 年底的 35.6％、38.1％分别降至2018 年底的 26％、23.6％,仍属贫中之贫、坚中之坚。去最偏远的乡、看最贫困的村、访最贫穷的户,是这次调研的初衷。3 天时间里,我走访了 6 个乡、7 个村、29 户贫困户,在农户家中召开了 3 次有贫困群众、老党员、村组干部和帮扶干部参加的"坝坝会",利用晚上时间召开了 3 次县乡干部座谈会。之前,还派出两个调研小分队,深入两县 18 个乡、26 个村、84 户贫困户,对面上情况进行摸排。

走访的 7 个村贫困发生率都超过了 40％,尤其布拖县奎久村达

95.6％，是全省贫困发生率最高的村之一。这个村地处高寒山区，平均海拔2900多米，山高坡陡，耕地零散，广种薄收。全村166户591人中，有贫困人口565人，是典型的极度贫困村。沿着崎岖小路来到奎久村二组，村里都是低矮破旧的土坯房，房上盖着木板、石板或茅草，无窗户、无开间，不通风、不透光，门又矮又窄，需要弯着腰才能进到屋里。历史上，许多彝族家庭都是人畜同屋，近年来通过扶贫，在每家院子里搭建了畜圈，牲畜搬出去了，但全家人仍同住一屋。我在吉什吉惹、吉什木日、乃来哈要家，了解到这几户都享受了低保、养老保险，乃来哈要还享受了残疾人补贴。孩子上学是免费的，看病能报销大部分费用，最大的问题是住房。目前，易地扶贫搬迁的新房子正在抓紧修建，2020年春节前就可以搬进去了，大家对美好生活充满了期待。

其他几个村的状况稍好一些。进村道路是新修的水泥路或柏油路，沿途处处都能看到集中安置点建设工地，幼儿园、卫生室建到了村里，村民生活大为改善。金阳县依达村的搬迁户阿牛伟日、吉克采木，原来住在高山上的土坯房里，靠放牧和种植土豆、玉米过日子，世代贫苦；2018年享受扶贫政策搬进了建在公路边的新居，房子宽敞明亮、干净整洁，家里用上了电视机、电饭锅，生活条件今非昔比。很多彝族村民虽然语言不通，但见面都竖着大拇指连声说，脱贫攻坚瓦吉瓦(好得很)、习总书记卡莎莎(感谢)。大家发自内心地感恩党、感恩习近平总书记。

州里同志介绍，如今凉山州乡镇和村道路通畅率达99％以上，15年免费教育(含3年幼教)已全面实施，为帮助彝族孩子学前学会普通话，绝大多数村办起了幼教点，全州65.9万贫困人口告别千百年来祖祖辈辈所处的生存状态，过上了新的生活，贫困人口从2013年底的88.1万降至2018年底的31.7万，贫困发生率从19.8％降至7.1％。凉山脱贫攻坚带来的深刻变化，进一步印证了党中央、习近平总书记的坚强领导和英明决策，充分彰显了社会主义制度的巨大优越性，广大基层干部和各族群众对2020年全面打赢脱贫攻坚战充满信心。

"两不愁"基本解决、"三保障"还有短板

"两不愁三保障"是脱贫攻坚的关键标尺。为落实习近平总书记在解决"两不愁三保障"突出问题座谈会上的重要讲话精神,我把凉山州极度贫困村"两不愁三保障"落实情况作为这次调研的重点。

从所走访的贫困户情况看,吃穿已不成问题,家家都存有粮食,挂有腊肉,土豆、玉米、荞麦是自家生产的,大米则是从外面买来的。凉山彝族群众过去缺衣少被,现在人人都有几身换洗衣服,逢年过节或客人来了,都要换上五颜六色的民族服装,很多还是自己缝制的。是否不愁吃不愁穿,关键看有没有稳定的收入。群众收入主要有三个来源:一是种养业。凉山农村家庭一般都有五六亩或七八亩地,多的达十几亩(部分是开荒地),除了粮食作物,有的还种一些花椒等经济作物以增加收入,养几头牲畜主要自己吃,部分也拿去卖钱。二是外出务工。2018 年凉山建档立卡贫困户转移输出劳动力 6.1 万人,人均年收入 2 万元左右。家里只要有人出去打工,脱贫就有了保障。对于没有外出务工的,村里还安排了一些护林员、保洁员等公益性岗位。三是政策兜底。没有劳动力的贫困户,可以根据家庭情况申请享受低保政策。老人可以领取养老金和高龄补贴,残疾人另有专项补贴,有的户还有生态林、退耕还林等补助,算下来也能达到脱贫的最低收入标准。最要紧的,是使低保政策能够真正兜到贫困户身上去。

据了解,凉山州贫困户家庭年人均纯收入低于 4000 元的还有 45533 户(其中布拖县 5516 户、金阳县 3107 户)。影响稳定增收的主要原因在于:种养业效益不高,交通仍是最大的瓶颈,物流成本较高,外销渠道不畅;外出务工比例偏低,由于语言不通、缺少技术,2018 年全州转移输出劳动力 129.56 万人、转移率 52%,低于全省 18 个百分点;有些政策落实还不到位,比如,按规定 60 岁以上村民可以领取每月 100 至 117 元不等的养老金,满 80 岁还可以领取 50 至 100 元不等的高龄补贴,但有的老人在集中摸底申报时不到规定领取年龄,等达到后又没有及时帮助他们申请办

理,导致政策落空;还有些在最初识别时不符合贫困户条件,后因灾、因病等致贫,但没有及时补充纳入而未按时享受相关政策照顾。

住房安全是脱贫最直观的标志,也是凉山当前最紧要的任务。凉山彝族群众对住上好房子的愿望十分强烈,几年来,省上先后启动彝家新寨建设、易地扶贫搬迁,全州267万农村居民从土坯房中搬出来,住上了安全敞亮的新居。目前,全州还有43388户安全住房建设任务,其中23700户属易地扶贫搬迁,多数处于在建状态。高寒地区11月后就基本不能施工,由于建设时间集中,造成建筑材料紧张,成本增加。布拖县日需用砖300万匹,全县所有砖厂满负荷生产每天只能产砖50万匹,其他需要从外地拉进来,3毛多一匹的砖运到工地达到7毛多。我反复提醒负责工程建设的同志既要赶工期,更要确保工程质量,房子是建给群众住的,质量不过关,群众不方便,还会带来安全隐患,千万不能"萝卜快了不洗泥"。

教育是阻断贫困代际传递的根本。我实地察看了布拖县瓦都乡中心小学,家住附近的孩子放学可以回家,远一些的在校寄宿。孩子们上学不花钱,吃住都由政府负担,每人还发了校服,宿舍也非常整洁。客观讲,送孩子上学比留在家里对家庭负担更轻,这就有效保证了孩子们不会因家庭贫困而失学。但凉山州学龄少年儿童失学辍学现象还比较严重,据统计,全州失学辍学人数高达61872人,近年来经过各方努力已解决39271人复学问题,还有22601人(其中建档立卡贫困户子女5541人)。这既有思想观念落后的原因,也有教育资源不足的因素。有的认为读书无用,不想读,跟父母打工去了;有的学习成绩跟不上,产生厌学情绪;还有的彝区孩子听不懂普通话,失去学习的兴趣和动力。尽管这些年办学条件有很大改善,但大通铺、大班额仍较普遍。目前,州里已对所有失学辍学孩子建立了台账,指定专人联系跟进,区分不同情况,解决他们返校复学问题。

基本医疗有保障是贫困群众最关心的问题。从到访的贫困村看,群众都纳入了医保体系,即便在最偏远的地方,乡村两级都建有卫生院(室)。群众可以就近看病,乡镇医院门诊费用30元以内不用个人花钱、

30 至 100 元的由个人自付、100 元以上按一定比例报销，贫困群众县域内住院个人支付大约只占 5%。为什么还有一些群众因病致贫呢？一是不少彝区群众健康意识不强，小病扛一扛，不愿找大夫，小病拖成大病；二是政策宣传和落实不到位，有的群众不知道看病能否报销、能报多少，担心不堪重负；三是基层医技人员专业水平不高，转诊不便、治愈率低。

此外，安全饮水、生活用电、广播电视"户三有"方面有些还没有到位。据了解，全州还有 20003 户安全饮水不达标，4420 户生活用电不达标，21604 户广播电视不达标。这些问题都与群众生活密切相关，必须逐户解决。

需要关注的几个问题

通过这次调研，也发现了工作中存在的一些深层次问题，需要认真研究，以进一步提高扶贫政策的针对性、有效性，保障脱贫攻坚质量。

第一，资源配置需要更加科学合理。调研中发现一个现象：一方面，凉山医疗资源整体不足、保障能力较弱，基层普遍反映医务人员和医疗设备短缺；另一方面，又存在一定程度的资源浪费，乡镇卫生院和村卫生室虽然都建立起来了，但接诊率低，有的医疗设备购置了用不起来，甚至没有拆封。布拖县瓦都乡卫生院共有 8 名医护人员，还有 4 名村医轮流值班，2019 年以来除几名住院病人外，平均每月接诊仅 20 人。从面上看，布拖县有乡镇卫生院 30 个，核定编制 390 人，在编在岗 372 人，平均每个机构 12.4 人。医疗机构增加了，但就医人数却逐年下降，2016—2018 年间，全县在基层机构诊疗人次从 6.1 万减少到 3.3 万，降幅接近一半。这与当地人口外流逐年增加、基层医疗机构覆盖人口较少以及服务能力较弱有关。类似情况在教育领域也存在，有的学校大班额、大通铺问题突出，金阳县义务教育阶段 699 个教学班级中，55 人以上大班额达 355 个，最多的高达 135 人；住校学生大都 2 人甚至 3 人一床。而有些较为偏远的学校学生又比较少，金阳县寨子乡小学在校学生只有 95 人，最多的班 32 人，最少的班只有 2 人。

现在,群众对优质教育和医疗服务的需求比较强烈。随着外出务工人员增多,交通条件改善,群众收入不断提高,有病去条件好些的医院看,孩子送到外面好点的学校去读书,这种现象越来越普遍。我们既要根据实际需要扩大基层公共服务资源保障,也要加强资源整合,提高资源利用效率,打破按现有行政区域分配资源的格局,在具备条件的地方,集中资源办好中心乡镇及中心村的学校和医院,通过乡镇医院定期组织巡诊的方式解决一些偏远贫困村村医不足问题,让群众享受到更好的教育和医疗服务。凉山群众居住分散,乡镇规模较小,上级部门在对乡镇卫生院及村卫生室、学校达标考核时,也要从实际出发,讲求实效,避免"一刀切"。

第二,扶贫政策需要统筹兼顾。现在对建档立卡贫困户政策扶持力度较大,这是完全必要的,但也出现建档立卡贫困户与其他边缘贫困户享受的政策待遇相差悬殊的情况。就拿解决住房安全来说,建档立卡贫困户易地扶贫搬迁户均自筹不超过1万元,其他都由政府承担,而非建档立卡随迁户一般补贴3万至5万元不等,其他由个人自筹,这样每户补贴相差几万元,最高达10万元左右。布拖县奎久村二组有53户村民,其中45户是建档立卡贫困户,即将统一搬迁到集中安置点,剩余8户不能享受同等政策,只能留在原址。当初建档立卡时,优先考虑困难群众,县里规定村组干部一般不纳入贫困户,这对于防止乡村干部以权谋私、密切干群关系起到了积极作用,但也造成部分村组干部困难家庭享受不到相关政策待遇。金阳县瓦伍村洛姑依达组有33户,其中28户贫困户都搬下山住进了新居,还有3户五保户也准备搬下去集中供养,只剩下一户组长和一户村医留守在10里外的高山上,成了"独居户"。据了解,这并不是个别现象。金阳县搬迁率80%以上的119个自然村,共涉及村组干部175人(户),由于随迁政策差距过大,绝大部分没有搬迁。

在2013年进行贫困人口识别时,主要看群众收入水平,有些建档立卡贫困户与非建档立卡贫困户可能只是"一只羊"或"一头猪"的差距,但一经认定,享受的政策扶持却是"天壤之别"。有的地方建档立卡贫困户普遍住新居、其他农户住老房,造成部分群众心理上的落差,影响对脱贫攻坚的满意度。当然,有政策就有差别,现阶段重点是解决建档立卡贫困人口脱贫问题,其他问题可结合实施乡村振兴战略通盘考虑。对少数亟须解决住房安全的农户,可以利用其他渠道筹集的资金统筹解决;对"一方水土养不起一方人"、搬迁率达80%以上的贫困村,要给予一些特殊优惠政策,尽可能实现整村搬迁,否则留下部分散户不搬,不仅公共服务无法保障,用水、用电和道路维修成本也将大幅增加,现在的非贫困户可能成为将来的贫困户。

第三,综合施策解决阻碍凉山脱贫的特殊社会问题。凉山在新中国成立前曾是烟毒的原植地。20世纪80年代以来,凉山成为境外毒品经滇入川的重要通道和集散地之一,毒品、艾滋病问题是部分群众致贫返贫的重要根源,也是困扰当地发展的"拦路虎"。"一人吸毒、全家遭殃""一人染病、全家致贫"现象比较突出。近年来,省州县上下联动、有关部门协同配合,通过重拳肃毒、全域防艾,取得了明显成效。目前,凉山州外流贩毒人数、本地新滋生吸毒人数大幅下降,艾滋病抗病毒治疗覆盖率大幅提升,新发感染率逐年降低。克服这个顽瘴痼疾很不容易,需要付出整代人的努力,但它事关群众生命健康,事关彝区兴盛发展,再难也要做。

凉山州还有一个特殊社会问题是彝族群众自发搬迁。历史上彝族先民为了躲避战乱、应对灾荒、谋求生存,惯于游牧轮耕,有的居无定所。直到前些年,说走就走的自发搬迁仍在一些地方流行,这一方面暂时缓解了群众的生存困境,另一方面又造成人户分离,在迁居地没有户籍,不能加入当地村集体经济组织、享受相关政策照顾,而原户籍地也因其外迁不再过问,形成"两不管"局面。据统计,凉山州内跨县自发搬迁人口有15.08万人(搬迁至其他市州还有3.43万人)。为确保不让一个贫困家庭掉队,近年来,州委州政府加大了对这部分特殊群体的帮扶力度,对其中符合条件的6652户25424人纳入建档立卡贫困户,由迁出地与迁入地按照责任分工进行帮扶,部分实现了脱贫,尚未脱贫的还有4362户18090人,已落实帮扶责任和措施。通过综合施策,力争用几年时间彻底解决这一历史遗留的"老大难"问题。

决战决胜必须更加精准务实

脱贫攻坚战已经进入决胜的关键阶段。凉山州剩下的贫困人口大多集中在条件最差的高山峡谷地带,越往后越是难啃的"硬骨头"。让贫甲天下的大凉山永远告别千百年来存在的绝对贫困,让彝区群众与全国全省人民一道同步实现全面小康,这是具有何等重大历史意义的事情!全省各级党委政府践行初心使命,必须把脱贫攻坚作为最大的政治责任、最大的民生工程、最大的发展机遇,一鼓作气、决战决胜,确保如期全面打赢脱贫攻坚战。

聚焦聚焦再聚焦,精准精准再精准。脱贫攻坚进入收官阶段,力量必须更加集中,措施必须更加精准。就四川来说,要聚焦彝区藏区等深度贫困地区,其中彝区又是重中之重。2018年以来,四川省委省政府专门出台了12个方面34条"含金量"很高的政策措施,派出11支共5700多人的综合帮扶工作队,长驻凉山11个深度贫困县的贫困乡镇和贫困村助力脱贫攻坚,中央有关部门和广东、浙江两省通过对口支援和东西部扶贫协作也给予了有力支持。为落实习近平总书记在重庆座谈会上的重要讲话精神,全省组织了26万多人的队伍,从2019年6月开始,用两个多月时间,围绕落实"两不愁三保障"开展回头看大排查,一户一户走访,一项一项登记,建立台账、分解任务、落实责任、补齐短板,用绣花功夫做精准文章,确保帮扶工作扎实、脱贫结果真实。

压紧压实领导责任,防止精神松懈滑坡。凉山脱贫攻坚任务艰巨、条件艰苦,这些年一仗一仗打下来,基层干部长期处于超负荷运转,弦绷得很紧,付出很多、牺牲很大。许多基层干部和帮扶工作队员舍小家顾大家,与贫困群众一块苦一块累一块干,他们的精神令人感动。但是,时间久了也会产生一些惰性,有的存在盲目乐观倾向,对困难和问题估计不足;有的存在消极悲观情绪,导致精神懈怠、工作松垮。对干部既要压实责任、强化问责,也要关心爱护、鼓劲激励,使他们勇于担当、善于作为。现在正是脱贫攻坚最吃劲的时候,越到冲刺阶段,越要咬紧牙关、一鼓作气、不胜不休。

增强群众内生动力,切实提高造血功能。这些年从中央到地方、社会各方面,都向贫困地区投入了大量的人力财力物力,可以说是有史以来贫困地区和贫困群众变化最大、受益最多的。但在部分群众中也产生了过分依赖心理,有的地方存在"干部干、群众看"现象,有的群众甚至习惯于坐享帮扶、不愿脱贫摘帽。高质量脱贫不能只靠救济,扶贫不能养懒汉。贫困群众既是帮扶对象,也是脱贫主体,必须发挥主观能动作用,激发内生动力。要进一步加强感恩奋进教育,引导群众知恩图报、不等不靠,用自己勤劳的双手创造幸福美好生活。厚葬薄养、高额彩礼等陈规陋习也是彝族群众致贫返贫的重要原因之一,要深入推进移风易俗,让彝族群众养成好习惯,尽快融入现代文明。

加强基层组织建设,打造带不走的乡村干部人才队伍。目前,在凉山州参与脱贫攻坚的各级帮扶干部和专业人员共 11276 人,有的重点县帮扶干部已超过本地干部。这支队伍在脱贫攻坚中发挥了巨大作用,但从长远来看,给钱给物不如建好一个党支部。帮扶工作队的一项重要任务是帮助把村"两委"班子建好建强。现在,农村青壮年大多外出打工了,村"两委"班子年龄结构老化、文化水平偏低问题更加突出。稳定脱贫和乡村振兴的干部和人才从哪里来?要更多从优秀农民工和退役军人中物色培养。他们外出打拼多年,学到了新知识、接触了新事物,开阔了眼界,增强了本领,有建设家乡、造福桑梓的情怀和愿望。引导他们回乡创业,从中物色培养入党积极分子和村组干部人选,是建设高素质农村党员队伍和基层干部队伍的关键之举,要作为一项战略性工程来抓。

(摘编自《求是》2019 年第 16 期)

乡村医生现状调研报告:40岁以上乡村医生超70％

2021年7月,国家卫生健康委发布的《2020年我国卫生健康事业发展统计公报》显示,截至2020年底,全国50.9万个行政村共设60.9万个村卫生室,村卫生室人员达144.2万人。乡村医生承担着农村地区大部分医疗照护责任和公共卫生服务责任,是我国医疗卫生队伍的重要组成部分,也是防止因病致贫、因病返贫的重要力量。他们是最贴近亿万村民的健康"守护人",也是乡村振兴的重要健康力量。

为了解乡村医生工作现状及执业需求,助力提高基层防病治病和健康管理能力,上海复星公益基金会联合复星医药、丁香园于近期面向广大乡村医生群体开展了两次问卷调研,从接诊人次到常见疾病、从应急处置到慢病管理、从能力提升到科普患教等多个角度,旨在全方位展示乡村医生的诊疗场景及迫切需求。

此次调研报告显示,40岁以上的乡村医生超过70％,有96.39％的乡村医生接受过医学专业培训,并有33.26％的人拥有乡村医生执业证书,21.39％的人持有乡村助理医师执照。近80％的乡村医生从业年限超过10年,50.98％的乡村医生需要步行1小时以上才能赶到最远的村民家中。其中,自行车、电动车、三轮车、拖拉机乃至轮船、马匹都成为他们行医治病的代步工具。

在疾病诊疗方面,调研报告显示乡村医生接触最多的疾病类型排名前三位的依次是急性感染(感冒、发热等)、慢病(心血管疾病、糖尿病等)和外伤,投票率分别为86.38％、78.5％和35.61％。随着深化医改的不断推进,我国乡村医生工作条件和待遇得到明显改善,许多地方改造和建成了一大批标准化的村卫生室,并统一配置了医疗器械和办公用品。然而,面对这些常见疾病的处置和应对,对于很多乡村医生来说仍然需要不断学习,在提升自身技能的同时更好地服务广大村民。

调研报告显示,乡村医生最希望提升高血压(94.31％)、冠心病

（69.57％）、糖尿病（65.88％）、心梗（48.34％）、上呼吸道感染（46.79％）等疾病的诊疗能力。除此之外，有关急救、中医、慢病日常管理、用药安全等方面的培训也是此次调研中比较突出的需求。

相较于常见病的诊疗处置，乡村医生对于肿瘤疾病的能力提升需求更多集中在诊断和筛查方面。参与调研的乡村医生当中，83.28％希望了解肿瘤疑似症状的鉴别；80.55％希望了解正确的筛查方式；69.02％希望了解疼痛管理方面的知识；超过半数的乡村医生希望了解肿瘤疾病的转诊标准及随访流程。

在乡村传染病防控方面，肺结核、手足口病、乙肝、水痘、腮腺炎在此次调研中被认为是最需重视的前5位疾病。重要性排序平均综合得分分别为8.81、6.7、4.94、3.81和3.78。而对于传染病相关的防控技能提升，乡村医生更希望在疾病筛查、诊断方式、隔离和消毒方式、上报流程等方面得到专业培训。

乡村医生是农村人才队伍的重要组成部分，决定着农村公共医疗的服务水平和质量。当前，在一些农村地区特别是偏远地区，乡村医生队伍存在着优质人才缺乏、人才结构老化、服务水平能力不足等问题。加强乡村医生队伍建设，不但需要在提升福利待遇、完善职业规划等方面下功夫，也需要在健全培训机制，提升业务能力等方面补足短板。参与调研的乡村医生当中，65％的学历在中专/高中及以下，94.53％的人希望能与大医院专家进行线上或线下的面对面交流学习。

"强基层"是医改的重要目标。"十四五"规划和2035年远景目标纲要提出："加强基层医疗卫生队伍建设""完善城乡医疗服务网络"。今年6月1日起施行的《中华人民共和国乡村振兴促进法》，也对乡村医疗卫生队伍的建设作出了明确规定。

上海复星公益基金会相关负责人介绍，早在2017年，基金会就联合中国人口福利基金会、中国光彩事业基金会启动了乡村医生项目，截至目前已覆盖全国72个县，惠及2.3万名村医、300万基层家庭。今年6月，基金会携手复星医药设立"星爱121专项基金",并对乡村医生项目帮扶内容进行升级迭代,将乡村医疗人才振兴作为重点发展方向,发起了"手拉手"乡村医生人才振兴计划。该计划包含"一本乡村医生口袋书、一个乡村医生云守护平台、一群健康关爱大使、一起手拉手线上问诊帮扶""四个一"的系统升级内容,旨在通过线上线下相结合的方式,帮助乡村医生学习诊疗知识,获得及时有效的诊疗答疑。

"立足新时期,随着更多的社会力量投入到乡村振兴事业中来,相信我国的乡村医生队伍建设将更加专业规范,村民们的健康将更有保障,乡村振兴的健康基石也将更为牢固。"该负责人表示。

（摘编自人民网 2021 年 9 月 10 日）

高质量发展调研行｜江海交汇 奋楫扬帆
——长三角一体化谱写高质量发展新篇章

这是一片高质量发展的热土——不到全国 4% 的土地面积,创造了全国近四分之一的经济总量。

长三角地区是中国经济发展最活跃、开放程度最高、创新能力最强的区域之一,在国家现代化建设大局和全方位开放格局中具有举足轻重的战略地位。

习近平总书记指出,要"结合长三角一体化发展面临的新形势新要求""坚持目标导向、问题导向相统一""紧扣一体化和高质量两个关键词""真抓实干、埋头苦干,推动长三角一体化发展不断取得成效"。

贯彻落实习近平总书记一系列重要指示精神,上海、江苏、浙江、安徽三省一市近年来抓好重点工作,凝聚强大合力,一幅高质量的发展图景正徐徐铺开。

"流动的长三角":经济运行回升向好

2023 年的"五一"假期,从外滩到西湖、从黄山到秦淮河畔,长三角区域各大景点游人如织,民众出行热情高涨。人流、车流、物流高峰交织叠加,"流动的长三角"再现。

2023 年以来,作为中国经济重要增长极的长三角经济承压前行,不仅"底盘"稳固,且亮点纷呈,彰显了三省一市高质量发展的韧性与底气。

一季度,沪苏浙皖国内生产总值(GDP)总量逼近 7 万亿元大关,GDP 增速均保持稳定增长,呈现出经济持续复苏回升的良好发展态势。

2023 年 5 月,长三角一体化示范区"五五购物节"正式启动。

青吴嘉地域相邻、人文相亲,拥有西塘、同里、朱家角等一批意蕴悠长的江南水乡古镇。"'五五购物节'期间,我们将发放总额超 1000 万元的各类消费券,力争 5 月份吸引游客 100 万人次以上。"嘉善商务局招商服务中心主任钱家承说。

面对复杂多变的国内外形势,在消费恢复向好的同时,有效投资对我国经济回升发挥关键性作用。

在江苏连云港石化产业基地盛虹新材料产业园内,工程车辆川流不息、施工现场热火朝天,一个新兴厂区已初具规模。

一季度,江苏大项目投资支撑有力,10 亿元以上在建项目 2802 个,比去年同期增加 344 个,完成投资额同比增长 11.4%;安徽固定资产投资在较高基数上保持较快增长的同时,制造业投资、高技术产业投资分别高于投资整体增速 10.4、13.6 个百分点。

除了扩大内需加力提效,新动能加速蓄势正在夯实经济高质量发展的根基。

上海外高桥海通汽车码头,是全国最大的汽车滚装码头之一,拥有可同时停放 3 万辆汽车的专用堆场。"最繁忙的时候,一下子会来一两百台运输车,近两千辆的出口汽车扎堆。即使这么大的堆场,也有些招架不住。"上海海通国际汽车物流有限公司副总经理陈舸对记者说,2022 年从外高桥海通汽车码头出口的汽车超过 100 万辆,2023 年以来继续保持较快增速。

长三角地区一直以来都是我国的外贸重镇。2023 年全国各地一季度外贸数据显示,长三角共有上海、苏州、宁波、杭州、金华、无锡、南京等 7座城市挺进全国外贸"20 强"榜单。

其中,上海外贸进出口规模创历史同期新高,电动汽车、锂电池、太阳能电池等新能源产品出口强劲增长,出口额同比分别增长 98.2%、2.2 倍和 57.3%;浙江金华外贸进出口总值同比上升 11.3%,进出口、出口和进口增速均高于浙江全省。

上海财经大学长三角与长江经济带发展研究院执行院长张学良表示,长三角禀赋优越、基础雄厚,依托自身在新消费、新赛道、新产业的优势释放发展潜力,打破行政与区域壁垒,提升资源的高效配置整合,通过产业协同与能级提升做大经济规模,2023 年后三季度有望保持良好势头,实现持续增长。

长三角一体化:努力率先形成新发展格局

"率先形成新发展格局""上海和长三角区域不仅要提供优质产品,更要提供高水平科技供给,支撑全国高质量发展"……

2020 年 8 月,习近平总书记在合肥主持召开扎实推进长三角一体化发展座谈会,对长三角高质量发展提出殷切期望。

投资约 10 亿欧元,在合肥建立聚焦智能网联电动汽车的研发、创新与采购中心——2023 年 4 月,大众汽车集团宣布了这一消息。

根据计划,新公司将引入中国本土供应商的先进技术,提升大众安徽、上汽大众、一汽大众等合资企业在研发中的协同效应。

立足一地,辐射长三角乃至全国,已经成为很多中外企业在三省一市投资布局时的自觉选择。

夯实科技自立自强根基,加快建设现代化产业体系。

助力火箭的高压气瓶、帮助救援的外骨骼机器人、呼吸机使用的传感芯片……走进南京江北新区的江苏省产业技术研究院,各种高精尖技术应用令人目不暇接。

作为江苏科技体制改革的"试验田",江苏省产研院不仅服务于江苏产业转型升级,还充分对接长三角区域的需求。近年来,与260余家细分领域龙头企业建立联合创新中心,对接达成企业技术合作400余项;建设72家专业研究所,转移转化技术成果7000余项。

既谋划长远,又干在当下。

长三角是全国创新能力最强的区域之一。三省一市携起手来,推动科技创新和实体经济结合,为现代化产业体系建设提供关键支撑。

"最近一家上海企业提出精密测量方面的技术需求,我们帮忙对接到苏州一个研究所,双方已形成合同科研项目。"江苏省产研院副院长郜军说,该机构以研发为产业、技术为商品,架起实验室与生产线之间的桥梁,促进创新链与产业链深度融合,加快建设长三角科创共同体。

全面深化改革、扩大高水平对外开放有助于实现国内国际双循环互促共进,为推动我国经济高质量发展增添新活力、拓展新空间。

2023年5月的宁波舟山港,巨轮进出,一派忙碌景象。

作为我国产业链供应链畅通运转的关键一环,宁波舟山港连续14年成为世界货物吞吐量第一大港,2023年一季度完成货物吞吐量3.31亿吨,同比增长9.14%。

"我们将立足21世纪海上丝绸之路与长江经济带交汇点的黄金地理位置,持续扩大开放,为畅通双循环,服务新发展格局做出更多贡献。"宁波舟山港股份有限公司党委委员、副总经理任小波说。

绿色是高质量发展的底色。

一张醒目的宽大屏幕上,企业能耗数据、碳排放信息实时展示,绿电、储能系统、空压机节能情况一目了然……合肥市长丰县下塘镇,安徽首个基于工业园区的"能碳双控"工业互联网平台上月已正式上线,如今正昼夜不停"盯"着工业园区的能耗与碳排放。

森林覆盖率近75%,数十公里的绿道贯穿其中,还有3.5公里的湿地水上线路,可满足全年龄段活动需求……上海市正在规划建设"北蔡楔形绿地"这个浦东新区最大的"城市森林"。寸土寸金的上海共规划10片楔形绿地,嵌入中心城区,打造市民亲近自然、休闲游憩的绿色空间。

碧水共蓝天一色。随着长三角区域一体化发展上升为国家战略,生态环境联保共治驶进快车道,绿色美丽的长三角呼之欲出。

厚植民生福祉:建设美好江南

横跨上海江苏的元荡慢行桥下,碧波荡漾、鱼翔浅底,两岸"生态走廊"徐徐展开岸绿景美的江南水乡画卷。沪苏两地一体治理、共同打造的元荡生态岸线全长23公里,今年将全线贯通。

步行桥、公路桥、高铁桥……一座座桥梁不断拉近长三角的时空距离。从以往"跨天大巴出行",到如今"当天公交往返",长三角一体化示范区共启用8条区域公交线路,连通上海青浦、江苏吴江和浙江嘉善,已累计发送旅客超220万人次,居民游客出行更加便捷。

高铁覆盖沪苏浙皖95%的设区市;33个省际高速公路接口大幅减少通行时间;累计发行第三代社保卡超4000万张,可在长三角全部设区市乘坐公共交通……

优化后的三省一市"异地同城",在交通出行、旅游观光、文化体验、社会保障、医疗卫生、金融服务等领域,实现一卡多用、跨省通用。

民之所望,政之所向。

红烧肉、清炒时蔬、清蒸小黄鱼、麻婆豆腐……临近中午,上海市徐汇区徐家汇街道的众乐山社区食堂内老人们排起了队。社区食堂负责人表示,自2022年12月营业以来,已有近1500名老人在这里办了会员卡。

为解决高龄老人"吃饭难",徐汇区大力建设集养老、医疗、文体等为一体的"生活盒子",步行15分钟内可达。社区食堂就是"生活盒子"里最受欢迎的服务之一。

15分钟的时间尺度,体现着城市治理温度和美好生活刻度。当前,长三角各地正大力打造一刻钟便民生活圈、15分钟医保服务圈等,提供更高品质的服务供给。

共同富裕是社会主义的本质要求,是中国式现代化的重要特征。

沿蜿蜒盘旋的乡村小道行走,仿若来到一片花的海洋,一幢幢造型别致的小楼掩映丛中。在浙江绍兴棠棣村万亩花木基地,全村98%的劳动力从事花木生产与经营,吃起了"生态饭"。

"依托花木产业优势,2022年村集体经济收入超800万元,村民人均收入达到12万元。"棠棣村党总支书记、村委会主任刘建明说,全面激活乡村振兴动能,在推进实现共同富裕道路上迈出有力步伐,让广大群众切实享受发展成果。

潮平岸阔,风正帆悬。

在习近平新时代中国特色社会主义思想引领下,襟江带海的长三角奋楫扬帆,以更加昂扬的姿态,沿着高质量发展的航道乘风破浪、一往无前。

（摘编自新华社 2023 年 5 月 12 日）